제6판

초등 영어 교재 연구

Introduction to ELT Materials for Elementary School

제6판

초등 영어 교재 연구

Introduction to ELT Materials for Elementary School

김혜련
박선호
최희경
심창용
이동환
강정진
황필아
성민창
박지현
조규희
남보라
지음

KM 경문사

머리말

초등학교 영어 교과는 학생들이 일상생활에서 사용하는 기초적인 영어를 이해하고 표현하는 능력을 배양하기 위해 의사소통의 바탕이 되는 언어 기능 교육에 초점을 두고 있다. 초기에는 말하기 등 음성 언어 교육에 초점을 두지만 문자 언어도 균형 있게 발달하도록 지도해야 한다. 이 책은 초등영어 교육 목표를 달성하도록 교육 자료가 체계적이면서도 유기적으로 잘 구성되어 있다.

영어를 처음 접하는 어린 학생들이 학습에 흥미를 갖게 하기 위해서는 다양한 멀티미디어와 살아 있는 소재 및 이야기, 활동과 게임을 이용하면서 새로운 교수법을 적용할 수 있는 교육 자료가 갖추어져야 한다. 또한 에듀테크 및 디지털 교수 · 학습 도구를 적극적으로 활용하여 지도해야 한다. 이러한 교육적 요구에 부응하여 이 책은 초등영어 교재의 구성 원리, 교수요목, 교육과정, 다양한 교육 자료의 제작 · 개작 · 활용, 평가, 그리고 학습자의 스타일에 따른 영어 학습 과정의 이해 및 효율적 지도 방안 등을 구체적으로 제안하고 있다.

넓은 의미의 교재는 교과서를 포함한 교육 자료, 상황, 그리고 교사까지 포함하는 개념이다. 좁은 의미의 교재란 교수와 학습 활동에서 직접 사용되는 자료로서 교과서, 참고서, 연습장, 부교재 등을 말하며, 그 외에도 보조 자료나 교구로 사용되는 시각 자료, 청각 자료, 실험 기구, 실습 자료, 활동 과제 등을 포함하기도 한다. 교재는 학습자의 능력 차이에 따라 다양한 학습 활동을 할 수 있도록 구성되어야 하는데, 이러한 교재라 하더라도 가르치는 교사가 잘 활용할 줄 모르면 별로 효과가 없다. 이 책은 초등영어 담당 교사들이 교재를 효율적으로 다룰 수 있는 기본 원리와 실제를 함께 체험할 수 있게 꾸며져 있다.

사고력과 창의력을 기르는 것은 영어 교육 목표 중의 하나이다. 이러한 목표를 달성하기 위해서는 교재의 내용 자체가 사고력과 창의력을 기를 수 있도록 선정, 조직되어야 하는데 이 책은 이러한 취지를 잘 반영하고 있다. 의미 있고 자연스러운 상황에서 정확성과 유창성을 동시에 기를 수 있는 과업 중심의 실용 영어 교육에 도움이 되도록 교재의 전반적인 체계에 유념하였다.

학교에서 학생 중심의 수준별 교육과 개별화 교육을 위한 연구를 바탕으로, 어떻게 하면 이를 현장 교육에 효과적으로 적용할 수 있을 것인가를 염두에 두면서 이 책을 집필했다. 학생들에게 영어의 어떤 내용을 어떻게 제시하여 가르쳐야 할 것인가를 이론적으로 살펴보고, 실제 교재를 개발하고 적용할 때 어떤 점에 유의해야 할 것인가를 상세하게 설명해주는 한편 학생들이 흥미를 느낄 수 있는 교재의 모델을 제시하는 데 역점을 두었다.

내용에 미흡한 점이나 개선할 사항을 저자들에게 알려주시면 좋은 고견을 항상 수용할 자세가 되어 있음을 밝혀둔다. 마지막으로, 이 책의 출판에 심혈을 기울여주신 경문사 여러분에게 감사드린다.

2023년 2월
저자 일동

차례

제 1 장 | 영어 학습과 교재

1. 학습 교재의 의미와 필요성 ········· 2
2. 교재와 교사의 역할 ········· 9
3. 훌륭한 영어 교재의 특성 ········· 10
4. 수업과 교재 활용 ········· 19
5. 교재에 대한 인식의 정립 ········· 20

제 2 장 | 영어 교수요목

1. 교수요목과 교육과정 ········· 24
2. 교수요목의 유형 ········· 27
3. 교수요목의 개발과 활용 ········· 40

제 3 장 | 영어과 교육과정

1. 교육과정의 개정 ········· 44
2. 우리나라 영어과 교육과정의 변천 ········· 45
3. 2022 개정 초등영어 교육과정 ········· 53

CONTENTS

제 4 장 | 영어 교재의 개발과 평가

1. 영어 교재의 종류 ······ 68
2. 영어 교재의 개발 ······ 77
3. 영어 교재의 내용 ······ 80
4. 영어 교재 내용의 선정 ······ 89
5. 영어 교재의 분석 ······ 94

제 5 장 | 영어 교재의 적용과 개작

1. 영어 교재의 적용 ······ 102
2. 영어 교재의 개작 ······ 104
3. 영어 수업에서 활동의 변용 ······ 116

제 6 장 | 초등영어 수업 자료와 활동

1. 수업 자료와 교구: 의미와 필요성 ······ 132
2. 영어 수업 교구 ······ 134
3. 초등영어 수업 자료 ······ 141

제 7 장 | 멀티미디어 자료의 활용

1. 멀티미디어를 활용한 영어교육 ······ 172
2. 컴퓨터 자료를 활용한 영어교육 ······ 176
3. 인터넷을 활용한 영어교육 ······ 187

제 8 장 | 학습자 중심의 학습과 과업

1. 수준별 학습의 의미 ··· 208
2. 학습 스타일과 과업 ··· 214
3. 자기주도적 언어 학습과 과업 ··· 226

제 9 장 | 초등영어 수업과 평가

1. 언어의 평가 ··· 238
2. 언어 평가의 역사 ··· 241
3. 평가와 시험의 종류 ··· 244
4. 평가의 요건 ··· 248
5. 어린 학습자를 위한 평가 ··· 254

부록

□ 부록 1 영어과 교육과정 ··· 296
[별표 1] 소재 ··· 324
[별표 2] 의사소통 기능과 예시문 ··· 325
[별표 3] 어휘: 기본 어휘 관련 지침과 기본 어휘 목록 ··· 342
[별표 4] 의사소통에 필요한 언어 형식 ··· 376
□ 부록 2 지각적 학습 스타일 설문지 ··· 387

■ 참고문헌 ··· 389

■ 찾아보기 ··· 405

제 1 장
영어 학습과 교재

1. 학습 교재의 의미와 필요성
2. 교재와 교사의 역할
3. 훌륭한 영어 교재의 특성
4. 수업과 교재 활용
5. 교재에 대한 인식의 정립

교육에서 가장 기본적이면서 중요한 것은 학습자, 교사 그리고 교재이다. 교재는 학습자가 배워야 하는 내용을 이해하기 쉽고 흥미 있는 매력적인 방법으로 제시해야 한다. 교사가 아무리 좋은 방법을 적용해도 학습자들이 교재에 흥미를 느끼지 못하면 효과적인 교육이 이루어지기 어렵다. 학생들이 영어에 흥미를 느끼지 못하는 것은 단순히 교수 방법이 잘못된 것이 아니라, 영어 교재가 학생들의 흥미와 관심을 끌지 못하고 있기 때문이기도 하다. 이러한 학습의 문제점을 해결하기 위해서는 영어 교재에 대한 연구가 활성화되어야 한다.

이 장에서는 먼저 초등영어 교육에서 교재의 의미와 필요성을 살펴보고, 교재에 대한 교사의 역할을 논하고, 훌륭한 영어 학습 교재의 특성을 알아본다. 그리고 수업에서의 교재 활용법을 검토하고 교재에 대한 인식을 정립하기로 한다.

1 학습 교재의 의미와 필요성

영어 학습에서 교재란 무엇을 의미하며, 또 교재란 영어 교육에서 어떤 역할을 하는지 살펴보기로 한다.

1 학습 교재의 의미

영어 학습 교재란 무엇인가? 교재라고 하면 쉽게 떠올리는 것이 교과서이다. 교과서는 해당 교과를 가르치기 위한 내용을 교수·학습 이론을 기초로 효과적이고도 체계적으로 담고 있기 때문이다. 교과서 외에 영어 학습에 도움이 되는 것으로는 영어 문법 참고서, 읽기 독본, 연습용 익힘책, 영어 사전 등 여러 가지가 있다.

이런 교재는 대부분 인쇄물로 제작된 이른바 문자 교재이다. 그러나 언어를 배우는 영어 교재는 소리를 듣고 영상을 보고 스스로 말하는 것도 필요하기 때문에 CD-ROM 타이틀, DVD도 중요한 교재이다. 위의 교재는 영어를 가르치고 배우는 데 직접적인 입력 자료 역할을 하게 된다.

영어를 가르치는 데 도움이 되는 자료는 언어적, 시각적, 음성적 혹은 운동 감각적일 수도 있고, 앞서 언급한 인쇄 형태나 CD-ROM, DVD, 인터넷 또는 실제적 수행이나 전시 형태로 나타날 수도 있다. 영어 교재는 학습자에게 영어에 대한 정보를 줄 수도 있고, 영어 사용 경험을 제공할 수도 있으며, 영어 사용을 자극하거나 학습자가 영어에 대해 스스로 발견하는 것을 도와줄 수도 있다. 예를 들면, 영어 학습의 이해를 돕기 위하여 여러 가지 그림, 신문, 우표, 지도, 광고지, 인형, 마스크 등의 소품들을 이용하기도 한다. 이러한 자료들은 영어 입력이 실제적인 맥락에서 제공될 수 있도록 하여 학습자의 영어 학습을 도와준다. 따라서 영어 교재는 직접적인 영어 입력을 제공하는 언어 자료뿐만 아니라 영어 학습 상황을 실제적으로 만들어주는 데 사용되는 자료까지 포함해야 한다.

한편 학습자의 불안감을 낮추어 주기 위해서 게임을 통한 학습을 한다든지, 또는 침체된 학습 분위기를 띄우기 위해서 전체 활동을 시키는 교사의 의도와 같은 것은 눈에 보이지는 않지만 학습자의 영어 학습을 도와주는 것이다. 이처럼 영어 학습을 직접적 혹은 간접적으로 도와주는 것을 영어 교재의 범주에 모두 포함시킨다면, 구체적인 자료뿐만 아니라 교사 자신을 포함하여 교사의 의도나 상황 등 눈에 보이지 않는 것까지도 영어 교재라고 할 수 있다. 이처럼 영어 교재란 어느 수준까지를 포함하느냐에 따라 그 의미가 매우 달라질 수 있다. 이러한 영어 교재의 의미와 예를 그 범위에 따라 나누어 보면 다음과 같다.

① 협의의 의미 : 영어 교수와 학습에 사용되는 언어 자료로서 교과서와 교구
  예 textbooks, grammar books, readers, workbooks, photocopied exercises, dictionaries, videos, CD-ROM 등
② 중의의 의미 : 영어 학습에 직접적 입력이 되는 언어 자료와 상황
  예 협의의 교재 + pictures, newspapers, food packages, maps, live talks, instructions, discussions
③ 광의의 의미 : 영어 교육을 위한 유형, 무형의 입력으로서의 교재, 상황, 환경(학교, 교사, 가정, 사회)을 포함하는 것으로 영어 학습을 도와주기 위해 교사와 학습자가 사용하는 모든 것

2 교재와 교사 유형

'Who needs a textbook?'이라는 질문에 대해 교사들이 지니는 견해는 교사마다 서로 다를 수 있다. 이를 세 가지 유형으로 소개하면 다음과 같다(Grant, 1991).

교사1 : 나는 교과서를 사용하지 않는다. 나는 가르칠 내용을 모두 스스로 준비한다. 즉, 나는 어느 교과서 집필자보다도 학생들의 요구를 더 잘 알고 있다.
교사2 : 나는 교과서 없이 가르칠 수 없다. 나는 교과서를 의사의 처방전처럼 사용한다. 교과서 쪽수를 따라 그대로 가르치면 실수할 리가 없다.
교사3 : 나는 교과서가 매우 유용하다고 생각한다. 나는 많은 시간을 교과서를 사용하여 가르친다. 그러나 모든 수업 시간 동안 교과서를 사용하는 것은 아니다.

교사1은 특별한 경우로 보아야 한다. 이런 교사 유형은 '특정 목적을 위한 영어(English for specific purposes: ESP)' 교육에 적합할지 모른다. 이 경우에 영어 학습 목적은 매우 전문화되어 있으며 이러한 학습자 집단의 수는 많은 편은 아니다. 학습자들

의 필요는 매우 전문화되어 있어서 적합한 교재를 구하기란 쉽지 않다. 이때 교사는 스스로 교재를 만들어 사용할 수밖에 없다.

그러나 '일반 영어(general English)' 교육을 위한 보통 학급의 교사 중에 교사1처럼 말하는 경우가 있다면 놀라운 일이 아닐 수 없다. 그러한 경우는 어떤 교과서와도 상관없이 독립적으로 가르칠 수 있다는 주장으로, "I don't need a textbook!"이라고 말하는 것과도 같다. 어떤 교과서도 사용하지 않고 가르칠 수 있다고 말하는 'general English' 교사가 있다면, 그 교사는 스스로 교재를 만들 시간이 충분한 사람이거나, 그렇지 않으면 교재 없이도 수업할 수 있는 천재일 것이다.

물론, 교사라면 누구나 자신의 개성이나 재량을 발휘해야 한다. 교사 각자의 특성이 있고 학급마다 그 상황이 다르다. 따라서 '동일한' 단원도 학급마다 달리 가르쳐야 하는 경우가 있다. 그렇다고 하더라도, 교과서 없이 체계적으로 가르친다는 것은 매우 어려운 일이다. 더욱이 대부분의 학생들은 교과서를 갖기를 원하며, 학습 유인물로 가득 찬 홀더(holder)가 교과서만큼 학생들을 만족시켜주기는 어렵다.

유인물은 교과서 대용이 될 수 없다. 낯선 곳에서 여행자에게 지도가 필요한 것처럼 대부분의 학생들에게는 교과서가 필요하다. 교과서는 학생들이 수행한 것에 대해 체계적으로 교정해 주기도 하며, 구체적으로 수행할 내용을 안내해 주는 역할을 하면서 학생들을 안심하게 해준다.

교사2는 교사1과 반대이다. 교사2는 교과서에 전적으로 의존해야 함을 주장하는데, 마치 요리사가 요리책에 있는 조리법에 따라 음식을 만드는 것처럼 교과서를 사용하여 수업한다. 이 경우의 교사들은 교과서란 절대적인 것으로 임의로 삭제, 첨가, 또는 변형할 수 없는 것으로 생각한다. 이 교사들에게 교과서는 무엇을 어떤 순서로 가르치고 배워야 하는지를 알려주는 완전무결한 법전과 같은 것이다.

그러나 완벽한 교과서란 존재하지 않으며 존재할 수도 없다. 또한 교사는 전적으로 교과서에만 의존해서도 안 된다. 교과서에만 의존해서 수업을 한다고 말하는 교사들의 경우 자신들의 자립적 요소를 흔히 과소평가하는 수가 많다. 교사2 유형이라고 생각하는 교사들도 실제로는 교사3 유형에 가까운 경우가 많다. 자신들이 생각하는 것처럼 교과서의 노예는 아닐 것이다. 예를 들면, 교과서에 없는 것을 교사가 말할 때마다 교사는 자기가 지닌 가장 중요한 자질인 판단력을 드러내기 마련이다. 교사들은 자신들이 할 수 있다고 생각하는 것 이상으로 수업 현장에서 자신의 판단력에 많이 의존한다. 교과서는 언제, 어떻게 판단력을 발휘할 것인가에 대해서 유용한 지침이 될 수 있다.

결국 교사1 유형은 교과서가 그렇게 나쁜 아이디어가 아니라는 것을, 교사2 유형은 자신들이 교과서의 노예가 될 필요가 없다는 것을 인식해야 한다. 교과서의 노예처럼 처신하는 것보다는 선택적으로 교과서를 사용하는 것이 실제로 훨씬 중요하다. 교사3 유형은 언제, 어떻게 교과서 내용에서 탈피하여 수업을 해야 할 것인가에 대해 결정하는 방법을 터득할 필요가 있다고 할 수 있다.

3 교재의 이점과 한계점

교재는 교사와 학습자에게 여러 면에서 유용하다. Halliwell(1993)은 교재가 교사와 학습자에게 다음과 같은 점에서 도움이 된다고 한다. 우선 교재는 교사에게 다음과 같은 사항을 제공한다.

① 점진적 발전이 이루어지도록 적절하게 배열되고 조직된 명료한 교수요목(syllabus)
② 교사 개인이 수집하는 것보다 폭넓은 자료
③ 안정감(a sense of security)
④ 준비 시간의 경제성
⑤ 실용적인 교수 아이디어의 원천
⑥ 교사 중심이 아니라 학습자가 스스로 할 수 있는 공부(work)
⑦ 필요한 숙제
⑧ 다른 교사들과 토론 및 비교할 수 있는 근거

또한 교재는 학습자들에게 다음과 같은 사항을 제공한다.

① 목적, 전진 및 진보감
② 안정감
③ 독자적이고 자율적 학습을 위한 범위
④ 점검(checking)과 복습(revising)을 위한 준거

Graves(2000: 174)도 교재가 주는 이점을 다음과 같이 제시하고 있다.

① 교과서는 무엇을 가르치고 배워야 할 것인지를 확인시켜 주고, 가르치고 배워야 하는 순서를 제공한다.
② 교과서는 학생들에게 학습 과정에 대한 안내서 역할을 함으로써 안정감을 제공한다.
③ 교과서는 자료, 활동, 읽을거리를 체계적으로 제공해주기 때문에 교사의 시간을 많이 절약하게 한다.
④ 교과서는 학습 내용을 평가할 수 있는 기초를 제공한다.
⑤ 교과서는 학생들에게 아주 유용한 학습 보조물 역할도 한다.
⑥ 교과서는 여러 교사가 동일한 교과서를 사용할 때 학습 내용에 일관성을 유지하게 도와준다.

교재가 비록 절대적인 것은 아닐지라도 여러 전문가들이 연구하고 개발하였다는 점에서 그만큼 신뢰할 수 있고 보편적인 가치가 있으며 보다 폭넓은 아이디어와 자료를 근거로 하고 있다. 그러나 교재가 많은 이점을 주는 것은 사실이지만 교재가 있음으로 해서 다음과 같은 부작용도 나타날 수 있다.

첫째, 교재는 불특정한 일반적인 학습자를 대상으로 하기 때문에 특정 학습자와의 관련성이 적어 학습자의 관심을 불러일으키기가 쉽지 않을 수 있다. 상업적인 교재는 물론이고 우리나라의 교과서, 예컨대 초등학교 3학년 교과서라고 하더라도 그 교과서는 우리나라 초등학교 3학년생 전체를 대표할 수 있는 중간자(사실은 존재하지 않을 수도 있다)를 대상으로 하여 제작되므로 특정 교사가 가르칠 3학년 학생과는 여러 가지 면에서 관련성이 떨어질 수 있다.

둘째, 교재는 교사의 창의력은 물론 교수 · 학습 기능을 개발할 기회를 앗아가거나 제한할 수 있다(deskills). 교재가 있음으로 해서 교사는 어떤 내용을 어떤 순서로 가르쳐야 보다 효과적 학습이 될 수 있는가에 대해 연구를 하지 않아도 수업을 할 수 있다. 특히 선택 사항이 없이 단선으로 제시된 교재를 막연하게 따라가기만 하면서 수업을 한다면 수업 경험이 쌓여도 교사의 직업적 발전이 없을 수 있다. 물론 초임 교사에게는 어느 정도의 자세한 내용을 포함하고 있는 교재가 도움이 되기도 하지만, 숙련된 교사에게는 교재의 내용 자체가 제약이 되어 창의성과 유연성을 잃게 할 수 있다.

셋째, 어휘와 구조 사용의 경직성으로 인하여 언어의 실제성(authenticity)이 떨어질 수 있다. 교재는 일반적으로 체계화되어 완성미를 갖추게 된다. 단원마다 비슷한 수의 새로운 어휘가 포함되어야 하며, 한번 사용한 어휘와 구조는 간헐적이면서 동시에 반복적으로 제시된다. 이렇게 인위적으로 안배된 어휘와 구조들로 구성된 교재의 언어는 실제성이 떨어지기 쉽다. 또한 교재에 나온 어휘나 구조는 중요한 것으로 반드시 익혀야 하는 것이며, 교재에 나타나지 않은 어휘와 구조는 중요 하지 않은 것으로 간주될 수 있다.

넷째, 일정한 틀(format)을 유지하려고 하기 때문에 단조로움을 줄 수가 있다. 교재가 일정한 틀을 유지한다는 것은 학습자들이 쉽게 적응하고 친근감을 느끼게 할 수 있다는 장점이 있기는 하지만, 친근하다는 것이 계속될 때에는 지루함과 단조로움을 주기도 한다. 일정한 틀을 유지하기 위한 구성도 적절한 시점에서는 변화를 줌으로써 학습자들이 참신하게 느낄 수 있게 하여야 한다.

이처럼 교재는 교사나 학습자에게 여러 가지 이점을 줄 수 있을 뿐만 아니라 교수·학습 활동에 제약을 주기도 한다. 따라서 교사는 교재가 교수 활동을 위한 하나의 도구일 뿐이라는 사실을 명심해야 한다. 아무리 좋은 피아노라 할지라도 그 자체로서는 고운 소리가 날 수 없듯이, 아무리 좋은 교재라 할지라도 그 교재의 장점이 충분히 발현되게 하기 위해서는 교사의 축적된 경험과 숙련된 기술이 필요하다. 한편 교재의 문제점이라고 지적된 사항도 교사의 활용 방법에 따라서 해소 내지는 완화될 수가 있다.

4 교과서의 유용론과 무용론

영어 교육 현장에서 주 교재로 사용되는 영어 교과서는 성공적인 영어 교육을 위해 매우 큰 역할을 담당하게 된다. 영어 교과서는 교육부가 제정한 영어과 교육과정에 의거해서 제시된 목표 달성에 적합하도록 체계적으로 만들어진 교재라고 할 수 있다. 교과서 집필, 편성 지침에 따라 만들어진 교재는 다시 검인정이라는 엄격한 심사 과정을 통과해야 비로소 교과서로 쓰일 수 있게 된다. 교과서는 우리가 가장 잘 아는 교재이고 내용이나 구성도 교육과정의 틀 안에서 만들어진다. 영어 교과서에 대한 찬반론이 많이 있지만 주 교재로서 교사와 학습자들에게 영어 교육의 길잡이 역할을 하는 것은 높이 평가하고 인정해 주어야 한다.

일반적으로 교과서에 대한 반응은 부정적인 고정관념에 근거한 경우가 많다. 내용이 재미없고 딱딱하며, 지루하고 틀에 박힌 체제로 인쇄나 제본 등 외형도 만족스럽지 못하다는 것이다. 그럼에도 불구하고, 대부분의 교육 현장에서 교과서는 굳건하게 그 위치를 지키고 있다. 한편, 의사소통 중심의 영어 교육은 교재를 새로운 시각에서 보게 하고, 생명이 없는 교과서의 언어보다는 교육 현장에서 학습자의 상호작용을 전제로 한 의사소통적인 언어 재료의 활용을 촉구하게 되었다.

교과서 사용을 반대하는 사람들 주장의 핵심은 일반 교과서는 학습자의 필요를 충족시킬 수 없으며 특정 대상이나 상황에 맞지 않는 경우가 많아 교육 효과를 거두기 어렵다는 것이다. 물론 교육이 효과적으로 이루어지기 위해서는 대상 학습자의 배경이나 기대에 맞는 교재나 교수 방법을 쓰는 일은 매우 중요하다. 예를 들어 한 교실에서 공부하는 학습자들이라고 할지라도 학급 구성원의 자질이나 요구가 똑같다고 볼 수는 없다. 따라서 이상적으로는 학습자 각자에게 맞는 교재가 있어야 하는데 이는 현실적으로는 실행 불가능한 이상론에 그칠 수밖에 없다. 그리고 교사가 교과서 없이 수업할 때 학습 목적, 대상, 상황에 맞는 교재를 스스로 준비한다는 것은 교사에게 많은 시간과 노력을 요구하며, 특히 비원어민 교사의 경우 큰 부담이 아닐 수 없다.

교과서 유용론을 주장하는 사람들에 따르면 교과서에 대한 부정적인 인식은 교과서 활용에 대한 잘못된 태도에서 비롯된 것이라고 한다. 교과서 유용론자들은 교과서를 사용하는 경우에 전적으로 교과서에만 의존하지 말고 교과서를 풍부한 언어 정보와 지식이 담긴 자료집으로 활용한다면 교과서에 대한 인식이 크게 달라질 수 있다고 한다. 교과서의 유익성을 살펴보면 다음과 같다. 첫째, 학습자들의 필요나 목표에 전적으로 부응하지는 못하지만 적어도 누구에게나 공통적으로 필요한 부분을 상당량 담고 있기 때문에 어떤 학습자들의 요구도 어느 정도 충족시켜줄 수 있다. 둘째, 교사가 가르칠 내용을 일정한 틀 안에서 체계적으로 제시함으로써 수업을 시작하는 좋은 출발점이 될 수 있다. 셋째, 교과서는 학습자들이 이미 배운 것과 앞으로 배울 것에 대해 알 수 있게 해준다. 넷째, 교과서는 교사들에게 교재 준비에 소요되는 시간과 부담을 덜어주어 수업 방법 개선 등에 전념할 수 있게 해준다. 다섯째, 교과서는 필요에 따라 수정 보완할 수 있는 기초를 마련해 주며 이와 같은 융통성은 교사와 학습자들에게 미리 정해진 교과서에 따라야 하는 답답함에서 벗어나, 필요에 따라 창의적으로 학습 내용을 만들어 나갈 수 있는 기회를 제공한다.

한 교실에 모인 학습자들 개개인의 필요는 다를 수밖에 없으나 공통적인 요구가 있는 것도 사실이다. 차이점과 유사점은 항상 있게 마련이지만 관점에 따라 어느 것이 더 크다고 보느냐가 문제의 초점이 된다. 교과서 무용론을 주장하는 사람들은 학습자들의 요구에 있어서 유사점보다 차이점이 더 크다고 보는 입장을 취하며, 교과서 유용론자들은 그와 반대되는 견해를 가지고 있다. 학습자들은 언어를 이해와 표현의 도구로 쓸 수 있는 공통적인 기본 요구를 가지고 있으며, 학습 목적, 관심, 진로 등에 따라 세부적인 면에서 차이가 있을 뿐이다. 교실 수업의 중요한 부분은 교과서 중심으로 진행하되, 학습자들의 자발적인 상호작용이 어떻게 이루어지는가에 따라 효과적으로 대처해 나갈 수 있는 교사의 자세와 능력이 요구된다. 예컨대 교과서는 교실 수업이나 활동에 필요한 기본 자료를 제공해 주는 것이고, 교과서와 교과서를 기초로 한 수업에서 일어나는 창조적인 상호작용에 생명력을 불어넣는 일은 교사의 몫이다.

2 교재와 교사의 역할

교사는 교과서를 비롯한 여러 종류의 교재에 접하게 된다. 교재마다 고유의 장점을 가지고 있겠지만 어떤 특정 상황에 적용할 때는 단점이나 제한점들이 있을 것이다. 다행히 우리나라에서는 어느 정도 특정 대상에 맞추어 다양한 교재를 개발하고는 있지만 그럼에도 불구하고 특정 지역, 특정 학교 혹은 특정 학급에 맞추어 개발 되는 것은 아니다. 따라서 교사는 자기 학급에 가장 적절한 교재를 선정해야 할 것이다. 교재를 선정할 때는 학습자들의 학습 목표, 선호하는 학습 양식과 방법, 학습자들의 강점과 부족한 점 등과 관련하여 학습자 요구 분석을 해야 한다.

주어진 여건을 고려하여 선정된 최상의 교재일지라도 교사가 특정한 학습 현장에 적용하기 위해서는 첨삭과 변용을 하여야 할 것이다. 많은 경우 학습 내용에 따른 주제가 학습자의 관심과 흥미를 끌지 못하는 수도 있고, 활동이 단조롭거나 입력되는 언어가 제한되어 제시되기도 한다. 학습 자료와 현실의 틈을 메울 수 있는 사람은 교사이다. 교사는 주어진 학습 내용과 목표를 추구하면서도 학습자의 요구를 충족시킬 수 있는 실질적인 자료와 활동으로 학습자의 학습 동기를 유발하여 수업을 효과적으로 진행해야 한다.

교사는 교재의 단점을 보충하고 필요에 따라 변용하는 일 외에도 교재가 할 수 없는 일을 해야 한다. 아무리 잘 선정된 교재라도 실질적인 언어 사용의 관점에서 보면 인쇄물의 한계를 벗어날 수가 없다. 인쇄물의 공통적인 한계점은 실제적인 상호작용 활동이 어렵다는 것이다. 이러한 문제점을 해결할 수 있는 사람은 교재의 저자가 아니라 직접 가르치는 일을 하는 교사이다. 교사는 수업 진행에 맞게 적절히 교실 영어를 사용하여 영어가 실제적인 의사소통의 도구임을 보여줄 수 있으며, 학습자의 반응에 따라 즉각적인 피드백을 주면서 활동을 적절히 조정하고, 영어 학습에 그림이나 실물 등을 복합적으로 활용하여 효과적인 의사소통을 실현시키며, 칭찬과 격려를 함으로써 학습자들이 자신감을 갖고 적극적으로 상호작용에 참여하게 한다.

이처럼 교사는 교재가 없을 때는 물론이고, 교재가 주어져도 이를 적용하고 변용하면서 교재가 하지 못하는 고유의 일을 할 수 있어야 한다. 교재는 교사에게 시간을 덜어줄 뿐만 아니라, 교사에게 잠재해 있는 창의력을 자극하며, 구체적인 아이디어 뱅크 역할을 한다. 그러나 아이디어를 실질적인 의사소통적인 언어로 만드는 것은 교사이다. 이에 대해 Tice(1991)는 교재는 성공적인 학습을 위한 보조물이지 성공적인 수업 그 자체는 아니라고 하였다. 이와같이 교사가 교재를 활용할 때 할 수 있는 역할을 요약하면 다음과 같다.

① 교재의 내용과 수준을 학습자에게 보다 적절하게 변용한다.
② 문자로 제시된 내용을 교사와 학습자, 학습자와 학습자 간의 상호작용을 통한 구두 언어로 제공한다.
③ 교재에 대한 학습자의 반응에 즉각적으로 피드백을 제공한다.
④ 주어진 학습 활동을 상호작용을 통해 반복함으로써 학습자들이 언어 입력을 내재화하게 한다.
⑤ 언어 요소를 뒷받침하는 단어와 그림을 포함한 다양한 의사소통 매체를 이용한다.

3 훌륭한 영어 교재의 특성

영어 교재는 교과서를 비롯하여 교사나 학생의 영어 학습을 촉진시키기 위해 사용되는 모든 것이라고 하였다. 그런 다양한 교재 중에서 훌륭한 영어 교재는 어떤 것인가? 학습의 목적, 가르치는 대상, 교사의 능력과 선호도 등에 따라 훌륭한 교재가 어떤 것인지에 대해 다양한 견해가 있다. Tomlinson(2011)에 따르면 훌륭한 영어 교재는 다음과 같은 특성을 지니고 있어야 한다고 한다.

① 교재는 학습자에게 충격(impact)을 줄 수 있어야 한다.

교재가 학습자들의 호기심, 흥미, 주의를 끌기 위해서는 신선한 충격을 주어야 한다.

교재가 이러한 영향력을 갖추게 되면 학습자는 교재에 담긴 언어를 더 잘 학습할 수 있는 기회를 갖게 된다. 교재가 학습자에게 충격을 줄 수 있는 방법은 다음과 같이 다양하다.

a. 참신성(예 신기한 화제, 삽화, 활동)
b. 다양성(예 예기치 않은 활동으로 틀에 박힌 단원의 단조로움에서 탈피, 여러 가지 유형의 단원 내용, 여러 가지 음성으로 녹음·녹화된 자료)
c. 시각적 매력(예 매력적인 색깔의 사용, 충분한 여백, 사진의 이용)
d. 마음에 와 닿는 내용(예 학습자에게 흥미 있는 화제, 뭔가 새로운 것을 배울 수 있게 하는 화제, 흥미 있는 이야기, 보편적 주제, 지역적 관련성 있는 주제)

충격의 효과를 극대화하기 위해서 교재 집필자는 학습자나 학습자의 관심 사항에 대해 가능한 많이 알아야 한다. 학습자들은 다양하므로 교재가 각각의 학습자에게 충격을 주기 위해서는 학습자가 자신에게 맞는 학습 활동을 선택할 수 있는 기회를 제공할 필요가 있다. 예컨대, 교재에 제시된 화제가 다양하면 다양할수록 충격의 효과는 더 크게 될 것이다.

② 교재는 학습자로 하여금 편안함을 느끼게 할 수 있어야 한다.

언어 학습자의 유형에 따라서는 압박감이 학습에 자극을 주는 요인이 될 수 있다고 한다. 그러나 많은 연구자들에 따르면 대부분의 언어 학습자들의 경우 편안함을 느낄 때 학습이 효과적으로 될 수 있으며 불안하거나 긴장하게 되면 학습 기회를 잃게 된다고 한다. 어떤 교재 개발자들은 학습자들이 편안함을 느끼게 도와주는 것은 교사의 책임이지 교재가 그렇게 도와줄 수 있는 것이 아니라고 주장하나 교재도 다음과 같은 여러 가지 방법으로 학습자들을 편안하게 해줄 수 있다.

a. 대부분의 학습자들은 교재가 여러 가지 활동으로 가득 채워진 것보다는 빈 여백이 많이 들어 있을 때 더 편안함을 느낀다.
b. 문화적으로 낯선 내용보다는 자신들의 문화와 관련시킬 수 있는 내용이나 삽화에 더 편안함을 느낀다.
c. 학습자는 항상 테스트하는 형식으로 된 교재보다는 뭔가 학습하도록 분명히 도와주는 교재에 더 편안함을 느낀다.

그 밖에 녹음이나 녹화 자료의 경우 음성이 편안해야 하며, 지문에 사용되는 문장은 수동태보다는 능동태를 사용하여 학습자에게 이야기하는 것처럼 꾸미는 것이 좋다. 학습 활동은 학습자의 개별 참여를 장려하는 내용으로 구체적이면서 학습자와 관련성이 있는 것이 학습자를 편안하게 할 수 있다. 교재의 언어 내용으로 공식적인 담화 내용이나 언어 표현뿐만 아니라 비공식적인 친근한 언어를 함께 담는 것이 좋다.

③ 교재는 학습자가 자신감을 가질 수 있도록 도와주어야 한다.

많은 연구들(예 Dulay, Burt & Krashen, 1982)에 따르면 억압되지 않고 자신감 있는 학습자가 더 빨리 배운다고 한다. 대부분의 교재 개발자들은 학습 내용을 단순화함으로써 학습자가 자신감을 갖게 하려고 한다. 예를 들면 학습자들에게 쉬운 과제를 주고 간단한 영어를 사용해서 수행하도록 하여 성취감을 느끼게 하기도 한다.

그러나 이러한 시도는 오히려 학습자의 성취감을 감소시키는 경우가 더 많다. 학습자는 학습 내용이 자신들을 위해서 단순화되어 있어서 학습 내용과 실제 언어 사용 사이에 유사성이 별로 많지 않으며 외견상의 성공이 환상에 불과하다고 느끼게 된다. 이러한 인식은 학습자의 자신감 감소를 불러일으킬 수도 있다. 따라서 교재는 도전감을 줄 수 있게 학습자의 현재의 수준보다 약간 높고 어려워 보이지만 학습자들이 성취해낼 수 있는 과제를 제공함으로써 학습자들에게 자신감을 심어주어야 한다.

그러한 과제는 학습자들이 상상력, 창의력, 분석력 등을 포함한 언어 외적 기능을 사용하고 개발하게 도와줄 수 있다. 예를 들면, 이야기를 엮어보게 하거나 짧은 시를 써보게 하는 것이 이러한 과제에 해당한다.

④ 배우는 내용은 학습자들에게 관련 있고 유용한 것이라는 점이 인식되어야 한다.

Krashen(1982)과 Wenden(1987)에 따르면 언어 습득에 있어서 학습자가 자신들이 학습하는 언어 내용이 자신들과 실제적으로 관련되어 있고 유용하다고 분명히 인식하는 것이 중요하다고 한다. 따라서 교재는 그 내용에 있어서 학습자의 관심 분야를 반영하고, 과제도 학습자가 실생활에서 목표 언어를 사용하여 수행하게 될 것을 포함해야 한다. 이러한 일이 ESP 교재에서보다는 일반 영어 교재에서는 더 어려운 일이기는 하지만 영어 학습자들의 관심 분야와 영어를 배우는 목적 등을 잘 정리함으로써 해결할 수 있다.

학습 목표를 흥미 있고 도전적인 교실 과제와 연관시키고, 학습자가 수행하고자 하는 과제 성취를 장려함으로써 관련성과 유용성의 인식을 높일 수 있다. 예를 들면, 일련의 프로젝트 과업 중에서 취사선택하게 하고 나서 선택한 프로젝트 과제를 달성하기 위한 전략들을 결정하게 할 수 있다. 일반 영어 교재에서 관련성과 유용성을 인식시키기 위해서는 학습자에게 화제와 과업를 선택하게 하는 것이 매우 중요하다.

⑤ 교재는 학습자의 자기 투자(self-investment)를 유발하고 촉진시켜야 한다.

많은 연구자들이 학습자로 하여금 스스로 발견하게 하는 학습 활동의 가치에 대해서 언급하고 있다. Rutherford와 Sharwood-Smith(1985)에 따르면 수업과 학습 교재의 역할은 학습자의 자기 발견을 촉진하기 위해 자료를 효율적으로 이용하도록 도와주는 것이라고 한다.

학습자들이 학습 활동에 관심과 노력을 기울이고 주의를 집중한다면 많은 성과를 얻을 수 있다. 이러한 일을 교재를 통해서 도울 수 있으려면, 학습자에게 학습의 초점이나 활동 등을 선택 또는 조절할 수 있는 여지를 제공해야 한다. 또한 학습자 중심의 발견 학습에 참여하게 해야 한다. 예를 들면 특정 언어 요소 분석을 도와주는 내용을 제공하여 스스로 발견 학습이 이루어 질 수 있도록 해야 한다. 그 밖에 학습자의 자기 투자를 유도하기 위한 방법으로 학습자로 하여금 미니 프로젝트에 참여하게 하거나 교과서 특정 단원을 위한 보충 자료를 찾게 하는 것 등이 있다.

⑥ 학습자가 습득할 준비가 되어 있는 학습 내용이어야 한다.

Pienemann(1984)에 의하면, 수업이 학습자의 준비도와 일치하고, 속도, 규칙 적용 빈도, 폭넓은 언어 맥락에서의 규칙 적용 등을 늘려감으로써 자연스런 언어 습득을 촉진할 수 있다고 한다. Krashen(1985)도 학습자는 학습할 준비가 되어 있는 새로운 입력으로부터 배울 수 있다고 하며, 언어 습득에 있어서 이해 가능한 입력 (i+1)이 매우 중요하다고 주장한다. 따라서 교재 내용으로 학습자의 현재 수준보다 한 단계 높은 것이 제시되어야 하며, 학습자의 현 수준이 매우 다양하므로 교재에 선정된 특정 학습 요소를 모든 학습자가 배울 준비가 되어 있다고 볼 수 없다는 사실을 교재 개발자는 명심해야 한다.

⑦ 학습자가 실제적 언어 사용에 노출되도록 하는 교재여야 한다.

Krashen(1998)은 이해가능한 입력이 언어 습득에 필요충분조건이라는 강한 주장을 한 바 있다. 이러한 주장에 동의하지 않는 학자들도 있지만, 학습자가 목표 언어의 실제적 사용에 노출되는 것이 해당 언어 습득을 위한 충분조건은 아니지만 필요조건이라는 점에는 대다수가 동의한다.

교재가 실제적 언어 입력을 제공하기 위해서는 교재에 포함된 활동들이 실생활에서 목표어를 사용하여 수행하는 활동이 되어야 하며, 교재의 지시문 또한 학습자와 이야기하는 것처럼 제시되어야 한다. 교재에서 면접, 지역 사회 프로젝트, 라디오 청취 등을 통해서 학습자가 실제적 입력에 노출될 수 있도록 자극할 수 있다.

언어 입력은 이해 가능해야만 한다는 말이 초보자라고 해서 실제적 입력에 노출될 수 없다는 것을 의미하지는 않는다. 초보자들에게 신문에서 발췌한 긴 내용을 학습 자료로 제공하는 것은 적절하지 못하지만, 학습자들의 신체 반응을 이끌어내기 위해 목표어로 지시를 한다거나, 이야기나 노래를 들려주는 것 등은 가능하다.

이상적인 교재는 풍부하고 다양한 실제적 언어 입력 자료를 제공할 수 있어야 한다. 즉 교재에 제시되는 언어는 음성 언어와 문자 언어, 공식어와 비공식어 등 다양한 상황과 매체에 따른 변이형을 포함하고, 실제적 담화 특징을 지닌 요소들이 풍부해야 한다. 담화의 유형은 크게 세 가지, 계획된 담화(예 공식적 강연), 어느 정도 계획된 담화(예 비공식적 라디오 회견), 그리고 계획되지 않은 담화(예 자연 발생적인 대화 등)로 나누어 볼 수 있다. 만일 학습자가 일상적인 의사소통을 위해 목표 언어를 학습하는 것이라면 그러한 학습자를 위한 교재는 계획되지 않은 담화를 많이 포함하고 있어야 한다.

교재가 학습자를 실제적 언어 사용에 노출될 수 있게 하기 위한 또 다른 방법은 학습자가 언어 입력을 수동적으로 받아들이게 하는 것이 아니라 입력과 상호작용 하도록 자극하는 것이다. 이것은 학습자들이 입력에 반응하여 항상 목표 언어로 표현해야 한다는 것을 반드시 의미하지는 않는다. 목표 언어로 상호작용하는 것 외에도 학습자들이 정신적으로 또는 신체적으로 교재의 언어 입력에 반응하여 무엇인 가를 항상 하게 해야 한다는 것을 뜻한다.

⑧ 학습자의 주의력이 언어 입력의 특정 요소에 모아지게 해야 한다.

교재는 학습자로 하여금 언어 입력의 특정 요소에 주의를 기울이도록 함으로써 언어 습득을 도와줄 수 있다고 한다(Focus on Form). 그러나 이러한 주장이 전통적인 문법 중심 교수 방법으로 돌아가자는 것을 의미하지는 않는다. 예를 들면 학습자들이 과제 수행을 통해 현재 진행형과 관련된 문장이나 담화 연습을 충분히 한 후에 마무리 활동으로 학습자들에게 과업 수행 시 사용한 현재 진행형 문장의 문법적 요소(be + 동사-ing)에 무의식적으로 주의를 기울일 수 있게 하는 빈 칸 채우기 활동을 하게 할 수 있다. 이 활동을 통해 학습자들은 무의식적으로 현재 진행형이라는 문법 요소에 주의를 집중할 기회를 가지게 되며 즉각적으로 학습이 일어나지 않을 수 있지만 다음에 현재 진행형을 포함한 언어 입력에 노출되었을 때 현재 진행형이라는 언어 요소를 습득할 가능성이 많아지게 된다.

⑨ 교재는 의사소통 목적 달성을 위해 학습자에게 목표 언어를 사용할 기회를 제공해야 한다.

교재는 학습자에게 교사와 교재에 의해서 통제되는 상황에서의 연습보다는 의사소통을 위한 언어 사용의 기회를 주어야 한다. 학습자로 하여금 절차적 지식(언어가 어떻게 사용되는가에 대한 지식)을 자동적으로 활용하게 도와주고 또한 전략적 능력을 개발하게 도와줄 수 있도록 다음과 같은 활동들을 포함할 수 있다.

a. 정보나 의견 공백 활동으로서 학습자들이 공백을 메우기 위해 학습자 간에 또는 학습자와 교사 간에 의사소통 하도록 하게 한다.
b. 듣기 후 활동이나 읽기 후 활동으로서 학습자들이 의사소통 목적을 달성하기 위해서 교재에 있는 정보를 이용하게 한다(예를 들면, 어떤 TV프로그램을 시청할지 결정하기, 누구에게 투표할 지 토의하기, 책이나 영화의 독후감 쓰기 등).
c. 창의적 쓰기 활동이나 말하기 활동으로서 이야기를 쓰거나 연극을 즉석에서 엮어보게 한다.
d. 교사로 하여금 목표 언어로 수업을 진행하게 하는 것도 교사와 학습자간의 상호작용을 촉진할 수 있다.

⑩ 교재는 교실 수업의 긍정적 효과가 대체로 늦게 나타난다는 점을 고려해야 한다.

자연스러운 환경에서뿐만 아니라 교실 수업에 있어서도 언어 습득은 점진적으로 이루어지는 장기적 과정이다. 언어 습득은 학습자의 내적 문법에 대한 즉각적인 조정이라기보다는 점진적이고 역동적인 내적 일반화 과정의 산물이다. 학습자들이 수업 시간에 새로운 언어 요소를 배워서 그 시간에 능숙하게 사용할 수 있다고 해서 그 언어 요소에 대한 학습이 이루어졌다고 생각해서는 안 된다. 학습자들이 수업 시간에 배운 새로운 요소들을 그 다음 주에는 틀리게 사용하는 일이 흔하며 이는 언어 습득의 경우 집중적이면서 반복적인 언어 입력에의 노출이 필요하다는 것을 의미한다.

이처럼 수업의 효과가 지연되어 즉각적으로 나타나지 않는 경우가 많다는 사실은 언어 요소를 한 번에 한 가지씩 가르쳐서 학습자들이 곧바로 사용할 수 있게 되기를 기대하는 교과서는 언어 학습 교재로 적합하지 않다는 것을 보여준다. 점진적인 언어 습득을 촉진하기 위해서는 교재가 언어 요소를 순환적으로 그리고 다양한 방법이나 활동을 통해 반복적으로 제시하는 것이 중요하다. 또한 학습자들이 학습한 요소에 대해 즉각적으로 표현해 보도록 강요하거나 학습 후에 숙달도 평가를 즉시 하지 않는 것이 중요하다. 이 점을 간과한다면 학습자에게 좌절감을 안겨줄 수 있다.

⑪ 교재는 학습자들의 학습 양식(learning style)이 다르다는 점을 고려해야 한다.

학습자마다 학습 양식이 다르다. 예를 들면, 학문적 학습을 선호하는 학습자는 경험적 학습을 선호하는 학습자보다도 명시적 문법 교육이 더 유익할 가능성이 높다. 그리고 경험적 학습을 선호하는 학습자는 어떤 문법적 요소를 분명하게 설명 해주는 것보다는 그 문법 요소가 드러나 있는 이야기를 읽음으로써 더 이득을 볼 수도 있다. 이것은 교재 내용이 모든 학습자들을 배려하여 학습 활동이 다양해야 함을 의미한다.

문법·번역식 교수법이 유행하던 때 제작된 교과서들의 대부분은 학문적 학습을 선호하는 학습자에게 적합한 것으로 모든 학습자가 학문적 학습 양식으로 학습하면 효과적으로 언어를 습득할 수 있다는 가정이 바탕에 깔려 있다.

언어 학습 교재에서 고려되어야 할 학습 양식들로는 시각적, 청각적, 운동 감각적, 학문적, 경험적, 분석적, 종합적, 장의존적, 장독립적 양식 등이 있다. 한 학습자의 특정 학습 양식에 대한 선호는 가변적이어서 학습 내용, 학습 장소, 학습 집단 구성, 학습 목적 등에 따라 달라질 수 있다. 따라서 교재 개발자는 학습자들의 선호하는 학습 양식을 인식하고 고려하여 교재에 담을 내용을 선정해야 한다.

⑫ 교재는 학습자마다 정의적 태도가 다르다는 점을 고려해야 한다.

이상적인 외국어 학습자는 강하고 지속적인 학습 동기를 지녀야 하고 또한 배우는 외국어, 동료 학습자 등에 대해서 긍정적 태도를 가져야 한다. 교재가 모든 학생의 목표 언어, 교사, 동료 학생들에 대한 정의적 변인들을 모두 고려할 수는 없다. 그러나 교재 집필자들은 그 교재를 사용하게 되는 학습자들은 제각기 다른 정의적 태도를 가지고 있음을 인식해야 한다.

따라서 교재 개발자들은 학습자의 인지적 유형의 다양성과 함께 정의적인 태도의 다양성을 염두에 두고 다양한 학습 활동과 내용을 포함한 교재를 만들어야 한다 (Larsen-Freeman & Long, 1991). 영어 교재에서 이러한 다양성을 확보하기 위한 방법으로 다음과 같은 예들을 들 수 있다.

a. 여러 가지 유형의 주제를 선택하여 활용한다.
b. 다양한 유형의 활동을 제공한다.

c. 더 적극적이고 동기가 높은 학습자들을 위한 추가적 활동을 제공한다.
d. 토의를 위한 화제를 제공한다.
e. 학습 교과목과 교재에 관한 학습자의 태도와 감정을 논의하기 위한 활동을 제공한다.
f. 학습자의 다양한 관심 분야를 연구하고 대비한다.
g. 학습자들의 문화적 민감성을 인식한다.
h. 거부감을 보이는 학습자들에 대한 대처 방안에 관해서 일반적 조언이나 특별한 조언을 교사용 지도서에 언급한다(예를 들면, 소집단 학습 활동을 싫어하는 학습자를 억지로 참여시키지 않기 등).

⑬ 교재는 학습자에게 학습 과정 초기에 있게 되는 침묵 기간(silent period)을 고려해야 한다.

학습자가 목표 언어에 충분히 노출되어 자신감을 얻기 전인 학습 초기에 목표 언어로 말하도록 강요하지 않는 것은 매우 중요하다고 한다. 이러한 침묵 기간 동안 충분한 언어 입력을 통해 학습자로 하여금 어느 정도의 문법을 내재화하게 한 후에 목표 언어로 말하게 하는 것이 바람직하다고 주장하는 학자들이 있다(Dulay, Burt & Krashen, 1982). 침묵 기간의 실제적인 가치에 대해서는 논란도 있고 일부 학습자들은 외국어 학습을 회피하는 데에 침묵을 이용하기도 한다. 그러나 분명한 것은 새로운 언어 학습 초기에 즉각적으로 목표어 사용을 강요하는 것은 학습자에게 정의적으로 뿐만 아니라 언어학적으로도 해를 끼칠 수 있다는 것이다.

따라서 교재는 성급하게 학습자들에게 목표 언어로 말하기를 강요해서도 안 되고 침묵을 강요해서도 안 된다. 학습자가 준비될 때까지 말하기를 유보하도록 하기 위한 방법으로는 다음과 같은 예를 들 수 있다.

a. 학습자들은 교사나 녹음 자료 구두 지시에 의하여 신체적으로 반응하는 TPR 접근법으로 학습을 시작한다.
b. 효과음, 시각 자료, 교사의 연극적 동작 등과 함께 학습자들이 목표 언어로 들려주는 이야기를 듣는 이해 중심 접근법으로 시작한다.
c. 목표 언어로 주어지는 질문에 대해 학습자들이 모국어, 그림, 몸짓 등을 사용하여 응답하는 것을 허용한다.

교재를 구성할 때 이러한 침묵 허용의 원리를 실행하기 위해서는 학습자 수준에 관계없이 초기에 표현이 아닌 이해를 요하는 활동을 통해서 새 언어 요소를 도입할 수 있을 것이다.

⑭ 교재는 좌뇌와 우뇌 활동 모두를 자극하기 위하여 지적, 심미적, 정서적 능력 활용을 장려하는 학습 활동을 골고루 포함하고 있어야 한다.

인지적 과정을 많이 필요로 하지 않는 활동(기계적 연습, 규칙 암기, 단순한 변형 활동 등)들은 지적, 정의적 과정을 자극하는 다른 활동과 연결되지 않으면 학습 효과가 낮고 오래가지 못한다. 그러나 다양한 분석적, 창의적, 평가적 활동들은 더 밀도 있고 지속적인 학습 효과를 거둘 수 있다. 이러한 심층적인 학습이 촉진되기 위해서는 교재의 내용이 지엽적이거나 진부하지 않아야 하고, 생각과 느낌을 자극하는 것이어야 한다. 그리고 활동이 너무 단순해서도 안 된다. 따라서 학습자들이 자신들의 선행 경험을 활용하거나 머리를 쓰지 않고는 쉽게 해낼 수 없는 과제로 교재가 구성되어야 한다.

학습자가 좌뇌와 우뇌를 골고루 활용하여 언어 학습을 할 수 있게 하기 위해서는 교재에 다양한 유형의 활동 제시가 필요하다. 예를 들면, 한 단원 안에서 대화 암송, 지시에 따라 춤추기, 노래하기, 대치 연습, 이야기 쓰기 등 다양한 좌뇌와 우뇌 활동을 하게 할 수 있다.

⑮ 교재는 통제적 연습에 너무 의존해서는 안 된다.

통제적 연습(controlled practice)의 가치에 대해서 뚜렷한 증거가 없는 가운데, '통제적 연습은 새로운 언어 구조에 대한 정확성을 익히는 데 장기적으로 효과가 별로 없고(Ellis, 1990)', '유창성에도 효과가 거의 없다(Ellis & Rathbone, 1987)'고 한다. 그러나 통제적 문법 연습 활동은 외국어 교과서에 아직까지도 상당히 반영되어 있고 많은 교사와 학생들도 통제적 연습이 유용하다고 여기고 있다. 지난 30여 년간 뚜렷한 이론적 뒷받침 없이 언어 교수·학습 방법으로 꾸준하게 활용되어 왔으며 청화식 교수법의 근간이 되는 대화(dialogue) 연습이 그 대표적인 예라고 할 수 있다. 최근에 제작된 외국어 교과서에도 여전히 언어 사용 활동 못지않게 통제적 언어 연습 활동도 많이 포함되어 있는 것이 현실이다. 외국어 학습자들이 지나친 통제 연습으로 시간을 허비하지 않게 가능한 한 기계적 통제 연습 활동은 줄여야 할 것이다.

4 수업과 교재 활용

수업을 시행함에 있어서 교사가 교재 활용과 관련하여 주의해야 할 사항들을 요약해 보면 다음과 같다.

① 교사는 교과서의 노예가 아니다.

교사는 자신의 학급 학습자의 능력을 파악하고 수업의 과정과 목적을 알고 있는 훈련된 사람이다. 교과서는 교사에게 여러 가지 방법으로 활용할 수 있는 자료를 제공한다. 교사는 교과서에 무엇이 있는지를 알고, 교과서에 제시된 내용을 선택, 생략 또는 보충을 통해 재편성할 수 있어야 한다. 교사는 교과서 내용을 확실히 파악하여 다음 시간을 위하여 학습자에게 준비를 시킬 수 있어야 하며, 필요할 때는 그 책의 다른 부분을 빨리 참조하고 발견한 결점을 보충할 수 있어야 한다.

② 각 수업은 명확히 설정된 목표에 근거를 두어야 한다.

교재의 각 단원은 흥미 있는 항목들의 우연한 집합이 아니라 단원의 명확한 목표 아래 그 목표에 도달하기 위한 다양한 활동이 모여서 이루어진 것이다. 따라서 교사는 이러한 교재를 활용하여 수업을 진행할 때 각 활동들의 연결이 상호 강화하고 보충하는 유기적인 것이 되고 있는지를 명심해야 한다. 그리고 수업의 마무리 단계에서는 학습자가 배운 내용에 대해서 학습자 자신과 교사가 철저히 확인할 수 있어야 하며, 아직 더 가르쳐야 할 부분이 무엇인지를 확인할 수 있어야 한다.

③ 각 수업을 확신을 가지고 진행해야 한다.

교사는 한 활동에서 다른 활동으로 확신을 가지고 이끌어가야 한다. 활발한 템포를 유지하여 시간 낭비를 하지 않기 위해서는 교사가 자신의 수업 계획에 대한 자신감이 있도록 철저히 교재 준비를 해야 한다.

④ 수업 중에는 어느 한 가지 종류의 활동이나 자료로 너무 오랫동안 지속되어서는 안 된다.

학습자가 특정한 활동에 대해 지속적으로 흥미를 느끼고 있는 것처럼 보이더라도, 새로운 기분을 불러일으키도록 노력해야 한다. 어려운 언어 구조나 표현이라고 할지라도 너무 많은 연습을 하면 학습자는 지루함을 느끼게 된다. 또한 그러한 연습은 학습자로 하여금 어떤 문형의 사용에 너무 집착하게 하므로, 의사소통 상황에서 언어 구조를 융통성 있게 사용할 수 없게 할 수도 있다. 너무 많은 읽기와 쓰기는 음성 언어를 연습할 기회를 축소하는 것이며 너무 많은 비조직적인 구두 언어 연습은 이야기할 수 있는 새로운 자료를 학습할 수 있는 기회를 줄이는 것이라고 볼 수 있다. 잘 계획된 교재의 단원은 많은 다양한 활동을 포함하며, 배운 내용을 강화하기 위해 간격을 두고 연습하도록 한다. 간격을 두고 반복되는 학습은 한 번에 오랜 시간 동안 집중하는 학습보다 훨씬 효과적이다.

⑤ 수업은 다음 단계의 활동에 대한 궁금증을 불러일으킬 수 있도록 구성되고 계획되어야 한다.

학습자가 항상 같은 유형을 따르도록 하는 수업은 재미없는 수업이다. 특정 교재에 근거한 수업은 대부분의 경우 비슷한 활동으로 이루어진다. 그러나 교사는 교재에 제시된 학습 활동의 제시 순서를 다양하게 할 필요가 있다.

⑥ 교사는 수업을 진행하는 동안에 미리 준비된 계획을 상황에 따라 융통성 있게 변경할 준비가 되어 있어야 한다.

학급의 분위기, 특정 활동의 예기치 못한 관련성, 계획을 세울 당시 교사에게 떠오르지 않았던 흥미의 가능성 등은 수업 중 다음 단계의 적당한 형태에 대하여 교사의 마음을 바꾸게 할 수 있다. 교사는 자신의 계획을 변경할 마음의 준비가 되어 있어야 한다. 준비했던 계획을 바꾸는 의사 결정을 할 때 교사는 왜 변경해야 하는지, 새 계획을 통해 어떤 방향으로 학생들을 이끌어 갈지에 대해 분명히 인식하고 있어야 한다.

5 교재에 대한 인식의 정립

대부분의 영어 교사들은 이미 출판된 책이나 자신이 직접 쓴 교재를 사용한다. 어떤 교사들은 하나의 교재를 가지고 과정을 마치기도 하고, 어떤 교사들은 여러 권의 교재에서 본문과 연습 문제들을 취하여 필요하면 개작하거나 보충하여 사용하기도 한다. 또 어떤 교사들은 기존의 인쇄 교재들을 거의 사용하지 않고, 많은 시간이 소요되는 어려운 과정을 거쳐서 독창적인 교재를 만들어서 사용하기도 한다.

1절에서 보았듯이, 교사가 교재를 대할 때 극단적인 태도 중 하나는 주어진 내용에서 벗어나는 것이 잘못이라고 생각하는 것이고, 다른 하나는 주어진 내용에서 벗어나지 않는 것이 잘못이라고 생각하는 것인데, 이 두 가지 태도는 모두 옳지 않다고 하였다. 교사가 가르치는 것에 대해 교재에서 외적인 안내와 통제가 아무리 많이 제시되어도, 교사는 교실에서 일어나는 것에 맞도록 어느 정도의 선택을 해야 한다. 그러므로 교재는 교사를 위해 충실한 하인의 역할을 할 뿐이지 교사 위에 군림하는 주인이 되어서는 안된다. 교사는 해당 교재가 특정한 교수 학습 상황에 어느 정도 알맞은가, 어떤 종류의 교재가 자기 학급에 적절한가, 그리고 그 교재를 어떻게 해야 가장 잘 이용할 수 있는가를 결정해야 한다.

출판된 교재는 일반적으로 경험이 많고 자질 있는 사람들에 의해 쓰여졌고, 교재에 담긴 자료는 실제의 교수 상황에서 실험 연구를 거쳐 평가된 내용이다. 따라서 정평 있는 출판사에서 펴낸 교재를 잘 선정하여 사용하면 큰 도움이 될 것이다.

일반적으로 영어 교재는 정확하고 추상적인 학습 자료이며, 교수 목표에 부응한 다양성을 제공해 주고, 연결성과 융통성을 가진 자료이므로 영어 교육에는 필요한 요소라고 할 수 있다. 교육 경력이 짧은 교사들은 교수 방법과 교과 내용을 알기 위하여 시중에서 판매되는 영어 교재에 너무 의존하는 경향이 있을 수 있다. 그러나 영어 교재는 교실에서의 언어 활동을 수행하는 데 필요한 자료의 공급원이며 교수 · 학습의 출발점에 불과하다. 영어 교재는 모든 학생의 개인적 욕구를 충족시킬 수는 없으므로 교사가 학생들을 위하여 상황에 맞게 교재를 재구성하거나 보조 자료를 활용해야 한다. 또한, 교사와 학생들이 공동으로 교재 자료를 수집하거나 새로운 내용을 창출할 수도 있다.

교재는 교수법과 따로 분리되어서 생각할 수 있는 것이 아니다. 교재와 교수법이 한데 어우러져서 하나의 큰 맥락(context)을 형성하면서 그 속에서 학습자의 영어 학습 능력을 키워 나가도록 교사가 도와주는 것이어야 한다. 이런 점에서 McDonough 외 (2013: 6)는 학습 자료(materials)와 교수 방법(methods)을 언어 교육 프로그램을 계획하는 데 있어서 [그림 1-1]에서처럼 하나의 체계화된 틀(framework)에 접목시키고 있다. 영어 교육의 목표가 국가적 정책 차원의 진술이든지 또는 지역 학교 차원에서 진술이든지 간에 그 목표는 학습자와 교육 환경이라는 맥락(context)과 직접 연관되어 있음을 알 수 있다.

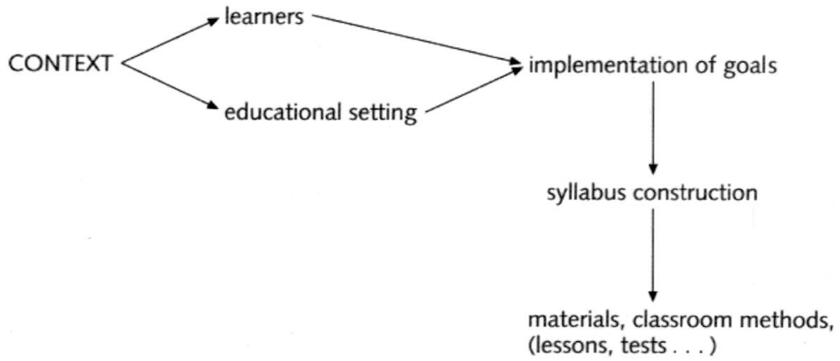

[그림 1-1] 언어 교수를 위한 체계화된 틀

영어 교육의 목표가 실행되기 위해서는 특정 환경에 비추어 현실성이 있어야 한다. 목표의 진술은 우선 학습자와 관련짓고 교육 여건(setting)의 제한 조건을 고려하여 진술되면 적절한 유형의 교수요목 내용의 선정 및 상세화가 이루어진다. 넓은 의미의 교수요목 개요는 구체적인 교재의 설계 및 선정, 평가, 개별 수업 단위의 계획, 그리고 교실 관리 등에 곧바로 연관된다. 우리나라 영어 교육 환경을 고려하여 McDonough 외(2013)가 제시한 틀에 한 가지 더 첨가한다면, 맥락의 구성 요인으로 학습자와 교육 여건 외에 교육 정책을 포함시킬 수 있다. 왜냐하면 지구어로서의 영어(English as a global language: EGL) 교육을 지향하는 데 있어서 국가의 교육 정책이 학교 영어 교육에 지대한 영향을 미치기 때문이다.

제 2 장
영어 교수요목

1. 교수요목과 교육과정
2. 교수요목의 유형
3. 교수요목의 개발과 활용

교수요목은 교재 집필의 기준이자 근거가 되는 틀이라고 할 수 있다. 바꾸어 말하면, 교재는 교수요목을 구체화한 것으로, 교재 집필자의 교수요목에 대한 해석이 곧 교재라고 말할 수 있다. 이 말은 교재를 올바로 평가하고 선정하기 위해서는 교수요목에 대한 이해가 선행되어야 한다는 뜻이다. 본 장에서는 영어과 교수요목에서 주로 활용하는 이론적 배경을 살펴보면서 교재에 대한 이해를 통해 교재 평가와 선정에 대한 인식을 제고하고자 한다.

1 교수요목과 교육과정

교수요목(syllabus)은 무엇을 가르치고 어떤 순서로 가르칠 것인가를 상세화한 문서로서, 교수·학습의 절차 및 이런 절차를 통해 달성해야 할 목표를 기술한 것이다. 교수요목은 교육과정(curriculum)과 혼용되거나 혹은 더 좁은 개념으로 사용되어 왔다. Nunan(1988)은 교육과정을 교육 프로그램의 계획, 실행, 평가, 운영, 행정과 관련되는 것으로, 교수요목을 내용의 선정과 배열에 초점을 맞추는 것으로 두 용어를 구분하고 있다. Candlin(1984)에 따르면, 교육과정은 가르쳐야 할 항목의 목록과 함께 이들이 수업 중에 이용되는 방법을 포함하는 것은 물론, 언어 학습, 학습 목표, 학습 경험, 평가, 교사와 학생의 역할 등에 관한 일반적인 진술과도 관련이 있다고 말한다. 반면 교수요목은 더 지엽적이어서, 교사와 학생이 주어진 교육과정을 자기들의 교실에 적용하여 교실에서 실제로 일어나는 것을 기록하고 설명하는 데 초점을 둔다.

교수요목에는 공통적인 특징이 있다. 교수요목은 본질적으로 목록(list)으로 구성되는 문서이다. 이 목록은 교수요목이 대상으로 하는 과정에서 가르쳐야 할 모든 것들을 구체화한다는 점에서 포괄적(comprehensive)이다. 이 목록의 실제 구성 요소는 내용 항목(어휘, 구조, 화제)이거나 과정 항목(과업, 방법)일 수 있다. 이 항목들은 순서가 있어서 더 쉽거나 더 기본적이라고 생각되는 것들을 앞쪽에, 더 어렵거나 덜 중요한 것들은 뒤쪽에 싣는다. 이러한 순서는 상당히 상세하고 엄격할 수도 있고, 일반적이거나 유동적일 수도 있다. 또한 교수요목은 분명한 목표를 갖는데 이러한 목표는 대개 문서의 처음에 명시된다.

교수요목은 교사뿐만 아니라 학생, 학부모, 학교 관리자, 장학사, 교수 및 연구자, 교재 집필자들에게 교수·학습을 상세히 안내하는 공적인 문서이다. 따라서 교수요목에서는 책임감 있고 구체적으로 교수 방향과 내용이 설명되어 있어야 한다. 교수요목은 이러한 목적 달성을 위해 통상적으로 시간 계획, 방법론, 추천 자료 등을 담고 있다. Ur(1996)는 교수요목이 일반적으로 포함하는 특징들을 다음과 같이 정리하고 있다.

① 종합적 목록으로 구성된다.
- 내용 항목(어휘, 구조, 화제 등)
- 과정 항목(과업, 방법 등)

② 순서가 있다(기본적인 것이나 쉬운 것은 앞에).
③ 분명한 목표를 갖는다(보통 서론에 제시된다).
④ 공적인 문서이다.
⑤ 시간 계획을 제시할 수 있다.
⑥ 더 적합한 방법론이나 접근을 제시할 수 있다.
⑦ 자료를 추천할 수 있다.

교수요목은 교육과정에 바탕을 두고 있기 때문에 교수요목을 이해하려면 교육과정에 대한 이해가 필수적이다. 교육과정은 교육목표를 달성하기 위하여 선택된 교육내용과 학습 활동을 체계적으로 편성하고 조직한 계획이라는 두 가지 의미로 정의된다. White(1988)에 따르면, 이들 두 가지의 관계를 어떻게 바라보느냐에 따라서 크게 세 가지로 교육과정을 이해할 수 있다.

첫 번째 관점은 교육과정을 미래에 실현되어야 할 목표를 위한 계획으로 규정하는 것이다. 이러한 관점은 교육과정의 목표와 내용에 주된 관심을 둔다. 사실 이러한 관점은 교수요목의 정의와 크게 다르지 않다. 두 번째 관점은 교육과정이 목표와 내용뿐만 아니라, 목표를 달성하기 위한 방법에도 관심을 두어야 한다는 것이다. 이러한 관점은 목표가 달성되는 수단에 초점을 둔다고 볼 수 있다. 마지막 관점은 교육과정이 목표, 내용, 방법뿐 아니라, 평가에도 관심을 두어야 한다는 것이다. 이러한 관점에서는, 교육과정이 학습자 요구를 충분히 반영하고 있는지에 관심을 기울이며, 또한 계획과 실제 결과를 비교하여 결함을 보완하고 단점을 해결하는 데 주안점을 둔다.

영어 교육과정은 시대적 상황과 필요에 따라 다양한 유형으로 변화하여 왔다. 영어 교육에 대한 본격적인 관심은 2차 대전 후에 시작되었다. 이민, 난민, 유학생의 증가로 인해 영어 학습에 대한 요구가 늘어났으며, 영어가 국제 의사소통을 위한 언어로써 중요한 역할을 수행하게 되었기 때문이다. 이런 시대적 요청에 부응하기 위해 1950년대와 60년대에 주로 사용된 언어 교육법은 다음과 같은 특징을 보였다.

① 수준에 따라 등급화된 단어를 갖는 구조적 교수요목
② 새로운 교수 요점을 맥락화시킨 상황을 사용하여 맥락 속에서 구조를 의미 있게 제시
③ PPP(Presentation-Practice-Production)를 따르는 교실 활동 순서

이 당시의 교수 방식은 상황적 접근(situational approach), 구조 · 상황적 접근(structural situational approach), 혹은 상황 중심 언어 교육(situational language teaching)으로 지칭되었으며, 주로 사용된 대표적인 교수방법은 청화식 교수법(audiolingual method)이었다. 이때의 교수요목은 가르칠 내용의 선정(selection)과 배열(gradation)을 가장 중요하게 생각하였다(Richards, 2001).

1970년대는 의사소통 능력 배양이 영어 교육의 목표가 되었고, 그 시작은 성인을 위한 언어교육 프로그램 개발의 틀을 제안한 유럽평의회(Council of Europe)의 'Threshold Level'의 개발이었다. 이 과정에서 의사소통적 교수법이 언어 교육을 위한 새로운 방향으로 등장하였으며, 교수법을 넘어 언어 교육의 목표, 본질, 과정, 절차에 대한 기본가정을 재검토하게 되었다. 이 시기에 주목할만한 점으로 ESP(English for Specific Purposes)의 확산을 들 수 있다. ESP는 학습자의 필요와 요구에 초점을 두었고, 이에 따라 특정 상황과 직업에서 사용해야 할 영어 내용을 연구하였다. 이러한 ESP 접근은 특정 분야의 언어적 특질과 다양한 원리를 결정하기 위해 사용역 표지(register) 분석과 담화 분석에 초점을 두었다.

1970년대의 교수요목은 의사소통 기능에 초점을 두기 시작하였다. Wilkins(1976)는 개념적 교수요목(notional syllabus)을 제안하여 의사소통의 단위를 문법적인 항목에서 의사소통 기능으로 옮겨 가게 하였다. 이러한 의사소통 중시 분위기는 1950~60년대의 훈련을 통한 언어사용 습관 형성에 관심을 둔 상황적 접근의 상황과는 분명히 구분되는 것이었다.

1980년대 들어서면서 교육과정 연구는 교수요목 개발뿐 아니라 학교와 교육기관에서 일어나는 보다 광범위한 영역을 탐구하는 것으로 인식되었고, 학교에서의 교육과정이란 학습자가 학교에서 얻는 지식의 총체를 가리키는 의미가 되었다. 교육과정 개발은 교육과정을 개발하거나 개정할 때 포함되는 계획, 시행 과정을 폭넓게 이르는 말로 사용되었고, 교수요목과 교수방법들을 재검토하는 작업이 이루어졌다(Roberts, 1982; Quinn, 1984). 이러한 경향은 영어 교육에 있어서 의사소통적 접근의 실용성에 대한 다양하고 폭넓은 탐험으로 유도하였으며, 목표와 내용 계획뿐 아니라 교실 실행을 위한 상세한 방법 개발의 필요성을 인식하게 하였다.

2 교수요목의 유형

1 교수요목의 유형 분류

Wilkins(1976)는 교수요목을 종합적 교수요목(synthetic syllabus)과 분석적 교수요목(analytic syllabus)으로 분류하였다. 종합적 교수요목은 학습자가 언어와 관련한 개별 지식들을 차례로 배움으로써 이를 종합하여 하나의 언어 지식 체계를 가질 수 있도록 하는 교수요목으로, 구조적(structural) 교수요목, 상황적(situational) 교수요목, 기능적(functional) 교수요목 등이 이에 해당한다. 분석적 교수요목은 학습자가 단편적이 아닌 통째로 언어 입력에 노출되며, 이후 언어 자료를 스스로 분석하여 언어를 학습할 수 있도록 짜여진 교수요목이다. 과업 중심(task-based) 교수요목을 예로 들 수 있다.

Nunan(1988)도 이와 유사한 관점에서 교수요목을 결과 지향적 교수요목(product-oriented syllabuses)과 과정 지향적 교수요목(process-oriented syllabuses)으로 구분하며, 전자는 학습자들이 학습 결과로 얻어야 하는 지식과 기능에 초점을 두고 후자는 학습 경험 자체에 초점을 두는 것으로 보았다. 결과 지향적 교수요목은 목표를 선정한 후, 이를 바탕으로 가르칠 내용을 선정하고 배열하는 것으로, 대체로 문법적(grammatical) 교수요목, 상황적(situational) 교수요목, 개념 중심(notional) 교수요목, 기능 중심(functional) 교수요목, 개념-기능 중심(notional-functional) 교수요목이 이에 포함된다.

과정 지향적 교수요목은 교수 내용으로부터 교수의 절차와 학습 과정으로 그 관심이 옮겨간 접근이다. 절차 중심(procedural) 교수요목과 과정 중심(process syllabus) 교수요목, 과업 중심(task-based) 교수요목, 내용 중심(content-based) 교수요목, 주제 중심(topic-based) 교수요목 등이 있는데 이들은 교사 중심적이라기보다 학습자 중심적이라는 특징이 있다. 이러한 교수요목에서는 교사가 미리 내용을 선정하고 조직하는 것이 아니라 학습자가 내용이나 방향 결정에 적극 참여한다. 따라서 교수요목이 어떤 경로를 따를지 미리 정확히 예측하기가 어렵다.

다음 절에서는 결과 지향적 교수요목과 과정 지향적 교수요목의 다양한 종류의 특징 및 장단점에 대해 구체적으로 살펴볼 것이다.

2 결과 지향적 교수요목

(1) 문법적 교수요목(grammatical syllabus)

문법적 교수요목에서는 문법적 복잡도에 따라 교수요목의 내용을 선정하고 배열하며 구체적인 예시는 [그림 2-1]에 제시되어 있다.

Breen(1984)는 문법적 교수요목의 장점을 다음과 같이 언급한다. 첫째로, 언어학적 분석에 의한 오랜 전통을 바탕으로 하고 있어서 정보가 충분히 잘 정리되어 있다. 따라서 교사들에게 편안한 방법이자 시도에 거부감이 없다. 둘째, 학습자에게 체계적이고 규칙에 맞는 내용을 제공함으로써 학습자의 학습 부담이 감소될 수 있다. 셋째, 언어를 분석한 내용을 교수계획에 반영할 수 있다. 넷째, 언어입력에의 단순 노출보다 더 효율적인 방법으로 학습될 수 있다.

그러나 문법적 교수요목은 또한 여러 가지 단점을 가지고 있다(Breen, 1984; White, 1988; Wilkins, 1976). 예를 들어, 배열에 있어서 문법적으로 복잡한 것이 배우기 꼭 어려운 것이 아닐 수 있다는 점, 문법을 한 번에 한 항목씩 떼어내 제시하기 어렵다는 점, 학습한 지식을 적용하는 것이 어려워서 배운 것을 즉시 사용할 필요가 있는 학습자의 경우 동기를 감소시킨다는 점, 문법의 습득은 한 번에 한 항목이 아니라 여러 국면이 동시에 발달되므로 선형적 과정이 아닌 전국적 과정(global process)이라는 점 등이 그 단점으로 지적되어 왔다.

Lesson(l)	계사와 형용사 조합의 연습 : She is happy
Lesson(m)	-ing 형식 소개 : She is driving a car
Lesson(n)	there 구문 소개 : There is a man standing near the car
Lesson(o)	군집명사와 가산명사 구분 : There are some oranges and some cheese on the table
Lesson(p)	Like와 want의 소개 : I like oranges but not cheese
Lesson(q)	부정명령에서 사용된 don't 다시 소개 : I don't like cheese
Lesson(r)	상태를 의미하는 동사 소개 : I don't come from Newcastle
Lesson(s)	습관을 표현하는 부사와 단순 현재 시제 소개 : I usually come at six o'clock

[그림 2-1] 문법적 교수요목의 예시(McDonough, 1981: 21)

(2) 상황적 교수요목(situational syllabus)

상황적 교수요목은 언어는 항상 사회적 맥락에서 일어나므로 언어를 가르칠 때 사회적 맥락에서 분리해서는 안 된다는 전제에서 출발한다. 어느 경우이든 우리들의 언어 형태 선택은 언어를 사용하는 상황에 따라 결정된다는 것이다. 이러한 전제는 사람들이 자신의 상황에 가장 적절한 언어 형태를 집중적으로 학습할 수 있게 하는 바탕이 되었다.

상황적 교수요목은 학습자가 외국어를 사용할 것 같은 상황을 예측하는 것에 기반을 두었다. 학습 단원은 더 이상 문법 항목 제목이 아니었고 상황을 나타내는 제목으로 표현되었다. 교수요목은 특정 학습자 집단에게 가장 관련 있는 내용에 학습의 초점을 맞추었고, 따라서 학습자들은 자신들이 하게 될 것과 관련 있는 내용을 학습할 수 있게 되었다.

그러나 상황 중심 교수요목의 문제점 또한 지적되어 왔다. Wilkins(1976)는 모든 상황 맥락에 맞는 완벽한 교수요목을 만드는 것은 불가능하며, 상황이 무엇인지 정의하기가 극도로 어렵다는 점을 지적한다. 또한 학습자마다 필요로 하는 상황이 각기 다르기 때문에, 상황에만 기초를 둔다면 모든 학습자의 필요를 다 맞출 수 없다. 동시에, 상황을 배열할 수 있는 구제적인 기준이 없다는 것도 문제점으로 지적 된다. 아울러, 학습자는 '언어'를 학습하는 것이 아니라 '언어처럼 보이는 행동(language-like behavior)'을 학습할 위험이 있다는 점 또한 문제점으로 제시되었다.

(3) 개념 중심 교수요목(notional syllabus)

Wilkins(1976)가 제안한 개념 중심 교수요목은 학습자가 목표어로 표현할 수 있기를 바라는 개념(notions)이 무엇인가에 관심을 두며, 학습자의 의미상의 필요에 따라 언어 내용을 계획한다. Wilkins(1976)는 개념적 범위(notional categories)를 다음처럼 나누고 있다.

① 의미-문법 범주 : 시간, 양, 공간, 물질, 사례, 지시

② 의사소통 기능 범주 : 양태, 도덕적 평가 및 지침, 논쟁, 이성적 탐구 및 설명, 개인감정, 감정적 관계, 인간 관계

개념 중심 교수요목은 교수요목 구성에서 가능한 발화의 내용(content)을 먼저 고려하였고, 이로부터 학습자가 가장 필요로 할 언어 형태를 결정하도록 하였다. 그리고

이를 통해 관련 있는 개념들이 표현되는 문법적 수단을 확립하게 하였다.

개념 중심 교수요목의 가치는 첫째, 배우는 내용의 의사소통 가치를 고려한다는 점, 둘째, 학습자가 참여하여야 할 의사소통 행위의 본질에 따라 학습 우선순위를 정할 수 있다는 점, 셋째, 문법적 교수요목보다 실용적 가치가 높으며 상황적 정보보다 더 완전하다는 점, 넷째, 언어 기능을 고려하면서 문법을 범주화하는 수단을 제공하였다는 점으로 요약될 수 있다.

(4) 기능 중심 교수요목(functional syllabus)

1960~70년대 들어 언어학에서는 사회적 사건이나 사회적 구조에서 중심 역할을 하는 관점에서 언어를 바라보기 시작하였다. 이에 따라 Hymes(1966)의 의사소통 능력(communicative competence)이란 개념이 생겨나게 되었다. 같은 기간 동안 철학자들은 화행(speech acts)의 개념을 탐색하는 데 몰두하였는데, 이들은 발화의 의미 전달을 위한 언어 사용보다는, 우리가 발화에서 의도하거나 다른 사람의 발화에 영향을 끼치는 힘(force)이나 값(value)에 더 관심을 두었다.

화행 이론의 영향으로, 언어를 이용하여 특정한 목적을 달성하는 방식을 배우기 위한 것이 언어 학습의 목적이 되었고, 정확할 뿐 아니라 사회적으로 적절한 언어 사용 능력을 길러 주는 점이 강조되었다. 적절한 언어 사용은 언어 네 기능(four skills)의 정확하고 유창한 사용을 의미하였고, 교수요목 개발은 이러한 능력을 갖추도록 기능(function)의 목록을 개발하는 데 주력하였다. 기능은 일반적인 기능에서 구체적인 기능으로, 보편적인 기능에서 더 다양하고 세분된 기능으로 배열되었고, 순환적 배열의 특성을 보였다. 특정 학습자 집단을 대상으로 한 교수요목은 해당 집단이 가장 필요한 기능에서 가장 덜 필요한 기능의 순서로 배열되었고, 빈번한 기능에서 덜 빈번한 기능으로 그 학습 순서를 정했다.

기능적 교수요목의 가치는 첫째, 언어가 달성할 수 있는 목적에 대한 사회언어적 관점의 표현이라는 것, 둘째, 언어 학습에서 의미에 대한 관심을 주요 요소로 하고 있다는 것, 셋째, 유창성(fluency)을 정확성(accuracy)만큼 중요하게 여기며 유창성이 정확성을 얻기 위한 발판이라고 보는 것, 넷째, 의사소통 범주(communicative categorization)를 언어 형태의 다양성에 관한 출발점이라고 보는 시각에서 찾을 수 있다. 또한 학습자의 필요를 가정하고 교수요목을 구성하였다는 점에서 학습자 중심 교수요목에 한 걸음 더 다가섰다고 평가할 수 있다(Breen, 1987). 그러나 개념을 배제한 채 순전히 기능적이기만 한 교수요목은 현실적으로 불가능하다는 점에서, 곧 개념-기능 중심 교수요목이 등장하게 되었다.

(5) 개념-기능 중심 교수요목(notional-functional syllabus)

개념 중심 교수요목 및 기능 중심 교수요목의 등장은 곧이어 개념-기능 중심 교수요목의 등장을 가져오게 되었다. 개념-기능 중심 접근은 두 가지 중요한 요소를 포함하고 있다. 첫째는 시간, 공간, 움직임, 원인, 결과 같은 개념과 관련 있는 의미 측면이고, 다음으로는 언어의 의도적 사용, 사용의 목적이 기술되고 분류되는 기능적인 측면이다. 언어 교수는 늘 개념과 기능을 가르치는 데 관련이 있었기 때문에 개념이나 기능은 아니었다. 새로운 것은 교수요목이 조직 원리로서 개념 · 기능 범주를 택할 수 있다는 제안을 한 것이었다. 즉 교수요목의 조직은 더 이상 문법만으로 결정되는 것이 아니라 문법과 마찬가지로 의사소통의 범주를 고려해야 할 것이라는 주장이다. 학습자들은 더 이상 과거 시제를 필요로 한다고 말하는 것이 아니라 사건을 보고하거나 이야기를 말할 수 있어야 한다고 하게 되었다는 것이다.

개념-기능 중심 교수요목의 장점에 대해서 Finocchiaro와 Brumfit(1983)은 다음과 같이 말하고 있다.

> ① 현실적 학습 과업을 다룬다.
> ② 일상의 실세계의 언어 교수를 제공한다.
> ③ 학습자에게 수행을 강요하기 전에 이해 활동을 강조하도록 한다.
> ④ 화자가 말하려는 실제 목적, 말할 것을 가져야 함을 인식한다.
> ⑤ 의사소통은 기본적인 의사소통 기능을 표현하므로 교수요목 자체가 본질적으로 동기를 준다.
> ⑥ 교사로 하여금 심리언어학적, 사회언어학적, 언어학적, 교육학적 원리를 탐구할 수 있게 한다.
> ⑦ 현존하는 교수 방법론으로부터 자연스럽게 개발될 수 있다.
> ⑧ 문법적, 화제, 문화적 자료를 재도입하는 나선형 교육과정이 사용될 수 있다.
> ⑨ 유연성 있고 단위 별 코스 개발이 가능하다.
> ⑩ 외국어 코스의 확산을 촉진할 수 있다.

위와 같은 장점에도 불구하고 개념-기능 교수요목은 개념과 기능의 결합으로 인해 생겨나는 여러 가지 단점 또한 지니고 있다(Crombie, 1985; Widdowson, 1979).

첫째, 개념과 기능을 맞추어 선정 및 배열을 결정하고 이에 대한 적합도를 평가할 기준이 명료하지 않다. 따라서 기능 중심 교수요목 개발자들처럼 선정과 배열에 있어 직관에 의존하는 문제가 발생하기 쉽다.

둘째, 항목의 선정과 배열이 언어적 기준이 아니라 학습자의 요구에 기초한 것이므로 문법적 교수요목에 비해 훨씬 복잡할 수밖에 없다. 학습자의 요구 분석에 따라 배워야 되는 기능을 무슨 개념과 형태로 엮을지 결정할 객관적 수단이 없는 것이다.

셋째, 개념-기능 중심 교수요목은 언어를 기능과 개념 목록으로 단순히 나누는 것이기 때문에 자칫 의사소통의 도구라는 언어의 본질을 개념과 기능의 묶음으로 오도할 수 있다. 게다가 개념-기능 중심 교수요목에 기초하여 개발되었다는 교재들이 실제로는 문법적 교수요목에 입각한 교재와 별 차이가 나지 않기도 한다.

넷째, 실제 발화에서 언어 기능이 하나씩 고립적으로 발생하는 것이 아니라는 점을 간과한다. 예를 들어, 초대(inviting)에 대한 응답은 수락(accepting)하거나 거절(declining)하는 기능으로 나타나게 되지만, 교수요목에서 이를 분리된 학습 단위로 구성한다면 학습자가 수락이나 거절하는 법은 알지만 초대하는 방법을 모른다거나, 혹은 초대에 수락하는 법을 먼저 배우고 초대를 하는 방법을 배우는 순서 뒤바뀜이 발생할 수 있다.

다섯째, 형태와 기능이 단순한 1 : 1의 대응관계로 묶일 수 없기 때문에 경우에 따라서 이들의 결합이 갈등을 일으키기도 한다. 즉, 어느 하나의 언어 기능을 표현하는 형태, 빈도, 복잡성이 전부 다르므로 이 중에서 어느 기준에 따라 배열을 하느냐는 문제가 생기는 것이다. 예를 들어서, 문법적 교수요목의 경우에 'shall', 'will'을 가르친 후 'should', 'would'를 가르치지만 학습자의 필요, 유용성, 표현 범위 등의 우선순위가 애매한 경우가 생길 수밖에 없는 것이다.

3 과정 지향적 교수요목

(1) 절차 중심 교수요목(procedural syllabus)

Prabhu(1987)가 제안한 절차 중심 교수요목은 학습자의 주의가 의미(meaning)에 쏠려 있을 때 형태(form) 학습이 잘 이루어진다는 믿음에 근거하고 있다. Prabhu는 1979년부터 인도에서 8세~13세에 이르는 어린이 8학급을 대상으로 자신이 고안한 방법을 이용하여 영어 교육 프로젝트(CTP: Bangalore/Madras Communicational Teaching Project)를 시행하였다.

과업 중심 교수법이라고도 불리는 CTP는 언어 학습보다는 과업의 완성에 초점을 둔다. 이 교수법은 '학습자 중심(learner-centered)'이 아니라 '학습 중심(learning-centered)' 교수요목이다. 학습자는 언어 사용을 통해 문법적 정확성을 얻게 되는데, 이러한 내적 체계 발달(internal system-development)은 추상적인 규칙이나 원리의 내적 체계가 작동하면서 학습자의 잠재의식 수준에서 진행된다.

Prabhu에 의하면, 학습자가 결과적으로 얻게 되는 내적인 문법체계는 매우 복잡한 것이기에, 언어학자들이 기술해 놓은 문법항목을 의식적으로 이해하는 것만으로 이러한 복잡한 내적 체계를 발달시킬 수 없다. 따라서 그는 언어학적으로 배열된 교수요목이 아니라 과업 중심의 교수요목을 사용하여야 하며, 과업은 인지적 복잡도에 따라 선정되고 배열되어야 한다고 주장한다.

이 교수요목에 기반한 수업은 전과업(pre-task)와 본과업(task)의 두 단계로 이루어진다. 전과업은 교사가 주도하여 전체를 대상으로 제공하는 과업으로서 교사는 학습자의 과업에 대한 이해도를 판단할 수 있다. 본과업은 학습자가 개별적으로 완성하여야 하는 과업이다. 과업 중심의 교수에서 중요한 것은 학습자가 이해하려는 노력을 지속하게 하는 것인데 이를 위해 학습자에게 적당히 도전적인 과업을 제공하는 것이 필수적이다.

CTP의 효과에 대해서는 의견이 분분하다. Beretta와 Davies(1985)의 평가에 의하면, 의미에 집중할 때 문법을 습득한다는 CTP의 핵심 주장은 대체적으로 긍정적인 결과로 이어졌다고 한다. 그러나 Greenwood(1985)는 CTP의 절차 중심 교수요목과 그 방법론의 유효성을 확증할 증거가 나오지 못했다고 보면서 CTP의 효과에 대해 의구심을 표한다.

분류 기준 →	학습자의 인지 처리 →	과업 완성
의식적	의미의 구축	의미의 이해
무의식적	문법체계 구축	문법 체계 발달

[그림 2-2] CTP모형

(2) 과정 중심 교수요목(process syllabus)

과정 중심 교수요목은 학습자 중심 교수요목으로서, 미리 선정한 지식을 학습자에게 전달하기보다는 학습자와의 상호작용적이고 문제해결적인 접근을 통해 학습의 방향을 결정해 나간다. Breen(1984)은 과정 중심 교수요목을 아래와 같은 3단계로 제시한다.

1단계 : 교사와 학습자 전체가 전반적인 목표, 절차, 내용을 협상
2단계 : 교사와 학습자가 동의한 목표에 도달하기 위해 따라야 할 절차를 결정
3단계 : 목표와 절차에 적합한 활동들을 선택

특히 3단계에서는 교사와 학습자가 토론, 선정, 동의하는 과정을 통해 1단계에서 타협한 목적과 계획에 비추어 과업, 활동, 절차를 평가하게 된다. 이러한 평가는 수시로 계속 이루어지면서 각 단계의 결정에 필요한 정보를 제공하기에 경우에 따라서 이전의 결정이나 차후의 선택에 변경을 불러오기도 한다.

과정 중심 교육과정의 문제점은 여러 가지로 지적되어 왔다. 첫째, 과정 중심 교수요목 모형에 대한 평가가 존재하지 않는다는 것이다. 이는 경험적 자료가 거의 없다는 것으로 실용성에 있어서 문제가 있음을 시사한다. 둘째, 과정 중심 교수요목은 교사와 학습자 모두에게 상당한 수준의 전문성을 요구한다. 이것 역시 현장에서의 적용이 불가능하거나 적용이 몹시 어려울 것임을 시사한다. 셋째, 실시에 문화적 장벽이 있을 수 있다. 교사의 권위에 대한 관습적, 통상적인 관념이 과정 중심 교수요목에서는 도전을 받는 것으로 인식될 수 있다. 또한 교사뿐만 아니라 학습자도 자신들의 학습에 대한 결정권과 함께 책임과 노력을 요구하는 과정 중심 교수요목을 수용하지 않을 수 있다. 아울러, 과정 중심 교수요목의 채택은 한 권의 교과서를 사용한다는 전통적인 관념을 버려야 함을 의미한다. 과정 중심 교수요목은 교수요목 자체가 교과서이기 때문에 교사들은 전통적으로 사용해 오던 교과서 외에 많은 자료들을 준비해야 하는 부담이 있다. 마지막으로 과정 중심 교수요목이 결과보다는 과정과 절차를 강조하기 때문에 자칫하면 목표 없는 여정(aimless journey)이 될 수 있다.

(3) 과업 중심 교수요목(task-based syllabus)

Long과 Crookes(1986)는 과업이 목표보다 더 뛰어난 계획 단위가 될 수 있다고 하였다. 따라서, 과업 중심으로 조직된 교수요목은 언어항목 자체를 위해 언어항목을 배우는 것이 아니라, 언어를 학습하고 사용하기 위한 목적을 제공하므로 언어 학습을 더 효과적으로 이끌 수 있다고 믿었다.

과업 중심 교수요목에 기반한 교실에서는 의사소통적 과업과 학습 과업이 수행된다.

의사소통 과업은 목표어를 목적에 맞게 사용하는 것에 우선성을 두고 실제 의미를 공유하고 교환하는 것에 초점을 맞추는 반면, 학습 과업은 지식 체계의 탐색에 초점을 둔다. 이는 의사소통적 과업과 상위의사소통적 과업(metacommunicative tasks)으로 구분되기도 하는데, 상위의사소통적 과업은 학습자의 인지능력 함양과 관련된다.

과업 중심 교수요목에서의 학습내용 순서는 과업이 학습자의 현 의사소통 능력과 지식에 얼마나 친숙한지, 학습자에게 요구되는 과업이 상대적으로 얼마나 복잡한지에 달려 있다. 따라서 학습자에게 익숙한 것에서 덜 익숙한 것으로, 일반화된 유형에서 일반화되지 않은 유형으로 배열되게 된다.

Breen(1984)은 과업 중심 교수요목의 가치로서 첫째, 의사소통 능력에 우선성을 둠으로써, 정확하고, 적합하며, 유의미한 의미 전달을 추구하고, 실제 과업 수행의 기저에 있는 능력을 기르고자 한다는 점, 둘째, 방법론에 더 관심을 두고 있어서 가르칠 내용과 그 내용이 어떻게 효율적으로 실행될 수 있는가, 곧 과정과 결과 모두를 고려한다는 점, 셋째, 의사소통적, 상위 의사소통적 능력의 습득이 모두 필요하다고 가정함으로써, 상위 의사소통적 능력은 언어 학습을 위한 강력한 발판이 되고 의사소통 탐구에서 학습자가 분석적일 수 있다는 신념을 보인다는 점을 제시한다.

과업 중심 교수요목의 비판으로는 첫째, 과업의 난이도를 측정하기가 어렵고 따라서 이러한 과업들의 순서를 결정하기가 어렵다는 점, 둘째, 과업 중심 교수요목의 효과를 뒷받침하는 경험적 증거가 많지 않다는 점, 마지막으로 과업을 구체적으로 정의하고 적용하기가 어려울 수 있다는 점이 있다.

(4) 내용 중심 교수요목(content-based syllabus)

내용 중심 교수요목은 교과내용을 학습하는 과정에서 언어는 자연스럽게 학습될 것이라는 믿음에 바탕을 두고 있다. 내용 중심 교수요목은 언어가 의미 있고 목적을 둔 맥락에서 의사소통 할 때 가장 효과적으로 학습된다는 점, 언어 교수와 내용의 통합은 언어 교수 · 학습의 본질적인 기초를 제공한다는 점, 교과목 교수에 사용되는 영어는 일상 대화 영어와 다르며 과목별로 특정 사용역(register)이 있다는 점, 외국어 교육 모델로서 몰입교육(immersion program)이 성공적이라는 경험적 증거에 그 토대를 둔다(Snow, 1991).

내용 중심 교수요목의 시행은 다음을 의미한다. 첫째, 언어 교사와 내용 교과 교사 사이에 협력이 필요하다. 언어 교사는 가르쳐야 할 교과 내용에 대해 교과 교사와 의논하여야 하고, 교과 교사는 교과 내용을 통해 향상시킬 수 있는 언어 기능을 언어 교사와 의논하여야 한다. 이는 교과 내용 교사와 언어 교사의 역할 간에 엄격한 구분이 무너지고 융합된 역할(fused role)이 필요함을 의미한다. 둘째, 언어와 타교과와의 통합과 조정이 요구된다. 언어 학습 목표와 교과 목표간 교차가 있으며 범교과적 관점에서의 언어관을 갖게 하였다. 셋째로, 언어 학습에서 학년 개념을 무시한다. 언어 수준이 머물러 있으면 학습자의 수준도 정지하기 때문에 학년에 상관없이 일관성 있는 발달 프로그램을 달성하고자 한다. 넷째, 학년이 올라감에 따라 계속적인 언어 성장을 촉진하기 위한 종합적 평가 도구가 필요하다. 다섯째, 교과와 언어 교수의 통합은 언어 교실에 고등 사고 기능을 통합하는 것이며 이는 내용에서 학습자의 흥미를 자극할 수 있다. 여섯째, 언어 사용과 언어 학습이 동시에 진행된다. 수업은 언어를 이용한 담화를 하는 것이기 때문이다(Ellis, 1984).

내용 중심 교수요목은 교과 내용이 내용이므로 학습자는 언어 프로그램이 아닌 것에 당황할 수도 있다. 그러므로 교사-학습자간 타협이 필요하며 교사는 학습자에게 언어-내용간의 관계를 보여줄 필요도 있다.

내용 중심 교수요목에 기반을 둔 교수방법은 내용 중심 교수(content-based instruction, CBI)라 불린다. CBI에서 사용되는 언어는 내용 필수어(content-obligatory language)와 내용 양립어(content-compatible language)로 구분된다. 전자는 그것 없이는 교과 내용이 이해되지 않는 언어를 말하며, 후자는 내용 목표 달성을 위해 꼭 필요하지는 않지만 언어 프로그램의 목표나 학습자의 필요, 진행을 계속적으로 평가하기 위해 도입될 수 있는 언어를 말한다.

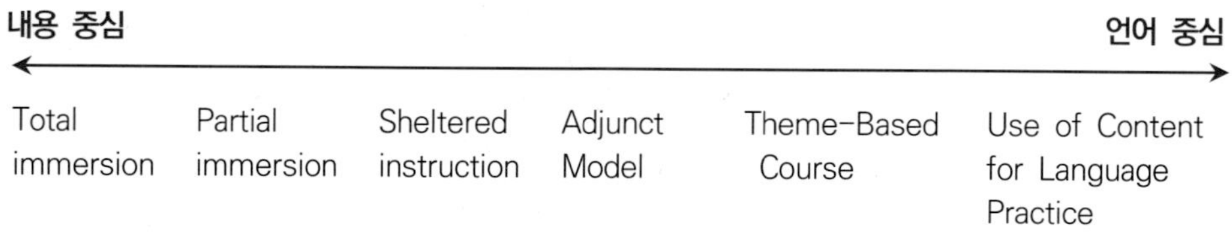

[그림 2-3] 내용 중심 교수방법의 분류

한편 CBI는 내용과 언어 중 상대적으로 어떤 쪽에 더 초점을 두느냐에 따라 [그림 2-3]과 같이 다양한 형태로 구별될 수 있다. CBI에서 내용에 초점을 둔 가장 극단적인 형태가 완전한 몰입교육(total immersion)이라면, 좀더 언어교육에 초점을 맞추어 내용을 활용하는 방식 중 하나는 주제를 중심으로(Theme-Based Course) 목표어를 교육하는 방식이다. 내용 중심 학습이 주로 한 교과와의 통합인데 반해, 주제 중심 학습은 하나의 주제를 중심으로 여러 교과와 관련 있는 내용과 활동을 통합한다(Jacobs, 1990). 주제 중심 교수요목에 대한 구체적인 내용은 바로 다음 절에서 살펴볼 수 있다.

(5) 주제 중심 교수요목(topic-based syllabus)

주제(topic)는 말해지거나 글로 써진 대상을 가리킨다. 주제 중심 교수요목은 주제 중심으로 통합된 교수가 자연적으로 학습하는 방식에 적합하다는 주장에서 출발한다. 모국어에서의 주제 중심 교수요목을 예로 들어보자. '우리를 돕는 사람들'이라는 주제를 선택할 경우 먼저 그 주제와 관련 있는 수학, 과학, 미술, 언어, 역사, 지리, 음악 등등의 국면들을 통합한 폭넓은 교수·학습 활동을 계획한다. 어린이들은 교사와 함께 통학을 도와주는 사람들의 목록을 만들 수도 있고 목록에 오른 사람들을 그림으로 그리고 이름을 쓸 수도 있다. 다음 날에는 소방서를 방문하여 소방차가 어떻게 출동하는가를 배우고 이 과정에서 소방서의 위치를 지도에 표시하거나, 불, 산소, 물과 불을 끄는 화학 물질과의 관계를 배울 수도 있다. 소방차와 소방관의 수를 세고, 소방차마다 소방관이 몇 명이나 타는지, 견학 후에는 소방관들에게 감사 편지를 쓰는 활동을 할 수도 있다. 이들과 관련된 활동들은 상당히 많고 이들은 모두 한 주제 하에서 교육과정의 모든 영역과 관련있는 것들이다.

모국어에서의 주제 중심 교육은 이후 외국어 교육에 전이되어(Garvie, 1991; Scott & Yterberg, 1990), 의사소통적 교수법에 적용되었다. 주제 중심 교육에서는 학습자들은 주제 중심의 내용을 소통하기 위하여 외국어를 사용할 기회를 가지므로, 의미와 목적이 있는 실제적이고 동기가 높은 언어 사용이 될 수 있다는 것이 의사소통적 교수법에서 주목한 부분이다.

주제 중심 교수요목을 설계하기 위해서는 먼저 주제를 찾아야 한다. 주제는 학습자의 관심이나 흥미, 다른 시간에 공부했던 주제, 이야기, 지역 사회의 사건이나 국제적 행사 등으로부터 고를 수 있다. 이 과정에서 학습자들이 주제를 제안하고 제안된 것들 중에서 선택하게 한다. 다음으로는 브레인스토밍이나 망(web)을 이용하여 비선형적인 아이디어를 연결하여 내용을 계획한다. 중심 아이디어나 주제는 중앙에 두고 연결되는 아이디어는 선으로 연결하여 주위에 배치한다. 주제는 대체로 사람, 물건, 행동, 과정, 전형적 사건, 장소 등을 포함할 수 있다. 다음에는 아이디어들을 하위 주제(sub-topics)로 묶고 하위 주제로부터 언어 목표와 활동을 결정한다. 아니면 수학, 지리, 음악 등 다른 교과의 활동으로 연결할 수도 있다. 이들은 언어 목표 달성을 위한 과업 계획으로 구체화되고, 수업 시수에 맞추어 각각 언어와 교과 목표를 갖는 몇 개의 단계(stages)로 구분될 수 있다. [그림 2-4] 및 [그림 2-5]는 위와 관련된 사례들로서, Potatoes라는 주제와 그 하위 주제, 그리고 이와 관련된 언어 목표와 활동을 보여주고 있다.

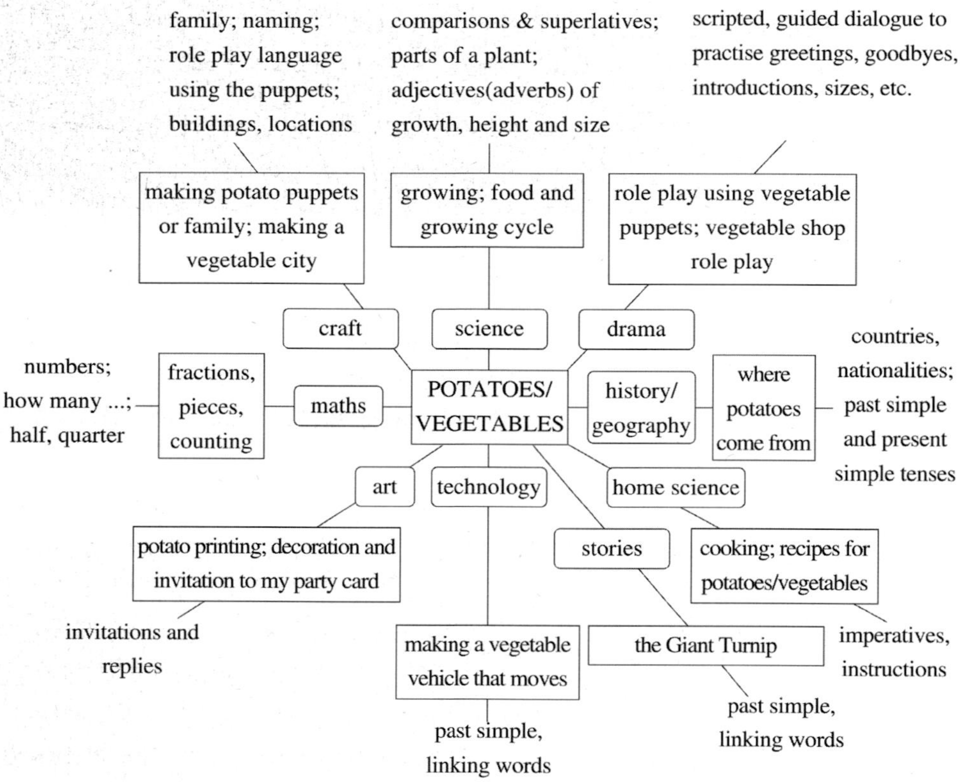

[그림 2-4] Potatoes'의 주제망(from Vale and Feunteun, 1995, p. 236)

주제 중심 교수요목은 언어에 초점을 두는 것이 적합하지 않은 초등 외국어 학습에서 무엇에 초점을 두어 가르칠 것인가에 관한 방향을 제시한다. 또한 학습자가 영어를 통해 많이 배울 수 있고(Abbott, 1987), 학습자의 관심, 필요, 유용성, 관련성과 함께 교수요목 설계자의 관심을 반영하여 동기를 높일 수 있는 교수요목이며(Fein & Baldwin, 1986), 교육적 장점과 정서적 고려, 자료 구입의 용이성으로 실용적이다(Reynolds, 1981).

Theme: POTATOES
Sub-Theme: WHAT DO SWEET POTATOES TASTE LIKE?
Tasks, Activities, and Discourse Types

TASK 1
Finding a recipe to cook the potatoes
searching on the Internet for possible recipes
choosing which recipe to try
compiling a shopping list

TASK 2
Going to the supermarket to buy ingredients
planning the trip
noting where things come from to put on a map
making a record of the trip with photopraphs or video, and a spoken commentary

TASK 3
Cooking the recipe
preparing ingredients
doing the cooking
recording and evaluating the process

TASK 4
Tasting the results
inviting other classes to taste, writing invitations
conducting a taste survey and posting results on the Internet
writing out the recipe for home, school magazine

TASK 5
Producing a book, or video, or photo and tape record of the whole series of events

[그림 2-5] 주제 "Potatoes"의 과업, 활동 및 담화 유형

단점으로는 실제 말이나 글에서 주제가 무엇인지 사람마다 다를 수 있다는 점, 주제는 일반성의 정도가 다양해서, 아주 일반적인 주제, 혹은 구체적인 주제가 모두 가능하며, 주제와 개념(notion)의 혼동도 흔히 일어난다는 것 등이 지적될 수 있다(White, 1988).

3 교수요목의 개발과 활용

1 교수요목의 선택

White(1988)는 교수요목을 선택할 때 고려할 두 가지 요소를 제시한다. 첫 번째는 교수요목이 현실적으로 적용될 수 있는지에 대한 고려이다. 이는 정책적인 부분을 고려한 것으로써, 현재의 교육 체제 안에서 적용 가능해야 한다는 것이다. 두 번째는 이론적 정당성이다. 교수요목 선택은 이론적인 토대를 가지고, 경험적 연구를 통해 그 타당성이 증명된 것들을 대상으로 해야 할 것이다.

학습자 요구와 수준 또한 교수요목의 선택에서 중요한 요소이다. 학습의 초기 단계에서 언어를 이용할 수 있는 뭉치(chunks)를 익히는 것이 학습자들의 요구라면, 개념-기능 교수요목이 적합할 것이다. 반면 학습이 진행됨에 따라 목표어를 유창하게 사용할 수 있는 능력을 익히는 것이 학습자들의 요구일 때는, 과정 혹은 절차 중심의 교수요목이 더 적절할 것이다. 결과적으로 혼합된 교수요목을 구성하게 되는데, 이는 이론적으로나 실제적으로나 이러한 혼합된 교수요목이 학습자들을 폭넓게 만족시킬 수 있는 타협점임을 시사한다(White, 1988). 이러한 견해는 최근의 교수요목이 교사, 학생에게 도움을 극대화시키기 위해서 여러 국면을 혼합하고 있고(mixed, multi-strand) 종합적이라는 점을 지적한 Harmer(2001)의 견해와도 일치한다. 이와 관련하여, Yalden (1983)은 비례적 교수요목(proportional syllabus)을 제안하였다. 비례적 교수요목은 학습 초기에는 보다 형태적인 부분에 초점을 두다가, 학습이 진행됨에 따라 점차 기능적인 부분으로 그 초점을 옮겨가는 방식으로, 그 모형은 [그림 2-6]과 같다.

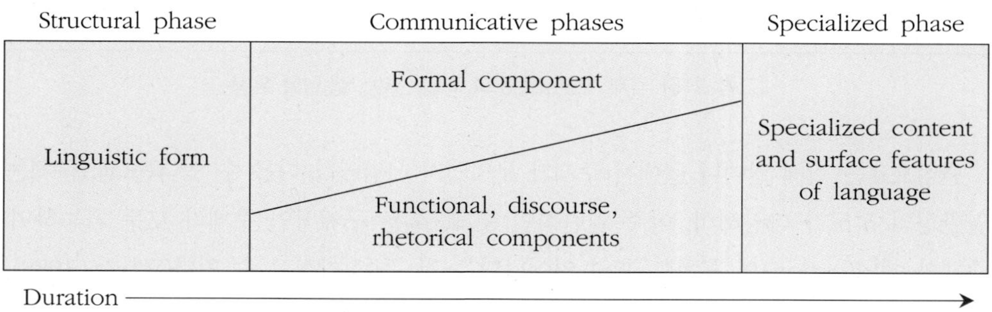

[그림 2-6] 비례적 교수요목

2 교수요목의 개발

언어 프로그램 개발의 시작점은 학습자 요구 조사이다(Yalden, 1987). 언어 프로그램의 목표는 이러한 요구 조사를 바탕으로 결정된다. 목표를 기술하고 나면 어떤 유형의 교수요목을 사용할 것인지를 결정하는 데 Yalden(1983)은 비례적 교수요목을 추천한다. 비례적 교수요목은 코스 설계자에게 학습자의 변화하는 요구, 혹은 새로운 요구에 맞게 교수요목을 설계하고 변경할 수 있도록 하고, 아울러 계획성 있게 출발하고자 하는 교사에게 일정한 틀(framework)을 줄 수 있다. 또한 언어의 요소를 어떻게 강조하느냐에 따라 여러 유형의 교수요목이 구안될 수 있기에, 비례적 교수요목은 다양한 외국어 교육 상황에서 그 적용성이 높다.

교수요목의 유형이 결정되면 코스의 내용을 준비한다. 우선 교육적 교수요목을 작성하기 위한 대강의 목록(protosyllabus)을 작성한다. 예를 들면 언어 항목, 주제, 기능 등을 덩어리로 묶은 형태라 할 수 있다. 이러한 덩어리들이 특정 코스의 윤곽을 보여줄 수 있다. 각 덩어리들이 완성되어 형태와 내용을 얻기 시작하면 이들을 특정 교실 절차에 맞게 계획(pedagogical syllabus)한다. 마지막 단계에서 학습 목표 도달 여부를 평가한다. 이 과정의 모든 단계에서 이전 단계로의 피드백이 일어나는데 이러한 절차는 정적인 것이 아니라 동적인 과정이다.

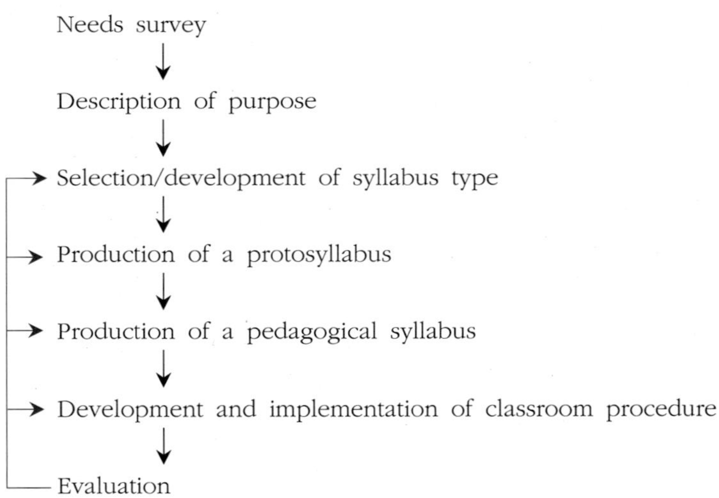

[그림 2-7] 언어 프로그램 개발 단계(Yalden, 1987)

3 교수요목의 이용

교수요목을 이용하는 형태를 Nunan(2001)은 다섯 가지로 제시한다. 첫째, 전적으로 교수요목에 의존하는 형태이다. 이 경우는 교수요목에 따라 가르칠 계획과 내용을 결정한다. 둘째, 교수요목이 있으나 무시하고 학생의 요구에 따라 자신의 교수요목을 개발하여 이용하는 경우이다. 여기서는 학생의 요구에 맞는 교재와 활동을 개발하고 선정할 수 있다는 이점이 있다. 셋째로는 국가 교육과정(national curriculum)이 있는 경우이다. 이는 교육부가 주관하여 검정하므로 대체로 검정된 교과서를 그대로 이용하게 된다. 넷째, 교수요목이 있으나 가끔씩 참고하는 형태이다. 대부분은 학교 지정 교과서를 이용하고, 교사 자신이 개발한 활동도 포함하지만 교수요목은 사후 점검을 위해 이용된다. 마지막으로 교사만 교과서를 갖는 경우이다. 이때 공적인 교수요목이 있어서 교수요목, 혹은 교과서에서 모든 것을 가르치게 된다. 우리나라 초등영어 교육의 경우 국가 교육과정에 따라 개발, 검정된 교과서를 사용하고 있는 형태이나 학생의 요구나 필요, 수준에 따라 각 교실에 맞는 교수요목을 구성하여 사용할 수 있을 것이다.

제 3 장
영어과 교육과정

1. 교육과정의 개정
2. 우리나라 영어과 교육과정의 변천
3. 2022 개정 초등영어 교육과정

교육과정은 교수요목뿐 아니라 교육의 전 영역을 탐구 대상으로 하는 폭넓은 개념이다. 즉, 교육계획뿐만 아니라 교육의 시행, 평가 및 그 과정에서의 유의점까지 포함한다. 본 장에서는 우리나라의 초등영어 교육과정이 어떻게 구성되었으며 그 내용이 무엇인지 살펴보기로 한다. 이를 위해 1절에서는 교육과정의 개정 요소, 2절에서는 우리나라 영어과 교육과정의 변천, 3절에서는 2022 개정 초등영어 교육과정에 대해 제시할 것이다.

1 교육과정의 개정

교육과정(curriculum) 연구는 1980년대 들어서면서 교수요목(syllabus) 개발뿐만 아니라 학교와 교육 기관에서 일어나는 것을 다루는 광범위한 탐구 영역을 연구하는 것으로 인식되었다. 따라서 교육과정의 의미 또한 학습자가 학교에서 얻는 지식의 총체를 가리키는 것으로 확장되었다. 다시 말해서, 교육과정 개발은 교육과정을 개발하거나 개정할 때 포함되는 계획과 시행 과정을 폭넓게 이르는 말로서 요구 분석, 상황 분석, 학습 결과 계획, 코스의 조직, 교수 자료 선정과 준비, 효율적 교수 제공, 평가 등을 그 안에서 다루는 것이다. 위의 요소들은 상호작용 연결망에 속해 있어서 어느 한 요소가 변하면 체계 내의 다른 요소도 영향을 받는다. 교육과정 개발의 단계에 관한 아래의 모형은 각 단계에서 어떤 결정을 하는가에 따라 결과가 달라지고 각 단계의 요소들이 서로 연관되어 있음을 잘 보여준다.

[표 3-1] 교육과정 개발의 단계, 의사결정 역할과 산물(Johnson, 1989)

Development stages	Decision-making roles	Products
1. curriculum planning	policy makers	policy document
2. specification: ends means	materials writers	syllabus
	methodologists	
3. programme implementation	materials writers	teaching materials
	teacher trainer	teacher-training programme
4. classroom implementation	teacher	teaching acts
	learner	learning acts

Clark(1987)은 언어 교육과정의 개발보다는 개정에 초점을 두면서 아래와 같은 요소들을 구체적으로 제시한다.

① 응용언어학 이론과 교실 경험에 비추어 언어 교수·학습 과정을 안내하는 원리의 검토
② 목적, 목표, 내용, 방법론을 구체화하는 교수요목의 개정
③ 교실의 교수·학습 전략의 검토

④ 적절한 학습 경험을 구체화하는 자료의 선정, 채택, 창출
⑤ 평가가 학습자의 진보에 피드백을 모니터, 기록, 보고, 제공하는가의 검토
⑥ 위의 모두와 관련되는 교실 계획이나 작업의 검토
⑦ 교실에서의 실행을 교사가 평가하고 향상시킬 수 있게 고안된 전략의 검토와 창출
⑧ 위 영역 모두에서 장차 가능한 방법을 결정하기 위한 연구 영역 명시
⑨ 교사들이 특정 영역에서 자신들의 개념적, 실용적 기반을 넓힐 수 있고 교실에서의 문제에 해결책을 찾도록 도와줄 수 있는 현직 교육의 검토와 고안

일반적으로 교육과정은 완전히 새로 개발된다기보다 기존 교육과정을 개정하는 경우가 대부분이다. 위에 제시된 요소들을 염두에 두면서 우리나라 영어과 교육과정 변천에 대해 살펴보기로 한다.

2 우리나라 영어과 교육과정의 변천

우리나라의 영어과 교육과정은 1997년 초등영어를 정규 교과로 도입하기까지 6차에 걸친 전면적 개정이 있었다. 이후 제7차 교육과정(1997년 12월 고시)부터는 일시적, 전면적 개정에서 수시 개정으로 방침을 바꾸어 부분 개정을 하고 있다(교육부, 1997). 그러나 교육과정이 여러 번 바뀌었을지라도, 영어 교과의 목표 — 영어 의사소통능력 신장 및 외국 문화 이해 증진을 통한 우리 스스로의 발전 도모 — 에는 변함이 없었다. 즉, 우리나라 영어과 교육과정의 변천은 여러 차례의 개정에도 불구하고 같은 목표에 도달하기 위해 접근 방법이나 약간의 표현상의 차이, 강조점에 변화가 있었던 것으로 볼 수 있다.

우리나라 초등영어 교육과정을 이해하기 위해 현재까지의 우리나라 영어과 교육과정 변천 내용을 살펴볼 필요가 있다. 초등영어 교육은 제6차 교육과정 시기에 정규 교과로 도입되었으므로, 5차까지는 중등학교 영어과에 해당하는 기술이지만 이 또한 초등영어 교육과정의 바탕이 되었으므로 참고해 볼만하다. 시대적, 사회적 배경을 중심으로 영어과 교육과정의 변천을 간단히 살펴보기로 한다.

1 교수요목의 시기(1946. 4.~1954. 4.)

광복을 맞아 보통 교육이 시작되었으나 통합된 교육과정이 미처 마련되지 못한 채, 과도기적 임시방편으로 각 교과목별 분과주의에 입각한 교과 활동이 이루어지던 시기이다. 영어과 교수요목은 번역, 문법, 작문, 회화, 발음 등을 학습하도록 규정하고 있으며, 시간 배당은 주당 5시간씩 연간 약 30주로 계산하여 학년별로 약 150시간이다. 이에 따라 주로 번역에 의한 문법 수업이 이루어졌고, 이러한 전통은 이후에도 오래 계속되었다.

2 제1차 교육과정의 시기(1954. 4.~1963. 2.)

제1차 교육과정의 특징은 교과 분과주의가 지양되고 통합 원리에 의한 새로운 교육과정의 틀이 잡혔다는 점을 꼽을 수 있다. 이에 따라 생활 경험을 중시하는 경험 중심 교육과정의 일반 목표를 설정하고 이를 달성하기 위한 각 교과 활동의 목표와 내용이 세분화되었다.

영어과 교육과정은 (1) 목표, (2) 내용, (3) 지도상의 유의점으로 구성되었으며, 이 같은 기본 틀은 제3차 교육과정까지 유지되었으며 이후 확대 발전되었다. 영어과 목표는 ① 영어와 국어의 상이점 이해, ② 문물제도의 상이점 체득, ③ 인류상호 존중 의식의 고취, ④ 기초 영어 이해력, 발표력 신장으로 설정하였으며, 교과 내용과 지도 방법을 상세화하려고 노력하였다. 수업 시수는 학교급별로 연 105~175/140(중/고) 시간으로 정하였으며, 어휘 수는 중 1은 400낱말 내외, 중 2는 500낱말 내외, 중 3은 600낱말 내외로 학년별로 제한하였다.

초등영어 교육은 극히 소수의 사립 초등학교에서 실시될 뿐이었다.

3 제2차 교육과정의 시기(1963. 2. ~1973. 7.)

제2차 교육과정에서는 정치 · 사회적 변화를 교육에 반영하기 위한 대대적인 교육과정 개편이 이루어졌으며, 자주적이고 능률적인 새 인간상 정립을 위하여 합리적 사고가 강조되고 생산성, 유용성이 높이 평가되었다. 영어과 교육과정은 목표로 2개 항의 기능적 목표와 1개 항의 정의적 목표로 구성하였으며, 지도내용을 ① 듣기와 말하기, ②

읽기, ③ 쓰기로 구분하였다. 지도상의 유의점으로 듣기와 말하기의 구두 훈련을 중시하고 있는데, 이는 청화식 교수법(Audiolingualism)의 영향을 받은 것이다. 또한 읽기에서 새로운 어휘 수를 중 1은 300~400(350) 낱말, 중 2는 350~450(400) 낱말, 중 3은 400~600(500) 낱말로 정하였다.

초등영어 교육과 관련해서는 1971년부터 공식적인 논의가 시작되었다. 당시의 문교부는 외국어 시범 초등학교를 정해서 특별활동으로 영어 교육을 실시할 계획을 발표(1971. 1. 28)하였다가, 그 계획을 철회하기도 하였다.

4 제3차 교육과정의 시기(1973. 8.~1981. 12.)

제3차 교육과정은 교과의 핵심적인 지식 체계를 구조화하고 탐구 학습을 강조하는 학문 중심 교육과정으로 특징지어진다. 영어과 교육과정은 (1) 교과 목표(일반 목표와 학년 목표로 구분), (2) 내용(언어 기능과 언어 재료로 구분), (3) 지도상의 유의점으로 구성되어 있다. 언어 재료에 사용 어휘 수뿐 아니라 (중 1: 300~350낱말, 중 2: 350~400낱말, 중 3: 400~450낱말), 단일 문장의 길이도 학년별로 제한하도록 제시하였다(중 1: 10 단어, 중 2: 15 단어, 중 3: 20 단어 이내). 지도상의 유의점에서 문법 설명 위주의 교수법을 지양하도록 하고 있음에도, 언어재료에 '문형 · 문법' 사항란을 신설하고 문법적 설명을 첨부하고 있어서 문법 설명 위주의 학교 수업을 조장하였다는 비판을 받았다.

초등영어 교육과 관련해서는 제3차 교육과정 개정에서 초등영어를 정규 교과로 도입하려는 시도가 있었으나 무산되었다.

5 제4차 교육과정의 시기(1981. 12.~1987. 3.)

제4차 교육과정에서는 국제화 · 개방화의 국정 지표에 맞추어 영어과 교육과정을 '살아있는 생활 영어 구사력'을 신장하는 방향으로 개편하였다. 이에 따라 영어과 교과 목표와 학년 목표는 종래의 언어 기능적 목표(영어 구사력 배양)와 언어 외적 목표(외국 문화 이해 증진)를 유지하되, 전자가 후자보다 강조되었고 특히 대화 능력 배양이 중시되었다. 어휘는 중 1은 300낱말 내외, 중 2는 350낱말 내외, 중 3은 400낱말 내외로 축소 조정되었다. 문형 · 문법 사항은 학습 내용에서 분리하고, 별표로 제시하여 필수 지도 조건에서 참고 사항으로 완화하여 문법 설명 위주의 수업에서 탈피하도록 유도하였다. 지도상의 유의점에서는 교사의 창의성과 융통성을 최대한으로 확보하고자 종래의 영 · 미어의 구별, 문장 내의 사용 어휘 수 제한, 발음 기호 사용 등의 여러 제약 요소를 제거하였다. 특히 제4차 교육과정에서는 '평가'상의 유의점이 처음으로 도입되었다는 점이 특징적이다. 이로써 교과 지도의 효과가 평가 방법에 크게 좌우됨에 유의하여 영어의 4기능을 고루 평가하도록 강조하였다.

초등영어 교육과 관련해서는 1981년 10월 문교부의 '초등학교 영어 특별활동 운영 방향(지침)'에 의하여 초등학교 4학년부터 희망자에게 특활 시간에 주당 1시간 정도로 외국어로서의 영어 교육을 허용하였다. 한국교육개발원은 초등학교 특활용 영어 수업 지도서(1982, 1983)와 '초등학교 특활 영어'(1986)를 개발하여 보급하였다. 교육 방송에서는 1984년부터 라디오로, 1985년부터는 TV로 초등학교 특활 영어를 제작 방송하였다.

6 제5차 교육과정의 시기(1987. 3.~1992. 6.)

제5차 교육과정에서는 영어과 목표를 의사소통 능력을 기르는 것과 외국 문화를 수용하고 우리 문화를 소개하는 두 개로 제시하되, 전자를 후자에 종속되는 관계로 설정하였다. 주간 시수는 중 1은 4시간, 중 2, 3은 3~5시간으로 하여 학교의 재량에 따라 조정할 수 있게 하였다. 새로운 단어 수는 4차 때와 동일하며, 대체로 문법 중심 교수요목에 기초하고 있다.

초등영어 교육과 관련해서는 국제화, 세계화 조류에 따라 초등영어 교육을 실시해야 한다는 주장이 힘을 얻기 시작하였다. 비록 초등영어는 정규 교과로 도입되지는 않았으나 이미 과열된 영어 교육열로 인하여 사설 유치원 및 학원에서의 조기 영어 교육이 급속히 확대되었다.

7 제6차 교육과정의 시기(1992. 6.~1997. 12.)

제6차 영어과 교육과정은 '성격' 항목을 추가하여 (1) 성격, (2) 목표, (3) 내용, (4) 방법, (5) 평가로 구성되었다. 문법 중심 교수요목에서 벗어나 처음으로 '개념-기능 중심 교수요목(notional-functional syllabus)'이 도입되었으며, 이에 따라 별표에서 문형 · 문법을 삭제하고 '의사소통 기능과 예시문'을 제시하였다. 언어 기능은 듣기, 말하기, 읽기, 쓰기의 순서가 아니라 이해 기능(듣기, 읽기)과 표현 기능(말하기, 쓰기)으로 구분하여 제시하였다. 주간 시수는 중 1, 2, 3학년 모두 4시간이고 새로운 어휘 수도 5차 때와 같다. 문장의 길이는 중 1은 10낱말 이내, 중 2는 15낱말 이내, 중 3은 20낱말 이내로 제한하고 있다.

초등영어 교육과 관련해서는 1992년 9월 30일 고시된 제6차 국민학교 교육과정을 통해 3학년 이상에게 주당 1시간씩 학교 재량 시간에 영어, 한문, 컴퓨터 중에서 선택하게 하였다. 이어서 1995년 11월 1일 '국민학교 영어과 교육과정'이 고시되었고, 이로 인해 초등학교에 영어 교과가 정규 과목으로 도입되었다. 곧 초등학교 영어과 교육과정은 시대적 요구 및 제반 환경으로 인해 제7차 교육과정 개정까지 기다리지 않고 제6차 영어과 교육과정의 변경 고시 형태로 공표되어 실시되기 시작하였다. 이에 따라 1997년에 3학년이 된 학생부터 연차적으로 주당 2시간씩 영어 수업을 받게 되었다.

8 제7차 교육과정의 시기(1997. 12.~2006. 8.)

제7차 교육과정 개정의 방향은 정보화 · 세계화 · 다양화를 지향하는 사회와 교육체제의 변화 요구에 따라 '21세기의 세계화 · 정보화 시대를 주도할 자율적이고 창조적인 한국인 육성'으로 정하였다. 이에 따른 제7차 영어과 교육과정 개정의 중점 사항은 ① 생활 영어 중요시, ② 언어 사용 능력 신장, ③ 활동과 과정, 과업(task) 중심의 학습 중시, ④ 성취기준의 명료화 및 상세화, ⑤ 수준에 맞게 학습할 수 있는 여건 마련으로 요약될 수 있다. 이 중 가장 두드러진 특징은 '수준별 교육과정'으로 전환된 것으로서, 국민공통 기본 교육과정(초1~고1)과 고등학교 선택 중심 교육과정(고 2 · 3)으로 구분하되, 초등학교는 심화 · 보충형 수준별 교육과정, 중학교 1학년부터 고등학교 1학년까지는 단계형 수준별 교육과정, 고등학교 2 · 3학년은 과목 선택형 수준별 교육과정을 적용하도록 하였다. 이에 따라 4가지 언어 기능 체제로 다시 환원하여 언어 기능별로 성취기준을 기본 과정과 심화 과정으로 나누어 제시하였으며, 통합적으로 내용을 구성하도록 권장하였다. 문법 항목은 '언어형식'이라는 이름으로 부활하여 별표에 추가되었으며, 문형구조나 표현을 예문으로 제시하였다. 주 5일제 수업에 대비하여, 초등 3 · 4학년의 영어 시수는 제6차 때보다 한 시간이 줄어 주당 1시간이 되었고,

중 1·2의 영어 시수도 3시간으로 줄었다.

초등영어 교육과 관련해서는 음성 언어 교육 위주로 의사소통의 기초 능력을 기르며 문자 언어는 음성 언어와 연계하여 가르치도록 하였다. 초등학생의 특성에 맞도록 다양하고 흥미로운 교육 매체와 방법을 사용할 것과 심화·보충형 수준별 수업을 권장하였다.

9 2007 개정 교육과정기(2006. 8.~2008. 12.)

이 시기부터는 일시적이고 전면적인 개정의 비효율성을 개선하고 급격한 사회 변화에 따른 개인적·사회적 요구를 교육내용에 지속적으로 반영하기 위해 수시 개정 체제로 전환되었다. 이에 따라 영어와 수학 교과 교육과정의 개정이 2006년[1]에 이루어졌고, 2007년에는 영어와 수학을 제외한 나머지 교과들의 개정이 총론 개정과 함께 이루어졌다. 2006년에 개정된 국민공통 기본 교육과정 영어과 교육과정[2]은 수시 개정의 취지에 맞추어 제7차 영어과 교육과정의 틀을 유지하되 개선이 필요한 부분만을 개정한다는 방침에 따랐다. 이 단계에서 새로이 도입된 것은 현장 적합성 검토 과정이다. 이는 영어과 교육과정 개정 시안을 마련한 후 이의 타당도, 신뢰도, 현장 적합성을 검토하기 위해 현장 검토 학교(교사), 영어과 교과교육연구회, 교육과정·교과서 정보서비스 웹사이트 등을 통해 수렴된 검토 결과를 반영한 것으로 교육과정의 현장에의 적용성과 현실성을 높이기 위한 시도였다. 개정 관련 주요 내용을 살펴보면 다음과 같다.

첫째, 학년간·학교급간 연계를 고려하여 각 학년에서 새로 사용할 수 있는 신출 어휘 수가 조정되었다. 초등학교에서 사용할 어휘 수는 제7차 초등영어 교육과정의 450단어에서 500단어로 상향 조정되었고, 어휘 목록의 초등 권장 어휘 수는 736개로 늘어났다. 이는 학교급 간의 신출 어휘 수 차이를 축소함으로써 상급학교 진학에 따른 학생들의 학습 부담을 완화하고자 한 것이다. 둘째, 초등영어 문자(알파벳) 도입 시기를 조정하여 제7차 교육과정에서의 도입 시기보다 한 학기를 앞당겨 3학년 2학기로 하였다. 이는 음성 언어(듣기, 말하기) 중심의 초등영어 교육을 강조하되 문자 언어(읽기, 쓰기)와의 균형적 학습을 도모하기 위한 것이다. 셋째, 기본 과정과 심화 과정으로

1 영어과 교육과정의 경우 2006년 8월 29일 개정 고시함.

2 영어과 교육과정 개정은 실제로는 2006년에 이루어졌으나 2007년에 총론이 개정·고시되었으므로 2007 개정 교육과정으로 부른다.

구분되어 있던 성취기준에서 심화 과정을 삭제하거나 기본 과정에 일부 포함시킴으로써 전체적으로 난이도가 하향 조정되었다. 특히 표현 기능(말하기, 쓰기)과 관련된 성취기준은 우리의 영어 교육 여건을 고려하여 현실에 적합한 수준으로 조정코자 하였다. 넷째, 의사소통 기능과 예시문을 조정 또는 추가하고, '기본 어휘 목록'에 제시된 어휘를 늘림으로써 보다 자연스럽고 구어적인 표현을 사용할 수 있게 하여 실용적인 영어 학습을 강화하려 하였다. 다섯째, 국민 공통 기본 교육과정에서 통합되어 제시되어 있던 '목표'가 초등학교 목표와 중등학교 목표로 분리되어 제시되었다.

10 2008 개정 교육과정기(2008. 12.~2011. 8.)

2007 개정 교육과정이 초등 3학년부터 중 · 고등학교에 이르기까지 전체 학년에 걸친 개정이었다면, 2008 개정 교육과정은 초등영어에만 이루어진 개정이다(교육과학기술부, 2008).[3] 국제어로서 영어의 중요성이 더해감에 따라 학부모, 교사, 학술단체 등 사회 전반에서 초등영어 교육 강화 요구가 일어났고, 그 결과 초등학교 3 · 4학년은 주당 2시간, 5 · 6학년은 주당 3시간으로 각 학년의 영어 시수가 1시간씩 증대되었다. 이러한 영어 시수의 증대는 초등 6학년과 중학 1학년 사이의 간격을 줄이는 방향으로 설정된 것이다. 그러나 시수를 제외한 영역의 개정 폭은 크지 않아서, 문자 언어를 보완하고 이와 연계한 어휘 수 소폭 증가(500단어 → 520단어), 의사소통 관련 듣기, 말하기 성취기준의 보완, 문자 언어 교육 보강 차원에서의 읽기 · 쓰기 성취기준을 조정한 정도로만 개정이 이루어졌다.

11 2009 개정 교육과정기(2011. 8. 9.~2016.8)

2009 개정 교육과정(총론)은 미래사회가 요구하는 창의성과 인성을 갖춘 인재 양성에 주안점을 두고 있다. 그 개정 방향은 학습 부담은 줄이고 학습의 효율성을 제고하며, 배려와 나눔을 실천하는 창의 인재를 육성하고, 미래사회에 필요한 기초 핵심역량 강화 및 학교별로 특색 있고 다양한 교육과정 운영으로 요약된다.

영어과 교육과정은 다른 교과와 별개로 2011년 8월에 개정 · 고시되었으며(교육과학

---

3 2008 개정 영어과 교육과정은 2008년 12월 26일 교육과학기술부 2008-16호로 고시됨.

기술부, 2011), 총론의 취지를 반영하여 창의성 개발을 위한 학습량 감축, 학년군 교육과정 구성, 진로, 취미, 직업 등 개인의 미래에 따른 고등학교 선택 교육과정 개발에 역점을 두고 있다. 또한 세계화, 지식 정보화 시대에 발맞추고 영어 공교육의 내실화를 기대하는 개인 및 국가, 사회적 요구를 반영하여 영어 의사소통 능력 신장을 위한 적정한 학습 목표와 내용을 설정하고, 목표에 도달할 수 있는 효율적인 교수 · 학습 방법 및 평가 방안을 제시하며, 현행 교육과정 시행에서의 문제점을 개선하는 것을 개정의 방향으로 설정하였다. 2009 개정 영어과 교육과정의 주요 변화 내용을 제시하면 다음과 같다.

첫째, 기존의 '국민공통 기본 교육과정'(초1~고1)을 '공통 교육과정'으로 개칭하고 그 기간을 초1~중3으로 조정하였으며, 선택 교육과정은 고등학교 전체 학년으로 확대되었다. 둘째, 학년군제를 도입하여 초3~4학년군, 초5~6학년군, 중1~3학년군 등 3개의 학년군 단위로 교육과정을 구성하였다. 이에 따라 성취기준을 학년군별, 영역별, 학습내용별로 제시함으로써 학년군별 교육과정 운영의 연계성을 구현하고자 하였다. 셋째, 해설서에 수록된 내용을 교육과정에 포함시키기로 한 방침에 따라 교수 · 학습 방법 및 평가 요소에서 하위 항목(예 가. 평가 계획, 나. 평가 목표와 내용, 다. 평가 방법, 라. 평가의 활용, 마. 언어 기능별 평가)을 추가하여 해당 내용을 상세히 제시하였다.

12 2015 개정 교육과정기(2015. 9. 23.~2023)

2015 개정 교육과정(총론)은 2009 개정 교육과정이 추구하는 인간상을 기초로 창조경제 사회가 요구하는 핵심역량을 갖춘 '창의융합형 인재'상을 목표로 두고, 역량 기반 교육과정을 도입하였다(교육부, 2015. 9. 23). 2015 영어과 교육과정의 주요 변화 내용을 요약하면 다음과 같다.

첫째, 총론에서 제시한 6개의 역량(자기관리, 지식정보 처리, 창의적 사고, 심미적 감성, 의사소통, 공동체 역량) 중 "영어 의사소통 역량", "자기관리 역량", "공동체 역량", "지식정보처리 역량"의 4개 역량을 핵심 교과역량으로 설정하였다.

둘째, '내용 체계표'를 제시하여 언어 영역 및 학교급별로 무엇을 배우고 가르쳐야 하는지를 보여주고자 하였다. 내용 체계표는 영역, 핵심개념, 일반화된 지식, 내용요소, 기능으로 구성되어 있다. '영역'은 교과 내용의 최상위 범주로서 2009 개정 교육과정과 마찬가지로 듣기, 말하기, 읽기, 쓰기 등으로 나누어 제시되며, '핵심개념'은 각 영역별 기초 개념이나 원리에 해당하는 것으로 선정되었다. '일반화된 지식'은 학생들이 해당 영역에서 알아야 할 보편적인 지식을 나타내고, '내용요소'는 학년(군)에서 배워야 할 필수 학습 내용으로 구성되며, '기능'은 수업 후 학생들이 할 수 있거나 할 수 있기를 기대하는 능력으로 교과 고유의 탐구과정 및 사고기능을 포함한다.

셋째, 영역별 성취기준 수를 줄여서 학습 내용의 양을 적정화하고, 언어 기능 및 학급별로 설정된 학습 목표를 현실화하여 교실 학습이 충만하고 효율적인 내용으로 구성될 수 있는 기반을 마련하고자 하였다. 언어발달 단계와 학생발달 수준을 고려하여 초등학교와 중학교 초기 단계에서는 실생활 회화 능력 강화를 위한 말하기 및 듣기 영역을 보완하고, 고등학교 단계에서는 읽기와 쓰기가 강화되도록 성취기준을 조정함으로써 의사소통 중심 교육을 강화하였다.

넷째, 국제경쟁력 차원에서 기본적으로 학습해야 할 어휘 수(3,000단어)는 유지하되, 어휘 목록과 언어형식을 학교급별로 구분 제시함으로써 학생 발달 수준에 따른 체계적인 교육이 가능하도록 하였다.

3 2022 개정 초등영어 교육과정(2022[4] ~)

2022 개정 교육과정(총론)의 비전은 '포용성과 창의성을 갖춘 주도적인 사람'이며, '미래사회가 요구하는 역량 함양이 가능한 교육과정'을 개정의 중점으로 두어 2015 개정 교육과정의 역량중심 교육과정의 기조를 계승하였다. 영어과 교육과정에서는 총괄적인 핵심역량을 영어 교육의 궁극적인 지향점인 '영어 의사소통 역량'으로 정하고, 2022 개정 교육과정 총론에서 제시하고 있는 여섯 가지 핵심역량을 모두 포함하여 교과 목표를 설정하였다.

2022 개정 영어과 교육과정의 가장 중요한 변화 중 하나는 언어 기능 영역을 듣기, 말하기, 읽기, 쓰기의 네 가지 영역으로 구분하던 기존 교육과정의 방식에서 벗어나

4 2022 개정 교육과정은 2022년 12월 22일 확정 · 발표되었으며, 2024학년도부터 1~2학년군을 시작으로 연차적으로 학교 현장에 적용된다. 이에 따라 2022 개정 초등영어 교육과정은 2025년 3~4학년군을 대상으로 처음 시행된다.

'이해(reception)'와 '표현(production)'의 두 가지 영역으로 개편하였다는 점이다. 이는 영어 사용의 사회적 맥락을 고려하고 의사소통 방식의 다변화를 반영한 결과이다. 매체와 기술의 발달로 듣기와 읽기 기능에 더해 시청각 이미지나 동적 정보가 결합된 보기(viewing)가 이해의 중요한 수단이 되었으며, 표현 영역에서도 말하기와 쓰기 기능에 더해 다양한 매체를 활용하여 발표하기 등과 같은 제시하기(presenting)가 중요한 수단이 되었다. 실생활에서 영어 사용자는 이러한 언어 기능을 동시에 혹은 선택적으로 사용하며, 의사소통 방식(SNS, 비대면 원격회의 등)이 다양해지면서 각 기능의 구분이 불명확해졌고 그 비중도 균등하지 않다. 이에 2022 영어과 교육과정에서는 다양한 언어 기능을 '이해'와 '표현'의 두 영역으로 범주화하였다. 이 두 영역은 독자적인 영역으로 존재하면서 때로는 결합되어 대화, 토론, 문자 교환 등 다양한 방식으로 영어 사용자 간 상호작용(interpersonal interaction)을 이룬다.

[그림 3-1] 영어과 역량 및 영역 구성

1 성격

영어과 교육과정에서는 영어를 '다양한 언어 및 문화 배경을 가진 사람들의 주요 의사소통 수단이 되는 언어'로 규정하고 있다. 영어로 의사소통한다는 것은 실제적인 삶의 맥락에서 음성, 문자 및 시청각 이미지 등 다양한 형태의 영어 정보를 습득하고,

생각과 느낌을 영어로 자유롭게 표현하며, 다른 영어 사용자와 협력적으로 상호작용하는 것을 의미한다. 영어 의사소통 능력을 함양함으로써 학생들은 다양한 사회적 변화 및 위기 상황에 능동적으로 대응할 수 있는 역량을 키우게 된다.

우리나라는 일상생활에서 거의 영어를 사용하지 않는 EFL(English as a Foreign Language) 상황이다. 이에 학교 영어 교육에서는 매체 발달과 기술 변화로 다변화된 의사소통 방식을 고려하여 실제적인 교육을 시행할 필요가 있다. 영어 의사소통에 대한 학생 · 국가 · 사회적 요구를 반영하고, 학생의 인지적 · 정서적 발달 정도 및 흥미 · 적성 · 진로를 고려하여 삶과 진로를 설계할 수 있도록 한다. 교수 · 학습 방법 측면에서는 학생에게 실생활과 연계된 영어 사용 기회를 풍부하게 제공할 수 있도록 하며, 디지털 · AI 교육환경으로의 변화에 부합하도록 다양한 매체 자료와 정보 통신 기술을 사용한다. 그리고 교수 · 학습 활동과 평가를 유기적으로 연계하여 학습의 효율성을 극대화한다.

2 목표

위에서 언급하였듯이, 영어 교과는 다변하는 사회를 대비하여 언어와 문화의 배경이 다른 세계인과 영어로 의사소통하는 역량을 길러주는 것을 궁극적인 목표로 삼고 있다. 영어과 교육과정에서는 의사소통 역량을 함양하기 위해 아래와 같은 세부 목표를 설정하고 있다.

첫째, 일상생활 및 다양한 주제에 대하여 협력적 태도로 자신의 참여 목적과 상황에 맞게 영어로 의사소통한다.

둘째, 영어에 대한 흥미와 관심을 바탕으로 스스로 영어 사용의 필요성을 파악하여 학습 목표를 세우고, 다양한 학습 전략을 사용하여 자기주도적으로 영어 학습을 지속한다.

셋째, 지역 · 국가 · 세계 공동체의 구성원으로서 문화 정체성과 언어 및 문화적 다양성에 대한 이해를 바탕으로 공감, 배려와 관용 및 포용 능력을 갖추고 영어를 통해 공동체의 문제 해결에 적극적으로 참여한다.

넷째, 영어로 전달되는 다양한 분야의 지식, 기술, 경험 등을 융합적으로 활용하고 비판적으로 사고하여 자신의 생각을 창의적으로 표현한다.

다섯째, 영어로 표현된 다양한 자료와 작품 등을 통해 인간에 대한 공감적 이해와 심미적 감수성을 기르고 이를 바탕으로 삶의 의미와 가치를 발견하고 향유한다.

여섯째, 영어로 표현된 다양한 매체의 디지털 지식 정보를 자신의 목적에 맞게 검색, 수집, 이해, 분석, 평가 및 활용한다.

3 내용 체계 및 성취기준

(1) 내용 체계

2022 개정 교육과정에서는 모든 교과의 내용 체계를 [지식 · 이해], [과정 · 기능], [가치 · 태도]의 세 가지 범주로 구성하였다. 영어과에서는 '이해(reception)'와 '표현(production)' 영역에서 범주별 학습 내용을 학교급별로 제시하고 있다. 초등학교 영어의 내용 체계를 제시하면 다음과 같다([표 3-2]).

[표 3-2] 초등학교 영어의 내용 체계표

<table>
<tr><th colspan="2"></th><th colspan="2">이해(reception)</th><th colspan="2">표현(production)</th></tr>
<tr><td colspan="2">핵심 아이디어</td><td colspan="2">• 의사소통 목적과 상황에 맞게 배경지식을 활용하고 관점, 목적과 맥락을 파악함으로써 담화나 글을 이해하는 능력을 함양한다.
• 적절한 사고 과정 및 전략을 활용하여 담화나 글의 의미를 파악하고 분석한다.
• 담화나 글을 이해하는 활동은 협력적이고 포용적으로 화자나 필자의 의도를 이해하는 태도를 길러준다.</td><td colspan="2">• 의사소통 목적과 상황에 맞게 적절한 매체를 활용하여 자신의 감정이나 의견을 담화나 글로 표현하는 능력을 함양한다.
• 적절한 사고 과정 및 전략을 활용하여 의미를 표현하거나 교환한다.
• 담화나 글로 표현하는 활동은 다양한 문화와 관점에 대한 이해를 바탕으로 협력적이고 포용적으로 상호 소통하며 의미를 표현하거나 교환하는 태도를 길러준다.</td></tr>
<tr><td colspan="2">범주</td><td>3~4학년</td><td>5~6학년</td><td>3~4학년</td><td>5~6학년</td></tr>
<tr><td>지식 · 이해</td><td>언어</td><td>• 쉽고 간단한 단어, 어구, 문장의 소리, 철자, 강세, 리듬, 억양
• [별표 2]
의사소통 기능과 예시문
• [별표 3]
기본 어휘 관련 지침에 따른 학습 어휘 수 300단어 이내
• [별표 4]
초등학교 권장 언어 형식</td><td>• 간단한 단어, 어구, 문장의 강세, 리듬, 억양
• [별표 2]
의사소통 기능과 예시문
• [별표 3]
기본 어휘 관련 지침에 따른 학습 어휘 수 300 단어 이내
• [별표 4]
초등학교 권장 언어 형식</td><td>• 쉽고 간단한 단어, 어구, 문장의 소리, 철자, 강세, 리듬, 억양
• [별표 2]
의사소통 기능과 예시문
• [별표 3]
기본 어휘 관련 지침에 따른 학습 어휘 수 300단어 이내
• [별표 4]
초등학교 권장 언어 형식</td><td>• 간단한 단어, 어구, 문장의 강세, 리듬, 억양
• [별표 2]
의사소통 기능과 예시문
• [별표 3]
기본 어휘 관련 지침에 따른 학습 어휘 수 300단어 이내
• [별표 4]
초등학교 권장 언어 형식</td></tr>
</table>

		이해(reception)		표현(production)	
		• 이야기나 서사 및 운문(동화, 그림책, 만화, 노래, 시 등) • 친교나 사회적 목적의 담화와 글(대화, 편지, 이메일 등) • 정보 전달·교환 목적의 담화와 글(표지판, 메모, 묘사, 안내 등)	• 이야기나 서사 및 운문(동화, 그림책, 만화, 노래, 시, 일기 등) • 친교나 사회적 목적의 담화와 글(대화, 편지, 초대장, 이메일 등) • 정보 전달·교환 목적의 담화와 글(공지, 안내, 묘사, 설명, 광고 등) • 의견 전달·교환이나 주장 목적의 담화와 글(포스터, 감상문 등)	• 이야기나 서사 및 운문(동화, 그림책, 만화, 노래, 시 등) • 친교나 사회적 목적의 담화와 글(대화, 편지, 이메일 등) • 정보 전달·교환 목적의 담화와 글(표지판, 메모, 묘사, 안내 등)	• 이야기나 서사 및 운문(동화, 그림책, 만화, 노래, 시, 일기 등) • 친교나 사회적 목적의 담화와 글(대화, 편지, 초대장, 이메일 등) • 정보 전달·교환 목적의 담화와 글(공지, 안내, 묘사, 설명, 광고 등) • 의견 전달·교환이나 주장 목적의 담화와 글(포스터, 감상문 등)
	맥락	• [별표 1] 소재 • 자기 주변 주제 • 간단한 의사소통 상황 및 목적 • 다양한 문화권에 속한 사람들의 비언어적 의사소통 방식	• [별표 1] 소재 • 일상생활 주제 • 일상적인 의사소통 상황 및 목적 • 다양한 문화권에 속한 사람들의 언어적·비언어적 의사소통 방식	• [별표 1] 소재 • 자기 주변 주제 • 간단한 의사소통 상황 및 목적 • 다양한 문화권에 속한 사람들의 비언어적 의사소통 방식	• [별표 1] 소재 • 일상생활 주제 • 일상적인 의사소통 상황 및 목적 • 다양한 문화권에 속한 사람들의 언어적·비언어적 의사소통 방식
과정·기능		• 소리 식별하기 • 알파벳 대소문자 식별하기 • 강세, 리듬, 억양 식별하기 • 소리와 철자 관계 이해하며 소리 내어 읽기 • 의미 이해하기 • 주요 정보 파악하기 • 시각 단서 활용하여 의미 추측하기 • 다양한 매체로 표현된 담화나 문장을 듣거나 읽기	• 강세, 리듬, 억양 식별하기 • 강세, 리듬, 억양에 맞게 소리 내어 읽기 • 의미 이해하기 • 세부 정보 파악하기 • 중심 내용 파악하기 • 일이나 사건의 순서 파악하기 • 시각 단서 활용하여 듣거나 읽을 내용 예측하기 • 특정 정보를 찾아 듣거나 읽기 • 내용 확인하며 다시 듣거나 읽기 • 다양한 매체로 표현된 담화나 글을 듣거나 읽기	• 강세, 리듬, 억양에 맞게 따라 말하기 • 알파벳 대소문자 쓰기 • 소리와 철자 관계 바탕으로 단어 쓰기 • 실물, 그림, 동작 등을 보고 말하거나 쓰기 • 인사 나누기 • 자기 소개하기 • 주변 사람이나 사물 묘사하기 • 행동 지시하기 • 감정 표현하기 • 주요 정보 문답하기 • 표정, 몸짓, 동작 수반하여 창의적으로 표현하기 • 적절한 매체 활용하여 창의적으로 표현하기 • 철자 점검하며 다시 쓰기	• 강세, 리듬, 억양에 맞게 말하기 • 실물, 그림, 동작 등을 보고 말하거나 쓰기 • 알파벳 대소문자와 문장 부호 바르게 사용하기 • 주변 사람 소개하기 • 주변 사람이나 사물 묘사하기 • 주변 장소나 위치, 행동 순서나 방법 설명하기 • 감정이나 의견, 경험이나 계획 기술하기 • 세부 정보 문답하기 • 예시문 참고하여 목적에 맞는 글쓰기 • 반복, 확인 등을 통해 대화 지속하기 • 브레인스토밍으로 아이디어 생성하기 • 다양한 매체 활용하여 창의적으로 표현하기 • 피드백 반영해 고쳐 쓰기

	이해(reception)	표현(production)
가치 · 태도	• 흥미와 자신감을 갖고 듣거나 읽으며 즐기는 태도 • 상대의 감정을 느끼고 공감하는 태도 • 다양한 문화와 의견을 존중하고 포용하는 태도	• 말하기와 쓰기에 대한 흥미와 자신감 • 대화 예절을 지키고 협력하며 의사소통 활동에 참여하는 태도

(2) 성취기준

초등학교 영어 성취기준 수는 3~4학년군 이해 및 표현 영역, 5~6학년군 이해 및 표현 영역에서 각 10개씩 총 40개이다. 2015 개정 초등영어 교육과정의 45개와 성취기준의 수는 크게 다르지 않으나, 언어 4기능을 구분하지 않고 이해와 표현의 영역으로 분류하여 성취기준을 제시하였다는 점에서 큰 변화가 있다. 또한 2015 개정 교육과정의 성취기준은 음성언어(듣기 및 말하기)영역에서 더 다양하게 제시된 반면, 2022 개정 교육과정의 성취기준은 이해 및 표현 영역이 균형적으로 다루어진 점이 두드러진다.

2022 개정 초등영어 교육과정의 성취기준을 학년군별 및 영역별로 나타내면 다음과 같다.

[표 3-3] 초등학교 3~4학년 성취기준

	3~4학년군	5~6학년군
이해	[4영01-01] 알파벳과 쉽고 간단한 단어의 소리를 듣고 식별한다. [4영01-02] 알파벳 대소문자를 식별하여 읽는다. [4영01-03] 쉽고 간단한 단어, 어구, 문장을 듣고 강세, 리듬, 억양을 식별한다. [4영01-04] 소리와 철자의 관계를 이해하며 쉽고 간단한 단어, 어구, 문장을 소리 내어 읽는다. [4영01-05] 쉽고 간단한 단어, 어구, 문장의 의미를 이해한다. [4영01-06] 자기 주변 주제에 관한 담화의 주요 정보를 파악한다. [4영01-07] 적절한 전략을 활용하여 담화나 문장을 듣거나 읽는다. [4영01-08] 다양한 매체로 표현된 담화나 문장을 흥미를 가지고 듣거나 읽는다. [4영01-09] 시, 노래, 이야기를 공감하며 듣는다. [4영01-10] 자기 주변 주제나 문화에 관한 담화나 문장을 존중의 태도로 듣거나 읽는다.	[6영01-01] 간단한 단어, 어구, 문장을 듣고 강세, 리듬, 억양을 식별한다. [6영01-02] 간단한 단어, 어구, 문장을 강세, 리듬, 억양에 맞게 소리 내어 읽는다. [6영01-03] 간단한 단어, 어구, 문장의 의미를 이해한다. [6영01-04] 일상생활 주제에 관한 담화나 글의 세부 정보를 파악한다. [6영01-05] 일상생활 주제에 관한 담화나 글의 중심 내용을 파악한다. [6영01-06] 일상생활 주제에 관한 담화나 글에서 일이나 사건의 순서를 파악한다. [6영01-07] 적절한 전략을 활용하여 일상생활 주제에 관한 담화나 글을 듣거나 읽는다. [6영01-08] 다양한 매체로 표현된 담화나 글을 흥미와 자신감을 가지고 듣거나 읽는다. [6영01-09] 시, 노래, 이야기를 공감하며 듣거나 읽는다. [6영01-10] 일상생활 주제나 문화에 관한 담화나 글을 포용의 태도로 듣거나 읽는다.

	3~4학년군	5~6학년군
표현	[4영02-01] 쉽고 간단한 단어, 어구, 문장을 강세, 리듬, 억양에 맞게 따라 말한다. [4영02-02] 알파벳 대소문자를 구별하여 쓴다. [4영02-03] 소리와 철자의 관계를 바탕으로 쉽고 간단한 단어를 쓴다. [4영02-04] 실물, 그림, 동작 등을 보고 쉽고 간단한 문장으로 말하거나 단어나 어구를 쓴다. [4영02-05] 자신, 주변 사람이나 사물의 소개나 묘사를 쉽고 간단한 문장으로 말하거나 보고 쓴다. [4영02-06] 행동 지시를 쉽고 간단한 문장으로 말하거나 보고 쓴다. [4영02-07] 자신의 감정을 쉽고 간단한 문장으로 말하거나 보고 쓴다. [4영02-08] 자기 주변 주제에 관한 담화의 주요 정보를 묻거나 답한다. [4영02-09] 적절한 매체나 전략을 활용하여 창의적으로 의미를 표현한다. [4영02-10] 의사소통 활동에 흥미와 자신감을 가지고 대화 예절을 지키며 참여한다.	[6영02-01] 간단한 단어, 어구, 문장을 강세, 리듬, 억양에 맞게 말한다. [6영02-02] 실물, 그림, 동작 등을 보고 간단한 단어, 어구, 문장으로 말하거나 쓴다. [6영02-03] 알파벳 대소문자와 문장 부호를 문장에서 바르게 사용한다. [6영02-04] 주변 사람이나 사물을 간단한 문장으로 소개하거나 묘사한다. [6영02-05] 주변 장소나 위치, 행동 순서나 방법을 간단한 문장으로 설명한다. [6영02-06] 자신의 감정이나 의견, 경험이나 계획을 간단한 문장으로 표현한다. [6영02-07] 일상생활 주제에 관한 담화나 글의 세부 정보를 간단한 문장으로 묻거나 답한다. [6영02-08] 예시문을 참고하여 목적에 맞는 간단한 글을 쓴다. [6영02-09] 적절한 매체와 전략을 활용하여 창의적으로 의미를 생성하고 표현한다. [6영02-10] 의사소통 활동에 흥미와 자신감을 가지고 참여하여 협력적으로 수행한다.

성취기준은 학년군별로 이해와 표현 영역 순서로 제시되고 있으며, 일부 성취기준에 대한 해설과 성취기준 적용 시 고려사항이 제시되어 있다.

4 교수 · 학습 및 평가

교수 · 학습 및 평가의 방향에서는 교육과정의 영어과 교과역량 함양을 위한 교수 · 학습 및 평가 방법을 제시하고 있다. 변화하는 교육환경을 반영하여 디지털 및 온라인 기반 교육, AI 기술의 활용 등의 구체적인 적용 방안을 제시하고 있는 것이 특징이다. 2022 개정 영어과 교육과정에서 교수 · 학습 방향 및 방법으로 제시한 사항은 아래와 같다.

(1) 교수 · 학습의 방향

(가) 깊이 있는 학습을 통하여 영어 의사소통 능력을 함양하도록 지도한다. 학교급과 전체 교육과정을 고려하여 내용 관련 배경지식과 맥락을 최대한 제시하고, 사회

적인 목적과 실생활에의 적용 가능성이 잘 드러나는 의미 중심 의사소통 과업을 제공하여 학습 몰입감과 흥미를 높인다.

(나) 학습자가 능동적인 사고 과정을 거치도록 지도한다. 학습 활동을 설계할 때 과업 목표 달성을 위한 문제 인식과 상황 이해, 의사 결정, 문제 해결 등의 인지 과정을 부여하고, 이것에 필요한 과정 · 기능을 전략적으로 취사선택하여 스스로 학습할 수 있도록 지도한다.

(다) 학습자의 요구나 개별 관심사를 반영한 단원의 소주제나 관련 자료, 토론 내용, 활동 방법을 선정하여 학습자 자신의 관심사와 연결해 배움을 확장하도록 지도한다.

(라) 학습 내용을 현실에 적용할 기회를 제공한다. 학습 목적에 부합하는 현실 사회의 영어 의사소통 환경(사회 관계망 서비스 등 사회적 상호 작용), 또는 실생활 맥락을 담은 자료에 노출되도록 하고, 학습한 언어 · 문화 지식과 언어 기능을 실제 맥락에서 적용하고 체험해 보도록 지도한다.

(마) 다양한 디지털 교수 · 학습 도구를 적극적으로 활용하여 지도한다. 수업에서 능동적 참여와 상호 작용, 동기 부여 등을 촉진하기 위한 각종 프로그램을 효과적으로 사용한다. 또 개별화 학습을 위한 각종 언어 보조 학습 도구를 소개하고 이를 활용해 볼 수 있는 과업을 부여함으로써 생동감 있고 풍부한 영어 학습을 경험하고 디지털 소양을 기르게 한다.

(바) 자신의 생각을 표현할 수 있는 창의적인 활동을 제공한다. 학습자의 연령이나 영어 수준에 맞추어 단어, 어구, 문장 등을 사용하여 자신의 느낌, 생각, 기억, 상상력, 새로운 아이디어 등을 표현할 수 있는 다양한 활동을 제시한다. 이를 위해 사전에 예시를 제공하고, 디지털 자료와 도구를 활용하여 학습자의 언어적 제한을 극복하고 창의적인 발상을 공유하도록 지원한다.

(사) 영어로 표현된 다양한 문화적 산물을 체험하면서 심미적 감성을 함양할 기회를 제공한다. 세계인의 삶과 문화를 표현한 일화, 예술 · 문학 작품 등을 예시 자료로 제시하여 언어와 문화의 심미적 요소를 학습자 스스로 탐구하고 감상할 수 있도록 지도한다.

(아) 수업 환경이나 영어 학습 내용에 따라 다양한 온오프라인 연계 학습을 설계한다. 교육 상황과 목적에 따라 융통성 있게 온오프라인 연계 수업을 활용하여 학생들이 일상생활에서 영어를 사용하여 이해, 표현 및 상호 작용할 수 있도록 지도한

다. 예를 들어 실제 언어 입력이나 언어 지식(어휘, 언어형식) 등은 온라인으로 제시하고, 언어 수행과 상호 작용(발표, 모둠 활동)은 오프라인으로 진행하는 등의 연계 학습을 계획할 수 있다.

(자) 자신의 진로 및 미래의 삶과 연결하여 스스로 영어 학습을 관리하도록 지도한다. 희망하는 진로 분야에서 요구하는 영어의 역할과 영어 능력을 파악하도록 지원하고, 현실적이고 구체적인 성취 목표와 학습 방법을 스스로 선택, 계획, 성찰해 가도록 지도한다. 개별 학습자의 학습 관리가 성공할 수 있도록 교사는 이를 지속적으로 지원하고 점검한다.

(차) 영어과 내 영역 간 연계를 통해 통합적 사고를 촉진한다. 또한 영어과 주제와 타 교과를 연결, 통합, 확장하는 기회를 마련함으로써 궁극적으로는 학습자의 사고와 경험이 통합되도록 돕는다.

(카) 학생의 특성과 성취 단계를 고려하여 개별화 수업을 제공한다. 개별 학생의 영어 능력 수준 및 다양한 학습자 요인을 파악할 수 있는 데이터를 수집하고, 각자의 수준과 요구에 부합하는 자료, 활동, 과제를 선택하게 하는 등 개별화된 수업 환경을 마련한다. 또한 맞춤형 평가와 학습 과정에 대한 피드백을 제공함으로써 개별 학습자의 학습 성취를 돕는다.

(타) 초등학교와 중학교 간, 중학교와 고등학교 간의 자연스러운 학습 연계를 위해 성취기준 달성 여부를 점검하고 보충·심화할 수 있는 진로 연계 수업을 계획하여 운영한다.

(2) 교수·학습 방법

(가) 영어 학습에 대한 학습자의 동기를 유발하고 흥미와 자신감을 유지할 수 있도록 하기 위해 학습자의 관심사를 고려하여 다양한 온오프라인 자료, 에듀테크 등을 활용한다.

(나) 창의적이고 융합적인 사고 능력을 함양할 수 있도록 문제 해결 프로젝트 등의 활동과 다양한 매체를 활용한 교수·학습 방법을 구안한다.

(다) 디지털 기반 영어 학습 자료와 프로그램을 사용하여 다양한 언어 입력을 제공함으로써 학습자가 실제적인 영어에 친숙해지고 생동감 있는 언어 사용을 체험할 수 있도록 지원한다.

(라) 목적과 언어 수준에 맞는 디지털 영어 자료를 학습자 스스로 선택하고 핵심

사항을 파악하여 영어 표현을 다양하게 구사하고 원하는 지식을 쌓을 수 있도록 검색 능력, 비판적 평가 능력, 필요한 기술 및 전략을 길러준다.

(마) 온오프라인상의 다양한 영어 의사소통의 기회(교사와 학습자 간, 학습자 간, 학습자와 영어 사용 공동체 간)를 제공하고 안내하여 언어 · 문화적 상호 작용 능력을 향상시킨다.

(바) 영어 학습을 지원하는 각종 인공지능 기술 및 디지털 도구(영어 키보드, 영어 사전, 녹음, 학습용 앱, 코퍼스 데이터, 자동 번역, 챗봇, 각종 멀티미디어 저작 도구 등)를 적극적으로 수업에 도입하여 디지털 및 인공지능 리터러시를 함양하고 개인의 영어 학습 성장에 도움이 되는 활용법을 지도한다.

(사) 자기주도학습이 이루어지도록 다양한 학습자 중심 과업을 구안하여 학습자의 흥미와 동기 유발을 도모한다.

(아) 영어 이해 및 표현 과정에서 활용할 수 있는 다양한 언어적 · 비언어적 전략의 종류를 제시하고, 학습자가 다양한 상황에서 이를 적절하게 활용하도록 지도한다.

(자) 듣기와 읽기는 흥미를 유발하기 위하여 다양한 장르의 입력 자료를 제시하고 다양한 매체를 활용하여 지도한다.

(차) 듣기와 읽기는 말이나 대화가 일어나는 상황, 글의 문맥, 배경지식 등을 활용하여 의미를 파악하도록 지도하고, 듣기나 읽기 전 · 중 · 후 활동으로 나누어 단계별로 지도한다.

(카) 말하기는 상황이나 목적에 맞는 적절한 표현과 말하기 전략을 사용한 의사소통 중심의 다양한 활동을 충분히 제공하여 영어에 대한 흥미와 자신감을 높이도록 지도한다.

(타) 쓰기는 학습 목표와 학습자의 수준을 고려한 단계적인 지도가 필요하다. 과정과 결과를 모두 고려한 피드백을 제공하여 효과적인 쓰기 학습이 이루어지도록 한다.

(파) 교사와 학습자, 학습자와 학습자 간 활발한 상호 작용을 유도하고 영어 사용 기회를 충분히 제공할 수 있는 협력 학습, 문제 해결 학습, 소그룹 및 과업 중심 활동 등을 적절히 활용한다.

(하) 개별 학습 및 모둠 학습을 적절히 활용하여 자기주도적 학습 태도뿐만 아니라 나눔과 배려의 공동체 의식도 기를 수 있도록 지도한다.

(거) 언어와 문화의 다양성을 이해하고 포용적 태도를 기를 수 있도록 하고, 적극적이고 협력적으로 영어로 교섭하며 소통할 수 있는 교수 · 학습 활동을 구안한다.

평가에서는 아래의 내용을 따르도록 하고 있다.

(3) 평가의 방향

(가) 깊이 있는 영어 학습과 역량 중심 평가가 이루어지도록 한다. 평가의 목적은 학생의 사고 계발을 촉진하여 궁극적으로는 영어 의사소통 역량의 배양을 지원하는 데 있어야 한다. 이를 위해서는 단편적인 지식이나 기술의 평가를 지양하고, 깊이 있는 학습을 통해 영어과의 교과 역량을 실질적으로 함양하였는지에 초점을 둔 평가가 이루어져야 한다.

(나) 학생이 평가를 학습 과정의 일부로 인식하고 자신의 영어 학습 과정과 성과를 성찰하도록 구안한다. 평가는 학습의 최종 단계에서 성과를 측정하는 행위를 넘어 자신의 영어 학습 전 과정을 되돌아보고 개인적 의미를 발견하며 학습 계획을 자기주도적으로 수정 · 보완할 수 있는 계기가 되어야 한다. 따라서 학습 과정과 결과에 대한 평가가 모두 이루어져야 한다.

(다) 학습 성과에 대한 평가는 학습한 내용을 새로운 상황과 맥락에 적용할 수 있는지에 초점을 둔다. 배운 내용의 단순 확인에서 탈피하여 학생이 학습한 영어 지식과 기술을 활용하여 새로운 상황에서 과업을 수행할 수 있는 역량을 갖추었는지를 평가한다. 이를 위하여 성취기준을 기반으로 학습 내용을 적용할 수 있는 실제적이고 새로운 맥락과 상황을 제시하여 학생의 영어 수행 능력을 평가해야 한다.

(라) 학습자가 평가 준비, 시행, 결과 해석 과정에 적극적으로 참여할 수 있도록 한다. 이를 통해 학생은 영어 학습의 목표와 성공적인 수행 수준을 명확하게 인지할 수 있게 된다. 또한 수행 과정과 결과를 스스로 평가하고 진단할 수 있는 기회를 학습자에게 제공함으로써 학습자가 자신의 영어 학습을 성찰하고 향후 학습 방향을 계획할 수 있도록 한다.

(마) 학습자의 다양한 특성 및 영어 수준을 고려한 맞춤형 평가를 시행한다. 학생의 학습 스타일, 정의적 특성, 영어 수준 등을 고려한 다양한 평가 방식을 마련하여 학생 맞춤형 평가가 이루어지도록 한다. 특히 학습 부진을 겪고 있거나 성장 속도가 느린 학생이 단일 평가 방식으로 인해 학습 의욕 저하 및 이탈을 경험하지

않도록 평가 방안을 마련한다.

(바) 다양한 디지털 평가 도구를 적극적으로 활용한다. 디지털 분석 · 평가 도구를 활용하여 실제적인 평가 맥락을 제공하고, 다양한 학습자 데이터를 체계적으로 구축한다. 이를 토대로 다각적이고 신뢰할 만한 평가 결과를 도출할 수 있다.

(사) 평가 결과를 바탕으로 개별 맞춤형 피드백을 제공한다. 교사는 평가 결과를 지속적으로 모니터하고 교수 · 학습에 환류하여 수업을 개선한다. 또한 상세한 맞춤형 피드백을 학습자에게 제공하여 학습 성장을 돕는다.

(4) 평가 방법

(가) 평가는 평가 계획서에 제시된 방법과 절차를 따르며 학습자가 평가의 세부 절차와 유의 사항을 분명히 알 수 있도록 사전에 명확하게 안내한다.

(나) 평가 문항 제작, 평가의 시행과 채점에 관한 사항을 평가 계획서에 근거하여 점검표로 만들고 각 항목을 하나씩 점검함으로써 적정한 신뢰도를 유지한다.

(다) 평가의 결과는 차후 평가 계획 수립에 반영하고 교수 · 학습의 개선 및 학습자의 학습 동기 유발과 개별 지도에 활용한다.

(라) 평가는 영어 학습에 대한 긍정적인 환류 효과를 줄 수 있도록 구안한다.

(마) 학습자가 영어 능력을 다각도로 평가할 수 있도록 다양한 평가 방법을 활용한다.

(바) 표현 영역의 평가는 가급적 수행평가와 같은 직접 평가 방법을 활용한다. 수행평가는 평가의 목표, 내용, 과제 유형, 채점 기준 등을 명확히 한 후에 실시한다.

(사) 학습자의 통합적인 영어 능력을 신장할 수 있도록 듣기, 말하기, 읽기, 쓰기의 개별 기능에 대한 평가뿐만 아니라 두 가지 이상의 기능을 통합한 평가도 적절히 실시한다.

(아) 듣기나 읽기 같은 이해 영역 평가 시 디지털 텍스트, 텍스트 난이도, 읽기나 듣기 속도, 어휘 · 언어 형식 수준 등 학습자 개인의 읽기와 듣기 수준을 객관적으로 평가할 수 있는 각종 보충 자료 및 디지털 프로그램(인공지능 기반 플랫폼 등)을 활용하여 학습자의 이해 능력을 진단하고, 개인별 맞춤형 피드백 학습을 통해 향상 과정을 파악한다.

(자) 말하기나 쓰기 같은 표현 영역 평가 시 실제적인 의사소통 맥락을 제공할 수 있는 다양한 인공지능 기술(음성 녹음, 음성 인식, 챗봇, 화상 회의 등)을 활용하여 다각적이고 신뢰할 만한 평가 결과를 도출한다.

(차) 쓰기 자동 채점, 텍스트 분석, 번역기, 표절 검사 프로그램 등의 기술을 활용하여 쓰기 영역의 평가 신뢰도를 확보한다.

(카) 학습 성장 과정을 확인할 수 있도록 에듀테크를 평가에 활용한다.

(타) 개별 학습자의 영어 학습 기록(음성 발화, 작문, 과제물, 각종 평가 점수 등)을 학습 관리 시스템에 체계적으로 저장하고 분석하여 학습 성장 과정을 학습자 스스로 점검하게 하고, 이를 평가에 반영한다.

(파) 영어 학습 활동의 결과물을 온라인 공유 플랫폼 등에 축적하도록 지도하여(예 디지털 포트폴리오), 학습자와 동료 학습자의 학습 성장 과정을 지속적으로 기록하며, 자기 평가 혹은 상호 평가의 기회를 제공한다.

(하) 개별화 학습 및 맞춤형 평가를 촉진하기 위하여 각종 영어 평가, 온라인 설문 등을 활용하여 개별 학습자의 영어 능력 및 학습자 요인(학습 동기, 학습 스타일, 적성 등)에 대한 진단을 시행하고 이를 교수 · 학습 및 평가 설계에 참고한다.

5 소재, 의사소통 기능과 예시문, 어휘, 언어 형식 (별표항목들)

2022 개정 영어과 교육과정은 별표항목으로 소재, 의사소통 기능과 예시문, 어휘, 의사소통에 필요한 언어 형식을 제시하고 있다. 소재는 학습자들이 관심을 가지고 흥미를 느낄 수 있는 소재를 선택하되, 학생들의 의사소통 능력, 공동체 문제 해결 능력, 창의적 사고력, 심미적 감수성 등을 기르는 데 도움이 되는 내용으로 함을 원칙으로 한다.

의사소통 기능은 3개 영역, 11개 범주, 91개 세부 내용으로 구분하여 표로 제시하고 있으며, 각 기능의 이해를 돕기 위해 예시문을 함께 제공하고 있다. 의사소통 기능은 필요에 따라 선별하여 사용하거나, 분리 또는 추가하여 사용할 수 있음을 명시하고 있다. 2015 개정 교육과정에서는 초등학교에서 사용을 권장하는 예시문을 △로 표시하였으나, 2022 개정 교육과정에서는 이를 따로 지정하지 않으며, 의사소통 기능을 구현할 표현은 학교급별 언어형식을 고려하여 사용할 것을 권장한다.

어휘에서는 초등학교 3~4학년군 300단어 이내, 5~6학년군 300단어 이내(누계 600단어 이내) 등 학년군별 단어 수를 제시하고 있다. 이는 초등학교급에서의 제시 어휘를 500낱말 내외로 제시한 2015 개정 교육과정에 비해 약 100개 정도 늘어난 것이다. 기본 어휘 목록에 제시된 어휘는 모두 3,000개이고, 이 중 초등학교에서 사용하기를 권장하는 단어는 800개로, *로 표시되어 있다.

의사소통에 필요한 언어 형식은 40개 범주에 대한 350개의 예문을 제시하고 있다. 이전 교육과정에서는 언어 형식을 항목 번호로만 묶어 제시하고 구체적인 분류 기준을 명시하지 않았지만 2022 개정 교육과정에서는 각 범주에서 초점을 두고 있는 언어 형식을 밝히고 있다는 점이 특징이다. 예문의 경우 이전 교육과정과 마찬가지로 학교급별 권장 언어 형식을 구분하여 제시하고 있다.

이상에서 우리나라 영어과 교육과정을 살펴보았다. 제7차 영어과 교육과정의 틀을 바탕으로 수시 개정, 부분 개정 방침에 따라 2022 개정 영어과 교육과정까지 고시된 상태이다. 영어과 교육과정 개정이 최근 들어 빈번하게 이루어지는 이유는 영어 공교육에 대한 개인적, 사회적, 국가적 요구가 그만큼 크기 때문일 것이다. 교육과정 개정은 학습자의 요구와 상황 분석에서 출발한다. 분석 결과 드러난 문제점을 개선하기 위해 많은 제안과 해법이 논의되고 이는 다양하고 폭넓은 검토와 의견 수렴을 통해 개정 교육과정에 반영된다. 개정된 교육과정은 학교 현장에서 그에 근거한 교수 자료 준비와 선정, 이를 이용한 교수·학습과 평가가 진행되면서 타당성이 검증될 것이다. 이 과정에서 교육과정 개발 및 개정의 각 단계에 주어지는 피드백은 또다시 교육과정 개정의 밑거름이 될 것이며, 이를 통해 영어과 교육과정의 발전은 물론 우리나라 영어 교육의 발전을 기대할 수 있다. 교육과정이 포함하는 교육의 광범위한 영역을 생각할 때, 교육과정 연구와 교육 현장에서의 적용은 상호 보완적으로 이루어져야 하며, 이럴 때 바람직한 방향으로 영어 교육이 나가게 될 것이다.

제 4 장
영어 교재의 개발과 평가

1. 영어 교재의 종류
2. 영어 교재의 개발
3. 영어 교재의 내용
4. 영어 교재 내용의 선정
5. 영어 교재의 분석

영어 교재에는 인쇄 책자와 멀티미디어 자료를 포함한 다양한 자료가 포함되는데, 이 장에서는 교사와 학생이 주요 학습 도구로 사용하는 서책을 중심으로 논의한다. 먼저 언어 기능별, 언어 요소별, 매체별로 다양한 교재와 교구의 종류를 개관해 본다. 그리고 교재의 개발 과정을 알아본 후, 교재에 실을 내용에 대하여 살펴본다. 끝으로 개발된 교재를 평가하여 선정하는 데 이용하게 될 다양한 평가 방법과 기준에 대하여 알아본다.

1 영어 교재의 종류

1 언어 교수 · 학습 이론과 영어 교재

교재의 관점과 내용은 언어 교수 · 학습에 관한 아이디어나 이론과 맥을 함께 한다(Nunan, 2003: 226-7). 여기에서는 우리나라에 영어 교육이 도입된 구한말 시대부터 지금까지 교육 현장에 많이 적용된 언어 교수 · 학습 이론과 교수법에 따른 교재를 중심으로 살펴보고자 한다.

20세기 중반까지 외국어 교육에서 문법번역식 교수법이 유행하였으며, 교재는 읽기를 위한 글 아래에 단어 뜻과 문법 해설을 제시하는 형태로 구성되었다. 학생들은 이런 교재를 사용하여 단어와 문법 위주로 공부를 하였으며, 평가도 글을 읽고 단어와 문법에 비추어 정확하게 번역하는 능력을 측정하도록 구성되었다.

행동주의 심리학에 근거한 1960~70년대의 언어 학습 이론은 언어 학습을 자극-반응-강화에 의한 습관 형성(habit formation)의 과정이라고 보았다. 이 시기에 유행하던 외국어 교수 방법인 청화식 교수법에서는 구어가 중요시되었으며, 교재는 대화문, 문형 연습, 대체 연습(substitution drill) 등을 이용하여 모방과 반복 연습을 통하여 표현을 암기하도록 구성되었다.

1970~80년대에 언어는 의사소통 목적, 즉 기능(function)을 전달하기 위한 목적으로, 추상적이거나 구체적인 주제, 즉 개념(notion)에 대하여 말하거나 쓰기 위해 사용하는 도구로 인식되었다. 따라서 개념-기능적 교수요목(notional-functional syllabus)에서는 의사소통능력을 문법적 능력보다 중요시하였으며, 개념-기능적 교재는 기능적 언어(functional language)를 익힐 수 있도록 짝 활동과 집단 활동을 중심으로 구성하였다.

초등학생을 포함한 어린이 영어교육을 위한 교재는 아동의 특성을 반영하여 활동(activity), 상황, 이야기, 주제 중심으로 구성되었다. 활동 중심 교재([그림 4-1])는 학습할 언어 요소를 게임, 만들기, 그리기 등의 다양한 활동을 통하여 제시하였다. 상황 중심 교재([그림 4-2])나 이야기 중심 교재에서는 새 언어 항목을 학생들에게 친숙한 상황이나 이야기를 통하여 제시하였다. 그리고 주제 중심 교재에서는 [그림 4-3]에서 보는 바와 같이 학생들의 일상생활과 관련이 있는 주제를 통하여 학습할 언어 항목을 제시하였다.

Page	Activities	New Language items
1	On the phone	*Hello!*
2-3	Look and do	*I'm* _______.
4-5	Look and do	*Come in. This is*________.
6-7	A game: *Say 'please'*	*Good morning/afternoon. Stand up/Sit down/Stop/please*
8-9	A game: *Draw and say*	*Yes/No; vocabulary*
		Vocabulary
10-11	A guessing game	Vocabulary
12-13	Puzzle pictures	*This is* _______; vocabulary
14-15	At the toy shop	*What's this? It's a* ______; vocabulary
16-17	Making toothpick pictures	Vocabulary
18-19	A drawing game	*Is it a ? No, it's a* _____ ; vocabulary
20-21	A guessing game	*Is it the* _______*?*
22-23	Another guessing game	*This is my* _______; vocabulary
24-25	Making a mask	*Yes, I am* _______*; You are* .
26-27	Playing with masks	*Happy birthday to you!*
28-29	A song	*He is a* ______ *; He can; Walk/Stop;*
30-31	Rob the robot: See him walk!	*Right/Left; Push.*

[그림 4-1] 활동 중심 교재(English Today!)

[그림 4-2] 상황 중심 교재(Chatterbox)

[그림 4-3] 주제 중심 교재(Stepping Stones)

최근에 성인 영어 교육 분야에서는 일반 목적을 위한 영어(English for General Purposes: EGP) 일변도에서 벗어나서 학술 목적을 위한 영어(English for Academic Purposes: EAP)와 특수 목적을 위한 영어(English for Specific Purposes: ESP)의 중요성이 확산되면서 이 분야의 교재들이 개발되었다. EAP 교재는 학술 목적을 위한 쓰기나 읽기 같은 기능 신장에 초점을 맞추고, ESP 교재는 산업계, 법조계, 의학계 등에서 사용할 영어를 교육하는 데 초점을 맞추고 있다. 이 교재들에서는 실제 상황에서 영어 사용을 유도하기 위하여 신문 기사, 관련 분야 잡지 등에 있는 실제 자료(authentic materials)를 사용한다.

한편 외국어 교육에서 교재의 효용성에 대한 의문이 제기되기도 하였는데, 1980년대에 소개된 과업 중심 교수법(task-based approach, TBA)은 교재의 사용에 대한 논란을 확산시켰다. TBA의 언어 학습관에 의하면, 언어는 미리 정해진 문법, 개념, 의사소통 기능 등을 학습하여 배우는 것이 아니라, 의미에 초점을 두고 문제와 과업을 해결하기 위하여 다른 학습자들과 의미협상을 하면서 배워가는 것이다. 따라서 초기의 TBA에서는 배울 언어를 미리 정해 놓은 교재를 사용하지 않았는데, 근래의 많은 교재에는 학습자들간에 상호작용과 의미협상이 활발하게 일어나도록 실제적 자료를 사용한 교육적 과업(pedagogic task)이나 프로젝트가 포함되어 있다.

2 영어 교재의 분류

(1) 외국어 교재의 분류

권오량(2000)은 교재를 여러 기준에 따라 분류해 보는 것 자체가 교재의 목적과 특성을 이해하는 데 도움이 된다고 하며, 다음과 같이 외국어 교재 분류표(권오량, 2000: 59)를 제시하였다. 다음에 있는 표의 분류 기준에 근거하여 우리나라 영어 교과서와 그 밖의 교재들에 대하여 논의하고자 한다.

[표 4-1] 외국어 교재 분류표

분류 기준	교재의 종류
1) 용도 우선 순위	주교재, 부(보조) 교재
2) 언어 교육 상황	제2언어(SL) 교재, 외국어(FL) 교재
3) 모드	문자 언어 교재, 음성 언어 교재, 복합 교재
4) 언어 기능과 요소	회화 교재, 청해 교재, 독해 교재(책, e-교재), 문법 교재(책, e-교재), 통합 교재
5) 재사용 가능성	기록/재생적 교재, 생동적 교재
6) 학습 형태	교사의존형 교재, 자율학습형 교재
7) 의도	의도적 교재, 비의도적 교재(메뉴, 기사, 광고)
8) 영리 목적	영리적 교재, 비영리적 교재(국정, 검정, 인정도서)
9) 제작자	교외 제작 교재, 교내 제작 교재
10) 상호작용 형태	일방통행적 교재, 상호작용적 교재

첫째 영어 교과서는 주교재이며, 그에 따른 자습서는 보조 교재라고 할 수 있다.

둘째, 영어 사용/교육 상황에서 보면, 제 2언어로서의 영어(English as a Second Language: ESL)를 사용하는 학습자를 위한 교재와 외국어로서 영어(English as a Foreign Language: EFL)를 사용하는 학습자를 위한 교재로 구분할 수 있다. 우리나라는 EFL 상황에 있으므로 이 책에서는 EFL 교재를 중심으로 논의한다.

셋째, 언어 사용 모드(mode) 면에서 보면, 우리나라 영어 교과서는 음성 언어와 문자 언어를 함께 가르치므로 복합 교재라고 할 수 있다.

넷째, 언어 기능과 요소 면에서 영어 교과서는 영어 네 기능과 발음, 어휘, 문법, 문화 등을 통합적으로 가르치고자 하는 통합교재이다. 2010년대까지만 해도 교과서는 인쇄된 책의 형태로만 제작되었으나 현재는 전자 교과서(e-textbook)의 개발이 함께 이루어지고 있다.

다섯째, 현재의 초등영어 교과서 세트는 인쇄된 교재, 전자책과 함께 듣기 및 영상 자료가 CD-ROM 타이틀 또는 파일의 형태로 제공되는 기록/재생적 교재이다. 하지만 실제 수업에서 교사는 교재에서 제공하는 자료뿐만 아니라 학습을 보조할 수 있는 자료를 인터넷을 통해 찾아내어 보조적으로 사용하기도 하는데 이러한 경우에는 생동적 교재라고 할 수 있다.

여섯째, 전통적인 교과서는 언어 내용만 제시되어 있어서 교사가 수업을 주도하게 되는 교사 의존형 교재인 반면에, 최근의 영어 교과서는 학생들이 자학자습할 수 있도록 자세한 설명이 제시되어 있는 자율학습형 교재이다.

일곱째, 영어 교과서는 교수학습 자료로 사용할 목적으로 개발한 의도적 교재이고, 비의도적 교재는 교수 · 학습 과정에서 사용하는 메뉴, 신문 기사, 광고 등의 자료를 의미한다. 이 책에서 '교재'란 특별한 경우를 제외하고 의도적 교재를 지칭한다.

여덟째, 교과서로 사용하기 위하여 교육과학기술부가 직접 발행하는 국정 도서와 민간 출판사가 발행하여 심의를 거친 검정 교과서는 비영리 교재이며, 기타 민간에서 발행하는 교재는 영리를 목적으로 하는 교재이다.

아홉째, 현재 초등영어교과서는 학교 밖의 전문가가 제작한 검정 도서를 사용한다. 교내 제작 교재로는 학교에서 교사가 단독 또는 공동으로 제작한 교재가 있을 수 있으며, 일부 교수법에서 사용하는 학생들이 쓴 영어 일기나 작문도 이에 포함된다.

끝으로, 대부분의 교재는 교재가 언어 내용과 활동을 제시하고 교사와 학습자가 이를 따라가도록 제작되어 있는 일방통행적 교재이다. 이런 교재에서는 교재와 학습자 간의 상호작용이 없이 일방통행식으로 교재의 내용을 받아들이게 되는데, 교사가 개입하여 교사와 학생간의 상호작용으로 그 내용을 다룰 수는 있다. 하지만 최근 영어교육에서 에듀테크 활용에 대한 중요성이 높아짐에 따라 컴퓨터 보조 학습(Computer-Assisted Language Learning) 프로그램을 활용하여 학습자가 교재의 내용에 반응을 하면 컴퓨터가 즉시 적절한 반응을 보이는 상호작용적 교재의 개발이 활발하게 이루어지고 있다.

(2) 언어 기능별 교재

일상생활에서 말을 통한 대부분의 의사소통에서는 두 가지 이상의 언어 기능이 통합적으로 사용된다. 이처럼 언어의 네 기능은 일상생활에서 상호 배타적으로 사용된다거나 학습 순서가 고정되어 있지 않다. 여기에서는 언어 기능별 교재를 듣기/말하기 교재, 읽기/쓰기 교재 및 기능 통합적 교재로 구분하여 설명하고자 한다.

듣기/말하기 교재는 대부분 인쇄된 서책과 함께 CD-ROM 타이틀, 음원 또는 영상으로 구성되어 있다. 듣기 교재에는 음성 식별, 문장 듣기, 대화나 담화를 듣고 주제와 요지 및 세부 사항을 이해하기 등의 활동이 포함되어 있다. 그리고 말하기 교재에는 대화의 반복 연습, 사물이나 그림을 보면서 묘사/설명하기, 대화나 담화를 듣고 요약해서 말하기, 생각이나 느낌을 표현하는 과업 등이 포함되어 있다. 이러한 듣기/말하기 교재는 정보 교환을 위한 의사소통 활동과 사회적 상호작용 활동을 수행하는 능력을 단계적으로 기르도록 수준별로 내용을 편성한다.

읽기/쓰기 교재는 대체로 서책이 주교재로 사용되고 익힘책(workbook)이 보조교재로 제공되는 경우도 있다. 읽기 교재의 내용은 알파벳 인식 및 음철법(phonics)에서 시작하여 상향식 처리(bottom-up processing)와 하향식 처리(top-down processing) 및 상호작용적 처리(interactive processing)를 요구하는 활동으로 구성되어 있다. 그리고 쓰기 교재는 표기(notation), 특정한 어휘, 구문 및 문법에 초점을 둔 통제 쓰기와 유도 쓰기부터 언어 사용 목적에 맞게 글을 쓰는 자유 작문에 이르기까지 수준에 따라 내용이 구성되어 있다.

🔊 Read, listen and complete

Mary : Are you in a team?
Sam : Yes, I'm in the badminton team.
Mary : Are you very good?
Sam : Well, I can play quite well. Can you play badminton?
Mary : No, not very well. I'm a beginner. But I can play table tennis.
Sam : Can you? I like table tennis. How about a game at the sports centre on Saturday?
Mary : OK, but I can play very well. I'm in the team.
Sam : I can play quite well, don't worry. By the way, do you like dancing?
Mary : Yes, a lot. Why?
Sam : Well, there's a disco at the sports centre on Saturday evening...

Write in the names Sam or Mary.

Who...?	is in the team	can play very well	can play quite well	can't play very well	can't play
badminton					
table tennis					

[그림 4-4] 기능 통합적 교재의 예

기능 통합적 교재는 일상생활에서 의사소통을 목적으로 언어를 사용할 때 네 기능이 통합적으로 사용되는 현상을 고려하여 제작되기 때문에 의사소통적 교재라고 할 수 있으며, 언어의 네 기능 중에서 두 가지 이상의 기능 학습에 중점을 두는 교재들이다.

초등학교 영어교과서의 경우에는 2022 교과과정 개정에 따라 크게 듣기/읽기/보기 등 이해 영역과 말하기/쓰기/제시하기 등 표현 영역으로 나눌 수 있다. 저학년때는 해독(decoding) 중심의 이해 활동 중요도가 높지만 학년이 올라감에 따라 점차적으로 표현하기 활동이 증가하여 언어 이해-표현이 통합되는 경향성이 높아지도록 구성되어 있다. 아래의 그림은 3, 4학년 단원 활동 구성의 사례이다. 3차시 읽기, 쓰기 학습이 5, 6학년에서는 3, 4차시로 확대되어 그 기능 연습을 강화하고 있다. 또한 5차시엔 Role-Play나 다양한 활동으로, 6차시엔 복습 및 세계 여러 문화를 경험하는 활동으로 구성이 되어있다.

단원의 전개를 언어 기능 면에서 보면 듣기→말하기→읽기→쓰기의 순서로 제시되어 있으며, 'Let's Play'와 'Role-play/Activity'에서 언어 기능 통합적 활동이 이루어지고 있다.

이는 학생들이 초기에 그림이나 자료를 보고 추측하는 활동과 듣기 활동을 통해 이해 중심의 교육을 먼저 하고, 점차 말하기 기능 특히 노래나 챈트를 통해 재미있고 자신 있게 영어를 말할 수 있도록 구성한 것이다. 또한 문자 언어 학습도 읽기를 통해 문자에 대한 이해를 바탕으로 알파벳이나 낱말, 문장 베껴 쓰기, 빈칸 채워 쓰기 등 읽기와 연계해서 지도할 수 있도록 단원을 구성한 것이 특징이다.

차시	활동 및 제시 순서	중점사항
1	Look and Listen Listen and Do Let's Play	듣기 중심
2	Look and Speak Listen and Repeat Chant or Song Let's Play	말하기 중심 노래나 챈트 활동
3	Look and Read Read and Write Let's Play	읽기, 쓰기 중심
4	Role-play Activity Review	역할놀이 복습 문화 관련 활동

(3) 언어 내용별 교재

Harmer(1996)는 언어 학습자가 배워야 할 내용으로 발음, 문법, 어휘, 언어 기능, 담화(discourse), 언어 기능, 언어 변이형(language varieties)을 제시하고 있다. 또한 영어 교육에서는 단순히 영어라는 언어만을 가르치는 것이 아니라, 영어를 도구로 그 언어가 사용되는 사회의 문화에 접근하도록 함으로써 학습자의 시각과 이해의 폭을 넓히고 세계 시민으로서의 적응력과 소양을 기르는 것도 중요시되고 있다.

학습자의 영어 능력을 영역별로 길러주기 위한 교재로 발음 교재, 어휘 교재, 문법 교재, 문화 교재 등이 개발되기도 하나, 대부분의 영어 교재에서는 이러한 요소들을 통합적으로 다루고 있다.

발음 교재에는 영어의 자음과 모음의 조음 방법과 조음점, 최소대립쌍(minimal pair)을 이용한 연습, 비슷하지만 혀가 잘 돌지 않아서 발음하기 어려운 소리를 연속적으로 포함한 문장(tongue twister) 연습, 강세와 리듬 및 억양 연습 활동 등이 포함된다. 초등 수준에서는 챈트 교재를 이용하여 영어의 리듬과 억양을 익히도록 할 수 있다.

어휘 교재는 어원, 접두사와 접미사를 이용한 파생어, 동의어와 반의어, 주제(topic) 등을 중심으로 구성되어 있다. 초등학교 수준에서는 소리와 철자간의 관계를 가르치기 위한 음철법(phonics) 교재와 그림 사전을 어휘 지도에 이용할 수 있다. 문법 교재는 문법번역식 교수법이 유행할 때의 전통적 교재와 의사소통적 언어 교육을 반영하는 교재로 구분할 수 있다. 전통적인 교재는 품사와 문장 구조를 중심으로 한 문법 설명 위주로 구성되어 있다. 그리고 의사소통적 문법 교재는 대체표 등을 이용한 문형 연습과 변형 연습, 유도된 유의미 연습, 의사소통적 연습 등의 활동으로 구성되어 있다.

문화 교재에는 문화적 산물이나 상징 등의 유형적 문화와 관습이나 행동 양식 등의 무형적 문화가 소개된다. 초등영어 수준에서는 영어권의 문화재, 명절, 관습, 신체 언어 등을 포함하는 교재를 사용할 수 있으며, 점차 수준이 높아질수록 속담, 격언, 미신, 숙어 등을 포함하는 교재를 사용할 수 있다.

초등학교 영어과 교육과정에서 언어 재료의 영역은 소재, 언어, 어휘, 단일 문장의 길이로 구분하여 제시한다. 소재 영역에서는 영어권 및 비영어권의 문화와 관련되는 내용을 포함하고 있다. 그리고 언어 영역에서 의사소통 활동에 도움이 되는 언어 및 발음과 관련되는 내용을 진술하고, 어휘 영역은 기본 어휘 관련 지침과 어휘 목록을 제시해서 구성하도록 하고 있다. 언어 형식 및 문법 교육 그리고 의사소통에 필요한 언어 형식을 함께 제시하여 교재 제작에 참고하도록 하고 있다.

(4) 매체별 교재

영어 교재를 매체별로 분류하면 시각 교재, 청각 교재, 시청각 교재, 멀티미디어 교재, 전자 교재(e-book) 등으로 분류할 수 있으며, 여기에서 교재는 교구를 포함하는 개념으로 설명한다.

시각 교재는 기호와 문자 및 영상을 제시하는 교재를 의미한다. 문자 등의 기호를 사용하는 교재에는 교과서, 신문, 잡지, 광고, 단어 카드 등이 있다. 그림이나 영상 등을 이용하는 교재에는 그림 카드, 그림 화일, 사진, 필름, 실물, 스크롤(scroll) 등이 있다. 시각적 교재를 이용할 때에는 칠판, 게시판, 포켓 차트(pocket chart), 융판(flannel board), 자석판(magnetic board), 핀판(pegboard) 등의 교구와 전자칠판(Smart board), 컴퓨터 등을 사용한다.

청각 교재는 청각을 이용하여 언어 경험을 얻도록 하는 자료로 원어민의 발음을 녹음한 CD 또는 녹음 파일이 이런 방식의 대표적인 교재이다. 최근에는 청각만을 활용하는 것보다는 음향과 영상을 결합한 시청각 교재를 주로 활용한다. 멀티미디어 교재는 문자, 음성, 영상, 이미지, 그래픽 등의 다양한 자료를 컴퓨터에서 통합적으로 사용하는 교재로, CD, 전자교과서의 영상자료, 인터넷 등이 여기에 해당된다.

지금까지는 인쇄된 서책이 학교에서 교수 · 학습 주교재로 사용되고 CD와 인터넷이 보조 교재로 사용되었다. 그러나 4차 산업혁명으로 일컬어지는 기술의 비약적인 발전으로 최근에는 지식과 정보를 무한정하게 구할 수 있는 인터넷 또는 교육용 전자기기가 활발히 사용되고 있다. 이러한 상황과 에듀테크 접목 교육의 강점으로 인해 디지털 교과서가 도입되었으며 점차 초등교육에서도 그 의존도가 높아지고 있다. 디지털 교과서란 다양한 전자기기를 통해 읽고 활용하는 것이 가능한 교재로 정의할 수 있다(Lynch, 2001; Crentani 외, 2005).

디지털 교과서의 도입뿐만 아니라 보조교재 활용에 있어서도 기술의 발달로 인한 변화와 발전이 진행 중이다. AI 기반의 번역기, 챗봇을 비롯한 다양한 소프트웨어가 교육적 또는 상업적으로 개발되고 있으며 이러한 기술을 활용한 보조교재를 통해 전통적 EFL 교실 상황의 한계를 극복하고자 하는 시도가 늘고 있다. 하지만 아직까지는 이러한 에듀테크를 활용한 보조교재 선정 및 사용 능력이 교사 개개인의 역량에 달려있어 보다 체계적으로 에듀테크 보조교재를 활용할 수 있는 방안에 대한 연구가 필요하다. 또한 보조교재의 활용으로 시공간을 초월한 지식 접근성이 높아진 한편 학생들이 유해 콘텐츠를 피해 양질의 보조자료를 스스로 활용할 수 있도록 하는 방안에 대해 새롭게 고민해야 할 것이다.

2 영어 교재의 개발

근래에 들어 전문 연구자 이외에 현장의 교사들도 교육과정과 교재의 개발 및 심의, 각종 시험 문제의 출제 등에 참여하는 경우가 많아지고 있다. 아래에 제시된 교재 개발 과정, 교재의 내용 선정과 구성 원리는 교재의 개발뿐만 아니라 교재의 성격을 명확히 이해하는 데 도움을 주는 내용들이기도 하다.

1 교재 개발에서 고려할 원칙

Graves(2000: 152-6)는 교재를 개발할 때 학습자, 학습, 언어, 사회적 맥락, 활동/과업 유형, 자료와 관련하여 다음과 같은 사항들을 고려할 것을 제안하였다.

〈학습자〉

① 학습자의 경험, 배경지식 및 현재 상황 등과 관련되어야 한다.

② 학습자가 교실 밖에서 필요로 하는 요구(needs)와 관련되어야 한다.

③ 학습자가 배운 것을 교실 밖에서 자신 있게 사용할 수 있도록 정의적 요구와 관련되어야 한다.

〈학습〉

④ 학습자가 언어를 사용하여 발견, 문제 해결, 분석하는 데 몰두하도록 해야 한다.

⑤ 학습자가 교실 안팎의 다른 학습 상황에서도 이용할 수 있는 학습 전략을 개발할 수 있도록 해야 한다.

〈언어〉

⑥ 실제적 의사소통에 필요한 언어 요소(문법, 의사소통 기능, 어휘 등)와 언어의 네 기능을 익히도록 해야 한다.

⑦ 언어의 네 기능은 상호 강화하기 때문에 통합적 활동을 제공해야 한다.

⑧ 영어 원어민이 실세계의 구어나 문어 활동에서 사용한 실제 글(authentic text)을 이용하여 글의 구조를 이해하고 사용할 수 있도록 해야 한다.

〈사회적 맥락〉

⑨ 목표 문화와 자국 문화의 문화적 맥락과 차이점을 이해하도록 해야 한다.

⑩ 목표 문화의 사회 체계에서 잘 생활할 수 있는 사회적 의식(social awareness)을 개발하도록 해야 한다.

〈활동/과업 유형〉

⑪ 실제 언어 사용에 대한 경험을 얻을 수 있도록 실제적 과업(authentic task)을 제공해야 한다.

⑫ 다양한 사회적 역할을 경험하도록 활동 집단을 다양하게 구성해야 한다.

⑬ 적합한 연습을 제공하도록 활동과 목적을 다양하게 해야 한다.

〈자료〉

⑭ 실생활의 언어에 익숙해지도록 글, 실물 등은 실제 자료(authentic materials)를 사용해야 한다.

⑮ 학습자의 관심을 끌고 요구를 충족시키도록 인쇄물, 시각 자료, 청각 자료 등 다양한 자료를 사용해야 한다.

실제 자료(authentic materials)는 교육적 목적으로 학습자들이 익힌 언어 요소만을 포함하도록 구성된 것이 아니기 때문에 외국어 교실에서 실제 자료를 사용하는 것은 난이도 측면에서 문제가 있을 수 있다. 따라서 영어 학습 초기에는 실제 자료를 이해하여 사용하게 하는 가교로서, 교육적 목적으로 준비된 자료를 사용하게 된다. 실제적 과업/활동(authentic task/activity)의 경우에도 EFL 상황에서는 실제 과업을 제공할 수 없으므로 준-실제 과업을 수행하도록 하거나, 작성된 대화문이나 글을 읽으면서 수행하는 교육적 과업을 제공하게 된다.

3 교과용 도서 편찬상의 유의점

도서 편찬은 기본적으로 교육과정의 기본 방향을 따르도록 하고 있다. 교육과정은 상시 개정으로 시대적, 사회적 요구를 반영하고 있으며, 교과서 편찬 또한 학생의 학습 능력과 창의력 신장에 적합하고 21세기에 경쟁력 있는 의사소통 능력을 개발시키는 방향으로 이루어지고 있다. 교과서 편찬에서 유의점으로 다루는 내용을 정리하면 다음과 같다.

① 교육과정을 충실히 구현하는 교과용도서 편찬
② 미래 사회가 요구하는 핵심역량을 갖춘 창의적·혁신적 인재 육성에 적합한 교과용도서 편찬
③ 실생활 맥락에서 학습자의 삶과 성장을 지원하며 자기주도적 학습이 용이한 참신하고 질 높은 교과용도서 편찬

편찬상의 유의점에서 제시하고 있는 범교과 공통 사항은 다음과 같다.
① 헌법 이념과 가치의 존중
② 교육의 중립성 유지
③ 교육과정의 구현 및 목표 진술
④ 내용의 선정 및 조직
⑤ 교과용도서 편찬 관련 법령의 준수
⑥ 표기와 인용의 정확성
⑦ 기타 사항

편찬상의 유의점에서 영어 교과 사항은 교과서, 지도서, 지도서(전자저작물)로 구분하여 다음과 같은 영역이 제시되어 있다.

〈교과서〉
① 교과서의 개발 방향
② 교과서의 구성 체제
③ 내용의 선정과 조직 : 내용의 선정과 내용의 조직으로 구분하여 제시
④ 기타

〈지도서〉
① 지도서의 개발 방향
② 지도서의 구성 체제
③ 내용의 선정과 조직 : 총론, 각론, 부록으로 나누어 제시
④ 기타

〈지도서(전자저작물)〉
① 전자저작물의 개발 방향

② 전자저작물의 구성 체제
③ 내용의 선정과 조직
④ 기타

교과용도서는 개발에 필요한 사전 연구 결과를 반영하고, 편찬상의 유의점을 준수하면서 집필하게 된다. 교재에는 언어 자료뿐만 아니라 다양한 활동과 게임, 사진과 삽화 등이 들어가기 때문에 여러 분야의 전문가와 현장 교사가 공동으로 작업하게 된다. 그리고 전자저작물도 개발해야 하기 때문에 멀티미디어 전문가 등의 도움도 필요하다.

3 영어 교재의 내용

일반적으로 영어 교재는 언어 기능, 의사소통 기능, 개념, 문법, 상황, 주제 등의 내용을 담고 있다. 이들 요소를 기반으로 하는 교수요목을 각각 언어기능 중심 교수요목, 기능-개념 중심 교수요목, 문법-구조 중심 교수요목, 상황 중심 교수요목, 그리고 주제 중심 교수요목이라고 한다. 영어 교재 중에는 특정한 한 가지 언어 기능이나 언어 요소에 중점을 둔 교재도 있지만, 대부분의 교재는 두 가지 이상의 기능이나 요소를 중심으로 구성되어 있다. 여기에서는 Van Ek(1975)가 분류한 의사소통 기능 중심으로 설명하고자 한다.

1 의사소통 기능과 예시문

의사소통 기능(communicative function)은 화자나 필자가 말이나 글을 사용하여 전달하고자 하는 의도(intent)나 목적(purpose)을 의미하며, 언어 형태(language form)나 비언어적 활동(non-verbal activity)으로 표현된다. Van Ek(1975: 26-28)는 외국어 학습의 초보 수준인 문턱 수준(threshold level)의 의사소통 기능을 다음과 같이 6개의 범주로 분류하여 제시하였다.

(1) 사실에 입각한 정보를 제공하고 탐색하기
(imparting and seeking factual information)
- 확인하기(identifying)
- 보고하기(reporting)
- 수정하기(correcting)
- 요청하기(asking)

(2) 지적 태도를 표현하고 알아내기
(expressing and finding out intellectual attitudes)
- 동의 여부를 표현하기(expressing agreement and disagreement)
- 동의 여부를 묻기(inquiring about agreement and disagreement)
- 거절하기(denying something)

(3) 정서적 태도를 표현하고 알아내기
(expressing and finding out emotional attitudes)
- 즐거움이나 좋아함을 표현하기(expressing pleasure, liking)
- 불쾌함이나 싫어함을 표현하기(expressing displeasure, dislike)
- 즐거움/불쾌함, 좋아함/싫어함을 묻기(inquiring about pleasure, liking, displeasure, dislike)

(4) 도덕적 태도를 표현하고 알아내기(expressing and finding out moral attitudes)
- 사과하기(apologizing)
- 용서하기(granting forgiveness)
- 승낙을 표현하기(expressing approval)

(5) 일을 처리하기(권고)(getting things done)
- 행동을 제안하기(suggesting a course of action)
- 요청하기(requesting others to do something)
- 권유하기(inviting others to do something)

(6) 사교적 활동을 하기(socializing)
- 인사하기(to greet people)

- 사람을 만날 때 안부 묻고 답하기(when meeting people)
- 소개하고 소개받기(when introducing people and when being introduced)

위에서 분류한 의사소통 기능과 예시문은 교육과정에 따라 조금씩 다르게 제시되고 있다. 예를 들면, 제6차 초등학교 영어과 교육과정에서는 의사소통 기능을 개인의 느낌, 개인의 생각, 친교 활동, 일상 대화, 요청, 지시와 명령, 정보 교환, 의견 교환, 문제 해결의 9개 범주에 걸쳐서 29개의 기능을 제시하였다. 제7차 교육과정에서는 친교 활동, 사실적 정보 교환, 지적 태도 표현, 감정 표현, 도덕적인 태도 표현, 설득과 권고, 문제 해결의 7개 범주로 분류하였으며, 초등학교용으로 34개의 의사소통 기능을 제시하였다. 그리고 2008 개정 교육과정에서는 7개 범주에 57개의 의사소통 기능을 제시하였다. 2009 개정 교육과정에서는 정보 전달하기와 요구하기, 사실에 대한 태도 표현하기, 지식, 기억, 믿음 표현하기, 양상 표현하기, 의지 표현하기, 감정 표현하기, 도덕적 태도 표현하기, 설득-권고하기, 사교활동 하기, 담화 구성하기, 의사소통 개선하기 등 11개 범주에 122개의 의사소통 기능을 제시하였다. 2015 개정 교육과정에서도 동일한 범주에 따라 유사한 개수(121개)의 의사소통 기능 및 예시문을 제시하였다. 2022 개정 교육과정에서는 동일 범주에서 의사소통 기능을 91개로 줄여 제시하였다. 교육과정에 의사소통기능과 예시문을 제시한 것은 교과서 집필자나 교사에게 교육과정이 의도하는 영어 교육 내용의 수준과 범위를 보여주기 위함이다.

의사소통 기능과 언어 형태는 1 : 1 대응관계로 되어 있는 것이 아니라, 대부분 '1 : 다수'의 관계로 되어 있다. 화자가 동일한 기능을 수행할 때에도 대화 상대자와 상황에 따라 언어 형태를 다양하게 사용할 수 있으며, 하나의 문법적 형태가 그 발화 상황 및 화자의 의도에 따라 다양한 기능을 수행하게 된다.

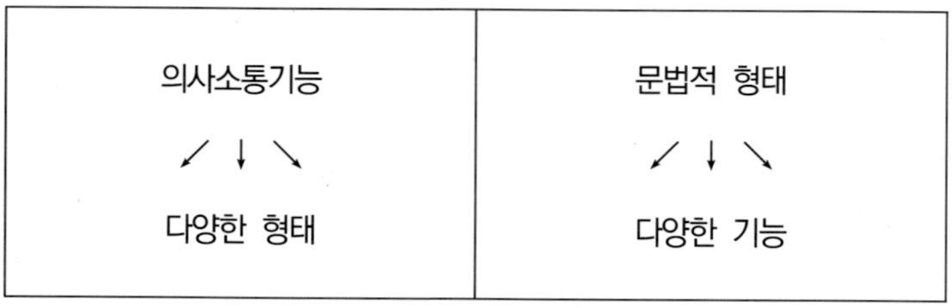

[그림 4-5] 의사소통 기능과 언어 형태의 관계

[표 4-2] 의사소통 기능과 언어 형태 예시

(밖의 날씨가 추운데 어떤 사람이 문을 열고 들어올 때) You left the door open. - 문을 열어 놓았다는 사실을 진술하기(stating) - 문을 닫아달라고 간접적으로 요청하기(requesting)
(짐을 든 사람이 행인에게) Excuse me, do you know where the Ambassador Hotel is? - 질문하기(asking if someone knows about something) - 길 안내 부탁하기(asking for directions)
A : That's the telephone.(Can you answer it, please?) (요청하기)
B : (No, I can't answer it because) I'm in the bath. (변명하기)
A : O.K.(I'll answer it.)(변명을 수락하기)

제안하기(Suggesting)를 할 때 대화 상대와 상황에 따라 격식을 차리지 않는 표현부터 격식체까지 다음과 같이 다양한 표현을 사용할 수 있다.

Let's see a doctor.
Why don't you see a doctor?
How about seeing a doctor?
You should/ought to see a doctor.
Shall we see a doctor?
Would you care to see a doctor?
May/Might I suggest that you see a doctor?

위에서 본 것처럼 동일한 의사소통 기능을 수행하는 언어 형태 중에서 일반적으로 긴 발화일수록, 의문문 등의 간접적 표현일수록, 또는 완화시키는 말(hedge, mitigator, a little, a bit, if you don't mind 등)을 사용할수록 격식 있고 공손한 표현이 된다. 또한 하나의 표현이 화자의 의도에 따라 서로 다른 의사소통 기능을 수행하는 것으로 이해되기도 한다.

2 주제(topic)와 개념(notion)

Van Ek(1975)는 학습자가 외국어를 사용하여 해야 할 일을 다음과 같이 14가지 주제별로 제시하였다 : 개인 신상, 집과 가정, 직업, 여가, 여행, 타인과의 관계, 건강과 복지, 교육, 쇼핑, 음식과 음료, 서비스, 장소, 외국어, 날씨. Van Ek(1975)는 학습자가 다룰 개념으로 실체(entities), 성질(properties and qualities), 관계(relations) 등의 일반적 개념과 위에서 언급한 14가지의 주제와 관련된 특정 개념 들을 제시하였다. 초등학교에서 다룰 중요한 주제/개념과 어휘/언어 표현을 예시 하면 다음과 같다.

- 시간 : What time is it? It's seven (o'clock).
  What time do you usually get up in the morning?
- 색 : What color is it? It's green.
- 학용품 : book, eraser, pencil
- 과일 : apple, orange, pear
- 신체 부분과 관련 어휘 : face, ear, eye, feet, hair, teeth, wash, hear, see, walk, comb, brush

3 언어 형식과 문법

Van Ek(1975)는 의사소통 기능과 일반적 개념 및 특정 개념에 대한 언어 표현을 각각 구분하여 제시하였다. 영어과 교육과정에서는 음성 언어 활동과 문자 언어 활동을 위해서 의사소통 기능 및 예시문과 함께 언어 형식을 제시하고 있다. 특히 2015 개정 교육과정부터는 이전 교육과정과 달리 학교급별로 언어 형식을 구분하고 있다. 아래는 2022 개정 교육과정의 동사 시제와 상에 대한 항목 예시를 보여주는 것이다.

예문		학교급		
		초	중	고
7 Tenses	**He walks** to school every day.	●		
	We **(usually) meet** after lunch.	●		
	We **played** soccer yesterday.	●		
	She **is going to visit** her grandparents next week.	●		
	I **will visit** America next year.	●		
8 Progre- ssives	He **is sleeping** now.	●		
	I **was studying** when John called me.		●	
	She **will be coming** soon.			
	I'**m thinking** about the problem.		●	
	He'**s being** very rude.			●
	We **are hoping** you will be with us.			●
9 Perfect- ives	The train **has arrived**.		●	
	Have you ever **been** to Florida?		●	
	He **has attended** the club meetings regularly.		●	
	The bakery **has been** open since 1960.		●	
	I'**ve been** reading for two hours.		●	
	He **had** already **left** when we arrived.		●	
	I **will have finished** my homework by the time you get here.			●

4 언어 활동(activity)과 과업(task)

Van Ek(1975)는 문턱 수준(threshold level)의 학습자가 외국어를 사용하여 해야 할 과업을 다음과 같이 제시하였다.

- 질문, 질문에 대한 답, 반응, 주제에 관한 정보, 안내하는 말, 경고하는 말 등을 이해하기
- 숙소, 요금과 조건, 관광 문의 등에 관한 편지 쓰기
- 호텔 수속 및 출입국 수속 양식 기입하기
- 편지와 팜플렛, 도로 표지판, 공지문, 메뉴 등을 읽고 이해하기

우리나라 초등학생에게는 해외여행 등의 실생활 과업(real-world tasks)보다는 학생들을 학습의 과정으로 끌어들여 능동적으로 영어 수업에 참여하도록 하는 교육적 과업(pedagogic tasks)을 제공한다. 초등학교 영어 교육에서 흔히 사용되고 있는 과업으로는, 들려주는 말을 듣고 목표 지점을 찾아가기, 지시에 따라 그림을 그리거나 그림에 색칠하기, 설명을 듣고 표를 완성하거나 줄로 연결하기 등이 있다.

5 상황(situation)

Van Ek(1975)는 외국어가 사용될 상황(situations)을 다음과 같이 네 가지 구성 요소로 구분하여 제시하였다.

- 학습자가 수행할 사회적 역할(social roles)
- 학습자가 수행할 심리적 역할(psychological roles)
- 학습자가 외국어를 사용할 장면(settings)
- 학습자가 외국어로 다룰 주제(topics)

초등학교 영어과 교육에서는 가정, 학교, 사회 상황에서 가족 구성원, 한국과 외국 친구, 선생님 등과 함께 자신들의 관심과 흥미를 끌 수 있는 주제에 대하여 대화하도록 유도해야 한다. 대화문에 나타나는 상황은 현실성(realistic)이 있고, 실생활과 관련이 있는(relevant) 것이어야 한다.

영어 교과서를 개발할 때는 먼저 교육과정에 제시된 교육 목표와 내용을 분석하고 학습자의 학년, 영어 수준, 배당 시간 및 학습 환경 등을 반영하여 교수요목을 작성한다. 이런 다음에 교육과정에 제시된 교수 · 학습 방법 및 평가 지침까지 고려하여 교재 내용을 집필한다. 교육과정은 개념과 기능, 상황, 문법, 과업 등 다양한 교육 내용이 균형 있게 통합되도록 제안하며, 영어 교과서는 이러한 내용들을 반영한다. 교재에서는 위에서 제시한 내용 이외에 다양하고 더 높은 수준의 내용도 다룰 수 있다. 다음에 제시하는 내용은 초등학생에게 직접 가르칠 수 있는 것은 아니지만, 영어를 가르치는 교사들은 언어 분석가(language analyst)의 자질도 갖추어야 하기 때문에 여러 가지 변이형에 대해서도 알고 있어야 한다.

6 화체(style)

화체는 상황에 맞게 사용하는 언어 변이형을 의미하며, 격식에 따라 크게 중립체, 격식체, 비격식체의 세 가지로 구분할 수 있다. Joos(1962)는 시간, 장소, 환경, 대화자 간의 화계(speech level) 및 문어/구어에 따라 화체를 다음과 같이 다섯 가지로 구분하였다.

(1) 웅변체(frozen/oratorical style) : 다수의 청중을 대상으로 한 공식적인 연설에서 일정한 심리적 거리감을 가지고 하는 말

Ladies, it is a pleasure to be here today.

Four score and seven years ago our father brought forth on this continent a new nation...

(2) 공식체(formal/deliberative style) : 다수의 청중이 경청하는 경우나 초면인사에서 사용하는 말

May I help you?

You may not see one another for sometime.

(3) 상담체(consultative style) : 상용 대화나 의사와 환자 간의 대화 등에서 사용하는 말

Yes, that's right. Oh, I see. Yes, I know well.

(4) 일상체(casual style) : 친구나 가족 간의 일상 대화에서 사용하는 말

(A) Friend of mine saw it. (The) Coffee's cold.

(I) Bought it yesterday. (Have you) Seen John lately?

I can't help you. I believe (that) I can find one.

(5) 친밀체(intimate style) : 연인이나 절친한 친구간의 대화에서 사용하는 말이며, 극단적인 생략이 특징

A : Where to?

B : Class.

A : Math?

B : No, Spanish.

A : In a hurry?

B : Rather.

Joos(1962)는 동일한 내용을 전달하는 데에도 다음과 같이 다양한 화체가 사용 되는 예를 제시하였다.

웅변체 : In my opinion he is not the man whom we want.
공식체 : I believe he is not the man we are looking for.
상담체 : I don't think he's the man we're looking for.
일상체 : I don't think he's our man.
친밀체 : [I'm a] Fraid you've picked a lemon.

'In my opinion'과 'I believe'는 'I don't think'보다 더 격식 있는 표현이며, 관계대명사 'whom'은 'that'을 사용하거나 생략하는 것보다 더 격식체이다. 그리고 축약이나 생략은 비격식체에서 나타나고, 'he's our man'은 매우 일상적인 말이며, 'lemon'은 속어(slang)이다.

영어는 또한 문자 언어와 음성 언어에서 문체 또는 화체(style)가 다르며, 문자 언어는 음성 언어보다 더 보수적이어서 규범적 문법을 더 잘 지키는 경향이 있다. 따라서 말을 할 때에는 'It's me.'라고 하지만, 글로 쓸 때에는 'It is I.'라고 한다.

7 언어 변이형

영어에는 지역, 계층, 개인 등에 따른 방언과 직업 및 사용 영역에 따른 변이형이 있다. 방언 중에서 지리적 방언은 크게 미국 영어와 영국 영어로 구분되며, 다음과 같이 철자, 발음, 어휘, 문법 등에서 차이를 보인다.

한국에서 성인을 대상으로 한 공인 영어 듣기 평가(예, TOEIC)에서 영국 영어, 호주 영어 등 다양한 외국인의 발음을 도입한 지는 오래되었으며 최근 중고등학생들을 위한 영어 듣기 평가에도 영국 영어가 도입되었다(김미영, 2014). 이는 아직도 많은 학생들이 학교에서 다양한 발음이나 문장을 접하기가 쉽지 않다는 것을 보여준다. 영어가 미국 만의 언어가 아닌 전세계의 언어로 사용되어지는 만큼 미국 영어뿐만 아니라 영국 영어 등 다양한 나라의 영어를 지도할 필요가 있다. 이를 위해서는 영화나 TV, 아동 문학 등 정규 교재가 아닌 다양한 보조자료를 활용하여 다양한 발음과 문장 등을 지도하는 것을 고려해 볼 수 있다.

[표 4-3] 미국 영어와 영국 영어의 차이

	미국 영어	영국 영어
철자	airplane center color gray program traveler	aeroplane centre colour grey programme traveller
발음	ask clerk tomato	ask clerk tomato
어휘	auto truck bookstore candy elevator zip code	car lorry bookshop sweets lift post code
문법	Do you have the time? a half hour Come take a look	Have you got the time? half an hour Come and take a look

방언에는 사회 계층에 따라 다른 사회 방언(sociolect), 개인마다 독특하게 사용하는 개인 방언(idiolect) 및 시대의 흐름에 따라 변한 역사적 방언 등이 있다. 종교, 법률, 광고 등 전공 영역에 따라 특정한 상황에서 특별한 목적을 위해 사용하는 언어의 변이형은 언어 사용역(register)이라고 한다.

그리고 언어 사용역 중에서 특정한 집단이 사용하는 기술적 용어를 직업적 용어(jargon)라고 한다. 특히 근래에 컴퓨터가 발달하면서 'CPU, WiFi, disk, bug, spam, folder' 등의 용어가 많이 사용되고 있다.

4 영어 교재 내용의 선정

영어 교재의 내용은 영어 텍스트(text) 본문과 이와 연계된 과업/활동(task/activity)을 중심으로 구성되기 때문에 이러한 내용을 기반으로 하는 교재 개발의 틀을 살펴볼 필요가 있다. 여기에서는 텍스트를 기반으로 하는 교재에서 텍스트의 일반적인 선정 기준과 어휘 및 언어 구조의 선정 기준에 대하여 살펴보고자 한다.

1 영어 텍스트의 선정 기준

영어 텍스트를 기반으로 하는 교재를 개발하기 위해서 집필자는 텍스트를 수집, 선정, 직접 읽거나 듣기, 학습자를 위한 활동 고안, 교재의 실험 투입, 평가 및 수정 등의 과정을 거친다. 많은 영어 텍스트 중에서 학습자에게 맞는 텍스트를 선정하는 기준으로 Tomlinson(2003)은 다음과 같은 기준을 제시하였다.

① 집필자 자신이 영어 텍스트에 지적, 정서적으로 몰입되는가?
② 영어 텍스트가 학습 대상자들을 지적, 정서적으로 몰입하게 할 가능성이 있는가?
③ 학습 대상자들이 텍스트를 자신의 실생활과 연관시킬 가능성이 있는가?
④ 학습 대상자들이 텍스트를 자신의 세상 지식과 연관시킬 가능성이 있는가?
⑤ 대부분의 학습 대상자들이 텍스트로부터 다차원적인 심상(mental representation)을 얻을 가능성이 있는가?
⑥ 텍스트가 학습 대상자들에게 다양한 개인적 반응을 자극할 가능성이 있는가?
⑦ 텍스트의 언어 수준은 학습 대상자들이 달성할 수 있는 정도의 도전감을 주고 있는가?
⑧ 텍스트의 인지적 수준은 학습 대상자들이 달성할 수 있는 정도의 도전감을 주고 있는가?
⑨ 텍스트의 정의적 수준은 학습 대상자들의 나이와 성숙도에 적합한가?
⑩ 텍스트가 학습자들의 개인적 발달에 기여할 수 있는가?
⑪ 텍스트가 학습자들이 궁극적으로 다양한 장르(소설, 시, 노래, 신문 기사, 광고 등)의 언어에 노출되는 데 기여할 수 있는가?
⑫ 텍스트가 학습자들이 궁극적으로 다양한 유형(서사문, 설명문, 논설문 등)의 자료에 노출되는 데 기여할 수 있는가?

Tomlinson(2003)의 텍스트 선정 기준을 요약하면, 교재의 텍스트는 학습자를 지적, 정서적으로 몰입시키고, 실생활 및 세상 지식과 연관시키며, 학습자의 심상과 개인적 반응을 유도하고, 텍스트의 언어적, 지적, 정서적 수준이 학습자에게 적절해야 하며, 텍스트의 장르와 유형이 다양해야 한다는 것이다.

2 어휘의 선정기준

Wilkins(1972)가 언급한 '문법이 없이는 약간의 의미가 전달되지만, 어휘가 없이는 의미가 전혀 전달되지 않는다'는 말로 영어 교육에서 어휘력 신장의 중요성은 이해할 수 있다. 교육받은 영어 모국어 화자는 대략 20,000단어의 이해 어휘를 가지고 있으며(Nation, 2001), 일상생활에서 10,000단어 정도를 사용한다고 한다.

EFL 상황에 있는 우리나라에서 어휘 교육의 양은 교육과정에 따라 조금씩 다르지만 보통 450~500낱말 내외다. 예를 들면, 2022 개정 영어과 교육과정에서는 학년군 별로 어휘 수를 제시하고 있는데 초등학교 3~4학년군, 5~6학년군 각각 300낱말 이내, 누계 600단어 이내를 제시하고 있다. 우리나라 고등학교 과정까지 이수한 학생은 보통 어휘를 3,000단어까지 익히게 되는데, 교육받은 영어 모국어 화자가 사용하는 어휘와 비교하면 너무 적은 양이라는 것을 쉽게 알 수 있다.

영어 교재 어휘를 선정할 때 집필자는 직관과 더불어 객관적이고 합리적인 기준을 적용해야 하는데, 그 기준으로 빈도(frequency), 분포(range), 교수 가능성(teachability)/학습 가능성(learnability), 유사성(similarity), 가용성(availability), 적용 범위(coverage)와 정의력(defining power) 등을 주로 사용한다(Richards, 2001: 6–8).

(1) 빈도(frequency)

빈도는 어떤 단어가 텍스트에서 사용되는 횟수를 말하며, 단어의 빈도 순위는 문어와 구어에서 다르게 나타난다(Willis, 2003: 171–2). 영어 말뭉치(corpus) 분석에 의하면, 사용 빈도가 높은 25단어가 구어와 문어 텍스트에서 차지하는 비율은 약 29%, 사용 빈도가 높은 50단어가 차지하는 비율은 약 36%, 사용 빈도가 높은 100단어가 차지하는 비율은 약 44%, 사용 빈도가 높은 500단어가 차지하는 비율은 약 60%를 차지하고(Willis, 2003: 172), 3,000단어가 일상생활 텍스트의 85%를 차지하며, 텍스트 속 단어의 50%는 1회만 나타난다(Richards, 2001: 6).

(2) 분포(range, dispersion)

분포는 어휘나 구문이 다양한 텍스트에 사용되는 정도를 말한다. 사용빈도도 높고 사용되는 자료의 범위도 넓은 단어가 가장 유용한 단어이다. 그러나 book, pen, desk, dictionary처럼 빈도가 낮고 분포가 좁은 단어라도 언어 학습 초기에 필요한 어휘의 경우 다른 선정 기준을 적용하여 포함하게 된다.

(3) 교수가능성(teachability)과 학습가능성(learnability)

교재에는 교사가 쉽게 가르칠 수 있고 학습자가 쉽게 배울 수 있는 어휘를 포함하도록 한다. 직접식 교수법(direct method)과 전신반응 교수법(TPR)에서는 그림이나 시범을 통해서 가르칠 수 있는 구체적인 어휘를 먼저 제시한다.

(4) 유사성(similarity)

영어를 배우는 외국어 학습자는 자신의 모국어와 유사한 단어를 쉽게 배운다. 이러한 관점에서 영어와 같은 뿌리의 언어를 모국어로 한다면 동원어(cognate)를 우선적으로 지도할 수 있으며 우리나라의 경우에는 외래어를 초급 단계부터 활용할 수 있다.

(5) 가용성(availability)

특정한 주제를 생각할 때 쉽게 떠오르는 단어는 가용성이 높다고 할 수 있다. 예를 들어, classroom을 생각하면 desk, chair, blackboard, teacher, student 등의 단어들을 쉽게 떠올릴 수 있으므로, 이러한 단어들은 가용성이 크다고 할 수 있다.

(6) 적용 범위(coverage)와 정의력(defining power)

한 단어가 지칭하는 바가 다른 단어들이 지칭하는 것을 포함할 때 그 단어는 적용 가능성이 크며, 빈도가 낮다고 하더라도 다른 단어의 뜻을 정의할 때 유용하게 쓰일 수 있다. 예를 들어 seat이 지칭하는 대상에는 stool, bench, chair 등이 지칭하는 대상이 포함되고, bag이 지칭하는 대상에는 suitcase, handbag, sack 등이 지칭하는 대상이 포함되므로 seat과 bag의 적용 범위는 넓다.

3 문법 요소의 선정 기준

교재에 포함되는 문법 요소는 교수법에 따라 결정된다. 대부분의 교재에서는 'be' 동사를 사용하는 사실 확인 문장부터 시작한다. 읽기에 중점을 두는 교재는 단순현재 시제부터 시작하고, 직접식 교수법의 교재에서는 현재진행형 시제부터 나오고 현재 시제는 나중에 나온다. 교재의 문법 요소를 선정할 때에는 빈도와 함께 단순성(simplicity)과 학습 가능성(learnability)이라는 집필자의 직관적 기준을 따른다.

(1) 단순성/중심성(simplicity/centrality)

교재의 문법 요소는 단문 위주의 간단하고 기본 구조에 가까운 것부터 선정한다. 초등학교 교육과정에 복문(complex sentence)은 없으며, and, but, or의 등위 접속사로 연결된 문장은 있을 수 있다.

(2) 빈도(frequency)

종전에는 학습자에게 적합한 문법 요소의 빈도를 계산하는 것이 어려웠으나, 근래에는 컴퓨터로 말뭉치 분석(corpus analysis)이 가능해졌다. 응용언어학자들의 직관에 따라 선정된 문법 구조와 실제 언어를 분석해서 얻은 구조의 빈도가 다르다는 것도 밝혀지고 있다. 따라서 교사는 학생들에게 실제 자료에서 자주 사용되는 표현을 제시하는 것이 바람직하다.

(3) 학습가능성(learnability)

제2언어 습득과정에서 먼저 습득되는 문법 요소의 자연적 순서(natural order)가 존재한다는 주장이 있는데, 이 순서는 학습 용이도의 순서를 의미한다고 할 수 있다. Dulay와 Burt(1973, 1974)는 다음과 같은 습득 순서를 제시하였다.

1. nouns	2. verbs
3. adjectives	4. verb ‘be’
5. possessive pronouns	6. personal pronouns
7. adverbs of time	8. requests
9. simple present	10. futures
11. wh-questions	12. present continuous
13. directions	14. possessive adjectives
15. comparatives	16. offers
17. simple future	18. simple past
19. infinitives/gerunds	20. first conditional

위에 제시한 기준에 따라 선정된 문법 요소를 교재에 배열(gradation)할 때 다음과 같은 기준을 적용할 수 있다. 첫째, 언어적 거리(linguistic distance)에 따라 대조분석(contrastive analysis)의 결과 모국어의 문법 구조와 유사한 외국어 구조부터 제시할 수 있다. 둘째, 내적 난이도(intrinsic difficulty)에 따라 단순한 구조를 복잡한 구조보다 먼저 제시할 수 있다. 셋째, 의사소통적 필요(communicative need)에 따라 문법적으로 어렵더라도 의사소통에 필요한 구조는 먼저 제시할 수 있다. 넷째, 영어 자료에 나타나는 문법 요소의 빈도(frequency)에 따라 제시할 수 있다. 끝으로, 위와 같은 기준에 따라 배열할 때에 한 구조를 집중적으로 익히고 나서 다음 구조로 나가는 직선형 배열(linear gradation)과 문법 요소들을 전과정에서 반복적으로 제시하는 나선형 배열(cyclical gradation) 방법이 있다.

5 영어 교재의 분석

영어 교재를 선정(selection)하려면 여러 교재를 분석(analysis)하여 평가(evaluation)해야 한다. 분석은 교재 자체에 초점을 맞추는 객관적 작업이지만, 평가는 교재 사용자에 초점을 맞추고 교재 사용 결과에 대해 판단을 하는 주관적 작업이다. 여기에서는 분석을 포함하는 과정이라는 의미로 교재 '평가'라는 용어를 사용하고자 한다.

1 교재 평가의 목적 및 지침

교재를 평가하는 이유와 목적은 다양한데, Cunningsworth(1995: 14)는 다음과 같이 세 가지로 정리하였다.

첫째, 새로운 교재를 채택하기 위하여 교재를 사용하기 전에 실시한다.

둘째, 이미 사용하고 있는 교재의 장단점을 파악하기 위하여 실시하며, 평가 결과는 장점을 잘 살리고 취약한 분야는 개작 또는 보완하는 데 사용한다.

셋째, 교사 양성과 연수 과정에서 교재 평가를 통해서 교사들에게 교재에 대한 이해와 통찰력을 길러주기 위하여 실시한다.

Stevick(1972)은 교재의 평가 지침으로 다음과 같이 세 가지 특성(qualities), 세 가지 차원(dimensions), 그리고 네 가지 요소(components)를 제시하였다.

〈세 가지 특성〉

① 강약(strength/weakness) : 교재의 내용이 학습자의 필요에 적합하고, 학습 목표를 달성할 수 있는 언어 요소를 담고 있으며, 자료가 언어/문화적으로 진정 성이 있으면, 그 교재는 강점이 있다.

② 경중(lightness/heaviness) : 단원이나 문장의 길이 등이 길거나 어려운 발음과 새로운 단어들이 많으면, 그 교재는 학습 부담이 과중(heaviness)하다.

③ 명쾌/모호(transparency/opacity) : 교사와 학생이 단원의 내용이나 교수-학습 방법을 쉽게 이해할 수 있으면, 그 교재는 명쾌하다.

영어 교재를 이 특성들에 비추어 볼 때, 강점(strength)이 있고 학습부담이 경미(lightness)하고 교재의 자료나 언어 내용 및 제시 방법이 명쾌(transparency)하면 우수한 교재이다.

〈세 가지 차원〉

① 언어적 차원(linguistic dimension) : 음운, 구조 등의 언어적 내용

② 사회적 차원(social dimension) : 언어가 사용되는 사회, 상황과 의사소통 대상

③ 주제적 차원(topical dimension) : 대화의 내용과 주제

〈네 가지 요소〉

① 언어 사용 기회(occasions for use) : 다양한 상황에서 언어를 사용하는 기회 제공

② 언어 사용에 대한 예(sample of language use) : 언어를 사용하여 의사소통하는 방법에 대한 예 제시

③ 어휘 탐구(lexical exploration) : 적합한 어휘를 인식하고 사용할 수 있는 능력을 개발하는 내용 포함

④ 구조적 관계 탐구(exploration of structural relationships) : 영어 구조 간의 관계와 의미를 알도록 하는 내용 포함

Cunningsworth(1995: 15-17)는 교재 평가의 지침을 네 가지로 제시하고 있으며, 이 지침들은 보다 상세한 평가 준거를 작성하는 데 이용될 수 있다.

첫째, 교재는 학습자의 요구를 반영하여 작성된 교수 · 학습 목표와 일치해야 한다. 따라서 교재의 내용은 언어 요소와 기능 및 의사소통 전략 측면에서 학습자의 요구와 일치하도록 구성되어야 한다.

둘째, 교재는 학습자가 영어를 사용할 목적과 상황을 반영하여 교실 상황에서 배운 영어를 실생활에서 독자적으로 사용할 수 있는 능력을 길러줄 수 있어야 한다. 따라서 교재에는 실제 자료와 상황을 제시하여 의사소통하는 기능과 전략을 길러주고, 흥미 있는 주제를 제시하여 지적인 자극도 주어야 한다.

셋째, 교재는 정해진 하나의 교수법을 사용하도록 요구하는 것이 아니라, 각 학습자에게 적합한 학습 양식과 전략을 개발하여 학습 과정을 촉진시킬 수 있어야 한다. 따라서 교재는 다양한 주제와 활동을 제시하고, 학습자들이 성취와 진보를 알아볼 수 있는 평가를 제시하여 학습 동기를 길러주는 것이어야 한다.

넷째, 교재는 학습자와 교사에게 여러 측면의 지원을 제공해야 한다. 교재는 학습자의 수준에 맞는 영어와 유창성을 기를 수 있는 연습과 활동을 제시하고, 영어 사용에 대한 설명과 맥락 속의 예시를 제공해야 한다. 또한 교재는 교사를 위한 다양한 자료와 주제를 연습 및 활동과 함께 제공하고, 교수방법도 제시해야 한다.

2 교재평가 방법 및 단계

교재 평가는 교재 사용 상황과 목적에 따라 사용하기 전(pre-use), 사용 도중(in-use) 또는 사용 후(post-use)에 실시할 수 있다. 사용 전 평가는 교재가 장차 사용될 때 발휘하게 될 잠재력을 알아보기 위한 것이다. 사용 중 평가는 새 교재를 실험 평가하거나 기존 교재의 교체 여부를 알아보기 위하여 실시한다. 사용 후 평가는 교재의 장단점을 파악하여 계속 사용 여부를 판단하기 위하여 실시한다.

교재 평가는 접근방법에 따라 인상적 평가(impressionistic overview)와 심층 평가(in-depth evaluation)로 구분할 수 있다. 인상에 의한 평가에서는 교재들을 훑어봄으로써 교재의 적용 가능성, 장단점 및 특징 등에 대하여 전반적 평가를 내릴 수 있다.

이 평가 방법은 많은 교재 중 보다 더 상세한 분석을 요하는 교재를 선별하거나 추후 채택될 새 교재를 미리 살필 때 유용하다. 그러나 인상적 평가에서는 교재에서 중요한 내용의 누락 여부나 약점을 발견하기 어렵고, 교재 내용과 교수 · 학습 상황의 부합 여부에 대한 판단의 신빙성이 약하다는 약점이 있다. 따라서 학생의 학습 요구, 교수요목의 요건, 언어 요소의 제시 방법 등을 평가하기 위하여 준거(criteria)를 이용한 심층 평가를 실시한다. 인상적 평가와 심층 평가를 결합하면 적합한 교재를 선정할 수 있는 건실한 토대를 마련하는 것이다.

McDonough와 Shaw(2013)의 교재 평가 절차로 외적 평가(external evaluation)와 내적평가(internal evaluation)를 단계별로 실시한 후 총괄 평가(overall evaluation)를 내리도록 하였다. 외적 평가에서는 표지, 서문, 목차, 편집과 구성 등을 주로 검토하므로 거시적 평가라고 부르며, 학습 대상의 언어 수준, 학습 상황, 저자의 언어관과 방법론 등을 살펴본다. 외적 평가 결과 부적합 판정을 받은 교재는 배제하고, 우수하다고 판단되는 교재를 대상으로 보다 심층적이고 자세한 내적 평가를 실시한다. 내적 평가는 교재의 내적 일관성과 구성을 검토하므로 미시적 평가라고 부른다. 내적 평가에서는 언어 기능과 자료 내용의 순서, 듣기 자료의 진정성, 말하기 활동의 상호작용, 평가와 연습문제, 학습자의 학습 양식과 자학자습 안내, 문화와 성(gender)의 균형 등을 면밀하게 분석한다. 내적 평가 결과 부적합 판정을 받은 교재는 배제하고, 적합 판정을 받은 교재를 채택하여 교수 · 학습에 이용한다.

외적 평가와 내적 평가가 모두 끝나면 교수 · 학습 상황을 고려하여 교재의 적합성에 대한 총괄 평가를 내린다. 교재의 총괄 평가에서는 주교재 또는 보충 교재로서의 이용 가능성(usability), 학습자에게 일반화 가능성(generalizability), 교재의 변용 가능성(adaptability), 적용상의 융통성(flexibility) 등의 요인을 고려한다.

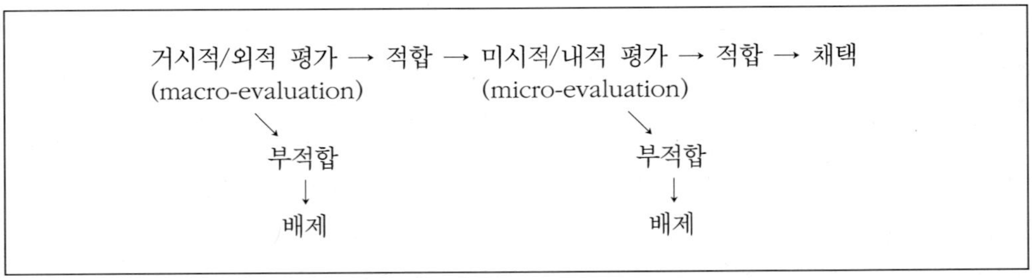

[그림 4-6] 단계별 평가 절차(evaluation procedure)

3 교재 평가 기준

교재 평가 기준은 항목마다 질문의 형태만 제시된 것(Cunningsworth, 1995)도 있고, 점수 척도(scale)에 표시하여 산술적 합계를 내도록 작성된 것(Bruder, 1978; Skierso, 1991; Harmer, 1996; 박약우 등, 1997)도 있다.

Bruder(1978)는 외국어 교재를 평가하는 기준으로 교재의 수준(level), 학습 목표(objectives), 언어 유형(style), 언어 배경(language background), 학습자 연령(age), 학습 시간(time), 언어적/교육적 원리(convictions), 교사의 활용 능력(competency) 등의 8가지 범주를 제시하였다. 이 중에서 앞의 8가지 기준은 학습자와 교재의 텍스트에 관련되는 것이고, 나중의 두 가지 기준은 교사와 교재의 텍스트에 관련되는 것이다. 평가 기준표를 이용하여 교재를 평가할 때 각 기준을 충족시키면 +, 기준에 부합되지 않으면 –, 교재를 개작할 수 있으면 0으로 표시하도록 하여, 여러 교재에 대한 상대적 비교 결과를 한눈에 볼 수 있도록 하였다.

Skierso(1991)는 선행 연구에서 제시한 준거들을 종합하여 포괄적이고 자세한 교과서와 교사용 지도서의 평가 준거를 제시하였다. 교과서 평가준거는 참고 자료(5항목), 목적과 목표(5항목), 학습 내용(9항목), 어휘와 구조(18항목), 연습문제와 활동(13항목), 외형과 인쇄(9항목)로 나누어 제시하였다. 그리고 교사용 지도서 평가 준거는 일반적 사항(5항목), 언어 기능에 대한 보충 연습문제(12항목), 교육적 교수 방법의 안내(22항목), 언어 배경에 대한 참고적인 정보(5항목), 전반적인 가치로 나누어 제시하였다.

Cunningsworth(1995: 3-4)는 교재 평가와 선정을 위하여 신속하게 참고할 수 있는 준거 목록을 다음과 같이 교육 목표와 접근 방법(aims and approaches), 설계와 구성(design and organization), 언어 내용(language content), 언어 기능(skills), 주제(topic), 교육 방법(methodology), 교사용 지도서(teachers' books), 실질적 고려 사항(practical considerations)으로 구분하여 제시하였다.

Harmer(1996: 276-84)는 교재를 평가하는 데 있어서 두 단계를 제안하고 있다. 첫 단계는 학습자의 신상과 욕구에 대한 기술을 바탕으로 학습자에게 적합한 교과서 유형을 결정하는 단계이다. 다음 단계는 교재 평가 양식에 따라 각 교재들이 학습자의 요구와 교사의 교수 방법론에 얼마나 부응하는지를 평가하는 단계이다. 교재 평가 양식은 가격과 부대 자료 등에 대한 실용적 고려 사항, 구조와 설계, 연습 활동, 언어 기능, 언어의 진정성과 수준, 주제와 내용, 교사와 학생을 위한 지침, 그리고 결론 등 여러 가지 항목으로 구성되어 있다.

박약우 등(1997)은 한국 초등학교에서 영어 교재를 평가하기 위한 준거를 제안하였다. 교과서, 교사용 지도서, 시청각 자료 및 청각 자료로 구성된 교재 패키지를 총괄적으로 평가하기 위하여 아래 그림과 같이 각 교재에 평가 가중치를 부여하였다. 즉, 교과서에 28점, 교사용 지도서에 28점, 시청각 자료에 28점, 청각 자료에 16을 배점하여, 전체를 100점 만점으로 평가하도록 하였다.

최근 새롭게 도입된 디지털 교과서의 선정 및 평가를 위해서는 Marczak(2013)가 구성과 디자인(예 표지, 이용 편의성, 추가 자료의 접근성 등), 내용 및 기능(예 멀티미디어/하이퍼미디어 활용, 독자의 교재 커스터마이징 가능 여부, 탐색 도구 제공 등), 기기 · 양식 · 배부(예 사용 전자기기, 배부의 제약 등) 세 가지 기준을 제시하였다.

여러 학자가 제시한 준거 중에서 어느 하나를 현재의 우리나라 교육 현장에 전적으로 그대로 적용하기는 무리가 있을 수 있다. 교육 상황에 따라 다른 준거가 적용될 수 있기 때문에 여러 준거를 참고하여 평가자가 우선시하는 사항을 중심으로 평가 항목표를 작성해야 할 것이다.

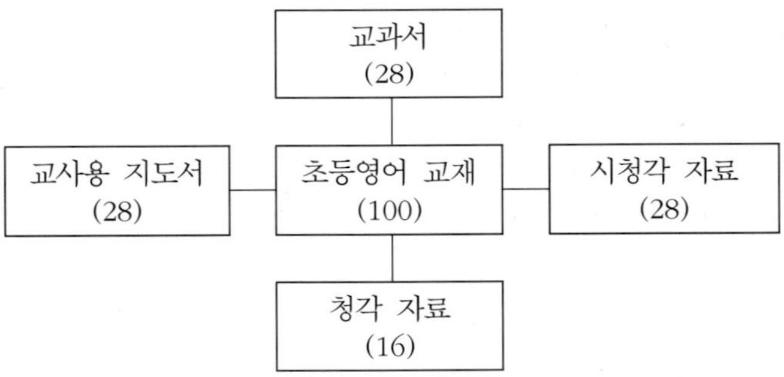

[그림 4-7] 초등영어 교재 구성과 가중치

제 5 장
영어 교재의 적용과 개작

1. 영어 교재의 적용
2. 영어 교재의 개작
3. 영어 수업에서 활동의 변용

교육과정에 따라 집필된 교과서를 평가하여 채택(adoption)이 되면, 교사는 경우에 따라 현장 교육 여건에 맞추어 개작(adaptation)하여 사용하여야 한다. 이 장에서는 선정된 교재를 사용할 때 어떤 점을 고려해야 할지 알아보고자 한다. 이를 위해서 교재의 개작이 필요한 경우와 그 이유에 대해 생각하면서 개작의 원칙과 기법, 개작 사례, 수업 활동 변용 사례에 대해 차례대로 살펴볼 것이다.

1 영어 교재의 적용

우리나라 영어 수업에서는 검정 교과서를 교재로 사용하지만, 심화 · 보충 활동에 사용하기 위하여 교사들이 기타 영어 교육 교재를 이용하기도 한다. 여기에서는 교사들이 영어 교재를 사용할 때 고려할 사항과 지켜야 할 원칙들을 살펴보고자 한다.

1 교재 사용 시 고려할 사항

교재를 선정하여 사용할 때에는 학습 대상자, 학습 목표, 학습할 내용, 목표어를 사용하는 환경, 교육 방향 및 수업 모형 등을 고려해야 한다.

첫째, 학습 대상자들은 나이와 학년에 따라 인지적 수준과 심리적 특성이 다르기 때문에 유아, 초등 학생, 중등 학생 또는 성인에 맞는 교재인지 먼저 파악해야 한다.

둘째, 영어 교육 프로그램이나 교육과정에서 설정한 목표를 항상 염두에 두어야 한다. 이미 설정된 영어 교육 목표에 맞는 교재를 선정해서 사용하는 것이 원칙이지만, 실제로는 교재에 제시된 목표가 바로 교육 프로그램의 목표가 되는 경우도 있기 때문이다. 학습 대상자와 목표는 대체로 교재의 서문에 제시되는 경우가 많다.

셋째, 학습자가 중점적으로 공부할 내용을 담고 있는지 고려해야 한다. 학습자의 요구에 따라 학습 내용은 언어 요소(어휘, 문법, 담화, 의사소통기능 등), 언어 기능(듣기, 말하기, 읽기, 쓰기), 주제, 상황, 활동 등이 달라야 한다.

넷째, 교재의 저자가 교재 개발 시에 염두에 두고 있는 목표어 사용 환경을 고려해야 한다. 대부분의 영어 교재들은 전 세계의 사용자들을 목표로 하여 개발된 ESL 교재들이기 때문에 특정한 학습자 집단을 염두에 두지 않고, 영어 사용 국가의 문화적 가치를 바탕으로 하고 있다. 따라서 우리와 같은 EFL 환경에서는 그에 맞도록 우리나라에서 개발된 영어 교재가 적합하다고 할 수 있다.

다섯째, 교사의 교육 방향과 수업 모형에 맞도록 교재가 구성되었는지를 고려해야 한다. 교재는 연역적 또는 귀납적 방법, 교사 중심 또는 학습자 중심 활동, 정확성 중심 또는 유창성 중심 활동, 언어 연습 활동 또는 의사소통 활동, 통합적 접근 또는 분리적 접근에 따라 구성될 수 있으며, 교사는 그에 따라 수업을 이끌어 갈 수 있다.

2 교재 사용 원칙

교재는 여행용 지도와 같으며, 교실에서 교재를 사용하여 진행하는 교수 · 학습 과정은 지도를 가지고 탐사하는 여행과 같다. 교사들이 교재를 사용할 때 지켜야 할 원칙들은 다음과 같다(Nunan, 2003: 228-234).

첫째, 교재의 구성을 이해해야 한다. 대부분의 교재들은 언어 재료와 기능을 중심으로 구성되어 있으며, 주제/소재 관련 어휘(음식, 운동 등), 문법 구조(동사 시제, 의문문 등), 의사소통 기능(요청하기, 거절하기 등) 등의 언어 재료와 언어의 네 기능 중에서 중점을 두는 기능 위주로 편성되어 있다. 교재의 전체적인 구성은 목차에 나타나 있으며, 전체 구성을 알아야 특정한 학습자 집단을 가르칠 때 도움이 된다. 그리고 각 단원은 교재 전체의 축도(microcosm)라고 할 수 있기 때문에, 개별 단원을 잘 살펴보면 교재를 이해할 수 있다.

둘째, 교재를 개작 또는 변용해야 한다. 대부분의 교재들은 특정한 학습 집단을 위해 개발된 것이 아니라, 일반적인 학습자를 대상으로 개발된 것이다. 따라서 각기 다른 학습자 집단의 요구와 관심을 충족시키기 위해서 교재에서 일부 내용을 취사선택, 개작 또는 보충해야 한다. 그리고 이러한 결정은 학습자 관련 사항(나이, 관심, 학습 목적, 영어 수준), 학교의 중점 목표, 이용 가능한 자료, 학습 시간 및 교사가 중요시하는 바에 따라 달라진다. 교재의 개작 및 변용 기법에 대해서는 다음 절에서 자세히 소개한다.

셋째, 학습자들에게 교재에 제시된 활동(activity)의 내용(content), 목적(purpose) 및 절차(procedure)를 안내해야 한다. 교재의 활동들이 학생들에게 성공적으로 적용되지 않는 이유는 그것들이 너무 지루하거나 복잡해서라기보다는 대체적으로 학생들이 그 활동을 할 준비가 되어 있지 않기 때문이다. 학생들에게 활동에 대한 안내를 하려면 교사 자신이 이에 대한 준비가 되어 있어야 한다. 그리고 교사는 학생들에게 활동에 대하여 설명을 한 후에, 학생들의 이해 여부를 말이나 행동을 통하여 알아보아야 한다.

넷째, 학생이 활동을 수행할 때 모니터하고 후속 학습을 하게 해야 한다. 교재에 제시된 활동을 이용해서 수업할 때, 교사는 학습자들이 준비 단계를 거쳐서 활동을 수행하고 이와 연계하여 후속 학습을 하게 해야 한다. 학생들이 활동을 수행할 때 교사는 교실을 돌아다니면서 학생들이 무엇을 하고 얼마나 잘하는지 관찰하는 것이 필요하다. 이때 교사는 학생들이 해야 할 활동을 하는지 확인하고, 질문을 하거나 관찰하여 학생들이 어려움을 느끼는 언어 표현을 알아두고, 활동 수행에 방해가 되지 않으면 오류 수정도 해 줄 수 있다. 또한, 활동 수행에 할당된 시간이 적절한지 판단하여 활동 시간을 단축 또는 연장할 수 있다. 그리고 활동을 마칠 시간이 되면 'OK, time to stop.'이라고 말하거나, 손뼉 또는 종소리를 이용하여 종료 신호를 보낸다. 학생들의 활동이 끝나면 후속 학습으로서 학생들이 익힌 것을 표현해 보도록 하거나 질문을 하도록 한다. 예를 들어, 세 명씩 조를 지어서 자기들이 읽고 싶어하는 책과 이유를 말하는 활동을 한 후에, 몇몇 조가 자기 조원들이 좋아하는 책에 대해 발표하도록 하거나, 교사가 조원들에게 'How many of you like to read ~ ?'라고 질문을 할 수도 있다.

다섯째, 교사는 구사할 수 있는 활동의 종류와 방법을 확장해야 한다. 교재에는 언어 재료 이외에도 단원마다 짝이나 소집단으로 하는 과업, 역할극, 정보 공백 활동, 게임 등의 활동이 일정하게 포함되어 있다. 교사는 각 활동 유형에서 다양한 개별 활동들을 개발해야 하며, 각 활동의 전형적인 수행 방법 이외에 새로운 방법을 개발해야 한다. 예를 들면, 일반적인 듣기 활동으로 처음에는 전체적 내용을 파악하게 하고, 두 번째 들려준 후에는 질문에 답하거나 표에 내용을 적게 하며, 세 번째 들려준 후에 답을 확인하는 방법으로 운영할 수 있다. 학생들이 이런 방식의 듣기 활동에 익숙해지면, 교사는 내용을 들려주기 전에 학생들이 미리 내용을 예측하도록 하는 과업을 제시할 수 있다. 교사용 지도서는 교사가 사용할 수 있는 다양한 교수 기법을 제시하고 있으므로 유용하게 활용할 수 있다.

2 영어 교재의 개작

1 교재 개작 이유

교재 개작은 수업 환경, 교사의 철학, 영어 교육의 최근 추세 등의 다양한 이유에 영향을 받는다. 또한, 동일한 교재를 사용하더라도 교사에 따라 각기 다른 이유로 교재를 다양한 방식으로 개작할 것이다. McDonough, Shaw와 Masuhara(2013: 67-68)는 교재를 개작해야 하는 이유에 대해 다음과 같이 정리하였다.

① 다루는 문법이 충분하지 않아서
② 어려운 문법 요소에 대한 연습이 부족해서
③ 의사소통적 관점에만 초점을 둘 때 문법 제시가 체계적이지 않아서
④ 읽기 자료에 모르는 어휘가 너무 많아서
⑤ 질문에 대한 답이 주어진 자료를 이해하지 못해도 알 수 있을 정도로 너무 쉬워서
⑥ 청해 자료의 실제성(authenticity)이 떨어져서
⑦ 발음에 대한 안내가 충분하지 않아서
⑧ 교과 내용이 학습자의 나이와 인지 수준에 적절하지 않아서
⑨ 주어진 시각자료가 문화적으로 적절하지 않아서
⑩ 학습 자료가 할당된 시간에 다루기에 너무 많거나 적어서
⑪ 학생들이 많은 학급에서 교사가 모둠 활동이나 역할극을 수행하기 쉽지 않아서
⑫ 대화문이 일상생활에 사용되지 않는 격식체라서
⑬ 학급 여건 문제로 인해 시청각 자료의 사용이 쉽지 않아서
⑭ 놀이나 활동의 다양성이 너무 적거나 과다하여서
⑮ 어휘 목록이나 연습문제의 해답이 제대로 준비되지 않아서
⑯ 평가와 관련된 내용이 미비하여서

2 교재 개작 사례

교사는 교육과정과 교과서를 바탕으로 영어 교육을 실시할 때 학생의 개인적 요구와 영어 능력에 맞추어 수업을 해야 한다. 일정 기간 동안 기본 과정의 수업을 한 후, 학습 목표를 달성하지 못하는 학생에게는 보충 과정을 제공하여 정상 수준으로 끌어올리고, 우수 학생에게는 심화 과정을 제공하여 수월성 교육을 실시한다. 학생의 요구와 관심 및 능력이 다를 때 차별화된 활동을 제시하거나, 또래끼리 가르치게 하거나, 소집단으로 나누어 교육을 실시할 수 있다. 다음의 활동은 능력이 서로 다른 학생들에게 그림이나 힌트 등의 도움의 정도를 달리 제시하는 것을 보여준다(Moon, 2000: 33-4).

활동 A : 원자료의 활동

Write instructions on how to keep pressed leaves and flowers. Use the sentences in the story and the pictures to help you. Begin in this way.

1. First, collect leaves and flowers.
2. Then, put them between the pages of old newspapers.
3. Next, ______________________________
4.
5.
6.

활동 B : 문장 연결하기

Match A to B to form correct instructions on how to make a scrap book of dried leaves.

[A]	[B]
1. First, collect leaves	· books on the newspaper.
2. Then, put them between	· and make a book.
3. Next, put heavy	· pages of old newspaper.
4. When the pressed leaves are dried	· the date collected and the place, it was found.
5. After that, put the sheets together	· and flowers, while you are on a walk.
6. Finally, write the name of each plant.	· glue them to thin cardboard of sheets.

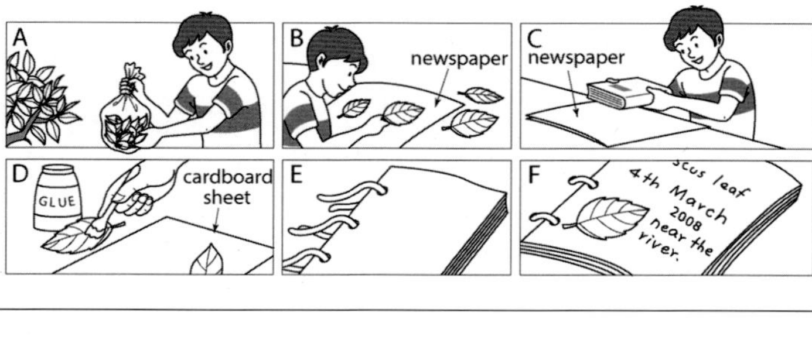

활동 C : 문장의 빈칸 채우고 그림의 순서 정하기

1) Complete the instructions. Use the phrases to help you.

glue them	put them between the pages
collect leaves	put heavy books
write the name	make a book

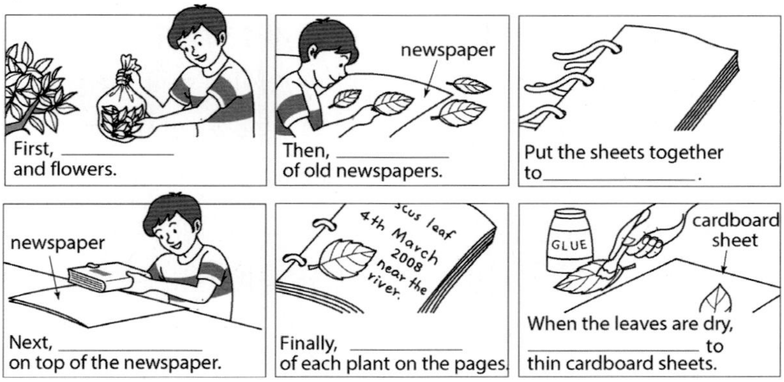

2) Now arrange the pictures in the correct order.

활동 D : 주어진 구를 이용하여 지시문 완성하기

Look at the pictures. Make a sentence from each phrase to describe how to press flowers and make them into a book.

put a heavy book	glue them
arrange the sheets	write the names

1. First, collect leaves and flowers.
2. Then, put them between the pages of old newspapers.
3. Next, ______________________________
4.
5.
6.

위의 활동들 중에서 활동 A는 도움이 가장 적어서 가장 어렵기 때문에 교사는 학생들의 영어 능력에 맞추어 활동을 개작하여 사용할 수 있어야 한다. 활동 B에는 그림이 올바른 순서로 제시되어 있고, 문장의 부분들이 모두 주어져 있어서 도움이 가장 많기 때문에 가장 쉬운 활동이다. 활동 C와 D에서는 학생들이 써야 할 어구가 제시되어 있다. 그런데 활동 D에서는 그림이 순서대로 주어져 있지만, 활동 C에서는 그림이 순서대로 되어 있지 않고 뒤섞여 있다. 따라서 활동의 난이도 측면에서 보면, 활동 A가 가장 어렵고, 활동 C가 두 번째로 어렵고, 활동 D가 조금 더 쉬우며, 활동 B가 가장 쉽다.

3 교재 개작 원칙

교재의 개작은 교육 상황의 여건에 맞도록 내용을 수정하는 일로서, 개인화(personalizing), 개별화(individualizing), 지역화(localizing) 및 현대화(modernizing)의 원칙에 따라 이루어져야 한다.

(1) 개인화(personalizing)

교재의 개인화는 교재의 내용을 학습자의 개인적 흥미나 관심 또는 교육적, 학문적, 직업적 필요에 맞게 익숙한 정보를 제공하는 것을 말한다. 개인화시키는 것은 학습자의 경험과 견해를 끌어와서 자료를 더 실감나고 쉽게 이해할 수 있게 바꾸는 것이다. 예를 들면, 집의 위치를 물어보는 대화를 배울 때 교재에 제시된 가상의 주소만 반복적으로 연습하기보다는 학생 본인의 집이 어디에 위치해 있는지에 대해 이야기하도록 하면 학습 동기가 더욱 높아질 수 있다.

교재의 개인화 작업을 식당에서 음식을 주문하는 활동에 비유하자면, 교재의 메뉴는 학생들이 일상에서 실제로 접하는 메뉴와 다를 수 있다. 우선 교사는 활동을 시작하기 전에 학생들에게 음식점 메뉴에 있을 것으로 기대하는 목록을 작성하도록 하여 교재를 개인화시킬 수 있다. 이때, 학생들은 자신이 작성한 메뉴를 교재의 메뉴와 비교해서 유사하거나 다른 것에 대해 논의하게 될 것이다. 활동 중에는 교재의 메뉴에 있는 음식 중에서 학생들이 먹어 보았던 음식과 먹어 보지 않은 음식에 대하여 이야기해 보고, 먹어 본 적이 없는 음식을 주문할 것인지 아니면 새로운 음식을 주문할 것인지에 대하여 논의하도록 할 수 있다. 활동이 끝난 후에는 학생들이 가는 음식점의 종류와 대체로 주문하는 음식에 대하여 이야기하고, 메뉴 표를 작성하도록 할 수 있다.

교사는 수업 중에 추가적인 말이나 질문을 통해 개인화된 연습 활동을 해볼 수 있다(Harmer, 1996: 104). 가까운 장래의 계획을 말하는 현재진행형(예 He's going to Rome tomorrow.)을 익히면, 교사는 학생들에게 주말에 각자 할 일을 묻고 추가적인 질문을 한다. 이어서 학생들을 짝이나 소집단을 구성하여 서로에게 이와 같은 질문을 하도록 한다.

T : What are you going to do this weekend, In-ho?
S : I'm going to visit my grandmother's house.
T : Oh, really? When are you going to leave?
S : Early on Saturday morning.

(2) 개별화(individualizing)

학생들에게 영어 공부에 적극적인 태도를 길러주려면 과업을 성공적으로 수행하는 경험을 자주 갖도록 해야 한다. 적절한 교재란 학습자 개인의 흥미나 필요를 고려하는 일 뿐만 아니라 학생들의 학습 양식(learning styles)이나 영어 능력 수준도 감안하여 개별화하는 작업 역시 거쳐야 한다. 학습 양식은 인지적 양식(cognitive styles), 감각적 양식(sensory styles), 정의적/기질적 양식(affective/temperament styles)으로 구분된다(Reid, 1984). 인지적 양식은 장독립적/장의존적, 분석적/종합적, 숙고적/충동적, 수렴적/확산적 양식 등으로 구분된다. 감각적 양식은 지각적 양식(시각적, 청각적, 촉각적, 근육운동적), 환경적 양식(새벽형, 심야형), 사회적 양식(개별 학습형, 집단 학습형)으로 구분된다. 또한 정의적/기질적 양식은 내성적/외향적, 감성적/지성적, 애매한 것에 대한 관용적/비관용적 양식 등으로 나누어진다.

교사는 학생들의 영어 능력 수준에 따라 차별화된 수업 내용을 제공하기 위하여 교재를 개별화할 수도 있다. 특히 아래의 활동들을 학생 개인의 영어 능력에 맞게 개별화하여 단계적으로 제시하면 효과적일 것이다(Moon, 2000: 21).

활동 A : Color the parts of the fish.

Children read the labels and then color the different parts of the fish with appropriate colors.

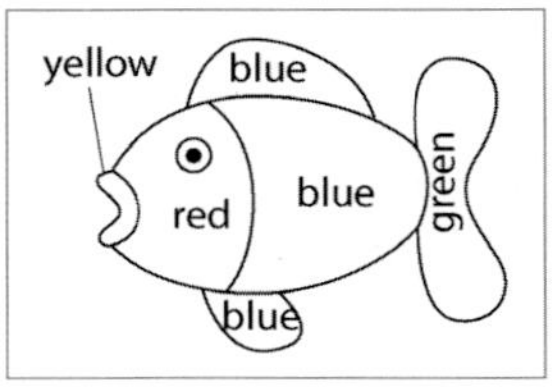

활동 B : Read and color.

Children read the description and then color the parts of the fish using the appropriate colors.

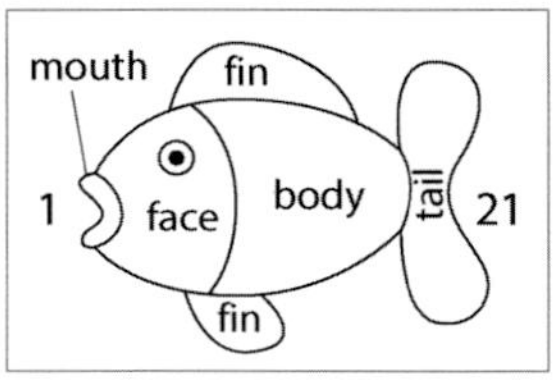

The fish has a blue body. It has a green face and a red mouth. It has a yellow tail. Its fins are blue.

활동 C : Read and color.

Children read the descriptions on their sheets and then color the fish appropriately.

The fish has a blue body with a green zigzag. Its face is red but it has a yellow mouth and a blue eye. Its top fin is black and its bottom fin is green.Its tail is the same color as its body.

위에 제시한 세 가지 활동은 단어나 지시문을 읽고 물고기 그림에 색을 칠하는 과업으로 구성되어 있는데, 활동 A가 가장 쉽고, 활동 C가 가장 어렵다. 모든 학생들이 적어도 한 개의 과업을 성공적으로 수행하도록 하려면 가장 쉬운 것부터 시작하는 것이 좋다.

활동 B를 기본 과정으로 제시하고, 심화-보충 활동 시간에는 기본 과업을 성공적으로 수행하지 못한 학생에게 활동 A를 보충 내용으로, 성공적으로 수행한 학생에게는 활동 C를 심화 내용으로 제시할 수 있다.

(3) 지역화(localizing)

교재의 영어는 국가와 지역의 상황에 맞도록 개작된다. 우리나라처럼 미국 영어로 통일된 교재도 있고, 영국 영어로 표준화된 교재도 있다.

Have you a pen? Yes, I have. (영국 영어)
Do you have a pen? Yes, I do. (미국 영어)

Have you got a pen? Yes, I have. (영국 또는 미국 영어)

학생들이 장소의 위치를 말하는 표현(예 There's a cinema in South Street.)을 익히고 나면, 다음과 같이 교사는 학생들에게 자기 지방에 대한 질문과 대답을 하는 활동을 하게 할 수 있다.

T : OK ... well ... is there an airport in Incheon?
S1 : Yes ...
T : Where is it exactly?
S1 : It's on Yeongjong Island ... about 10 kilometers from here.

(4) 현대화(modernizing)

교재의 영어에 구식 표현이나 틀린 표현이 있을 때에는 현대의 시사적인 영어로 개작해야 한다. 가령 Madsen과 Bowen(1978: 149-151)은 17세기에 John Donne이 쓴 글을 개작한 사례를 제시하였다. 특히 초등영어 교재에 오래된 전래 동화를 제시할 때에는 단어와 철자 등을 현대 영어로 개작하는 것이 필요하다.

위에서 설명한 교재 개작의 원칙과 다음에 제시할 개작 기법들을 하나의 틀로 제시하면 [그림 5-1]과 같다(McDonough 외, 2013: 77).

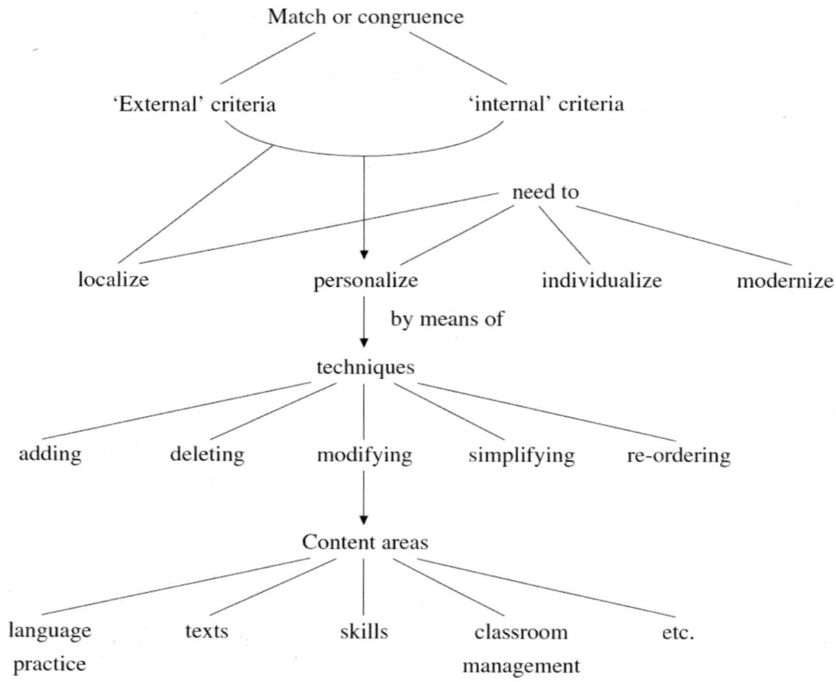

[그림 5-1] 교재 개작의 틀

4 교재 개작 기법

교재를 개작할 때 교재의 내용이나 제시된 교수 방법을 추가(adding), 삭제(deleting), 단순화(simplifying), 변경(modifying), 재배열(reordering) 또는 대체(replacing)하는 기법을 사용할 수 있다. 이러한 개작 기법들을 적용할 때에는 다음과 같은 점들을 유념해야 한다. 첫째, 개작 기법은 개작이 필요한 내용이나 방법에 따라 선정해야 한다. 둘째, 내용을 개작할 때 여러 가지 기법이 사용되기도 하고, 하나의 기법이 여러 가지 내용 영역에 적용되기도 한다. 셋째, 개작은 교재 내용에 양적인 변화를 가져오기도 하고, 교수 방법에 질적인 변화를 초래하기도 한다. 넷째, 개작 기법은 개별적으로 적용되기도 하고, 여러 가지 기법이 결합하여 적용되기도 한다.

(1) 추가(adding)

교재 개작에서 추가 기법은 시간 배당을 고려하면서 동일한 학습 내용의 분량을 양적으로 증가(extending)시키는 기법과 학습 내용을 추가하거나 교수·학습 방법을 질적으로 확장(expanding)하는 기법으로 세분할 수 있다.

교재 내용에 양적인 증가(extending) 기법을 적용하는 경우에는 다음과 같은 사례들이 있다. 첫째, 최소 대립쌍(minimal pairs)을 이용한 발음 연습 부분(예 bit/bet, hat/hate, ship/chip 등)에 우리나라 사람들이 어려워하는 /l, r/, /p, f/, /s, z/, /o, ɔ/ 등의 대립쌍을 추가할 수 있다. 둘째, 문장 구조나 문법에 대한 설명만으로 어려움을 느낄 때 연습문제(exercises)를 추가할 수 있다. 셋째, 글을 읽고 주요 언어 요소를 학습하도록 할 때 첫 번째 글과 유사한 새로운 텍스트를 제시하여 어휘, 시제, 문장 구조 등을 강화할 수 있다.

교재 내용에 질적인 확장(expanding) 기법을 적용하는 경우에는 다음과 같은 사례들이 있다. 첫째, 발음 연습에서 개별음이나 최소 대립쌍 지도는 자음이나 모음을 정확하게 발음하는 데 도움이 되지만, 일상생활에서 이해할 수 있는 발음을 익히도록 하기 위하여 문장 강세, 리듬, 억양 등을 추가로 지도할 필요가 있다. 둘째, 교재에서 듣기 기능을 충분히 다루지 않을 때 텍스트를 읽은 후에 이해 여부를 확인하기 위한 질문을 청해 자료로 제시할 수 있다. 셋째, 문장 구조나 문법에 대한 학습을 강화하기 위하여 공부한 내용에 대하여 대화나 토론하는 활동을 후반부에 추가할 수 있다.

(2) 감축(omitting)

감축 기법은 교재 내용의 일부를 삭감(subtracting)하는 경우와 교재 내용의 일부를 축약(abridging)하는 경우로 구분해 볼 수 있다.

교재 내용의 일부를 빼서 학습 분량을 삭제하는 기법을 적용하는 사례들에는 다음과 같은 경우를 들 수 있다. 첫째, 영어 발음 연습에서 한국인 학습자들은 /l, r/의 구별을 어려워하지만, 아랍인 학습자들은 이 구별이 어렵지 않으므로 최소 대립쌍에서 이 부분을 삭제할 수 있다. 둘째, 의사소통 기능 중심으로 편성된 교재에서 인사하기, 길 안내하기 등은 목표어 사용 상황에서 꼭 필요하지만, 동정 표현하기, 위협하기 등의 기능은 삭제할 수 있다.

학습 내용을 삭제하는 경우에는 교수 방법을 바꿀 필요는 없지만, 내용을 축약하는 경우에는 교수 방법에도 변화가 따를 수 있다. 교재 내용의 일부를 축약하는 기법을 적용하는 사례들에는 다음과 같은 경우를 들 수 있다. 첫째, 단원의 마지막에 토론 활동이 있더라도 학습자들이 토론에 참여할 만큼 목표 언어 구사가 유창하지 않을 때는 교수요목이나 시험에서 가볍게 다룰 수 있다. 둘째, 해외 출장이나 여행을 준비하기 위한 도구적 동기에서 의사소통적 교재로 단기간 학습할 때에는 각 의사소통 기능을 익히는 단원에 나오는 긴 문법 설명을 단축하여 제시할 수 있다.

(3) 수정(modifying)

교재의 수정은 교육에 대한 접근법이나 초점에 대한 내적인 변화를 가져오는 기법을 의미하며, 교재의 언어 내용(linguistic content)을 다시 쓰기(re-writing) 기법과 교실 수업 운영 과정에서 교재 내용을 재구성(re-structuring)하는 기법으로 구분할 수 있다.

교재의 언어 내용을 다시 쓰는 기법은 의사소통 수단으로서의 언어의 본질에 비추어 의사소통적 목적에 맞는 문제 해결 과업을 제시하거나 학습자의 배경 및 관심에 맞도록 활동을 수정하기 위한 것이며, 다음과 같은 예를 들 수 있다. 첫째, 청해를 강조하는 교재에서 듣기 자료가 없을 때에는 교사가 읽기 자료를 개작하여 말로 들려줄 수 있다. 둘째, 교재에 새로 나오는 어휘의 목록만 제시되어 있을 때에는 학생들이 어휘 학습 전략을 개발할 수 있도록 연습 문제를 제작하여 제시한다. 셋째, 교재의 문화 내용이 특정한 학습 집단에 적합하지 않을 때에는 해당되는 부분을 개작한다. 넷째, 독해나 청해 질문이 교재에 나온 정보를 직접 찾아내도록 되어 있으면 시험과 같이 느껴지므로 학습자가 듣거나 읽은 내용을 해석하여 답하거나 다른 부분과 관련지어 답하도록 개작한다.

교사가 주어진 교과서를 따라가며 가르치는 경우에는 다음과 같이 교실 수업 운영 과정에서 교재 내용을 말로 재구성(re-structuring)하는 기법을 사용할 수 있다. 첫째, 학생수가 많은 학급에서 역할극을 할 때에는 하나의 배역을 여러 학생들에게 부여할 수도 있고, 반대로 배역에 비해서 학생수가 적은 경우에는 한 학생에게 여러 배역을 맡길 수도 있다. 둘째, 학생들이 읽고 공부하도록 되어 있는 내용(예 Have you been to/done X?)을 상호작용적 연습으로 바꾸어 사용할 수도 있다.

(4) 단순화(simplifying)

단순화 기법은 엄밀하게 말하면 다시 쓰기(re-writing) 활동이며, 지시문이나 본문, 설명 및 지면 배열(visual layout) 등을 단순하게 고칠 수 있다. 글이나 대화문을 단순화할 때 문법이나 어휘 등의 문어적 측면과 리듬이나 억양 등의 구어적 측면에서 자연스러운 영어가 왜곡되지 않도록 유의해야 한다.

읽기 자료를 단순화하는 경우를 예를 들면 다음과 같다. 첫째, 문장 구조 측면에서 문장의 길이를 짧게 고치거나 관계절이 있는 복문을 단문으로 고친다. 둘째, 새로운 어휘를 학생들이 이미 배운 단어로 바꾸어 쓴다. 셋째, 문법적 복잡도를 고려하여 수동태를 능동태로, 과거 시제를 현재 시제로, 간접 화법을 직접 화법으로 바꾸어 쓴다.

(5) 재배열(reordering)

재배열은 교재에 제시된 단원들의 순서나 단원 내에서 부분들의 순서를 바꾸는 작업이며, 이 기법을 적용하는 사례들은 다음과 같다. 첫째, 미래 표현을 가르칠 때 'will'과 'be going to'를 제시하는 데, 중급 수준 이상의 학생들에게는 현재형(예 Next term begins on 9th September.)이나 현재 진행형(예 She is retiring in 2010.)을 가르치는 부분에서 미래 시간에 대한 표현을 제시할 수 있다. 둘째, 단기 과정의 학습 프로그램에서 교재 내용 전체를 다룰 수 없을 때에는 학생들의 언어 필요에 따라 학습 내용의 순서를 바꾸어 제시한다. 셋째, 학생들의 현재 언어 능력 수준에 따라 학습 내용을 분리하여 제시하거나, 학습 요소들을 재편성(re-grouping)하여 제시할 수도 있다.

(6) 대체(replacing)

학습 내용을 감축할 때 다른 내용으로 대체하는 경우가 많다. 교재에서 'I'd like to live in a sunny country.' 등의 문장을 사용하여 'would like' 구문을 연습시키는 활동은 자칫하면 지루함을 유발할 수 있다. 따라서 Harmer(1998: 116)는 다음과 같은 표를 사용하는 활동으로 대체하고 있다. 교사는 학생들에게 음악을 좋아하는지, 무슨 음악을 좋아하는지 묻고, 네 개의 서로 다른 음악을 들려준다. 학생들은 각 음악을 듣고, 다음 표에 그 음악이 무슨 색깔(green, red, blue 등)을 연상하게 하는지, 어떤 기분(happy, sad, angry 등)이 느껴지는지, 어느 정도의 감정적 온도를 느끼게 하는지 등을 쓰게 한다. 그리고 학습 목표인 'would like'를 익히도록 하기 위하여 그 음악을 어디에서 듣고 싶은지, 누구와 함께 듣고 싶은지를 말하게 한 후에 글로 쓰도록 한다.

	음악 1	음악 2	음악 3	음악 4
색깔(Color)				
분위기(Mood)				
온도(0~100℃)				
Where would you like to hear it?				
Who would you like to hear it with?				

위와 같은 대체 활동은 학습 분위기를 바꾸어주고 색다른 활동이기 때문에 기억에 오래 남는다. 이와 같은 활동은 교과서에서 가르치고자 하는 언어 표현을 연습하도록 하는데 완전히 다른 맥락에서 실시하게 되므로, 간혹 사용하는 것이 효과가 좋다.

3 영어 수업에서 활동의 변용

영어 교재에 있는 학습 활동이나 자료가 교육 여건에 맞지 않을 때에는 수업 중에도 변용하게 된다. 여기에서는 보다 많은 상호작용(interaction)이 일어나게 하기 위한 변용, 언어 연습을 실제 의사소통 행위와 비슷하게 만들기 위한 변용, 학습자의 언어 수준에 맞도록 내용을 적정화하기 위한 변용, 다양한 활동을 한 목표/주제 아래 통합시키기 위한 변용을 예시하고자 한다.

1 보다 많은 상호작용을 위한 변용

영어의 학습/습득은 상호작용이 있어야 가능하며, 상호작용의 유형과 빈도가 매우 중요하다. 다음의 예에서 보는 바와 같이, 그림카드를 사용하는 방법에 따라서 상호작용의 양이 달라진다.

예 1 T : What's he doing?
S : He's running.

예 2 T : What's he doing?
S1 : He's walking.
T : No. What's he doing?
S2 : He's jumping.
T : I don't think so.
S3 : He's riding a bicycle.
⋮
Sn : He's running.

위의 〈예 1〉처럼 그림카드를 한꺼번에 보여주면서 교사가 질문하면, "그림과 같이 행동하는 것을 영어로 무엇이라고 하느냐?"라고 묻는 것과 마찬가지이고 교사와 학생간 상호작용은 단 한번만 일어나게 된다. 따라서 〈예 2〉처럼 교사가 그림의 일부분만 보여주면서 질문을 하면, 학생들은 드러나지 않은 그림에 대하여 자기 생각을 말하게 된다. 이처럼 정보를 다 드러내지 않고 부분적으로 가리고 보여주면, 학생들은 가려진 부분에 대한 정보를 찾기 위해 상호작용적 의사소통을 하게 된다.

〈예 1〉에서는 결핍된 정보, 즉 정보의 공백(information gap)이 없기 때문에 의사소통이 진행되지 않으며, 〈예 2〉에서는 교사와 학생 간의 정보의 공백을 메꾸기 위해 의사소통이 계속 진행된다.

2 실제적인 의사소통을 위한 변용

교실에서 수행하는 언어 연습 활동이 단순히 기계적 연습이나 유의적 연습에 그치지 않고, 실제의 의사소통 행위처럼 진행되어야 한다. 초급 수준의 학생을 위한 교재에서는 아래 그림과 같은 활동을 자주 보게 된다.

예 1 그림 보며 질문하고 답하기

1. Peter 2. Janet 3. Jillian 4. Tom 5. Alan

Ask

Is	Janet Tom Peter Alan Jillian	standing sitting	by the window? by the stairs? by the door? on the bus? on the scooter?

Answer

Yes, No,	he she	is isn't

위의 자료를 이용하면 짝끼리 같은 그림과 대체표(substitution table)를 보면서 다음과 같이 질문과 대답을 연습하게 된다.

A : Is Peter sitting by the window?
B : Yes, he is.
A : Is Janet standing on the stairs?
B : No, she isn't.

의사소통적 연습이나 활동이 이루어지도록 하려면 정보의 공백을 두어서 의사소통할 이유를 만들어 주어야 한다. 따라서 자료를 다음과 같이 두 부분(A와 B)으로 나누어 제시하면, 짝끼리 서로 다른 자료를 보기 때문에 정보의 공백이나 차이로 인해 실제적인 의사소통이 일어나게 된다.

예 2 그림 보며 질문하고 대답하기 변용 자료

[A]

1.______ 2.________ 3.________ 4._______ 5.________

Ask your partner a question, and write names under the pictures.

Who's that	standing sitting	by the window? by the stairs? by the door? on the bus? on the scooter?

[B]

1. Peter 2. Janet 3. Jillian 4. Tom 5. Alan

의사소통적 변용 사례를 하나 더 제시하면, 옆의 그림에서 보는 바와 같이, 짝끼리 마주 앉아서 상대방의 책상 위에 놓인 것이 보이지 않도록 가운데에 가방이나 판을 올려놓는다. 각 학생들은 아래와 같이 방의 구조와 다양한 가구들이 그려진 그림을 가지고 있다. 먼저 한 학생이 자기가 가지고 있는 그림에 가구들을 배치하여 그린다. 그리고 마주 앉은 학생은 'Where is the chair?', 'Is the chair next to the door?'라고 질문을 하면, 먼저 그림을 완성한 학생이 대답을 하여 똑같은 그림이 되도록 한다.

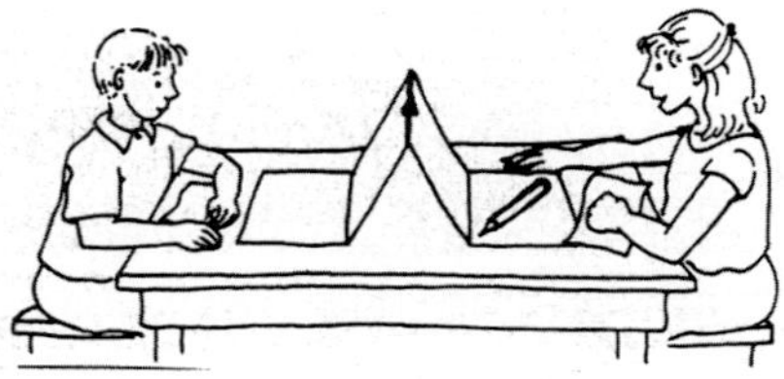

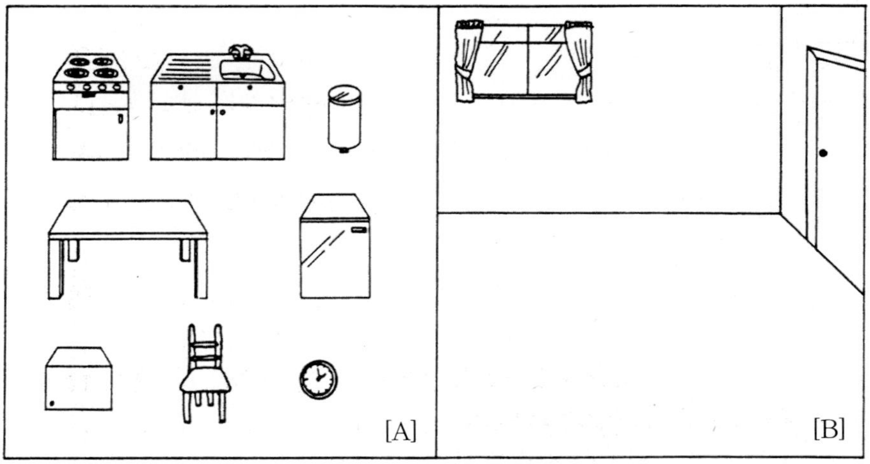

[그림 5-2] 정보 공백 활동의 그림 예

3 언어 수준과 내용의 적정화를 위한 변용

초등영어 교과서에는 고학년에서는 부분적으로 영어 글도 제시되어 있지만, 대부분 대화문 위주의 음성 언어로 구성되어 있다. 교재에 있는 글과 대화문은 주제가 어린이들에게 흥미와 관심을 불러일으키고 영어 수준도 적절해야 하기 때문에 다양한 자료에서 원문을 채택하여 개작하게 된다. 교재에 있는 대화문은 집필자들이 실제적인 상황을 고려하여 작성하지만, 가르치고자 하는 의사소통기능을 포함하다 보면 어색한 대화가 나타날 수 밖에 없다. 그러므로 대화문을 쓸 때 의사소통적 가치와 내용도 중요하지만,

자연스러운 영어를 유지할 수 있도록 유의해야 한다.

교재의 글을 적정화할 때 어휘를 쉬운 것으로 바꾸거나, 문장을 평이한 구조로 고쳐 쓰거나, 글의 담화 구조에 변화를 주어서 단순화 할 수 있다. 문장 수준에서는 문장의 길이를 짧게 하고, 관계절(relative clause)을 포함하는 복문을 단문으로 개작할 수 있다.

[표 5-1] 문장 수준의 단순화 예시

원문		단순화된 글
She knows he will be leaving at 6:15.	⇒	He will leave at 6:15. And she knows it.
The milk in this pail will provide me with cream, which I will make into butter.	⇒	I will take the cream from this milk. And I will make butter from the cream.
Their decision regarding our request was very disappointing.	⇒	They rejected our request. Their decision was very disappointing.

또한, 수동태를 능동태로, 과거 시제를 현재 시제로, 간접 화법을 직접화법으로 고쳐서 문법적 구조를 단순화할 수도 있다. [표 5-1]은 원문의 복잡한 구조를 여러 개의 단문화 구조로 바꾸어 제시함으로써 학생들의 인지적 어려움을 최소화할 수 있음을 보여준다.

4 다양한 활동을 목표/주제 아래 통합시키기 위한 변용

영어 교과서를 중심으로 수업을 하면 학습이 단조로워서 지루함을 느끼기 쉽다. 교과서는 단원이나 활동마다 학습 언어에 초점을 맞추어져 이를 중심으로 따라 말하고 묻고 대답하는 연습을 한 후에 짝이나 소집단 활동으로 학습언어를 강화하는 것이 일반적이기 때문이다. 어린이 영어 교육에서는 이런 단조로움을 덜기 위해서 노래, 챈트, 게임 등의 다양한 활동을 활용하기도 하는데, 각 활동들을 학습 목표와 주제에 맞게 통합하여 지도할 수 있다. 아래의 수업 계획에서는 다양한 학습 활동을 포함하고 있지만, 학습 과정에서 통합되지 못하여 나열되는 데 그치고 있다.

예 1 학습 내용과 활동의 통합이 느슨한 수업 계획

Cathy's Dress Is Green

	Mummy, where is my green dress?
	I'm sorry, Cathy. It's dirty. Wear your red skirt and your white blouse.
	Oh, no. I don't like my red skirt. I want my green dress .

[Vocabulary] 어린이 옷과 관련된 색깔(colors)

[Dialogue]

- 어린이에게 대화문은 가리고 그림만 보게 한다.
- 녹음을 들려주고 해당 그림을 가리키게 한다.
- 그림 하나하나에 대해 녹음을 듣고 따라 하게 한다.
- 대화문을 보고 녹음을 들으면서 눈으로 읽게 한다.
- 묻고 대답하는 연습을 한다. 처음에는 교사와 어린이가 같이 하고, 다음에는 어린이 상호간에 하게 한다.
- 몇 그룹을 앞으로 나오게 하여 시범을 보이게 한다.
- 마지막으로 노트에 대화문을 적게 한다.

[Action game]

- 어린이들에게 다음과 같이 지시한다.
  Stand up. Go to the door. Open the door. Shut the door.
  Sit down. Put your hand up. Put your hand down.

• 처음에 2~3명의 어린이와 함께 시범을 보이고, 다음에는 전체가 지시에 따라 움직이게 한다.

[Song] My Dress Is Green

My dress is green, green. Yes, my dress is green.
Green is good. Green is good.
My shirt is blue, blue. Yes, my shirt is blue.
Blue is good. Blue is good.
My shoes are black, black. Yes, my shoes are black.
Black is good. Black is good.

• 녹음을 들으면서 색깔과 옷을 가리키게 한다.
• 녹음을 듣고 한 줄씩 따라하게 한다.
• 노래를 하면서 색깔과 옷을 가리키게 한다.
• 노래에 따라 해당되는 자기 옷이나 신발에 손을 대도록 한다.

[Extension activities]

• 색 빙고 게임(color bingo game)을 한다.
• 초록색 물건을 모으도록 한다.

위의 수업 계획대로 진행하면, 제시된 학습 내용에 대한 수업은 [Dialogue]에서 거의 끝난다. 이어서 나오는 [Action game]은 학습의 주제나 내용에 있어서 본 차시와 아무런 관련이 없고, [Song]은 학습언어를 강화시켜준다고 해도 가사 내용이 실제성이 적어서 인위적인 면이 강하다. 그리고 [Extension activities]에서 초록색 물건을 모으는 활동은 교실에서는 실행하기가 어렵다. 따라서 이 수업 계획은 어느 정도의 다양한 활동을 가지고는 있지만, 주제를 중심으로 전체적으로 통합성이 약하다. 따라서 색깔을 익히는 동일한 학습 목표를 실현하기 위하여 다음과 같이 학습 자료를 변용하는 수업 계획을 수립할 수 있다.

예 2 **학습 내용과 활동의 유기적 통합이 이루어진 수업 계획**

[Action game] Growing from a seed to a plant

You're a tiny, tiny seed. Curl up really small.
Start to grow. Now, uncurl, really slowly.

Now slowly stand up. Stretch your arms up. Slowly.

Stretch higher and higher. Now stretch wider, and wider and wider … and relax.

• 교사가 대본을 말하면서 약간 과장스러운 행동으로 나타내고, 어린이는 보기만 한다.
• 교사가 말하면서 동작을 하고, 어린이는 동작만 따라 한다.
• 교사는 동작 없이 말만 하고, 어린이들이 교사의 말에 자유롭게 몸을 움직이게 한다. (녹음이 되어 있으면 더욱 효과적으로 할 수 있다.)

[Vocabulary] Color flashcards

• 플래시카드를 어린이들에게 나누어 주면서 색깔 이름을 말해준다.
• 교사가 색이름을 말하면, 해당 어린이는 카드를 높이 든다. 어린이 상호간에 카드를 바꾸게 하고 같은 연습을 한다.
• 카드를 교실에 늘어놓고 교사의 말에 따라 카드를 집어 한 곳에 모이게 한다. 이런 활동을 되풀이한다.
• 어린이를 원으로 서게 하고 교사가 특정 어린이에게 가서 자신의 카드 색을 말하면, 어린이도 그의 카드 색을 말하게 한다. 그리고 카드를 서로 교환한다.
• 어린이들끼리 이같은 활동을 되풀이하게 한다.
• 동작을 멈추고 교사가 말하는 색의 카드를 높이 들게 한다.
• 마지막으로 어린이 모두가 일제히 자기의 색깔을 소리 높이 외친다.

[Activity] focusing on the green color; sorting out green items

• 소집단이나 짝끼리 초록 색깔의 물건을 빈 카드에 그리게 한다.
• 칠판에 다음과 같은 표제를 적는다.

These things are always green:

These things are usually green:

These things are sometimes green:

(어린이들이 문장을 읽지 못할 때에는 그림을 이용해서 설명한다.)

• 어린이에게 자기가 그린 물건 카드를 해당하는 표제 밑에 붙이게 한다.

[Language focus]

• 위에서 어린이들이 분류한 것을 다음과 같이 설명하게 한다.

T : These things are always green: green plant, 'go' light, pine trees.
These things are usually green: leaves, grass.

- 그룹별로 서로 설명하고 도와주게 한다.
- 개별적으로 발표하게 한다.
- 칠판의 표제 밑에 해당 사물의 이름을 적는다.
- 숙제로 Green corner에 놓을 물건을 가져오게 한다.

['Colors' bingo]

- 조그만 사각형 4개를 나란히 그리고, 각각에 원하는 색을 칠하게 한다.
- 교사가 주머니 속의 물건을 꺼내면서 색을 말한다.
- 해당 색이 있으면 X표를 하고, 네 가지 색에 모두 X표가 되면 이긴다.
- 이긴 어린이가 물건을 꺼내어 색깔을 말하게 한다.

[Song] Ten green bottles

Ten green bottles, standing on the wall.
Ten green bottles, standing on the wall.
If one green bottle accidentally falls,
There'll be nine green bottles standing on the wall.
Nine green bottles, standing on the wall.
⋮

- 녹음을 들려주면서 노래에 따라 병이 떨어지는 모습과 숫자를 행동으로 보여준다.
- 한 줄씩 들려주고 어린이들이 동작을 따라하게 한다. 가능하면 노래도 따라 하게 한다.
- 다시 들려주면서 노래에 따라 가장 신나는 모습으로 동작을 하도록 하면서 수업을 마친다.

위의 수업 계획에서는 변화와 다양성을 기하면서도 전체 학습 과정이 초록색을 주제로 통합되어 있다. [Action game]에서는 씨앗이 나무로 자라는 모습을 상상하여 몸동작을 하도록 하고, 학습 내용이 점차 초록색 나뭇잎으로 통합되도록 한다. [Vocabulary]에서 색깔 이름을 익히고, [Activity]에서 초록색 사물을 그려서 분류 하게 하고 빈도의 개념을 심어준 후에 [Language focus]에서 표현을 익힌다. 마지막으로 ['Colors' bingo]와 [Song]에서 색 이름을 강화시키고 재미있게 수업을 마무리한다.

5 주제와 교과의 통합을 위한 변용

초등영어 교육에서 중요한 것은 의사소통 능력 신장을 위한 영어 연습과 주제 중심의 탐구 학습이다. 따라서 영어 교과서를 실제 수업에 적용시킬 때 등장하는 문제가 다른 교과와의 통합이다. 교과 통합적인 영어 학습은 어린이들이 단순한 영어라는 언어의 체계만 익히는 것이 아니라 다른 학습을 위해서도 사용되는 의사소통의 도구를 익히는 것이기 때문이다. 교과 통합적인 영어 교육을 하는 보다 실질적인 이유는 다른 교과를 통해 이미 알고 있는 기능이나 내용을 새로운 교과에 적용함으로써 학습을 강화할 뿐만 아니라 의사소통할 자료를 제공한다는 것이다. 그래서 최근에 초등학교에서 영어 몰입학습(immersion) 프로그램을 실시하기도 한다.

(1) 교과 통합적 영어 교육을 위한 주요 내용

Brewster 등(1992: 41)은 어린이들이 이미 배워서 알고 있는 개념을 이용하여 교과 통합 및 활동 중심의 영어 교육을 할 수 있도록 초등학교 교육과정의 내용을 다음과 같이 교과별로 제시하였다.

수학 : 수(numbers), 수세기(counting), 양(quantity), 측정(measuring), 시각 말하기(telling the time)

과학 : 동물(animals), 우주(outer space), 씨앗의 성장(how seeds grow)

역사 : 연대기와 시대의 흐름 이해(understanding chronology/the passing of time), 선사시대 동물(prehistoric animals)

지리와 환경 : 가게와 장보기(shops and shopping), 공원(parks), 운동과 경기(sports and games), 지도 이용하기(using maps and atlases), 날씨와 기후(the weather and climates)

문화 : 다른 나라의 유명인(famous people from other countries), 세계의 축제(festivals around the world), 다른 나라의 음식과 음악(food and music from other countries)

미술과 공예 : 그리기와 칠하기(drawing and painting), 가면, 손 인형, 시계 만들기(making masks, puppets, clocks, etc.), 꼴라쥬와 포스터 만들기 (making collages and posters)

음악과 연극 : 노래와 운률(songs and rhymes), 역할극과 연극 공연(roleplay and dramatization), 무언극(miming)

영어 수업의 내용을 위와 같은 타 교과의 개념이나 주제와 관련시키거나 이용하여 교과 통합적 영어 교육을 할 수 있다.

(2) 교과 통합적 영어 교육을 위한 자료의 제공과 활용

교과 통합 교육을 위하여 영어 수업에서 나온 자료를 타 교과 수업에 이용할 수 있다. 수학 등의 교과에서는 정보를 모아 도표나 그래프로 나타내어 시각적으로 보여줌으로써 내용을 간단하고 알기 쉽게 이해하거나 비교할 수 있게 한다. 이 경우에 정보를 모으는 과정을 영어 시간에 조사 활동(survey)으로 할 수 있다. 예를 들어, by bus/car/train/bike/taxi 등의 교통수단에 대한 학습을 할 때 'How do you come to school?', 'I come to school by bus.'와 같이 질문과 대답을 통해 다음과 같은 조사표를 완성하게 한다.

[표 5-2] 조사표의 예

Name	by bike	by bus	by car	by train	on foot	other
Inho		V				
Carlo	V					
Thomas		V				
Sumi			V			
Elena				V		
Diana	V					
Minsu	V					
Mina					V	
George					V	
Sue		V				taxi
Richard						
Helen	V					
Total : 12	4	3	1	1	2	1

각 어린이들이 조사표를 완성하면 다른 어린이들에게 조사한 내용을 보고하게 한다. 그리고 통학 수단별 빈도를 아래와 같이 막대 그래프로 나타내면 어린이들이 등하교시에 이용하는 교통 수단을 쉽게 알 수 있다.

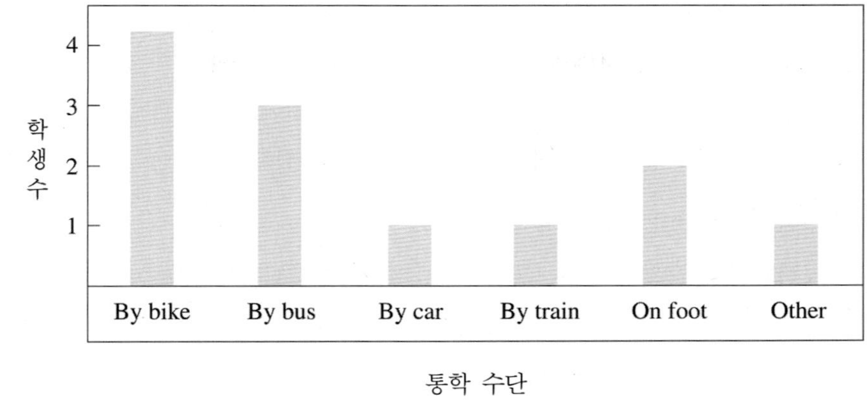

[그림 5-3] 막대 그래프를 활용한 활동의 예

이와 같은 활동의 결과는 수학 시간에 기초 자료로 활용될 수 있을 뿐만 아니라, 학습한 영어가 어린이들에게 실질적인 의미를 갖도록 한다.

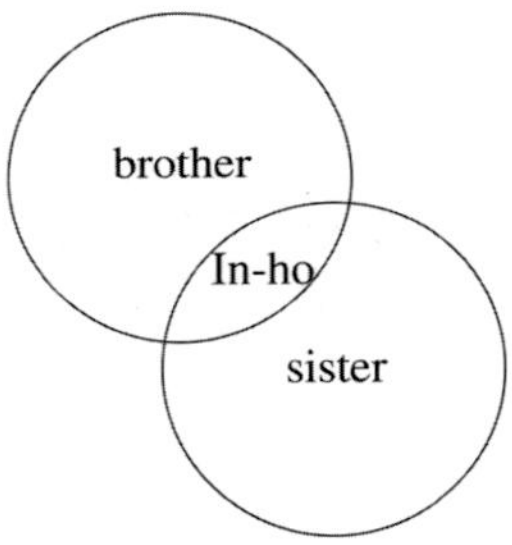

교과 통합적 영어 교육에서는 타 교과의 자료와 개념을 활용하기도 한다. 수학적 집합 개념과 분류 개념은 어려서부터 형성되어 간다. 따라서 영어 시간에 이 개념을 이용하는 활동을 하면 이런 개념들의 학습을 강화시킬 수 있다. 예를 들어 가족의 형제자매에 대하여 알아볼 때, 'Do you have a brother?', 'Do you have a sister?'라고 질문을 하여 대답에 따라 집합 도형의 해당되는 부분에 어린이의 이름을 쓰게 한다. 인호가 두 번 모두 'Yes.'라고 대답했다면, 위의 그림과 같이 공통집합 부분에 이름을 쓰게 된다. 이처럼 다른 교과에서 배운 개념을 이용한 활동은 이들을 내면화시키는 데 도움이 된다.

(3) 타 교과의 주제 활용

주제 중심 수업은 타 교과의 주제를 활용하는 가장 일반적인 방법이다. 주제 중심 영어 교육은 내용 중심 학습의 한 형태로 제2언어 학습이나 외국어로서의 영어 학습을 위해 내용을 제공할 주제를 선정하여 학습하는 방법이다. 주제 중심 학습은 학습자들에게 의미 있는 학습 맥락과 흥미를 동시에 줄 수 있다. 주제 중심 통합 영어 학습의 특징을 살펴보면 다음과 같다. 첫째, 특정한 주제를 중심으로 수업을 실시하기에 수업에서 다루는 내용이 언어보다 중요하게 취급된다. 둘째, 어휘, 기능, 구문과 상황들을 특정한 주제와 연결시켜 언어 학습에 도움을 준다. 셋째, 깊이 있는 학습을 가능하게 하여 학습자의 동기유발에 유리하다. 이와 함께, 효과적인 주제 중심의 학습이 가능하려면 시기적, 내용적으로 연관성이 있도록 주제를 재구성해야 한다. 주제 중심으로 영어 교수 학습 단원을 개발하는 과정을 살펴보면 다음과 같다.

① 주제 중심 통합 영어 교육 목표 설정

교사는 영어과의 궁극적인 목표, 즉 '다변하는 미래 사회를 대비하여 언어와 문화의 배경이 다른 세계인과 영어로 의사소통하는 역량을 기르는 것'을 의식하면서 주제 중심 영어 학습 목표를 설정해야 한다. 또한, 아래에 제시된 영어과의 세부 목표가 주제 중심 학습에 균형 있게 반영되도록 계획한다.

1) 첫째, 일상생활 및 다양한 주제에 대하여 협력적 태도로 자신의 참여 목적과 상황에 맞게 영어로 의사소통한다.
2) 둘째, 영어에 대한 흥미와 관심을 바탕으로 스스로 영어 사용의 필요성을 파악하여 학습 목표를 세우고, 다양한 학습 전략을 사용하여 자기주도적으로 영어 학습을 지속한다.
3) 셋째, 지역·국가·세계 공동체의 구성원으로서 문화 정체성과 언어 및 문화적 다양성에 대한 이해를 바탕으로 공감, 배려와 관용 및 포용 능력을 갖추고 영어를 통해 공동체의 문제 해결에 적극적으로 참여한다.
4) 넷째, 영어로 전달되는 다양한 분야의 지식, 기술, 경험 등을 융합적으로 활용하고 비판적으로 사고하여 자신의 생각을 창의적으로 표현한다.
5) 다섯째, 영어로 표현된 다양한 자료와 작품 등을 통해 인간에 대한 공감적 이해와 심미적 감수성을 기르고 이를 바탕으로 삶의 의미와 가치를 발견하고 향유한다.
6) 여섯째, 영어로 표현된 다양한 매체의 디지털 지식 정보를 자신의 목적에 맞게 검색, 수집, 이해, 분석, 평가 및 활용한다.

교사는 영어과의 총괄 목표와 세부 목표를 고려하여 아래와 같은 과정으로 주제 중심 영어 학습을 추진한다.

② 교사/학생 요구 조사 및 분석

초등영어와 통합할 교과의 주제를 추출하고 교사 및 학생의 선호도를 조사한다. 최대한 학생들의 의견을 수용하되 조사된 의견은 교육과정 목표를 기반으로 한다.

③ 교육과정 목표를 기반으로 주제선정

영어과와 다른 교과의 교육과정 목표를 기반으로 핵심 주제를 선정하되 기본적인 주제는 아래와 같다.

> 가족, 과일과 야채, 교통기관, 나, 날씨, 동물, 마을, 명절, 색깔, 시장, 소풍 계획, 의복, 운동과 취미, 장난감, 친구

위의 주제와 교사 및 학생의 요구 조사에서 분석된 주제를 비교 분석하여 공통된 주제를 선정한다.

④ 주제망 펼치기로 학생들의 참여와 활동/언어기능 탐색

[그림 5-4]는 계절이라는 주제를 가지고 각 교과목에서 가르칠 수 있는 내용을 선정한 것이다. 이처럼 교사는 각 과목의 내용 중에서 주제망 펼치기를 통하여 학생들과 하고 싶은 활동이나 배우고 싶은 표현을 선정한다.

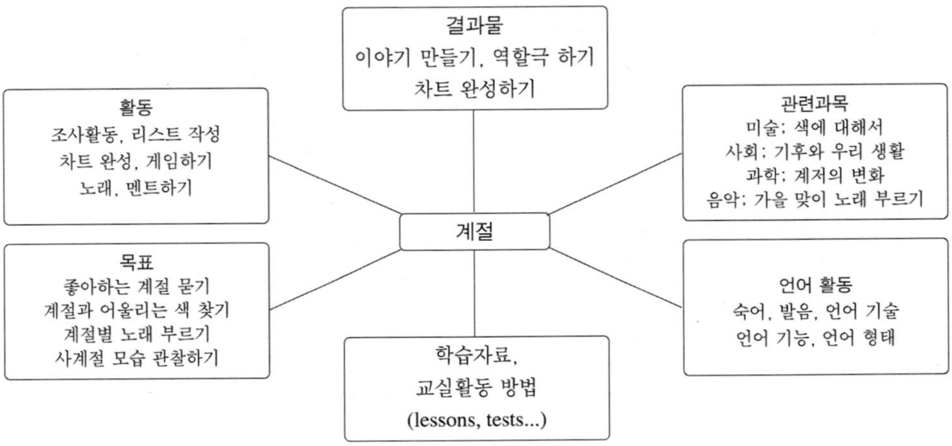

[그림 5-4] 주제망의 예

⑤ 각 주제에 대한 학습 활동 및 학습 내용 결정

[표 5-3] 주제 중심 단원 구성의 예

차시	영역	학습 활동	학습 내용	준비물
1	영어/미술	• CD-ROM을 보며 내용 이해하기 • 듣고 따라 말하기 • 좋아하는 계절을 묻고 답하는 놀이하기 • 사계절과 연관되는 색의 느낌 알기	What's your favorite season? My favorite season is summer. I like to swim	CD-ROM 그림카드 교과서
2	영어/음악	• 쉽고 간단한 대화문 읽기 • 좋아하는 계절과 관련된 노래나 챈트 부르기 • 노래/챈트 가사 바꿔 부르기	Do you like summer? 노래 부르기 'I want to make a snowman' chant 하기	CD-ROM 교과서
3	영어/과학/사회	• 계절마다 다른 점 관찰하고 비교하기 • 계절 변화에 대한 조사활동	What season is it? Do you like fall? Yes, I like fall because....	ppt 자료 계절카드 활동지
4	영어/체육	• 내가 좋아하는 계절을 몸으로 표현하기 • 모둠 별로 좋아하는 계절을 몸으로 표현하기 • 계절 변화 게임하기 학습 내용	What can you do in spring/summer/fall/winter? Speed game 하기	게임자료

교사는 각 주제에 대한 학습 활동 및 학습 내용을 차시별로 정한다. 각 차시에 계절을 중심으로 가르치되 한 차시에 두 개의 교과목이 포함될 수도 있고, 세 과목 이상의 포함될 수도 있다. 무엇보다도, 교사는 학생들의 수준과 교과 수준을 고려하여 학습 내용과 활동을 조절해야 한다.

제 6 장

초등영어 수업 자료와 활동

1. 수업 자료와 교구: 의미와 필요성
2. 영어 수업 교구
3. 초등영어 수업 자료

영어교과서는 교육과정을 반영한 충실한 교재이기 때문에 개작과 변형을 통해서 내용 충실성을 유지한다. 이런 장점에도 불구하고, 교과서의 효과를 극대화하기 위해 다양한 수업 자료와 활동을 보조적으로 활용한다면 더욱 충실한 영어교육이 가능할 것이다. 특히 다양한 학습 환경에 놓여있는 개별 학습자를 만족시키기 어려운 교과서의 근본적 한계를 염두에 둔다면, 교사는 창의적이고 생동감 넘치는 수업 자료와 활동을 찾거나 구안하여 적절한 학습자에게 적시에 제공해야 한다. 이번 장에서는 수업 자료와 활동의 의미를 간단히 짚어본 후, 교실의 교구들을 초등영어 수업에서 효과적으로 사용하는 방법을 살펴보고, 초등영어교육에서 유용한 수업 자료와 활동의 유형과 특성을 알아보도록 한다.

1 수업 자료와 교구: 의미와 필요성

여타 교과와 마찬가지로 영어교육에서도 교과서 위주의 수업에서 다양한 교구와 자료를 이용하면 학습효과를 배가할 수 있다. 교구는 (전자)칠판, 멀티미디어 시설, 실험장비, 주사위와 카드와 같은 활동 키트, 게시판과 같이 수업 내용에 구애받지 않고 범용성이 높은 모든 유형의 학습도구와 기자재를 총칭한다. 수업 자료는 이미지(그림, 사진 등), 음성(음악, 음향, 대화 녹음 등), 실물, 모형(replica)처럼 비교적 휴대를 통한 이동성이 높고 수업 내용과 직결된 학습보조 자료를 뜻한다. 영어교육에서는 교구와 수업 자료를 통해 유의미한 언어적 상호작용을 위한 흥미로운 상황을 연출하거나 목표언어와 관련된 (문화적) 배경지식을 제공함으로써 효과적인 학습을 촉진할 수 있다. Brinton(2001: 461-462)은 언어교육에서 교수학습 매체가 어떤 역할을 할 수 있는지 다음과 같이 정리하고 있다.

① 학습자들이 교실 안에서도 교실 바깥의 실제적 맥락을 제공함으로써 동기 부여에 효과적이다.
② 학습자들이 배워야 할 목표언어의 항목과 과업을 시청각 매체를 통해 명확하게 안내한다.
③ 교구와 수업 자료를 이용하여 다양한 개별 학습 유형을 두루 충족시킬 수 있다.
④ 다양한 종류의 수업 자료를 통해 학습자들에게 언어 변이와 같은 풍부한 학습 경험을 제공한다.
⑤ 학습자의 배경지식을 활성화함으로써 언어 학습에 도움을 준다.
⑥ 다양한 매체를 활용하여 학습자의 오감을 최대한 활용한 정보 처리를 촉진함으로써 학습 내용을 효과적으로 익힐 수 있다.

교사는 다양한 교구와 수업 자료 중 어떤 것을 선택해야 할지, 자료를 제작한다면 무엇을 어떻게 언제 제작해야 할지 결정하기 위해 다양한 변수를 고려해야 한다. 교사가 초등영어교육에 필요한 수업 자료를 개발할 때 유의할 점은 다음과 같다(Leburn, 1991).

① 어린 학습자일수록 일상의 평범하고 친숙한 소재로 이루어진 수업 자료를 찾거나 구성한다.
② 구체적 경험과 움직임을 통하여 학습을 하는 학습자 중심 활동 자료를 사용한다.
③ 아무리 훌륭한 자료더라도 빈번히 사용하면 식상해져 학습 효과가 반감되므로 동일한 학습 내용이더라도 수업 상황에 적합한 다양한 자료들을 활용한다.
④ 학습자의 수준에 맞는 자료를 사용하여 성취감을 제공한다.
⑤ 학습자가 목표 의식을 갖게끔 과제, 퀴즈, 경쟁의 요소가 있는 자료를 사용한다.
⑥ 추론과 상상력을 자극하여 의사소통 수단으로 사용하는 자료를 사용한다.

교사는 교실에 구비된 여러 교구들을 영어 수업에 십분 활용하려는 마음가짐을 갖고 다양한 아이디어를 고안할 필요가 있다. 마찬가지로, 영어 수업 자료도 개발에 필요한 행·재정적 지원이나 온라인 커뮤니티에서 손쉽게 구하는 자료(hands-on materials)에만 기대지 말고 교사 스스로 수업 대상 학습자의 흥미와 수준에 맞는 자료를 적극적으로 찾거나 새롭게 제작해야 한다. 양질의 수업 자료가 반드시 많은 시간과 노력을 들여야 만들어지는 것은 아니다. 특히 온라인 콘텐츠인 경우라면, 일단 개발된 자료는 보관이 용이하여 반복적으로 사용 가능하다. 이러한 교재 개발 노력으로 교사의 전문성을 키우고 교과서 위주 수업의 부족한 부분을 메울 수 있다.

무엇보다, 초등영어 수업에 필요한 수업 교구와 자료는 학습자 간 상호작용을 활발하게 유도하는 방향으로 사용되거나 구성되어야 한다. 인공기능기술을 활용한 영어교육 어플이나 흥미로운 영어 학습 콘텐츠가 많기 때문에 영어표현을 제시하고 기계적으로 훈련하는 방식으로 아동의 학습 의지를 끌어낼 수 없다. 기존의 교구들이 교사가 다수의 학습자에게 짧은 시간 동안 일방적으로 내용을 전달하기 위한 도구로 사용되었다면, 교구들의 역할도 교실 밖에서도 거의 모든 학습이 가능해진 교육환경 변화 속에서 언어적 상호작용을 증진하는 협력학습의 도구로 재정립되어야 한다. 영어 수업 자료들 역시 그림과 실물을 일견어휘(sight word)와 동시에 제시하거나 일부 정보를 감추어 흥미를 자극하는 정보 공백(information gap) 활동 자료처럼 일방적이거나 일회적 소통에 그치는 경우가 많았다. 디지털 전환이라는 교육환경 변화 속에서 비언어·디지털 매체를 소통에 활용함으로써 아동의 부족한 영어능력을 보완하는 방향으로 영어 수업 자료들의 성격도 달라질 것이다.

2 영어 수업 교구

컴퓨터에 비유하면, 교실에 구비된 영어 수업 교구가 하드웨어, 교재나 수업 자료가 소프트웨어에 가깝다고 볼 수 있다. 본 장에서는 교구 자체의 물리적 속성보다는 어떻게 교구를 활용해야 영어 수업 자료를 효과적으로 가르치는 조력자 역할의 수행할 것인지에 주안점을 두어 기술한다.

1 칠판(chalkboard, whiteboard, magnetboard)

칠판은 전통적으로 모든 교실에 구비되어 있는 보편적인 교구이기 때문에 이용 방식도 매우 다양하다. 칠판의 기능은 필기구로 내용을 적거나 그리는 전통적인 활용 이외에도 자석을 부착하는 재질을 포함하여 그림과 같은 수업 자료를 전체에게 게시하는 것까지 포함한다. 영어교육에서 칠판의 이점을 정리하면 다음과 같다.

① 모든 학습자가 목표(핵심) 어휘와 구문을 수업 내내 들여다봄으로써 언어 입력을 강화할 수 있다.
② 교사와 학습자가 넓은 공간을 활용하여 원하는 텍스트를 쓰거나 그림을 그리면서 언어 입력과 출력 활동을 다양하게 수행할 수 있다.
③ 텍스트나 그림을 쉽고 빠르게 지우고, 덧붙이고, 대체함으로써 언어 학습의 보충, 심화, 확장이 가능하다.
④ 다양한 수업 자료들(단어 카드, 그림 등)을 원하는 수업 활동에 필요한 공간을 할애하여 게시함으로써 효과적인 언어 학습에 도움을 준다.

칠판은 특히 정전과 같은 비상상황에서 요긴하게 사용될 수 있는 교구이다. 따라서 멀티미디어가 대세인 수업환경에서도 교사가 칠판의 교육적 활용에 정통해야 한다. 교사는 비상상황이 아닌 경우에도 칠판과 멀티미디어를 결합하여 수업의 효과를 극대화하는 교수(기)법을 다각도로 연구해야 한다. 몸동작, 육성, 칠판만으로 이루어진 초등영어 교수(기)법을 고민해 보는 일은 교사의 전문성을 키우는 것 이외에도 예비교사의 임용 실전 준비에도 매우 유용하다. 칠판과 여타 수업 자료를 이용한 초등영어 수업기법 6가지를 살펴보면 다음과 같다(Bowen, 1982, Wright & Haleem, 1991).

① 교사와 학습자의 상호작용을 점진적인 그림 완성 과정과 결합한다.

예 **현재진행 시제**

교사 : (선을 그으면서) I'm drawing a line.
(또 다른 선을 그으면서) I'm drawing another line.
(막대 그림을 가리키면서) What am I drawing?

학습자 : A man?

교사 : Yes, I'm drawing a man.
(다리를 그리면서) What am I drawing now?

학습자 : A leg.

교사 : Yes, this is a leg.
What am I drawing now?
……

교사 : What's he doing?

학습자 : He's running.

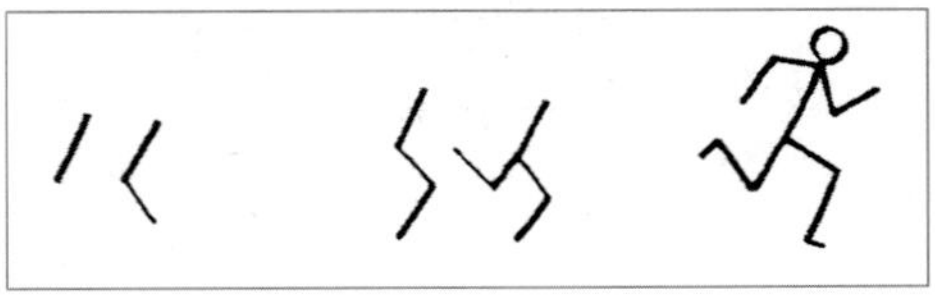

② 정보를 지우거나 대체하면서 영어로 표현한다.

예 **과거시제를 활용한 인물 묘사와 감정 표현**

교사 : (그림 ①을 그리며) This is Mr. Stone. He was thin and had a lot of hair. He was happy.
(그림 ②를 그리며) Now, Mr. Stone is fat and bald. He is not happy.
(교사 발화를 들은 학습자가 인물의 변화된 외모를 칠판에 그리게 한다거나, 혹은 자신의 그림을 영어로 교사 발화와 유사하게 말할 수도 있다.)

③ 그림을 붙이면서 정보를 추가 혹은 삭제한다.

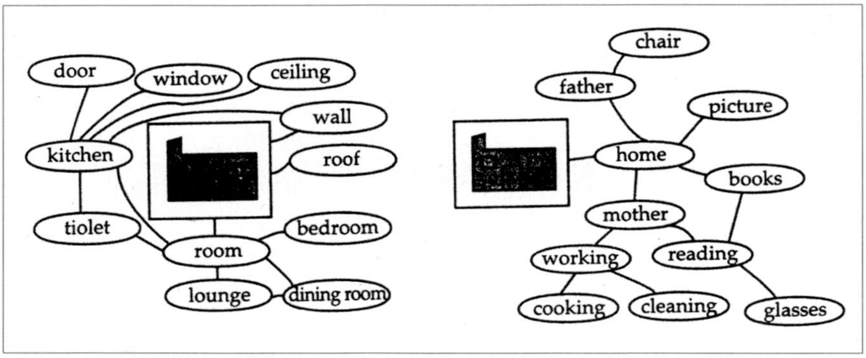

예 **어휘망** : 특정 물건을 보고 연상되는 어휘들을 적거나 검색하여 적는다.

④ 칠판에 표를 그리고 단어를 바꾸어 가며 대치연습(substitution drill)을 한다.

	×	✓	✓	×
	✓	×	✓	×

예 **can/can't 연습** : 학급의 특정 학습자들이 할 수 있는 것과 없는 것을 말하면 교사가 관련 정보를 칠판에 표기한다.

Mina : I can't play tennis. (But) I can speak French.

⑤ 동영상이나 이야기를 익힌 후 그림 위에 다른 그림을 붙이거나 추가로 그리며 이해 점검 활동을 한다.

예 **코끼리가 먹은 음식 상황을 설정하여 과거시제와 어휘학습을 결합**

교사 : (바나나 1개 그림을 짚거나 들어 보이며) What's this?

학습자 : It's a banana.

...... (같은 방식으로 사과, 양배추, 파인애플을 순서대로 말한다.)

교사 : What did the elephant eat?

학습자 : The elephant ate a banana, an apple, a cabbage and a pineapple.

⑥ 이야기를 배운 후 칠판 위에 인물이나 배경을 그리거나 붙여가면서 이야기 전개에 따라 알맞은 그림을 추가해서 그리거나 붙여 나가는 다시 말하기 활동을 한다.

예 **현재진행형 학습:** 교사나 특정 학습자가 칠판에 이야기 순서대로 표현

학습자 1 : ("토끼와 거북이"를 읽고 난후 토끼 그림이 먼저 달려가는 동작을 보고) He is running.

학습자 2 : (토끼가 멈춰서 자는 그림을 보고) He is sleeping.

학습자 3: (거북이 그림이 두 발을 세워 천천히 걷는 동작을 보고) He is walking.

2 전자칠판(Interactive Whiteboard)

근래에 스마트 학습환경 구축 요구가 증대됨에 따라 전통적인 칠판의 단점을 보완하여 학습 효과를 극대화하는 전자칠판 설치가 늘어나는 추세이다. 전자칠판은 신체 부위를 접촉하여 곧바로 구동시키는 스마트폰처럼 교사가 넓은 터치패드에 조작을 가하여 원하는 동영상을 불러내거나 필요한 내용을 자유롭게 적을 수 있도록 한 장치이다. 전자칠판이 지닌 가장 두드러진 특징은 전통적인 칠판과 멀티미디어 기자재의 장점을 합쳐놓았다는 것이다. 이와 관련된 전자칠판의 특징을 구체적으로 정리하면 다음과 같다.

① 필기를 전자파일로 저장할 수 있어서 부담없이 지울 수 있다.
② 전자펜이나 손글씨로 다양한 굵기나 색깔의 그림과 글자를 표현할 수 있다.
③ 멀티미디어 기자재를 사용할 때보다 교사의 위치 이동이 상대적으로 자유롭다.
④ 다양한 전자 정보들의 연관 관계를 한눈에 파악할 수 있도록 한다.
⑤ 학습 과정 전체를 기록할 수 있어서 교사의 반성적 교수행위에 유리하다.
⑥ 수업 전·중·후에 학습자들에게 필요한 정보를 추출하여 제공하기 쉽다.
⑦ 쓰거나 그린 정보와 연관되는 화면으로 곧장 바뀌기 때문에 상호작용에 유리하다.

위와 같이, 전자칠판은 직접 칠판을 조작하는 방식이기 때문에 이용하기가 상대적으로 쉬운 유용한 교구 중 하나이다. 그러나 교사가 칠판의 중요한 내용을 두드리며 강조하게 되면 의도하지 않은 엉뚱한 화면으로 넘어가는 문제점이 있을 뿐 아니라, 오랫동안 쳐다보면 눈이 쉽게 피로해지며, 사용의 편리성으로 인하여 전자파일과 동영상 자료에 과도하게 의존하여 교사의 독창성 개발을 저해하는 부작용을 낳을 수도 있다.

아래의 항목들은 초등영어 수업에서 효과적으로 전자칠판을 사용하는 대표적인 활동들을 제시한 것이다.

① 학습자들이 배운 내용에 대해 쓰거나 그린 후 답변의 정확도를 자동으로 점검하기
② 필기한 내용을 TTS(Text-To-Speech) 프로그램과 연동시켜 원어민의 발음으로 읽어주기
③ 정보의 공백을 이용한 활동에서 추가적으로 보여줄 부분을 즉석에서 결정하여 제시하기
④ 스토리텔링 등에서 그림의 세부 정보와 연관된 학습자료로 곧바로 연결시키기
⑤ 현장에서 학습자들에게 요청받은 내용에 대해 온라인 데이터와 연동하여 학습하기
⑥ 학습자들의 전자 패드 수행 자료를 메인보드로 불러내어 수업에 활용하기

전자칠판을 초등영어 수업에서 사용하면 아래와 같은 사례처럼 구현될 것이다.

예 교사 : (민우가 그린 자동차 그림과 “car”라고 쓴 것을 전자칠판에 불러낸 후) Minu, this is your picture. What's this?

학습자 : It's a car.

교사 : (칠판에 “car”라고 펜으로 적은 후 웹과 연동시켜 실제 자동차 사진을 불러낸 후) Right. It is a car. Minu drew a nice car.

예 교사는 전자칠판에 그림을 띄워놓고 다음과 같은 이야기를 들려준다.

교사 : Once upon a time there lived three pigs and a wolf in the woods. (늑대 그림을 손가락으로 건드리자 그림이 움직이면서 "My name is Alexander Wolf."라고 말한다.)

학습자들 : What are the three pigs' names? Can we touch three pigs?

교사 : Of course. (여학습자 한 명을 지목하며) Min-hee, can you come to the front and touch them?

학습자 : O.K. (학습자가 전자칠판의 아기돼지 그림을 손가락으로 건드리자 그림이 움직이면서 "Hello, we are three pigs."라고 말한다.)

예 교사는 전자칠판에 동네 지도를 띄워 놓고 학습자들과 길 찾기에 관하여 학습을 진행한다.

교사 : (지도의 왼쪽 끝부분의 사람 모양 아이콘에 전자펜을 갖다 대면서) This is my mine-me. Can you tell me the way to MW Department Store?

학습자들 : Go straight one block. You can see GI Bank on your left side.

교사 : (전자펜으로 지도 위에 그려 ❶번에 도착한 후) I can see GI Bank.

학습자들 : Go straight another block. You can see Star Hotel on your left side.

교사 : (전자펜으로 지도 위에 그려 ❷번에 도착한 후) I can see Star Hotel.

학습자들 : Turn left. Go straight one block. And you can see MW Department Store on your right side.

교사 : (전자펜으로 지도 위에 그려 ❸번에 도착한 후) I can see MW Department Store. Thanks a lot.

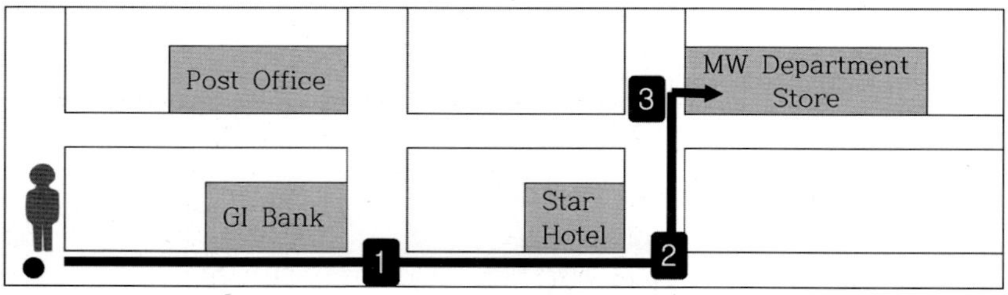

3 초등영어 수업 자료

1 시각 자료

여기에서 지칭하는 시각 자료는 애니메이션이 아니라 정지동작(스틸컷)에 해당하는 이미지를 뜻한다. 그림을 보고 "What can you see in the picture? I can see the tree."의 문형을 반복하는 사례처럼, 시각 자료들은 오랫동안 의사소통 목적보다는 단순하고 기계적인 언어연습의 보조 자료로 주로 이용되었다. 시간이 흐르면서 온·오프라인의 이미지들을 의사소통 활동 자료로 다양하게 사용하면서 그림에 국한되던 시각 자료의 의미와 이용방식이 다양해지고 있다. 시각 자료는 외국어 교실에 실제적 맥락을 조금이나마 부여하여 활기를 띤 의사소통 환경을 조성한다. 실물을 사용하기 어려울 때 손쉽게 비슷한 학습효과를 가져올 수 있다는 점도 그림의 또 다른 장점이다. 특히, 초등학습자처럼 초보 단계의 영어 학습자인 경우에 의미 전달 수단으로 그림이나 사진을 어휘학습에 널리 활용할 수 있다.

시각 자료는 신문, 잡지, 그림책, 만화책과 같은 활자매체, 다양한 영상 자료의 스틸컷, 소셜미디어를 비롯한 온라인에서 확인 가능한 각종 이미지들, 혹은 교사나 학습자가 개인적으로 소장하거나 제작한 이미지 갖고 있는 사진들을 포괄한다. 특히 온라인 매체에 구현된 이미지들은 검색과 간단한 꾸미기 효과만으로도 원하는 방식대로 변형할 수 있기 때문에 시간과 비용이 적게 들 뿐 아니라 일단 준비한 것은 거의 무한히 반복 사용할 수 있다. 인공지능기술 발달로 터치스크린에 손쉽게 그림을 그리고 보정해주는 어플이 등장함에 따라 그림 솜씨가 부족한 교사와 학습자도 수업에서 활용하기 원하는 이미지를 구현하기 수월해졌다.

시각 자료를 선정할 때에는 무엇보다도 의미있고 실질적인 의사소통을 촉진하는지 점검해야 한다. 시각 자료가 아무리 다채롭고 흥미롭더라도 영어 의사소통능력 향상이라는 목적에서 어긋나면 쓸모가 없다. 사용하려는 이미지는 현재의 학습 내용과 부합되어야 하며 학습자들의 흥미와 호기심을 끌 수 있는 것이어야 하고 학습자들의 언어 수준에도 맞아야 한다.

시각 자료로는 단어 학습, 게임 등을 위한 간단한 그림 카드(picture card), 그림 카드보다 복잡하고 세세한 내용을 전체적으로 제시하는 벽 그림(wall picture), 신문, 잡지, 광고물 등에서 가져온 사실적 이미지나 사진 등을 떠올려 볼 수 있다.

(2) 시각 자료를 활용한 영어 지도

시각 자료는 모든 언어 기능과 요소 지도에 활용될 수 있다. 아래의 예시들은 언어 연습과 의사소통 활동을 중심으로 교수기법 사례이다.

A. 시각 자료를 활용한 통제 연습(controlled practice)

통제 연습이란 일정한 문형이 주어져 있는 상태에서 단순히 단어 혹은 간단한 표현만을 바꿈으로써 가르치고자 하는 문형에 숙달하도록 유도하는 것이다. 통제 연습에서는 그림과 같은 시각 자료가 학습에 유용하게 이용될 수 있다.

① 교사는 그림카드를 이용하거나 벽 그림의 일부를 가리킴으로써 학습자들의 대답을 끌어낸다. 이에 학습자들은 심리적 또는 인지적 부담 없이 그림이 제시하는 대로 대답함으로써 주어진 문맥 속에서 문형을 올바르게 사용하는 연습을 한다.

예 1 교사 : (그림을 보여주면서) What's he/she doing?

학습자 : He's/She's ______ing.

예 2 교사 : (피아노를 치는 그림을 학습자에게 보여주며) What did you do yesterday?

학습자 : (이미 배운 문형을 사용하여) I played the piano.

② 교사는 그림이 그려진 종이를 접거나 오리거나 겹쳐 사용함으로써 문법과 같은 여러 가지 언어 항목을 이해하기 쉽고 흥미롭게 제시할 수 있다.

예 1 **시제 차이 파악: 종이를 세 면으로 접어 동작 순서에 따라 차례대로 보여주기**

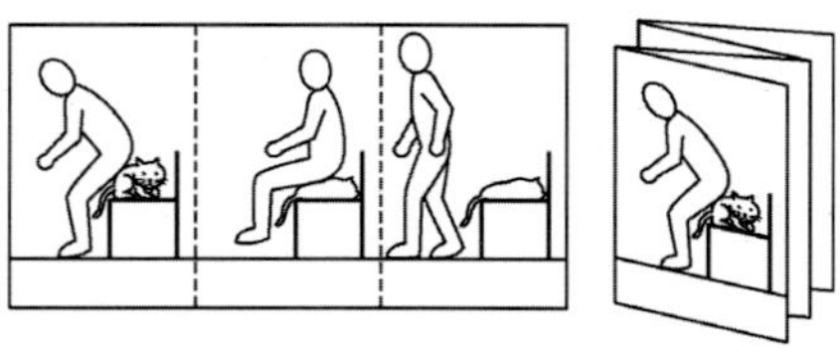

교사 : He's going to sit on the cat.

He's sitting on the cat.

He has sat on the cat.

예 1 **전치사 연습: 사물의 위치 바꾸기**

교사 : (안에 있는 카드를 당겨서 쥐가 의자 위에 오도록 하면서)

Where's the mouse?

학습자 : On the chair.

교사 : (카드를 약간 더 당겨서 쥐가 식탁 밑으로 오게 하면서)

The mouse is not on the chair. Where is the mouse?

학습자 : Under the table. The mouse is under the table. etc.

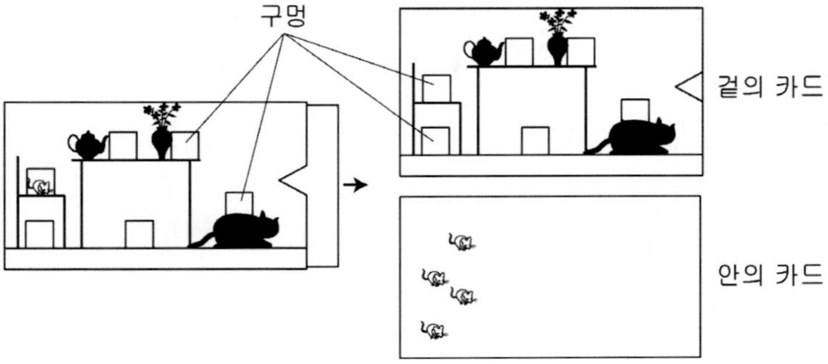

③ 숫자 또는 알파벳 듣기 지도를 위해, 들은 대로 점을 이어 그림을 완성하는 과제를 부과한다. 그림은 듣기 지도에 있어 매우 다양하게 이용될 수 있다. 예를 들어, 듣고 그리기, 듣고 색칠하기, 듣고 순서대로 배열하기, 듣고 고르기, 듣고 진위 판별하기 등 거의 모든 듣기 활동에 광범위하게 사용된다.

예 그림카드의 내용에 대해 옳거나 틀린 문장 말하기

교사가 카드의 내용을 올바르게 말하면 학습자들은 교사가 말한 문장을 따라 하고, 틀리게 말하면 고쳐 말한다.

교사 : (테니스를 치는 여자의 그림을 보여주며) She's playing basketball.

학습자 : No, she isn't. She's playing tennis.

④ 어휘학습을 시키기 위해 사물의 그림을 주고 이름을 알아맞히도록 하되 학습자들의 호기심을 자극하고 도전의지를 불러일으키기 위해 평범한 모습이 아닌 다른 각도에서 본 특이한 모습을 보여준다. 평범한 모습을 보여주고 'What is this?'라고 물을 경우, 단순히 그림에 있는 물건의 영어 이름을 기억할 수 있는지를 묻는 것이 되지만, 특이한 모습을 보여주게 되면 학습자들이 물건이 무엇인지 알아내려는 노력을 하게 되어 보다 흥미로운 활동이 되는 것이다. 이와 유사한 방법으로, 어떤 사물의 일부분만을 확대해서 보여주거나 애매모호한 그림을 보여 주거나 또는 그림을 순식간에 비추었다 감출 수도 있다. 이러한 활동은 학급 전체 활동, 또는 짝 활동으로 할 수 있다. 이 때, 교사는 학습자들이 다양한 의견을 제시하도록 격려한다.

예 교사 : What's this?

학습자 A : It's a window.

교사 : No, it's not a window. What's this?

학습자 B : It's a table.

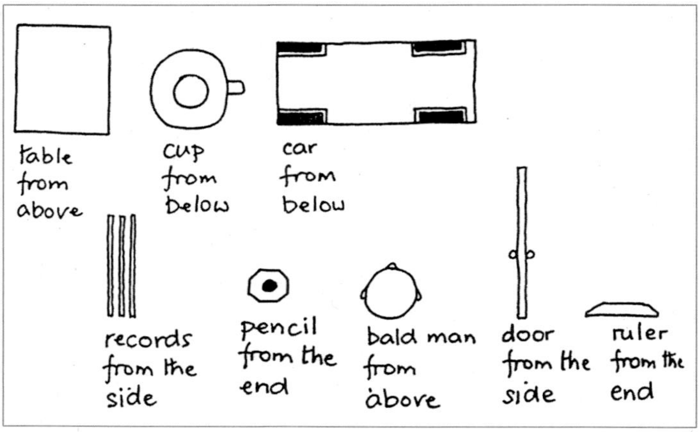

⑤ 그림 카드를 이용하여 다양한 게임을 할 수 있다. 이러한 게임들은 일정한 문형 연습에 효과적이다.

예 1 Happy Families(짝찾기)

4명으로 구성된 각 그룹의 학습자들에게 사물, 동물, 음식, 사람 등이 그려져 있는 그림 카드를 섞어 각각 3장 이상씩 나누어준다. 학습자들은 짝을 이룰 수 있는 같은 종류의 카드는 빼서 책상 위에 엎어 놓고 남은 카드의 짝을 찾기 위해 다른 학습자들에게 질문을 한다. 먼저 모든 카드의 짝을 찾아서 내려놓는 사람이 이긴다.

학습자 A : Can I have an animal, please?

학습자 B : Yes, here you are. 혹은 Sorry, I don't have one.

예 2 Pelmanism

모둠별로 10쌍 정도의 카드를 섞어서 책상 위에 가지런히 엎어 놓는다. 쌍을 이루는 카드는 그림과 단어, 그림과 문장, 질문과 대답 등이 될 수 있다. 학습자가 카드의 위치를 제대로 기억하여 짝을 이루는 두 개의 카드를 뒤집으면 해당 카드들을 갖는다.

B. 시각자료를 활용한 의사소통 활동

의사소통 활동의 초점은 언어 형태보다는 내용에 주어지게 된다. 그러므로 이런 유형의 활동에서는 문법적 오류가 없는 언어 표현 사용보다는 자연스러운 의사소통 여부가 더 중요하다. 이를 위해, 인위적인 교실 환경을 되도록 실제 환경과 유사 하게 만들어 유의미한 의사소통이 일어날 수 있는 상황을 조성할 필요가 있다. 이 과정에서 시각자료는 의사소통이 일어날 수 있는 맥락을 구성하는 중요한 역할을 담당한다. 아래 항목들은 초등 수준에서 널리 활용되는 그림 자료를 다양하게 사용한 사례들이다.

① 그림은 정보 공백을 메우기 위한 의사소통 활동에 특히 유용하다. 이러한 활동은 주로 짝 활동으로 이루어진다. 각 학습자는 빈 그림을 완성하기 위해 상대방에게 질문을 하고 자신의 그림을 묘사하여 정보를 준다. 이러한 활동을 할 때 서로 상대방에게 자신의 그림을 보여주지 않아야 한다.

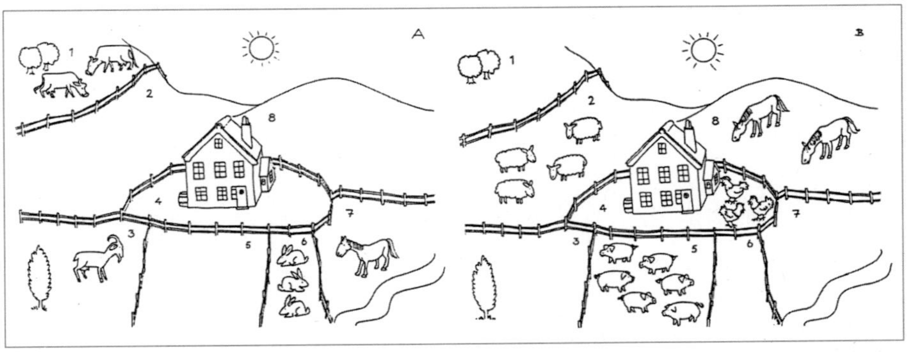

② 각각의 학습자에게 유사하지만 일치하지 않는 그림을 한 장씩 주고 그림 간 차이를 알아내는 짝 활동을 할 수 있다.

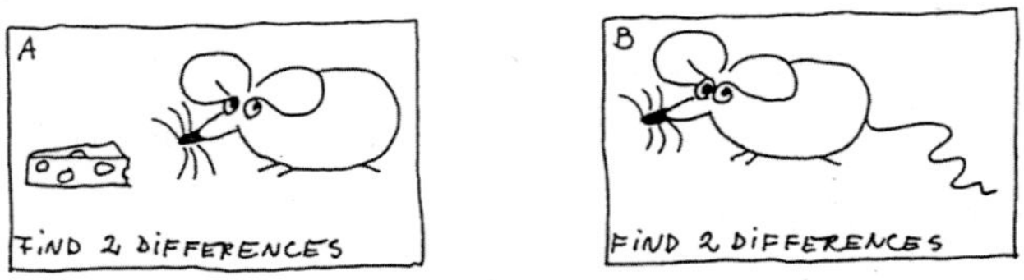

③ 각 학습자에게 색칠할 그림을 주고 마음대로 색칠하게 한 후 짝 활동으로 색깔 차이를 파악하게 할 수 있다. 비슷한 방법으로, 한 학습자에게만 그림을 색칠하게 한 후 다른 학습자가 질문을 함으로써 상대방 학습자와 똑같은 색으로 색칠하도

록 하는 과제를 줄 수도 있다. 또한, 학습자들에게 가구의 이름과 전치사를 학습 시키기 위해 짝 활동으로 서로의 그림을 보지 않고 둘이 똑같이 방안에 가구를 배열하도록 하는 활동도 가능하다.

예 1 What color is his shirt?
What color is her blouse?

예 2 학습자 A : Where is the clock?
학습자 B : It's on the wall, next to the window.

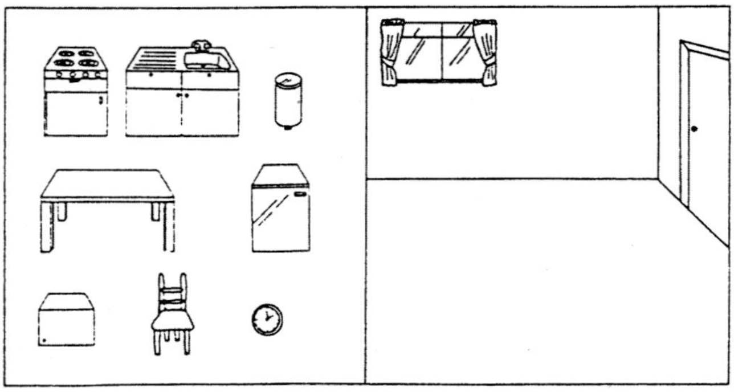

④ 학급 전체 활동 또는 모둠 활동으로 임의로 선택된 두 그림을 보여주고 그 둘을 연결하는 말을 하거나 간단한 문장을 쓰게 할 수 있다.

예 1 학습자 : (교사가 달력에서 어제 날짜를 짚고 나서 자동차와 공원 그림을 학습자에게 보여준다.) I went to the park by car yesterday.

⑤ 하나의 그림을 모둠별 인원 숫자만큼 조각을 내어 각 학습자에게 나누어준다. 각 학습자는 자신의 그림을 묘사하게 하여 그림을 올바르게 맞춘다. 또는, 하나의 이야기를 구성하는 연결된 그림들을 모둠별 학습자 수만큼 준비하여 각 학습자에게 하나씩 나누어주고 각각 자신의 그림을 묘사하여 이야기의 흐름에 맞게 그림의 순서를 정하게 한다. 활동이 끝난 후에는 이야기 전체를 말로 해보거나 간단한 문장으로 써본다.

⑥ 주어진 장면들을 보고 (필요에 따라 상황에 맞게 배열한 후) 대화 내용에 맞게끔 장면들의 빈칸을 적절한 영어표현으로 채우는 쓰기 활동을 할 수 있다.

2 노래와 챈트(chant) 자료

노래와 챈트는 학습자가 흥미로운 동영상 이미지 정보나 음악에 맞추어 몸동작을 사용하여 언어를 익히기 적합한 자료이다. 이런 이유로, 현장에서는 저학년 초등영어 수업을 중심으로 노래와 챈트를 수업에 활기를 불어넣는 수업 자료로 선호한다. 특히 챈트는 음치일지라도 박자에 맞춰 반복적으로 영어표현을 쉽게 따라함으로써 영어의 리듬을 자연스럽게 익히기 유용하여 널리 활용되고 있다. 영어는 음절 박자 언어(syllable-timed language)인 한국어와는 달리 강세 박자 언어(stress-timed language)이므로 영어의 리듬을 익히는 것이 중요하다. 노래와 챈트는 동작과 소리를 모방하는 과정에서 영어의 억양이나 강세를 암시적으로 습득하도록 도와줌으로써 영어 학습 효과를 끌어올린다. 노래와 챈트가 영어 학습에 유용한 이유를 정리하면 다음과 같다.

① 반복을 통해 영어표현들을 자연스럽게 장기 기억에 내면화하기 쉽다.
② 학습자의 영어 사용 불안감을 줄여 수업 분위기를 편안하고 즐겁게 한다.
③ 영어의 억양, 리듬, 강세 등을 자연스럽게 익혀 영어에 대한 감각을 기른다.
④ 일상적인 영어표현들(routines)과 말뭉치(chunks)를 쉽게 기억하게 한다.
⑤ 단어만 바꾸는 반복 숙달을 통해 영어 어휘 및 문장 구조를 수월하게 익힌다.
⑥ 의미있는 상황 맥락을 담고 있어서 학습자가 교실 밖에서도 영어를 상기토록 한다.
⑦ 전체, 모둠, 문답식 등으로 다양하게 노래와 챈트를 하면서 주변 사람들과의 유대감을 갖게 된다.

교과서마다 단원의 핵심 표현을 담은 노래와 챈트가 수록되어 있지만 현장 상황에 따라 적합하지 않을 수도 있다. 이럴 경우에는 노래와 챈트를 선정하는 아래의 기준에 따라 일반 영어 학습 교재나 온라인 자료에서 유용한 사례를 선별하여 수업에 사용할 수 있다.

① 학습자의 인지 발달, 흥미, (언어) 수준 등을 고려해야 한다.
② 표현 숙지를 위해 지루하지 않은 선에서 적당히 반복되어야 한다.
③ 새로운 단어가 너무 많지 않고 가사가 길거나 복잡하지 않아야 한다.
④ 몸동작과 같이 감각을 자극하는 활동과 결합하기 유리하다.
⑤ 수업 내용(소재, 상황)과 관련성이 있으며 다양한 활동으로 응용하기 수월해야 한다.

어린 학습자들은 자발적으로 창의적인 활동에 참여하는 것을 좋아한다. 모둠별로 노래에서 가사를 바꾸어 불러보고, 나만의 챈트를 만들어 보거나, 또는 노래와 챈트와 어울리는 동작을 생각해 보는 활동은 흥미로운 수업 분위기 조성에 기여한다.

노래와 챈트를 지도할 때에는 우선적으로 전체를 들으면서 학습자들이 언어 표현의 전반적 의미를 짐작해 보도록 해야 한다. 행(line)이나 연(stanza) 단위로 구분하여 어느 정도 연습한 후 전체를 반복하며 숙지한다. 학습자들이 가사에 익숙해지면 노래와 챈트에 어울리는 동작을 연습한다. 노래의 경우, 돌림 노래를 하게 하거나 남학습자, 여학습자 별로, 또는 모둠별로 부르기 등을 하면 변화를 줄 수 있다. 챈트는 기본적으로 대화 형식을 띤 것이 많으므로, 교사와 학습자가 각 역할을 하거나, 학급을 반으로 나누어 묻고 답하는 식으로 진행할 수 있다. 챈트를 할 때는 영어의 자연스러운 리듬이

되도록 박자를 맞추는 것에 유의해야 한다. 이를 위해, 리듬에 맞추어 손뼉을 치거나 가볍게 막대기를 두드리거나 메트로놈을 켜두는 등을 생각해 볼 수 있다.

노래와 챈트 및 이를 활용한 초등영어 수업에 관한 사례들은 다음과 같다(Phillips, 1993).

A. 노래와 챈트 사례

예 1 "Where is thumbkin?"

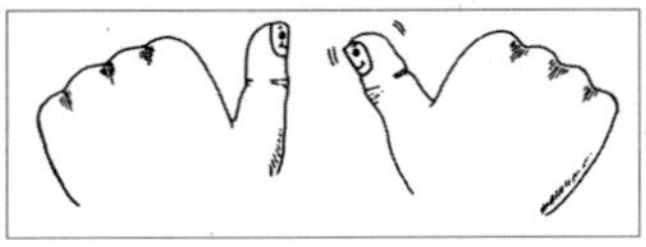

(곡조 : Are You Sleeping? 가사 밑줄 단어 바꾸기 가능)

a) Where is thumbkin, where is thumbkin?

b) Here I am, here I am.

c) How are you this morning?

d) Very well, I thank you.

e) Run away, run away.

요령 : ① 각 손톱에 사람 얼굴을 그린다.

② 동작 : a) 두 손을 등 뒤에 둔다. → b) 한 손가락씩 차례로 보인다. →c) 한 손가락을 구부리고 인사를 한다. → d) 다른 한 손가락을 구부리고 인사를 한다. → e) 한 손씩 사라지는 흉내를 낸다.

③ 첫 행의 밑줄을 Father, Mother 등으로, 3행의 밑줄을 afternoon, evening 등으로 바꾸어가며 위의 동작 순서에 맞추어 따라하며 노래를 부른다.

예 2 "Head and Shoulders"

Head and shoulders
Knees and toes
Knees and toes

Head and shoulders
Knees and toes
Knees and toes

Eyes and ears and mouth and nose

Head and shoulders

Knees and toes

Knees and toes

① 가사에 맞추어 해당되는 신체 부위를 만지며 노래한다.
② 가사에 익숙해지면, 교사가 학습자를 앞으로 나오게 하여 노래와 다르게 신체 부위를 만지게 한다. 나머지 학습자들은 앞 사람을 따라 하지 않고, 노래 가사대로 동작을 하며 수업에 재미 요소를 부가한다.
③ 처음에는 천천히 노래를 하지만, 점차 속도를 빨리해서 노래를 한다.
④ 신체 부위를 틀리게 만지는 학습자는 탈락하는 게임으로 진행한다.

예 3 "Five Little Elephants"(밑줄: 강세)

a) Five little elephants
Standing in a row
Five little trunks

b) Waving hello

c) 'Oh' said an elephant
'Time to go'
Four little elephants
Standing in a row
.....
One little elephant
Standing in a row
One little trunk
Waving hello
'Oh' said an elephant
'Time to go'
No little elephants
Standing in a row.

① 챈트의 의미를 알고 박자에 맞추어 연습한다.

② 동작 : a) 5명이 일렬로 서서, 두 팔로 코끼리 코 흉내를 낸다. →b) 코끼리 코를 흔들며 인사하는 흉내를 낸다. →c) 첫 번째 학습자가 시계를 보고 놀라는 표정을 지은 뒤, 황급히 사라진다.

③ 다섯 명 중 마지막 학습자가 사라질 때까지 같은 방법으로 계속 진행한다.

B. 노래와 챈트를 이용한 활동

① Find the word : 노래를 들으며 어떤 단어가 그 노래에서 몇 번 나왔는지 알아 맞히게 한다.

② Song pictures 1 : 노래를 들으며 그림을 그려 넣어 완성시키거나, 그림 중 노래의 내용과 맞지 않는 부분을 찾아낸다.

③ Song pictures 2 : 노래를 들으며 그림을 순서대로 배열하게 한다.

④ Gap fill songs : 노래를 들으며 알맞은 단어를 빈칸에 채우게 한다.

⑤ Mixed-up lines : 노래를 들으며 가사를 순서대로 맞추어 놓게 한다.

⑥ Counting songs : 노래를 들으며 가사에 따라 손가락으로 숫자를 나타낸다. (예 'Ten Little Indians')

⑦ Spelling songs : 노래를 들으며 영어의 철자를 익히게 한다. (예 'Bingo')

There was a farmer who had a dog.
Bingo was his name.

1회 노래 시 :	B	I	N	G	O
2회 노래 시 :	박수	I	N	G	O
3회 노래 시 :	박수	박수	N	G	O
4회 노래 시 :	박수	박수	박수	G	O
마지막 노래 시 :	박수	박수	박수	박수	박수

3 시청각 및 음성자료

멀티미디어 기자재를 활용한 언어 학습이 일반화되면서, 학교와 가정에서 교재에 인쇄된 QR코드로 원어민 음성녹음이나 동영상 자료를 접하는 학습법이 보편화되었다.

시청각 및 음성자료는 원어민이 실제로 사용하는 언어와 연동되었기 때문에 외국어로 영어를 배우는 학습자에게 최적화된 영어입력을 제공한다. 음성과 영상을 활용한 영어 학습은 학습자가 흥미를 갖고 언어를 익히는 동시에 정확한 발음과 몸동작을 구사하는 암시적 지식을 익히기에도 유리하다. 특히 어린 학습자들이 생동감 넘치는 언어자료를 접하면 자연스럽게 반응하고 의견을 표현하고 싶은 의사소통의지를 갖게 된다. 게다가, 시청각 정보는 다양한 메시지가 결합하여 제시되기 때문에 학습자의 개인적 관심에 맞는 상이한 반응을 유도하기에 적합하다.

학습자의 나이, 흥미, 학습 내용 등을 고려한다는 것을 전제로 하여, 영어 학습에서 시청각과 음성자료를 활용할 때 고려할 점은 아래와 같다.

① 학습자에게 최적화된 입력을 제공하는가?
② 음질이나 화질이 양호하고 구동 버튼이 편리하게 배열되었는가?
③ 문법 정확도와 내용의 유기성에 문제가 없는가?
④ 내용이나 구성이 지나치게 복잡하지 않은가?
⑤ 발음과 말의 속도는 적절한가?
⑥ 전체 내용이 적절한 학습단위로 분절되어 있는가?
⑦ 교육과정과 연관성이 있는가?
⑧ 내용과 구성 면에서 학습자의 표현기능 사용을 촉진하는가?
⑨ 학습자와 교사 혹은 학습자끼리의 상호작용을 촉진하는가?

의사소통중심 교수법은 시청각과 음성자료를 효과적으로 활용하여 능동적 사고 활동을 촉진한다. 교사는 이런 목적을 달성하기 위해 아래의 기법을 활용할 수 있다 (Cooper, Lavery & Rinvolucri, 1991에서 변형).

A. Freeze Frame

교사는 화면을 정지 상태로 두면서 특정 행동이 발생한 환경을 비롯하여 행동의 원인 · 이유 · 향후 전개 양상에 대해 질문을 던질 수 있다. 또한 교사는 학습자들이 등장인물의 다음 발화를 발화하거나 써보도록 해볼 수도 있다. 다만, 순간 정지 상태에서는 인물의 표정이나 주변 배경이 우스꽝스럽게 왜곡되어 학습자들의 집중도가 저하되는 현상이 나타날 수 있다. 교사는 이럴 경우를 염두에 두면서 원하는 정지 화면의 시 · 분 · 초를 확인해두어야 한다.

B. Viewing Backwards

짤막한 이야기를 몇 개의 장면으로 나눈 후, 동영상을 순서대로 보지 않고 역순까지도 고려하면서 여러 장면을 뒤섞으며 보도록 한다. 학습자들은 짝이나 모둠별로 이야기를 바른 순서로 재구성하여 말하도록 하면서 그렇게 구성한 이유에 대해서도 정리하도록 한다. 이를 통해 학습자들은 모둠에서 정리한 방식과 원래 이야기 순서를 비교하면서 사고력을 키우게 된다.

C. Silent Viewing

동영상을 시청할 때 소리를 끄고(mute) 영상만 보면서 어떤 내용인지 떠올려보도록 하는 것으로서, 그림책의 그림만 훑어 내려가면서 대강의 줄거리를 예측하는 활동(picture walking)과 유사하다. 학습자의 사고 길잡이로 교사가 다음과 같은 질문을 주고 영상을 보면서 답을 찾도록 하면 효과적일 수 있다.

Who are the three beautiful ladies?
Where are they?
Why are they there?
What are they doing?
How did they come there?

교사는 동영상을 시청한 후 모둠끼리 토의를 한 다음에 소리를 켜고 다시 시청하면서 자신들의 예측이 맞았는지 확인하는 활동과 결합시킬 수도 있다. Silent Viewing과 정반대로, 화면을 블라인드 상태로 처리하여 음성만 듣고 내용을 짐작하는 Sound Only 활동도 가능하다.

D. Sound Only

동영상 정보를 제거함으로써 소리만 듣고 인물과 상황을 상상하거나 필요시 제한적으로 이미지 자료를 제시하는 활동이다. 이 활동의 변형으로, 교사는 학습자들의 사고 활동을 촉진하기 위해서 듣는 내용과 관련된 그림, 실물자료, 질문지 등을 사전에 준비하여 학습자 이해 정도에 따라 적시에 알맞은 자료를 제공할 수 있다.

How many people are there?
What are their names?
Where are they?

What are they doing?
What kinds of noises can you hear?

또한 교사는 이 활동을 딕토글로스(dictogloss) 형태로 운영해 볼 수 있다. 딕토글로스는 학습자들의 문법 형태 학습에 초점을 두면서 훈련시키는 받아적기(dictation)의 일종으로 언어 네 기능을 통합한 활동이다. 우선, 교사는 주어진 글을 읽어 주고 학습자들은 이를 받아 적는다. 이런 다음에, 학습자들은 같은 모둠 원들이 모여 문법적으로 정확하게 수집한 정보를 종합한 후 다른 모둠의 결과물과 비교해 본다(Wajnryb, 1990; Ellis, 2003). 이처럼 딕토글로스의 원래 목적은 문법 형태를 익히도록 하는 것이지만, 교사는 내용을 이해하는 것에 초점을 두고 다양한 방식으로 활용될 수 있다.

E. Jigsaw Viewing

이 활동은 하나의 이야기에 대하여 다양한 매체로 이루어진 불완전한 정보들을 제시한 후 상호작용을 거쳐 온전한 정보를 구성한다는 점에서 음성 자료의 조각 정보를 기반으로 한 딕토글로스와 구분된다. 가장 전형적인 활용 방식은 전체 이야기를 몇 부분으로 나눈 후, 학습자들이 자기가 맡은 부분만 집중적으로 시청한 후 같은 모둠원들과 정보를 공유하면서 완성하는 것이다. 이 과정에서 교사가 해결할 질문을 단서로 제공할 수도 있다. 이 외에도, 교사는 학습자 수준과 교실 여건을 감안하여 다양한 방식으로 이 활동을 구성할 수 있다. 예를 들어, 한 쪽에서는 소리만, 다른 쪽에서는 동영상만 보게 한 다음에 서로 모여 질문을 던지며 정보를 종합하여 완전한 이야기를 만들어 내는 것을 떠올려 볼 수 있다. 학습자들의 수준에 따라, 동영상만 보고 어울리는 대화문을 만들도록 한다거나 소리만 듣고 어떤 장면인지 그려보거나 인터넷에서 찾아보게 할 수도 있다. 정보 산출 차원에서, 동영상을 본 학습자가 말로 묘사한 내용을 들은 다른 학습자가 웹툰과 같은 다양한 온라인 콘텐츠를 제작하여 이해한 바를 표현해 볼 수도 있다.

4 이야기(Story) 자료

외국어 교육에서 이야기와 이를 바탕으로 제작된 활동 자료는 학습자의 상상력을 자극하고, 학습 동기를 증대시키며, 무엇보다도 언어가 사용되는 풍부하고 의미 있는 상황을 제공한다. 이야기 자료는 실제적 언어와 사용 맥락을 제공한다는 점에서 제2언어 또는 외국어로서 영어를 학습하는 학습자들에게도 흥미와 동기 부여에 유리하기 때문에 외국어 능력과 문화감수성 향상에 유용하다. 언어 수준이 낮은 EFL 학습자들을 위해 어휘와 문장 구조를 단순화시켜 제작한 이야기를 온라인 등으로 쉽게 구할 수 있다는 점도 이야기 자료의 가치를 높게 보는 이유이기도 하다.

영어교육에서 이야기 자료의 활용가치는 매우 크며, 많은 학자들은 교사들이 보다 적극적으로 이야기를 수업에 활용해야 한다고 주장하였다. 이야기가 외국어 수업에 도움이 되는 이유를 요약해 보면 다음과 같다(Ellis & Brewster, 1991; Zaro & Salaberri, 1995; 김솔 외, 2017).

① 동기유발: 이야기 자체의 반복적 구성이 주는 재미와 교사의 흥미로운 스토리텔링
② 듣기와 읽기 능력 계발: 이야기 핵심과 세부 정보 파악 훈련
③ 말하기 능력 계발: 반복을 즐기는 아동의 성향을 활용한 음성언어 훈련
④ 신출어휘 습득: 시각 등 비언어 맥락 정보를 통한 의미 파악과 반복을 통한 숙지
⑤ 상상력과 창의성 함양: 몰입을 통한 상상과 경험을 반영한 창의적 개작
⑥ 정보처리 역량 신장: 비언어와 온라인 매체들의 다양한 정보를 내러티브에 집어넣어 재구조화함으로써 디지털·미디어·다중모드(multimodal) 리터러시 훈련

초등영어교육에서 사용할 수 있는 이야기 자료로는 활자 기반 영어 이야기, 온라인의 구연동화 콘텐츠, 그리고 하이퍼링크와 동영상 등의 다양한 매체를 결합한 디지털스토리텔링 등을 생각해 볼 수 있다. 이렇게 수많은 종류의 이야기들 중에서 교육적으로 적합한 자료를 고르기 위해서는 다음과 같은 사항들을 염두에 두어야 한다(Ellis & Brewster, 2002; Curtain & Pesola, 1994).

① 이야기가 학습자의 수준에 맞는가?
② 이야기가 충분히 재미있고, 학습자의 학습 동기를 유발할 수 있는가?
③ 이야기가 친숙하여 학습자의 사전 지식을 활용할 수 있고, 예견이 가능한가?
④ 이야기가 복잡하지 않고, 분명한 줄거리를 갖고 있는가?
⑤ 이야기에 반복적인 표현이 많고, 규칙적으로 나타나는 패턴이 있는가?
⑥ 이야기를 역할극이나 팬터마임 등 후속 활동과 연결하기 유리한가?
⑦ 실물을 비롯한 비언어·온라인 매체들을 이용하여 창의적으로 재구성하기 좋은가?

이야기의 친숙성에 대해서는 뻔한 줄거리보다 오히려 새로운 이야기가 학습자들의 흥미를 더 끌 수 있다고 다른 견해를 주장할 수도 있다(Gerngross, 2001). 학습자마다 특성이 있으므로, 위의 기준들은 원칙이라기보다는 참고사항으로 생각하면 이야기를 선정하는 데 도움이 될 것이다. 위에 기술한 것 외에도 이야기가 상상력을 자극하는지, 도덕적 교훈을 주는지, 긴장과 놀라움을 유발하는지 등 다양한 기준들이 추가될 수 있을 것이다.

다음으로 영미권 아동들이 읽는 실제 이야기(authentic storybooks)를 활용하는 것이 좋은지, 외국인 학습자를 위해 개발한, 어휘와 문법을 단순화한 이야기(simplified versions of stories)를 활용하는 것이 좋은지를 생각해 보아야 할 것이다. 과거에는 학습자 수준을 고려하여 단계별로 된 이야기를 활용하는 것을 선호하였으나 최근 들어 실제 이야기에 대한 관심과 활용이 높아지고 있다. 음성 언어 발달이 제대로 되어있지 않은 제2언어나 외국어 학습자의 단순화한 이야기를 접하면, 문맥이 최소화되어 있어서 오히려 이해하기 더 힘들 수 있고, 어휘와 문법을 통제하여 인위적으로 만들다 보니 흥미를 떨어뜨릴 수 있기 때문이다. 한편, 영미권 아동들이 읽는 실제 이야기는 한국의 교육 상황을 고려하지 않고 집필되었기 때문에 아무리 내용이 좋아도 수업 목적으로 사용하기 부적합할 수 있다. 이럴 경우에 교사는 원래의 이야기를 개작하여 사용할 수 있다. 어려운 단어를 쉬운 단어로 대치하고, 문장의 길이를 줄이거나 문장 구조를 단순화시킬 수 있으며, 이야기 전개에 꼭 필요한 문장이 아닌 경우는 삭제할 수도 있다.

이야기의 종류로는 일반 서책보다 크거나 작은 'big books'와 'little books', 그림만으로 이루어져 교사가 이야기를 만들 수 있는 'wordless picture book', 감촉을 느끼도록 헝겊을 붙여 만든 'touch and feel books('smooth', 'soft'와 같은 단어를 가르칠 때 유용)', 특정 개념을 여러 상황의 이야기로 풀어낸 'concept books('top and bottom', 'large and small', 'up and down' 등의 개념을 가르칠 때 유용)가 있다.' 이 밖에도 알파벳이나 모양을 가르치기 위해 만든 책(alphabet book), 도서를 펼치면 장면이 튀어 올라오는 팝업북(pop-up book), 운(rhyme)을 포함하고 있는 'nursery rhymes', 짧은 시로 구성된 'poetry books' 등이 있다.

최근에는 증강현실, 가상현실, 하이퍼링크 기능처럼 흥미를 자극하는 기술적 요소를 삽입하여 정교한 맥락을 구성함으로써 아동의 언어 학습에 유용한 디지털 스토리텔링(digital storytelling)이 주목받고 있다. 디지털스토리텔링은 아동과의 상호작용이 강화된 새로운 이야기 경험 양식이라는 점에서 단지 활자로 된 이야기를 온라인 공간으로 옮겨서 편의성만 높인 것이 아니라는 차별성을 지닌다. 따라서 디지털스토리텔링은 학습자 주도의 수업에서 특히 유용하다. 학습자들은 교사의 도움을 받아 이야기 내용과 영어 목표 표현을 마인드맵처럼 스토리맵으로 우선 정리하고, 무슨 매체(이미지, 동영상, 음향효과 등)를 어떻게 사용하여 몇 개의 장면으로 구성할지 결정하여 디지털 변환용 스토리보드를 작성한 후, 디지털 콘텐츠를 제작, 공유, 재수정하는 일련의 절차를 거친다(정고은 외, 2022).

초등영어 수업에서 이야기 자료를 활용할 수 있는 방법은 매우 다양하다. 먼저, 선택한 하나의 이야기를 중심으로 영어 교과뿐만 아니라 다른 여러 교과의 통합 교육과정을 구성, 운영하는 방법이 있다. 영어 교과만을 본다면, 한 단원의 영어 수업 전체를 이야기 중심으로 재구성하는 방법이 있다. 보다 손쉽게 영어 수업에서 이야기를 활용할 수 있는 방법은 영어 교과의 단원별로 관련된 이야기를 활용하는 것이다. 각 단원의 교육 목표에 적합한 이야기를 선택하여 수업 중 적절한 단계에서 활용할 수 있다. 또한, 이야기 후속 활동으로 사용하기 위해 이야기와 관련된 학습자료를 개발할 경우 난이도를 달리하여 심화·보충 학습자료로 이용할 수 있다.

교사가 이야기를 활용한 영어 수업을 진행할 때 염두에 두어야 할 점으로는 다음과 같다(Wright, 1995).

① 이야기를 말하거나 읽기 전에 학습자들이 긴장을 풀고 편안한 분위기를 조성한다.
② 교사 스스로도 이야기와 학습자들에게 몰입한다.
③ 목소리에 변화를 주어 크게 또는 작게, 거칠게 또는 부드럽게, 빠르게 또는 천천히 말한다. 각 등장인물의 목소리를 다르게 하고, 해설 부분도 다른 목소리로 말한다. 긴장을 고조시키기 위해서 중요한 순간에는 잠시 침묵한다.
④ 이야기 전개의 핵심어휘는 미리 가르친다. 그러나 이야기에 나오는 모든 어휘를 가르칠 필요는 없으며, 문맥 중 단어의 의미를 추측해 볼 기회를 준다.
⑤ 학습자들의 수준과 흥미를 고려하여 이야기의 일부를 생략하거나, 덧붙이거나, 변화시킬 수 있다.
⑥ 이야기와 신체 동작을 평균보다 느리고 크게 표현한다.
⑦ 이야기 도중 학습자들의 이해 여부를 확인하거나 참여시킨다.
⑧ 학습자들이 이야기가 어떻게 전개될지 예견하며 듣도록 한다.
⑨ 이야기 중 또는 후에 이야기와 관련된 다양한 활동을 할 수 있도록 준비한다.

⑩ 학습자들과 눈을 맞추면서 이야기를 전달한다.
⑪ 몸동작이나 그림, 실물, 마스크, 인형 등을 사용하여 내용을 효과적으로 전달한다.
⑫ 이야기의 내용에 따라 학습자들이 몸이나 음성으로 표현하도록 유도한다.
⑬ 가능한 영어를 사용하며, 필요시 모국어를 병용하되 일대일 번역은 피한다.
⑭ 이야기 후속 활동 결과물을 모든 학습자들이 공유하고 댓글 등의 반응을 장려한다.

이야기를 이용한 수업을 할 때에는 듣기와 읽기 수업의 진행에서와 마찬가지로, 이야기 전·중·후 단계에 따라 적절한 활동을 도입해야 한다.

[표 6-1] 이야기 활용 수업의 단계별 지도

단계	목적	활동 예시
전	- 학습동기 유발 - 이야기 배경지식 활성화 - 핵심 어휘학습	- 삽화 보고 추측하기(picture-walking) - 예상 내용과 학습자의 경험 연관 짓기 - 안내질문(guide questions) - 어휘학습(예 : 단어와 그림 짝 맞추기, 빙고 게임 등)
중	- 이야기의 전개에 따른 내용 이해 또는 느낌 표현(이야기 집중을 위해 복잡한 활동 지양)	- 사실정보 확인 질문 - 감정곡선 그리기 - 그림 또는 문장 순서대로 배열하기 - 그리기, 색칠하기, 붙이기, 빈칸 채우기
후	- 이야기의 내용 이해 점검 - 이야기와 관련된 확장 학습: 언어기능 통합, 내용 변형 등	- 전반적 내용 이해 확인 질문 - 이야기 마인드맵과 요약하기(쓰기), 다시 말하기(retelling), 결말 바꾸기, 이후 상황 예측하기, 등장인물과 소통하기(온라인 콘텐츠 활용) - 책 만들기, 이야기 노래 만들기(율동과 함께 공연) - 역할극, 팬터마임, 인형극, 낭독극(readers theater) - 타 교과 내용과 연관된 주제 학습

교사는 다양한 이야기 관련 활동을 수업 상황에 맞게 구안할 수 있다. 이야기를 활용한 영어 지도의 두 가지 사례를 살펴보면 다음과 같다.

A. The Little Duckling (Wright, 1995)

〈Story〉

The little duckling sees a peacock.
'What a beautiful tail! I want a beautiful tail, too!'
Suddenly the little duckling has a big, beautiful peacock's tail!
The little duckling is very pleased.

The little duckling sees a flamingo.
'What beautiful legs! I want beautiful legs, too!'
Suddenly the little duckling has long, thin, pink legs!
The little duckling is very pleased.

The little duckling sees an eagle.
'What beautiful wings! I want beautiful wings, too!'
Suddenly the little duckling has big, brown wings!
The little duckling is very pleased.

The little duckling sees a cock.
'What a beautiful hat! I want a beautiful hat, too!'
Suddenly the little duckling has a big, red, handsome hat!
The little duckling is very pleased.

All the little duckling's friends swim in the river.
The little duckling says, 'Stop! Wait for me!'
And he jumps into the water.
But his peacock's tail is very heavy.
His big, brown wings are very heavy.
His long, thin, pink legs cannot swim.

His handsome red hat is very heavy and he can't breathe.
'Glug! Glug! Glug! I want a little duckling's tail, and a little duckling's legs and wings, and I don't want a hat!'

Suddenly the little duckling can swim. And he can swim very well. Soon he is with his friends.

〈학습 목표〉

① 의사소통기능 : 감탄하기(What a beautiful hat!)

② 목표 구문 : I want/ don't want ~

③ 어휘 : 동물 명칭, 외모 묘사 형용사

〈진행〉

① 이야기를 시작하기 전에 해당 그림을 보여주고 각 그림에 대해 학습자가 알고 있는 정보를 끌어낸다.

예 Can a duckling fly?
Can a duckling walk?

Can a duckling swim? 등

② 첫 단락을 몸동작과 더불어 전달한다.

③ 둘째, 셋째, 넷째 단락도 마찬가지 방식으로 표현한다.

④ 다섯째 단락까지 표현한 후, 학습자들이 함께 다음 문장을 말하게 한다.

I want a little duckling's tail.

I want a little duckling's legs.

I want a little duckling's wings.

And I don't want a hat.

⑤ 마지막 단락까지 구연동화를 마친 후, 이야기를 다시 들려주면서 장면 그림 조각 순서 배열, 올바른 그림에 꼬리표(동물의 신체 부분 명칭) 달기 등을 한다.

⑥ 듣기 후 활동으로, 모둠별로 한 단락씩 역할극이나 낭독극 등으로 표현해 본다.

⑦ 동물의 특징을 찾아 연결하고 후속 이야기를 상상해 본다.

peacock •	• fin
flamingo •	• horn
eagle •	• trunk
cock •	• comb
elephant •	• wings
giraffe •	• legs
deer •	• tail
shark •	• neck

⑧ 모둠별로 종이 그림책 또는 디지털 스토리텔링으로 변환함으로써 언어와 비언어 기능 통합 활동을 수행한다.

B. *The Very Hungry Caterpillar* (Eric Carle, 1969)

〈Story〉

In the light of the moon, a little egg lay on a leaf.

One Sunday morning the warm sun came up and - pop! - out of the egg came a tiny and very hungry caterpillar.

He started to look for some food.

On Monday he ate through one apple. But he was still hungry.

On Tuesday he ate through two pears, but he was still hungry.

On Wednesday he ate through three plums, but he was still hungry.

On Thursday he ate through four strawberries, but he was still hungry.

On Friday he ate through five oranges, but he was still hungry.

On Saturday he ate through one piece of chocolate cake, one ice-cream cone, one pickle, one slice of Swiss cheese, one slice of salami, one lollipop, one piece of cherry pie, one sausage, one cupcake, and one slice of watermelon.

That night he had a stomachache!

The next day was Sunday again. The caterpillar ate through one nice green leaf, and after that he felt much better.

Now he wasn't hungry any more - and he wasn't a little caterpillar any more. He was a big, fat caterpillar.

He built a small house, called a cocoon, around himself. He stayed inside for more than two weeks. Then he nibbled a hole in the cocoon, pushed his way out and ... he was a beautiful butterfly!

〈학습 목표〉

① 의사소통기능
- 좋아하는 것에 대해 묻고 답하기(Do you like ...?/ Yes, I do./No, I don't.)
- 양에 대해 묻고 답하기(How many ... are there?/ There are ...)

② 목표 구문 : How many ...?/ There are ...

③ 어휘 : 요일, 숫자, 음식 이름

④ 다른 교과와 통합
- 수학 : 수와 양, 막대 그래프 해석하기, 달력 완성하기
- 과학 : 나비의 한살이
- 지리와 환경 : 음식, 세계의 나비들
- 미술 : 색칠하기, 모형 만들기

〈진행〉

① 표지를 보여주면서 나비의 한살이에 대해 알고 있는지 묻는다.

What's this? (A caterpillar)

What does a caterpillar become? (A butterfly)

What does it become before a caterpillar? (A cocoon)

What do caterpillars do? (eat/grow)

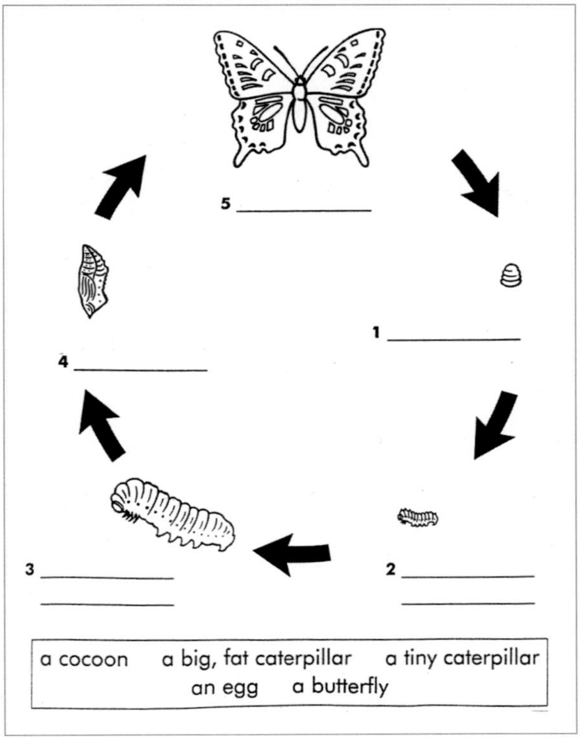

② 핵심 어휘들을 칠판에 쓰고 가리키면서 반복한다.

③ 학습자들이 내용을 예측해 보게 하며 이야기를 끝까지 읽어준다.

④ 애벌레가 요일별로 먹은 과일과 그 숫자를 학습자들이 기억하고 있는지 보기 위해, 몇 명의 학습자에게 칠판에 나와서 요일별로 먹은 과일의 개수를 그리게 한다.

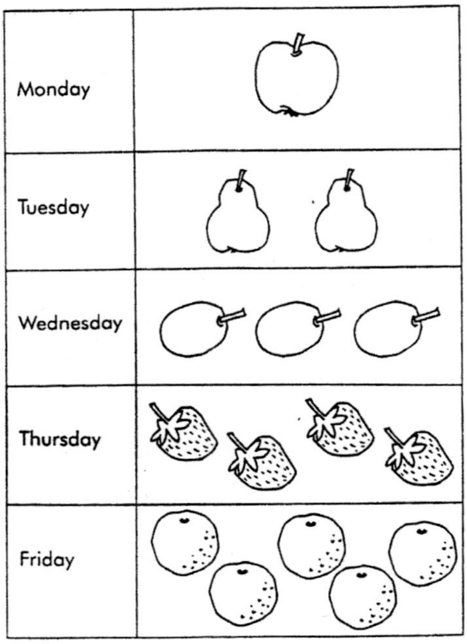

⑤ 정보 공백 활동을 통해 How many ...?/ There are ... 구문을 익히게 한다.

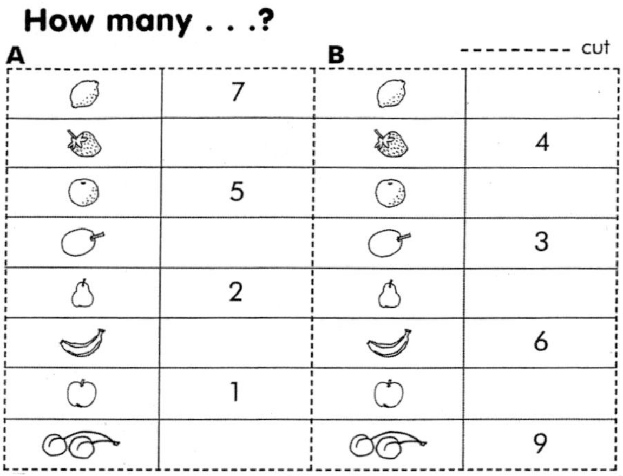

⑥ 이야기를 수차례 반복하여 읽어준다. 이 과정에서 이야기에 따라 그림 순서대로 배열하기, 스토리보드 작성하기 등의 활동을 한다.

⑦ 메모리 게임 등을 통해 스토리에 나온 단어를 복습하고 익힌다.

⑧ Do you like ...? 조사활동을 하여 학급의 학습자들이 좋아하고 싫어하는 음식을 알아보고, 이를 막대그래프로 나타낸다.

⑨ 단원을 정리하며 보드 게임을 통해 배운 표현들을 사용해 볼 기회를 갖는다. 책 만들기, 나비 만들기, 드라마로 꾸미기 활동 등을 해본다. 다음은 계란 박스와 티슈를 사용하여 나비를 만든 예이다.

⑩ 확장 : 온라인이나 도서를 찾아보며 세계의 나비에 대해 알아본다.

5 게임 자료

게임 자료는 분명한 목표와 규칙을 지키며 경쟁과 협력을 최대한 끌어내기 때문에 아동의 흥미와 동기를 고취시키기 유리하다. 학습자는 영어 학습에서 목표 달성을 위해 상호작용에 몰입하다 보면 외국어 사용의 불안감이 줄어들어 적극적으로 영어를 반복 사용하게 된다(Khan, 1991).

그렇다면 초등영어 수업에서 무슨 게임을 언제 어떻게 사용할 것이냐를 생각해 보아야 한다. 흥미를 자극하는 게임에 과하게 몰입하면 학습 분위기가 흐트러지는 현상이 생길 수도 있다. 영어 학습에 효과적인 게임을 선정하기 위해서는 다음 항목들을 고려해야 한다.

① 어휘, 구문, 의사소통기능과 같은 학습 목표에 따라 게임의 종류와 운영 방식(예 짝(pair)이나 모둠, 전체 활동)이 달라져야 한다.
② 학습 목표에 따라 흥분시키는 게임(rousers)과 진정시키는 게임(settlers) 중에서 적합한 것을 선정해야 한다.
③ 아래의 원리를 염두에 두면서 학습자가 흥미를 유지하며 참여하도록 운영한다.
   a) 능력(skill)과 행운(luck)의 균형 : 능력 위주의 게임은 잘하는 학습자만 참여하고 그렇지

못한 경우에는 흥미를 잃기 쉽다. 반대로, 결과가 운에 맡겨진 게임은 성취동기가 약해질 수 있다.

b) 경쟁(competition)과 협동(cooperation)의 균형 : 지나친 경쟁은 감정적 대립을 일으킬 수 있으므로, 언어 학습 게임에서는 흥미를 자극하는 적정 수준의 경쟁과 협상(negotiation)과 협동을 통한 상호작용이 조화를 이루어야 한다.

④ 충분한 공간에서 다치지 않고 게임에 몰입할 수 있는 환경을 제공한다.

⑤ 학습자들이 산만해지지 않도록 동일한 게임을 과하게 반복하거나 오래 끌지 않는다.

⑥ 학습자 수준에 따라 모국어로 게임 규칙을 설명할 수 있다.

게임 자료는 카드 게임, 보드 게임 등 동작 위주의 게임, 주사위 게임, 그리기 게임, 알아맞히기 게임, 단어 게임, 기억력 게임와 같이 종류와 유형이 매우 다양하다. 이 중에서 두 가지 언어게임 사례를 제시하면 다음과 같다.

A. Word Game : 어휘게임

• 준비물 : 단어 및 그림카드

• 절 차 :

① 학급을 두 팀으로 나눈다.

② 교사는 10~15장의 그림 카드 또는 단어 카드를 준비하여, 각 카드를 3초씩 학습자들에게 보여주고 기억하게 한다.

③ 모든 학습자들이 기억나는 단어를 쓰게 한 뒤, 각 팀에서 가장 많은 수의 단어를 쓴 학습자의 리스트를 뽑아 그대로 칠판에 적는다.

④ 단어를 기억하여 바른 철자로 썼으면 점수를 받고, 그렇지 못하면 점수를 받지 못한다. 총점이 높은 팀이 이기게 된다.

※ 단어 카드를 바꾸어 가면서 계속할 수 있고, 카드 대신 학습자들이 소지하고 있는 물건들을 모아서 기억력 게임을 할 수도 있다.

B. Family Spinner : Dice game

• 준비물 : 4인 1조당 스피너 1개, 주사위 1개

• 절 차 :

① 각 조에게 다음과 같이 만들어진 스피너 한 개와 주사위 한 개를 준다.

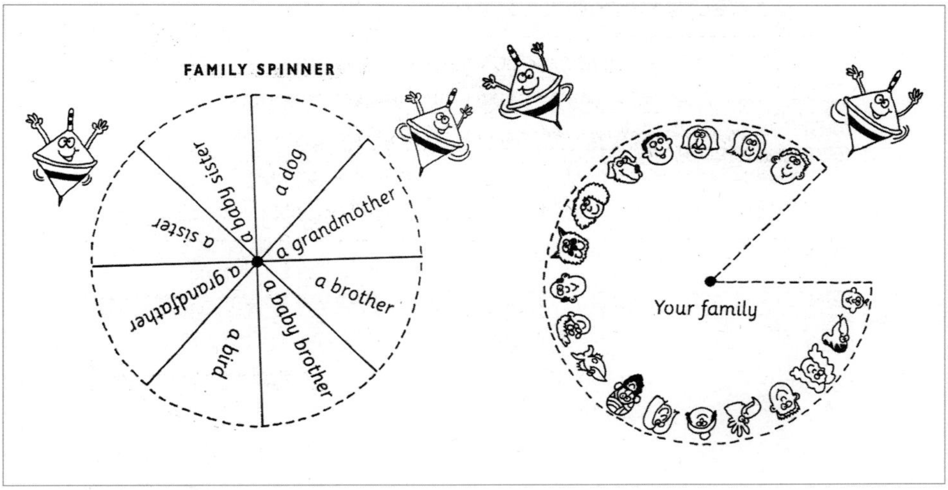

② 조에서 한 사람이 주사위를 굴려 나온 숫자 수만큼 스피너를 이동하여 해당하는 질문을 확인하며, 마찬가지 요령으로 주사위 숫자만큼 나온 학습자가 시계 방향으로 이동하여 해당되는 사람에게 질문을 한다.

③ A 학습자가 "Do you have a sister?"라고 했을 때 B 학습자가 "Yes, I do."라고 답하면 A 학습자가 1점을 얻고, "No, I don't."라고 답하면 A 학습자는 점수를 얻지 못한다.

④ 이번에는 B 학습자가 순서를 넘겨받아 계속한다. 3점을 먼저 받은 학습자가 조에서 승자가 된다.

※ 가족 이름 대신 스피너에 음식이름을 쓰고 "Do you like ...?"로 질문할 수도 있고, 학용품 이름을 쓰고 "Do you have ...?"로 질문할 수도 있다. 이 게임은 얼마든지 단어를 바꾸어 새롭게 할 수 있다는 장점이 있다.

C. At the zoo : Board game

• 준비물 : 동물과 관련된 말판과 말 2개, 주사위, 질문 카드

• 절 차 :

① 'Entrance'에 말을 놓고 주사위를 던져 순번을 정한다.

② 말판의 가운데 질문 카드를 엎어서 쌓아 둔다.

③ 순번대로 주사위를 던져 말을 움직인다.

④ 말이 지시어가 있는 곳에 놓이면 지시에 따른다.

⑤ 말이 '?'가 있는 곳에 놓이면 질문 카드를 한 장 집어서 읽고는 질문에 대답한다.

⑥ 대답이 맞으면 한 번 더 주사위를 던지고, 틀리면 그 자리에 머문다.

⑦ 먼저 'Exit'에 도달하는 쪽이 이긴다.

※ 말판은 적절히 색칠한다.

COPY IT

AT THE ZOO Boardgame

AT THE ZOO Question cards

Where do polar bears live?	Where do cows live?	Where do parrots live?
Where do fish live?	What do dolphins eat?	What do squirrels eat?
What do zebras eat?	What do monkeys eat?	Name 2 meat-eating animals
Name 2 vegetarian animals	Which is bigger: a lion or a monkey?	Which is taller: an elephant or a giraffe
Which is smaller: a monkey or a zebra?	Which is faster: a cheetah or a zebra?	Name an animal beginning with K
Name an animal beginning with R	Name an animal beginning with T	Name an animal which hunts at night and sleeps during the day
Name an animal which lives in a cave	Name an animal which eats leaves	Name an animal which has a tail

제 7 장
멀티미디어 자료의 활용

1. 멀티미디어를 활용한 영어교육
2. 컴퓨터 자료를 활용한 영어교육
3. 인터넷을 활용한 영어교육

과학 기술의 눈부신 발전은 외국어 교육에도 커다란 변화를 일으키고 있다. 이런 흐름에 따라, 컴퓨터와 인터넷의 발달과 대중화는 초등영어교육에도 많은 영향을 주고 있다. 전통적인 교수-학습 자료인 종이, 펜, 책, 오디오/비디오 도구, TV, 실물화상기 등과 더불어 컴퓨터와 인터넷은 영어교육에 있어서 필수적인 자료로 활용되고 있다. 또한 초고속 무선 인터넷망이 구축되고 스마트 폰 등 개인용 전자통신기기가 보편화되어, 학습자들은 시간과 장소에 관계 없이 영어를 학습할 수 있게 되었다. 이러한 새로운 교수-학습 자료를 활용한 이러닝(e-learning), 모바일 학습(mobile-learning), 블렌디드 학습(blended learning) 등은 전통적인 교실 영어 수업과 매우 다른 모습을 보이며, 영어 교수-학습의 기본적 개념을 바꾸고 있다. 새로운 교수-학습 자료와 방법을 영어 수업 시간에 어떻게 활용할 것인가에 대한 문제는 많은 논의와 연구가 필요하다. 이 장에서는 멀티미디어를 활용한 영어교육, 컴퓨터를 활용한 초등영어교육과 멀티미디어 CD-ROM 평가, 인터넷을 활용한 다양한 영어 교수-학습을 다룰 것이다.

1 멀티미디어를 활용한 영어교육

멀티미디어의 장점을 활용하여 아동들에게 영어를 효과적으로 가르치기 위해서는 멀티미디어에 대한 정확한 이해가 선행되어야 한다. 이 절에서는 멀티미디어의 정의, 특징과 자료의 종류, 멀티미디어를 활용한 초등영어교육 등에 대하여 알아본다.

1 멀티미디어의 정의

멀티미디어(multimedia)는 다양함을 뜻하는 multi와 매체들을 뜻하는 media로 구성이 되어 있다. 즉 여러 가지 정보나 매체가 혼합된 형태라 할 수 있다. Brooks(1997)는 멀티미디어란 여러 가지 동영상, 오디오, 정지화상을 혼합한 형태를 의미한다고 하였다. 이충현(2005: 13)은 멀티미디어란 "텍스트, 그래픽, 정지화상, 오디오, 애니메이션, 비디오 등의 정보를 전달할 수 있는 단일 컴퓨터 시스템 혹은 네트워크를 통하여 생성되는 미디어의 집합체"라고 정의내리며 컴퓨터 및 네트워크의 활용을 강조했다. 결국, 멀티미디어는 글자, 그림, 소리, 동영상 등의 다양한 매체를 컴퓨터나 네트워크와 연결하여 시공간을 초월하여 통합하는 체제를 의미한다. 그 체제에서는 다양한 형식의 정보들이 신속하게 생성, 저장, 활용된다.

멀티미디어와 함께 자주 사용되는 용어에 하이퍼텍스트와 하이퍼미디어가 있다. 하이퍼텍스트는 전자 정보 시스템에서 문자 정보가 비순차적으로 연결되어 있는 것을 말한다. 예를 들면, 컴퓨터 화면으로 어떤 텍스트를 읽다가 그 텍스트 안에 있는 특정한 단어를 누르면 다른 텍스트로 이동하여 단어의 사전적 의미나 단어와 관련된 또 다른 이야기가 제시되는 경우가 이에 해당된다. 최근 사용되고 있는 디지털 교과서도 하이퍼텍스트의 기능을 사용하여 학습자에게 여러 가지 정보와 다른 선택 사항들을 제공한다.

하이퍼텍스트가 가지고 있는 장점에 멀티미디어의 시청각 특성을 더한 것이 하이퍼미디어이다. 이는 소리, 이미지, 애니메이션, 동영상 등 다양한 매체를 연결시키는 것을 말한다. 예를 들면, 영어 대화 영상을 학습자 수준에 맞게 단순화시킨 애니메이션과 연결할 수 있다. 최근에는 인터넷 사용자의 성향과 시청 중인 영상의 주제 등을 반영하여 관련 미디어 자료가 자동으로 추천되기도 한다. 하이퍼미디어를 이용하면 다양한 정보를 활용하며 능동적이며 융통성 있게 학습을 진행할 수 있다.

2 멀티미디어 교수-학습의 특징

우선 멀티미디어, 멀티미디어 학습, 멀티미디어 교수에 대한 구분이 필요하다. 멀티미디어는 텍스트와 시청각 자료를 통합적으로 제시하는 형태이다. 멀티미디어 학습은 학습자가 멀티미디어를 통해 지식을 형성하는 것으로 학습자 중심에서 멀티미디어 사용을 강조한 것이다(Mayer, 2005). 멀티미디어 교수는 교사가 멀티미디어 자료를 재구성하고, 멀티미디어 환경을 학습자 상황에 맞게 활용하는 것이다.

멀티미디어 학습과 교수의 장점을 살펴보면(김태진, 이희숙, 2014; Mayer, 2005), 첫째, 학습자들에게 다양한 정보와 학습경험을 제공해 줌으로써 학습 효과를 높일 수 있다. 멀티미디어는 학습자들의 관심과 흥미를 유발시키고 다양한 학습 스타일을 충족시킬 수 있다. 더불어 텍스트만을 이용해서 학습할 때보다 그림과 영상으로 학습했을 때 더 많은 것을 더 오랫동안 기억하게 된다.

둘째, 자기 주도적 학습이 가능하고 학습에 대한 피드백이 즉각적으로 이루어질 수 있기 때문에 교육 효과가 크다. 다양한 멀티미디어 자료는 학생들이 본인의 수준과 관심사에 따라 자신의 학습 내용과 속도를 조절할 수 있게 도와준다. 그리고 멀티미디어 자료와 피드백 시스템을 연동할 수 있는데, 예를 들어 학생이 단어의 발음을 듣고 해당 그림을 선택하면 즉각적으로 정오답 여부를 알려 주고 필요한 경우 발음을 한 번 더 들려주는 방식의 멀티미디어 학습이 가능하다.

셋째, 멀티미디어의 접근성, 이동성 등을 이용하면 학습자들이 원하는 시간에 원하는 장소에서 쉽게 접근해 학습할 수 있다. 최근에 무선 인터넷과 휴대용 멀티미디어 도구의 발달로 학습자들이 언제 어디서든지 원하는 자료에 쉽게 접근할 수 있는 것이 그 예라 할 수 있다.

넷째, 교사와 학생 간, 학생과 학생 간의 상호작용의 기회가 교실 안팎에서 일어날 기회를 제공해 준다. 교실 내에서 학생들의 생각을 멀티미디어 도구를 활용하여 간편하게 수집할 수 있고, 교실 밖에서도 영상 및 댓글 등의 형식으로 상호작용할 수 있다.

다섯째, 멀티미디어의 주요 자료인 인터넷과 컴퓨터는 실질적인 학습 자료를 제공해 줄 뿐만 아니라 다른 나라 문화 학습과 이해에도 많은 도움을 준다. 다양한 문화 맥락에서 제작된 최근의 멀티미디어 자료를 활용함으로써 문화적 지식과 태도를 배양할 수 있다.

다음 장에서는 멀티미디어 활용을 영어교육의 측면에서 살펴본다.

3 멀티미디어를 활용한 영어교육의 특징

멀티미디어가 갖고 있는 다양성, 신속성, 상호작용성, 반복성 등은 영어교육에서도 필수적인 요소로 학습자들의 정의적, 인지적 영역에 긍정적인 영향을 준다. 멀티미디어 자료 활용이 영어 학습에 줄 수 있는 이점은 다음과 같다.

첫째, 멀티미디어 학습 자료는 학습에 필요한 부분을 쉽게 찾아 무한 반복이 가능하여 외국어 학습에 있어서 가장 중요시되는 요소 중의 하나인 반복 학습을 학습자가 원하는 만큼 자유롭게 할 수 있다.

둘째, 학습자의 영어 학습에 대한 정의적 태도에도 긍정적인 영향을 줄 수 있다. 멀티미디어를 통해 흥미로운 시각적, 청각적 언어 경험을 제공함으로써 학습자들의 동기를 유발할 수 있다. 또한 컴퓨터를 활용한 개별 학습은 틀리는 것에 대한 불안감을 없애 주므로 학습 활동에 참여하려는 의욕이 낮은 내향적인 학습자에게 효과적이다.

셋째, Heinich 등(1998)은 우리가 읽은 것의 10%, 본 것의 30%, 보고 들은 것의 50%, 우리가 보고 듣고 행동한 것의 90%를 기억한다고 주장한다. 멀티미디어 영어 학습은 주로 보고 들은 것을 화면에서 활용해 보고 상호작용을 중시하기 때문에 기존의 읽기 중심의 학습 자료보다 효과적일 수 있다.

넷째, 멀티미디어 자료의 활용은 자기 주도적 학습 환경을 제공할 수 있다. 가령 하이퍼미디어로 구성된 멀티미디어 자료는 학습자의 다양한 학습 형태, 학습 책략, 그리고 다양한 수준의 언어 능력을 수용하여 개별 학습자에게 적합한 학습을 가능케 한다. 학습자는 교사에 대한 의존을 줄이고 하이퍼텍스트와 멀티미디어를 통해 제공되는 정보를 스스로 탐색하고 학습에 활용할 수 있다.

다섯째, 멀티미디어 자료는 학습자가 시공간에 제약 없이 사용할 수 있다. 최근에 무선 인터넷과 휴대용 기기의 발달은 학습자로 하여금 교실에서의 수업 활동과 내용을 교실 밖에까지 연결할 수 있다. 예를 들면, 영어 쓰기 수업 후, 블로그나 SNS을 통해 글쓰기 활동을 연장할 수 있으며 언제 어디에서나 참여 및 읽기가 가능하다.

여섯째, 멀티미디어 자료는 기존의 전통적 학교에서 볼 수 있었던 교사 중심의 수업이 아닌 학부모, 학생, 교사가 함께 학습을 만들어 갈 수 있게 한다. 예를 들면, 교사는 학급에서 실시한 활동들을 학교 내 홈페이지에 올리고, 학부모와 학생들은 언제든지 활동 내용을 확인할 수 있고, 의견을 제시할 수 있다. 학생들의 영어 말하기나 역할놀이 활동을 홈페이지에 올려 학부모의 참여를 이끌어낼 수 있다.

4 멀티미디어를 활용한 영어교육의 유의사항

효과적인 멀티미디어 영어교육을 위하여, 멀티미디어 자료에 대한 교사와 학습자의 오해 및 오사용을 바로 잡을 필요가 있다.

멀티미디어 활용 영어교육에 대한 오해를 살펴보면, 첫째, 멀티미디어 활용 수업이 사람 사이의 친밀한 의사소통 상황을 제한시킨다는 것이다. 그러나 인공지능의 발달로 챗봇들이 사람처럼 대화를 나눌 수 있게 되었고, 아바타와 같은 가상 인물을 설정해 여러 가지 표정, 목소리, 제스처 등을 활용하여 소통할 수 있다. 또한 화상 회의와 같은 멀티미디어 플랫폼이 의사소통의 시공간적 제약을 해소하고 있다.

둘째, 교수자가 멀티미디어를 전적으로 의지한다는 것이다. 최근에 개발되는 영어 학습용 프로그램, 디지털 교과서, 수업용 웹사이트는 교사의 클릭으로 한 차시의 수업이 이루질 수 있다. 하지만 교사의 피드백이나 재구성이 없는 멀티미디어 영어 수업은 학생들의 주의 집중 결여, 학습 흥미도 저하 등을 가져올 수 있다. 따라서 교사는 멀티미디어 자료를 수업의 도구 중 하나로서 전략적으로 활용할 필요가 있다.

셋째, 멀티미디어 활용 수업은 힘들다는 생각이다. 실제로 멀티미디어 자료를 준비하고 재구성하는 데 상당한 노력과 시간이 소요된다. 그러나 멀티미디어 자료 준비, 재구성, 활용 능력은 앞으로 더욱 강조되는 교사 핵심 역량에 해당하므로, 다양한 교육 활동 경험을 통해 교사 스스로 이를 배양할 필요가 있다. 더불어 온라인 커뮤니티를 활성화하고 우수 자료 및 모형을 공유하여 개별 교사의 준비 부담을 경감할 수 있다.

넷째, 학생들이 멀티미디어 자료라면 늘 좋아하고 언제나 학습에 효과적일 것이라는 생각이다. 물론 학생들이 다양하고 실제적인 멀티미디어 자료를 선호하는 것은 사실이다. 하지만 집중력과 관심을 유지하는 것이 쉽지 않은 초등학생의 특성상 멀티미디어의 오랜 사용은 오히려 학습자들의 학습효과를 떨어뜨리기도 하며, 학습 요소가 아닌 주변적 정보에만 집중시킬 우려가 있다. 따라서 교사는 멀티미디어 자료를 수업 내용과 연계시켜 적절한 시기에 학습자들에게 제공하되, 단순하게 영어 지식이나 정보를 전달하는 것이 아니라 영어 학습자의 설계자로서 학습자가 수업의 중심에 서게 하여 그들이 주도적이고 자율적인 수업을 할 수 있게 도와주어야 한다.

위의 내용을 바탕으로 컴퓨터 자료와 인터넷을 활용한 영어교육에 대해 살펴보자.

2 컴퓨터 자료를 활용한 영어교육

초등영어 교육에서 가장 많이 사용되는 컴퓨터 자료는 교사용 교과서 CD-ROM, 디지털 교과서 등이 있다. 이 절에서는 컴퓨터 활용 언어 교육의 주요 특징을 살펴본 후, 각 자료의 주요 특징과 활용법 등에 대해서 알아보겠다.

1 컴퓨터를 활용한 언어 교육

컴퓨터를 활용한 언어 교육(Computer Assisted Language Learning)은 1959년 미국 일리노이 대학교에서 개발한 PLATO(Programmed Logic/Learning for Automated Teaching Operation) 시스템으로 러시아어를 가르칠 때부터 본격화되었다고 볼 수 있다. 이 PLATO 시스템에서는 문법-번역식 교수법에 근거하여 학습 활동이 문법 설명, 어휘와 구문 연습, 번역 테스트 중심으로 구성되었다. 행동주의적 학습이론에 근거하여 모든 학습자가 계획된 순서에 따라 선형적으로 한 단계씩 학습하면서 보상을 받고 다음 단계로 나아가도록 되어 있었다.

초기에는 이처럼 전통적인 교과서의 전개 방식이나 선형적 반복 연습의 모습으로 컴퓨터가 언어 교육에 활용되었으나, 마이크로컴퓨터의 보급화로 컴퓨터가 대중화되면서 게임 및 시뮬레이션 등 새로운 활동을 활용한 컴퓨터 교수-학습 방법이 확대되었다.

시뮬레이션 프로그램은 의사소통적 CALL의 한 유형으로 실생활과 유사한 언어 사용 환경을 제시하고 학습자로 하여금 언어 사용을 연습하게 한다. 예를 들면 외국 여행하기, 가게에서 옷 사기, 치과에 가기 등의 상황을 설정하여 그 상황에서 일어날 수 있는 대화를 연습하게 하는 프로그램이 이에 해당한다. 그밖에도 교육적인 모험 게임 프로그램은 컴퓨터 게임에 쉽게 몰두하는 어린이들의 흥미를 유발하여 어린이들이 게임을 하는 동안 무의식중에 외국어를 습득할 수 있도록 하였다.

또한 자동음성인식(ASR: Automatic Speech Recognition) 프로그램을 활용하여 학습자가 컴퓨터와 말하기 연습 및 평가까지 가능하게 되었다. 앞으로 과학 기술의 발달은 홀로그램의 형성을 통해 원어민과 직접 대화하는 분위기를 형성하거나 실제와 같은 가상 상황 속에서 영어를 사용하고 배울 수 있을 것이다.

컴퓨터는 영어 교수-학습 활동과 관련하여 다양한 기능을 수행하는데, 교수자, 시뮬레이션, 학습 도구, 교육 내용, 의사소통 도구의 측면에서 살펴보자.

(1) 교수자로서의 역할

교육에서 컴퓨터 사용의 가장 고전적인 형태는 교수자를 대신하는 역할이다. 단순히 연결된 페이지를 따라 이어지는 선형적인 프로그램에서부터 지능형 교수 시스템까지 매우 다양하다.

(2) 시뮬레이션으로서의 역할

시뮬레이션, 게임 등은 학습자에게 실제와 유사한 언어 사용의 경험을 제공한다. 예를 들면 외국 여행이라는 주제하의 시뮬레이션 영어 학습 프로그램은 학습자가 실제와 유사한 상황(예 공항 또는 식당 등)에서 영어를 사용하는 경험을 통해 영어를 학습하게 할 수 있다.

(3) 학습 도구로서의 역할

컴퓨터 프로그램을 영어 학습의 보조 자료로 활용할 수 있다. 예를 들면 워드프로세서를 사용하여 영어 카드 만들기 활동을 하거나, 파워포인트를 활용하여 그래픽, 소리 등 다양한 매체를 활용하여 말하기 발표를 할 수도 있다. 학습자가 컴퓨터를 학습의 도구로 사용할 때 학습 경험들이 보다 실제적이고 창조적인 경험이 될 수 있다.

(4) 교육 내용으로서의 역할

컴퓨터는 교육 내용을 직접적으로 연결해주거나 인터넷을 통하여 간접적으로 연결해주는 역할을 한다. CD-ROM처럼 이미 제작된 자료를 제공해줄 경우 인터넷이 연결되지 않은 상황에서도 자유롭게 사용할 수 있다.

(5) 의사소통 도구로서의 역할

인터넷의 급속한 보급으로 인해 컴퓨터가 사람과 사람을 연결시켜주는 저비용의 능률적인 의사소통 도구로서 활발하게 사용되고 있다. 이처럼 컴퓨터는 시간적-공간적 제한을 극복하여 학습자가 교사, 동료 학습자, 또는 영어를 사용하는 다른 나라 사람들과 의사소통하는 것을 가능하게 해준다. 이메일이나 채팅과 같은 컴퓨터 매개 의사소통을 통해 EFL 환경에서도 교실 밖에서 실제로 영어를 사용하여 상호작용을 할 수 있는 기회를 가질 수 있다.

2 교과서 CD-ROM을 활용한 영어교육

(1) 교과서 CD-ROM 활용

초등 영어교육과정은 멀티미디어와 밀접히 연관되어 있어서 교사들은 영어 수업 보조 자료로 교과용 CD-ROM 타이틀을 많이 활용하게 된다. 교육과정에서도 멀티미디어 자료와 정보통신기술(ICT) 도구 등 흥미로운 교육 매체를 통해 창의적으로 학습할 수 있도록 하고 있다. 아래 표는 CD-ROM 활용한 영어 학습 지도 방안 중 하나로서 김인석과 성춘자(2001)를 참고하여 작성되었다.

[표 7-1] CD-ROM 타이틀을 활용한 학습 지도 방안

단계		학습 내용	학습 활동
도입 Introduction (Warm-up)	Greeting	• 일상적인 인사 • 학습 분위기 조성	안부, 날씨, 요일 ▸ 교사용 CD-ROM 타이틀 활용 – 노래, 챈트 등
	Review & Presenting objectives	• 전시 학습 복습 • 본시 학습 목표 제시	▸ 교사용 CD-ROM 타이틀 활용 – 노래, 챈트, 간단한 놀이, TPR 등
전개 Development	Presentation	• 본시 학습 내용 제시	▸ 교사용 CD-ROM 타이틀, 실물, 그림카드, 비디오, storytelling, 신문, 잡지 등 다양한 방법으로 언어 요소를 상황 속에서 제시하여 학습 동기 유발 – 보면서 듣기
	Practice	• 멀티미디어 활용 학습 활동을 통한 단체 및 개별 연습	▸ 교사가 보여주는 CD-ROM 타이틀 활용하여 연습(*일반교실) ▸ 학생들이 CD-ROM 타이틀 활용하여 개별 연습(*멀티미디어 어학실) – 듣고 따라 말하기, 문자 읽기, 챈트, 노래, 역할 놀이 연습하기 등
		• 일반 학습 활동을 통한 연습	▸ 교사의 지도에 따라 게임, 교과서나 학습지의 문제 해결하기(전체 활동, 그룹 활동, 짝 활동)
	Production	• 의사소통 활동	책 만들기, 포스터 꾸미기, 문제 해결 학습 결과 발표, 역할극 발표하기 등
정리 Closing	Check-up & Closing	• 학습 정리 및 확인 • 과제 제시 • 차시 학습 예고 • 끝인사	학습 정리 문제 확인, 노래, 챈트 등

교사는 CD-ROM과의 상호작용을 통해 학습자들의 언어 기능을 발달시키는 동시에, CD-ROM의 다양한 기능을 활용하여 아래 표와 같이 다양한 학습 전략을 지도할 수 있다(임희정, 조주은, 2011: 322). 예를 들면, 도입 단계에선 학습자들의 불안감을 낮추는 정의적 전략을 사용하거나 학습자들의 사전 배경을 이용하는 인지 전략을 사용

[표 7-2] CD-ROM 활용 영어 학습 전략

전략	항목	내용
기억 전략	심상 연결	단어나 문장과 새로운 영어를 연결해서 생각하기 목표 문장을 어느 상황에서 사용할지 추측하기
	영상과 소리 적용	CD의 음소거, 블라인드 기능 사용하여 상황연상 문장 기억하기 신단어 단어장으로 미리 공부하기
	행동화	CD의 노래나 챈트의 율동을 따라 하면서 기억하기
	복습	학생용 CD로 집에서 공부해 보기
인지 전략	연습	녹음 기능 사용하여 연습 CD의 다양한 기능 활용하여 연습하기
	메시지 주고받기	일기 이메일 교환하기
	분석과 추론	대화 스크립트의 단어를 모두 번역하지 않는다. 훑어 읽기로 스크립트 읽기
보상 전략	추측하기	신단어와 발음이 비슷한 단어를 찾아보기 모르는 단어가 나오면 단어의 뜻을 추측해 보기
	표현 한계 극복	단어 뜻이 잘 생각나지 않으면 몸짓으로 해보며 뜻을 생각해 보기
상위 인지 전략	집중 학습	CD를 들을 때 핵심이나 주요 문장을 주의하며 듣기
	계획 수립	학습 전 학습 목표를 분명히 알고 있기 학습 계획 미리 세워보기
	학습 평가	CD 학습 후 학습 한 양을 기억해 보고 체크해 보기 CD 학습 시 다른 프로그램 이용하지 않기
사회적 전략	질문 요청	친구와 협력하여 활동하기
	협력	친구의 학습 후 감정 인식하기
	명료화	내용 확인 요청하기 리스트 서브 이용하여 질문하기
정의적 전략	감정 공유	자신의 감정 친구와 논의하기
	자기 확인	성공적인 학습 결과 인식하기
	자기 점검	점검표 사용하기

할 수 있다. 전개 단계에선, 상위 인지 전략을 사용하여 학습 목표를 세울 수 있고, 보상 전략을 활용하여 학습 내용을 추측할 수 있다. 정리 단계에선 상위 인지 전략으로 자기 평가를 해보고, 학습 성공을 인식하는 정의적 전략을 사용할 수 있다.

(2) 교과서 CD-ROM 평가

7차 교육과정 이후 초등학교 영어 교과서는 검인정 교과서 체제로 전환되어 다양한 종류의 교과서와 CD-ROM이 보급되고 있다. 학교에서는 이 중 학교 실정에 맞는 영어 교과서를 선택하기 위하여 교재 선정위원회를 활용하고 있다. 이때 교사가 학생들의 영어 학습에 적합한 교과서를 선정하기 위해서는 좋은 인쇄용 교과서뿐만 아니라 좋은 CD-ROM을 고를 수 있는 능력이 요구된다.

CD-ROM과 같은 소프트웨어를 평가하는 데 일반적으로 고려되는 기준은 크게 네 가지로 나누어 볼 수 있다(최수영, 2003). 첫째는 교수적 준거(instructional criteria)이다. 교수적 준거는 교육용 컴퓨터 프로그램에 포함되어야 하는 교육적 측면, 교수 기법, 교수 전략 등을 말한다. 소프트웨어의 목표를 확인하고 학습자들이 소프트웨어를 사용함으로써 얻게 되는 학습 결과가 무엇이며, 소프트웨어에서 제시하는 학습 유형이 학습 결과를 성취하는 데 적합한지를 결정하는 것이다.

둘째, 교육과정 준거(curriculum factor)는 프로그램 내용이 현 영어교육과정 내용과 얼마나 연계되어 있는지를 살펴보는 것이다. 교육과정의 핵심 역량이 실제 프로그램 내용 및 과정으로 구현되어 있을 필요가 있다.

셋째, 제시적 준거(presentation criteria)이다. 이는 소프트웨어 프로그램의 설계와 디자인 측면을 평가하는 것으로 화면 구성(screen format), 프로그램 진행(navigation), 사용 용이성(ease of use), 상호작용성(interaction)을 포함한다.

마지막으로 외국어 습득 준거를 들 수 있다. 이는 해당 프로그램이 어떠한 언어 습득 이론에 근거하여 개발되었는지를 알아보는 것이다. 예컨대, 상호작용주의자(interactionist)들의 언어 습득 이론에 따라 소프트웨어 프로그램이 제작 되었다면 학습자로 하여금 목표 언어를 사용해서 적극적으로 의미 협상(negotiation of meaning)을 하면서 언어를 학습하게 할 것이다. 또는 행동주의적 언어 습득 이론을 따른 프로그램이라면 학습 내용을 정해진 순서에 따라 단계적으로 제시하고 반복 연습을 강조할 것이다.

기존에 나와 있는 여러 가지 소프트웨어 평가 준거들을 종합하여 이 교재에서는 평가 준거를 크게 두 가지, 즉 교육적 준거와 기술적 준거로 나누어 아래와 같이 제시해

보겠다. 이를 근거로 초등학교 아동들의 영어 학습에 활용될 수 있는 CD-ROM 타이틀들을 평가해 보는 경험은 소프트웨어 평가에 대한 안목을 길러줄 뿐만 아니라 멀티미디어 교육용 자료 개발에도 유용한 지침을 줄 수 있다.

[표 7-3] 영어 학습용 소프트웨어의 평가 준거

평가 준거		평가 항목
교육적 준거	학습 목표	① 소프트웨어의 학습 목표는 무엇인가? ② 학습 내용이 현행 교육과정에 적합한가? ③ 학습 내용이 학습 목표 달성에 적합한가?
	학습 내용	① 학습 내용이 학습자의 인지적, 정의적 수준에 적합한가? ② 학습 이론(인지학습, 구성주의)에 따라 학습 내용을 제시하고 있는가? ③ 학습 내용에 대한 학습 매체(텍스트, 그래픽, 소리, 동영상) 선정이 적절한가? ④ 학습 내용은 다양한 분지(branching)를 제공하여 수준별/단계별로 제시되는가? ⑤ 학습 양은 적절한가? ⑥ 학습 내용 이해에 도움이 되는 설명, 정의, 예시, 그림 등이 적절하게 제시되는가? ⑦ 학습 내용이 오류 없이 정확한가? ⑧ 학습 내용은 유의미한 상호작용이 이루어질 수 있게 하는가? ⑨ 학습 내용은 실제적인 자료들로 이루어져 있는가? ⑩ 학습 내용이 유의미한 의사소통 상황 속에서 언어 기능을 연습하게 하는가? ⑪ 언어 학습과 함께 문화 학습을 할 수 있는 기회가 제공되는가? ⑫ 학습 내용에 문화적인 편견은 없는가?
	평가	① 사전 평가와 사후 평가가 제공되는가? ② 평가 결과는 학습자가 이해하기 쉽게 제시되는가?
기술적 준거	화면 구성	① 프로그램 전체의 화면 구성과 배치가 통일성이 있는가? ② 화면이 혼잡스럽고 복잡하지 않은가? ③ 각 화면에 제시되는 학습의 양이 적절한가?
	프로그램 진행	① 전체 프로그램에서 현 학습자가 자신의 위치를 명확히 인식할 수 있는가? ② 새로운 자료가 제시될 때 학습자가 스크롤을 할 필요가 없는가? ③ 학습자가 원하면 학습 내용을 건너뛸 수 있는가? ④ 화면 간 이동이 자유롭고 필요에 따라 쉽게 종료할 수 있는가?
	사용의 편리성	① 현재 학습 상태에 대한 정보를 주는가? ② 학습자의 학습을 기록, 저장, 관리하는 기능이 있는가? ③ 학습 위치를 이동하기가 쉬운가? ④ 아이콘 의미가 명료한가? ⑤ 프로그램 설치가 쉽고 기능 실행이 안정적으로 되는가? ⑥ 필요에 따라 프로그램 내용을 수정 보완하거나 새로운 내용을 추가할 수 있는가? ⑦ 프로그램 실행에 도움이 되는 설명서나 소책자 등의 보조 자료가 제공되는가?

평가 준거		평가 항목
	상호 작용	① 컴퓨터와 학습자 간의 상호작용적인 능력이 잘 구현되어 있는가? ② 학습자의 반응에 대하여 피드백이 즉각적으로 제공되는가? ③ 피드백 형식(그림, 버튼, 문자, 설명 등)은 학습자 연령과 영어 수준에 적합한가? ④ 피드백은 다양한 정보를 제공하여 학습자의 주도적 문제 해결을 돕는가? ⑤ 학습자가 반복해서 다시 문제를 푸는 횟수가 최소화되어 있는가?
	멀티 미디어 요소	① 텍스트, 소리, 그래픽 및 동영상이 선명하게 제시되는가? ② 텍스트, 소리, 그래픽 및 동영상이 적재적소에 사용되어 학습자의 학습 동기를 진작시키고 학습에 도움을 주는가? ③ 학습자가 소리 및 동영상을 일시정지, 되돌리기 기능 등을 통해 통제할 수 있는가? ④ 음성인식 기능이 있다면 안정적으로 실행되는가? ⑤ 보다 풍부한 학습 자료를 제공하는 경우 안정적으로 웹으로 연결되는가?

(3) 교과서 CD-ROM을 활용한 초등영어 수업의 실제

교사들이 CD-ROM 타이틀을 활용할 수 있는 방법은 아래 표에서 제시한 방법 외에도 다양한 방법이 있으며 차시와 상관없이 혼용되어 사용할 수 있다. 실제 수업 지도안을 토대로 CD-ROM을 활용하는 예를 살펴보자.

[표 7-4] 영어 수업 차시별 CD-ROM 활용 방법

차시	항목	내용
1 차시	수업내용짐작	화면을 보여주면서 학습 내용을 짐작하게 한다.
	대화내용짐작	'음소거' 또는 '블라인드' 기능을 활용하여 대화 내용을 짐작하게 한다.
	대화듣기	대화 내용을 듣고 연습하게 한다: 전체-그룹-짝 연습 활동.
2 차시	대화내용짐작	'일시정지' 기능을 사용하여 대화 내용을 생각해 본다.
	대화듣기	대화 내용을 듣고 새로운 대화 내용을 구상해 본다.
	챈트/노래	챈트나 노래를 라인별로 연습한다.
3 차시	읽기 연습	CD를 통해 단어를 들려주고 따라 읽어보게 한다.
	문제 풀이	교과서에 있는 문제를 풀어보고 CD를 활용하여 정답을 확인한다.
	게임소개	게임에 대한 설명이나 진행 방법을 CD를 통해 확인한다.
4 차시	쓰기 연습	화면과 함께 쓰는 연습을 하거나 쓰기 예를 CD를 통해 확인한다.
	역할놀이	역할극 화면을 보여주고 따라 말하거나 대화 내용을 만들어 본다.
	복습	CD의 '문제듣기'를 통하여 평가를 한다.

위 방법을 4학년 "What are you doing?" 단원에 적용해 보자.

① 준비 단계 : 교과서 분석 및 CD-ROM 사용 시기 결정

- 교사는 교과서와 지도서를 분석하여, CD-ROM 활용 시기와 방법을 결정한다.

▸ 유의사항 : 사전에 컴퓨터나 CD-ROM의 작동 여부를 확인하고, CD-ROM의 메뉴를 숙지하여 실행할 때 어려움이 없도록 한다.

② 도입 단계 : 학생들과 가벼운 대화 나누기, 동기 유발하기

- 교사는 수업 시작 전에 "What are you doing?" 노래를 CD-ROM으로 재생하며 수업 분위기를 조성한다. 인사 및 학습 분위기를 조성한다.
- 동기유발이 되었으면 CD-ROM의 한 장면을 멈추고 학습 목표를 물어본다.
- 학습 목표를 학생들에게 제시한다.

▸ 유의사항 : 학습 목표를 물어볼 때 CD-ROM를 꼭 사용할 필요는 없다. 교과서 그림을 보고 추측하게 할 수도 있다.

③ 전개 단계 : 본시 학습 내용 제시, 대화 듣기, 연습하기

- 본시 학습 내용을 CD-ROM 타이틀로 보여준다.
- 이 단계에서는 다양한 교수 방법이 사용될 수 있다. 예를 들면, 소리 끄고 보거나 화면 없이 듣고 들리는 단어 적거나, 다음 장면을 예측한다거나 다양한 방법으로 지도할 수 있다.
- 대화 내용을 들려주고 교사와 학생들, 그룹별, 짝활동 등 다양한 활동을 통해 대화 내용을 연습하게 한다.
- 모션 게임 : 학생들이 좋아하는 게임을 이용하여 배운 표현을 연습, 정리한다. CD-ROM으로 게임을 설명하거나 진행 과정을 보여줄 수 있다.

▸ 유의사항 : 학생들이 CD-ROM의 내용을 제대로 이해했는지 간단한 질문을 통해 학습 내용을 확인한다. 원어민의 발음을 들려주고 따라 하는 연습도 할 수 있다.

④ 마무리 단계 : 배운 표현 확인 정리 및 평가

- CD-ROM을 보여주면서 배운 표현을 정리하거나 교사가 평가한다.

▸ 유의사항 : 학습 평가나 복습할 때에는 CD-ROM를 사용할 필요는 없다.
교과서를 이용하거나 교사의 질문에 의해 복습 및 평가할 수 있다.

영어 CD-ROM은 아직까지 수준별 학습이나 개별 학습을 제시하는 데 한계가 있다. 따라서 교사가 CD-ROM를 사용 시 심화, 보충 학습을 따로 준비할 필요가 있다. 또한 CD-ROM 시청 전후의 활동을 다양하게 구성하여 CD-ROM의 효과를 높여야 한다. 예를 들면, 시청 중 활동으로는 시청하면서 관계 있는 그림 찾거나, 연결하거나 순서대로 배열하기, 역할 따라하기, 듣고 행동하기, 내용 예상하기, 단어 추측하기, 특정 정보에 집중하기, 화자의 의도 생각해 보기 등을 활용할 수 있다. 또한 시청 후 활동으로는 CD-ROM에서 보여준 동영상 순서 대로 배열하기, 내용 요약하기, 문제 해결하기, 등장인물 마임하기, 역할극하기, 말풍선 채우기 등 다양한 방법으로 CD-ROM의 효과를 극대화할 수 있다.

3 디지털 교과서를 활용한 영어교육

(1) 디지털 교과서의 특징

급격하게 변화하는 21세기 정보기술 사회 속에서 많은 나라들이 미래 사회를 준비하는 새로운 교수-학습 방법 및 교수 자료 개발에 노력하고 있다. 특히 사회, 교육 환경의 빠른 변화는 교육과정의 수시 개정과 교과서의 변화를 요구하고 있다. 이러한 시대적, 사회적 요구를 반영해서 많은 나라에서 디지털 교과서 또는 e-book을 개발해 그 효과를 연구하고 있다(한종임, 2014).

디지털 교과서는 기존의 서책형 교과서에 용어 사전, 멀티미디어 자료, 실감형 콘텐츠, 평가 문항, 보충-심화 학습 내용 등 풍부한 학습 자료와 학습 지원 및 관리 기능이 포함되고 에듀넷 등 외부 교육용 콘텐츠와 연계가 가능한 교과서이다(그림 7-1 참고). 디지털 교과서를 활용함으로써, 교사와 학생들은 다양한 상호작용을 할 수 있고 학습자는 자신의 특성과 능력 수준에 맞게 보충, 심화 학습을 할 수 있다.

디지털 교과서는 다양한 멀티미디어 자료를 포함할 수 있는데, 여기에는 동영상, 사진, 음성, 용어사전, 평가문항, 조작형 학습자료 등이 속한다. 더불어 디지털 교과서는 가상현실, 증강현실과 같은 실감형 콘텐츠와 노트, 하이라이트, 녹음, 검색 등의 학습 지원 기능을 갖출 수 있다.

서책형 교과서(교과내용) + 풍부한 학습 자료 + 학습 지원 및 관리 기능 + 외부 자료 연계
= 전자저작물 형태의 교과용 도서(학생용 교재)

[그림 7-1] 디지털 교과서의 구성 (출처: 교육부. 2022 초등 검정 디지털교과서 설명회 자료)

(2) 디지털 교과서의 장점

첫째, 학습자들의 자기 주도적 학습이 가능하다. 디지털 교과서는 기존의 서책형과 다르게 다양한 멀티미디어 자료를 연계시킴으로 학습자들이 교사의 도움을 최소한 받으면서 자기 주도적 학습을 할 수 있다. 예를 들면, 기존의 서책형은 그림이나 글들이 제시되어 있는 수준 이상을 보여주지는 못한다. 하지만 디지털 교과서는 학생들이 모르는 단어를 바로 디지털 사전 기능을 이용해서 찾을 수 있고, 단어가 쓰인 예를 볼 수 있으며, 음성 또는 동영상으로도 들을 수 있다. 교사의 도움이 어느 정도 필요하지만 모든 정보가 디지털 교과서에 있기 때문에 혼자서 학습이 가능하다.

둘째, 수업 중 상호작용이 활발하게 일어난다. 최근에 학교에 보급되어 있는 전자칠판 또는 스마트 보드에서 학생들과 실시간으로 쓰고, 말하는 연습을 할 수 있으며 학생들의 학습 현황을 확인할 수 있다. 수업 중 테스트나 개별 과제 수행과 제출이 가능해서 즉각적인 피드백이 쉽다.

셋째, 실제적 자료를 활용한 수업이 가능하다. 문자, 사진, 애니메이션, 동영상등 실제 언어가 사용되는 장면을 보다 생생하게 접할 수 있다. 자신의 발음을 녹음해 보고 원어민의 발음과 확인도 할 수 있는 장점이 있다.

넷째, 교과서의 업데이트나 수정이 편리하다. 이전 교과서는 교육과정이 바뀔 때마다 새로이 교과서를 개정해야 하고 이전 교과서는 사용되지 않는 단점이 있었지만 디지털 교과서는 수시로 업데이트가 가능하기 때문에 시간이나 예산 측면에서 효율적이다.

(3) 디지털 교과서의 단점

전자파나 눈부심 등의 기술적인 문제는 계속적으로 해결해야 할 문제이다. 디지털 교과서가 제공하는 많은 자료와 기능을 교사나 학생들이 몰라서 효과적으로 사용하지 못하는 경우도 발생한다. 디지털 교과서의 가격이나 다른 기기와의 연동성 또한 해결해야 할 문제이다. 또한 많은 경우, 디지털 교과서가 서책형 교과서와 내용과 동일하여 독특하고 알찬 콘텐츠를 제시하는 데 한계를 보인다. 디지털 교과서가 성공을 거두기 위해서는 다양한 콘텐츠와 콘텐츠를 운영할 수 있는 플랫폼, 네트워크 형성 그리고 수신기기의 대중화가 필수적으로 해결되어야 한다. 마지막으로 로그인, 다운로드, 사용법 숙지 등의 절차로 인해 서책형 교과서에 비해 접근성 및 사용 편리성이 부족할 수 있다.

(4) 디지털 교과서 활용 시 유의사항

영어 디지털 교과서는 다음과 같이 학습 내용, 학습 기능, 운영 기술에서 차별화하여 학습자 맞춤형 개별 학습을 구현해야 한다(박현아, 2011). 첫째, 학습 내용 측면에서 디지털 교과서는 자가 진단 프로그램과 심화, 보충 자료 등을 제공해야 한다. 둘째, 기능적 측면에서 학습자의 능동적 상호작용이 가능하도록 즉각적인 피드백과 효율적 정보 검색 기능을 강화하고, 내비게이션, 학습활동, 커뮤니케이션, 외부 기능을 지원해야 한다. 셋째, 기술적 측면에서 어떠한 운영체제에서도 실현 가능해야 하며, 누구나 이용할 수 있도록 쉽게 개발하고 CD는 물론 인터넷에서 다운 받아 사용할 수 있도록 하며 도움말 기능을 제공하여 디지털 교과서 활용 시 어려움이 없도록 해야 한다. 더불어 학생들의 교수-학습 활동을 교사가 관리할 수 있는 시스템이 필요하다. 예를 들면, LMS(Learning Management System)을 활용하여 학생들의 학습 활동, 평가 등을 교사가 관리하는 것이 필요하다.

디지털 교과서를 활용한 영어 수업은 교사 중심 수업과 학습자 중심 수업으로 나눌 수 있다(한종임, 2014). 교사 중심 수업은 일반적인 도입-전개-정리의 구성을 취한다. [그림 7-2]는 한국교육학술정보원(2013; 39)에서 제시한 두 가지 형태의 디지털교과서 활용 영어 수업 모형이다.

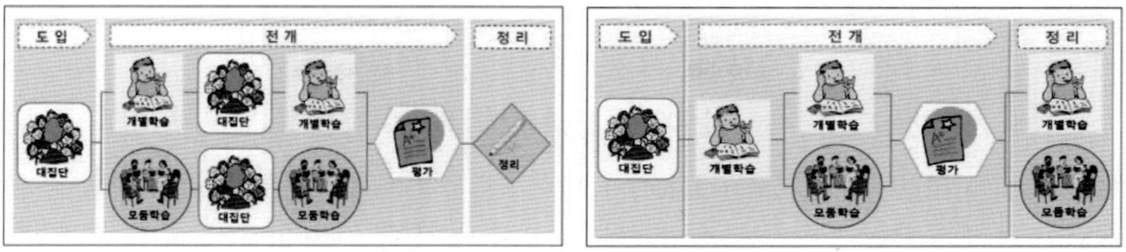

[그림 7-2] 디지털교과서 활용 영어 수업 모형

디지털 교과서를 활용한 학생 중심 수업에서는 교사의 개입이 줄어든다. 도입 단계는 교사 중심 수업과 유사하지만, 전개 단계에서는 교실 환경(예 1인 1기기, 1모둠 1기기)과 학습자 수준을 고려하여 활동과 그룹을 설계한다. 학생들은 개별학습 후 개별평가를 받거나, 개별학습 후 모둠학습 그리고 모둠별 평가 및 개별 평가하는 방식으로 진행이 된다. 따라서 정리 단계에서도 개별 학습이나 모둠학습으로 마무리할 수도 있다. 교사는 학생들의 안내와 피드백을 통해 자기 주도적 학습이 지원할 필요가 있다.

3 인터넷을 활용한 영어교육

1 인터넷을 활용한 영어 교수-학습

멀티미디어를 활용한 언어 수업(Multimedia Assisted Language Learning)은 CALL(Computer Assisted Language Learning), CMC(Computer Mediated Communication), CBI(Computer Based Instruction) 등의 용어로 혼용되어 사용되어 오고 있다. 이제는 인터넷의 발달로 WBI(Web Based Instruction), IBI(Internet Based Instruction)도 멀티미디어를 활용한 교수-학습의 한 형태로 자리 잡았다.

우리나라와 같은 EFL 환경에서 인터넷은 실제적인 영어를 접할 수 있는 좋은 언어 교육 매체이며 학습자의 흥미를 유발하여 적극적인 학습 참여를 이끌어 낼 수 있는 좋은 수단이다. 또한 하이퍼미디어로 구성된 학습 자료를 제공하여 언어 학습의 효율성을 높여줄 수 있다.

물론 인터넷을 활용하여 영어 수업을 진행할 때 주의할 점도 많다. 예를 들면, 통신 연결이 불안정하거나 속도가 저하될 수 있다. 그리고 무료 인터넷 자료는 전문적으로 제작된 교과서 CD-ROM에 비해 상호작용성이나 재미가 부족할 수 있다.

인터넷 기반 자료의 단점으로는 첫째, 교육과정 내용과 직접적인 관련이 있는 자료를 찾기가 쉽지 않다. 영어 학습과 관련된 사이트 많은 편이나 이를 막상 수업이나 학습에 활용할 때는 적합한 자료를 찾는 것이 마땅치 않은 경우가 많다. 둘째, 인터넷 기반의 자료들을 학습자 수준에 맞게 재구성해야 하는 것이 교사에게 부담이 될 수 있다. 셋째, 국외 사이트의 경우 원어민 아동이나 ESL 학습자들을 염두에 두고 제작된 것이 대부분이어서 EFL 환경에 있는 우리나라 아동들의 영어 학습에 사용하는 경우 여러 가지 어려움이 있을 수 있다. 넷째, 오디오, 비디오 자료가 많아서 내려 받는 데 시간이 많이 걸리는 경우 교수-학습 등 영어 교재 연구가 계획대로 진행되지 못할 수 있다. 다섯째, 인터넷상의 정보들이 마치 그물처럼 복잡하게 링크되어 있어, 자칫 가상공간의 미아가 될 가능성이 높다. 또한, 정보의 과부하는 학습자에게 심리적 부담감을 줄 수 있고, 학습을 위해 적합한 정보를 선택하는 데 어려움을 겪게 할 수 있다. 인터넷을 활용하여 교수-학습 활동을 할 때 이러한 어려움을 명심하여야 한다.

즉, 단순히 학습자의 흥미를 유발하는 자료를 제시하는 것만으로는 충분하지 않으며, 학습자 수준과 수업 목적에 부합하는 인터넷상의 영어 학습 자료들을 찾아 활용해야 한다. 이를 위해 우선 웹상의 다양한 학습 자료들을 분석-평가하고 적합한 내용을 선정하여 목록화하는 작업이 선행되어야 한다. 또한 다른 교사들과 함께 초등영어 교과과정과 관련된 양질의 인터넷 자료에 대한 정보를 공유하는 것이 필요하다. 마지막으로, 아동들이 온라인상에서 일어날 수 있는 여러 유해 요소들에 노출되지 않고 학습 활동에 전념할 수 있도록 교사는 아동들에게 미리 온라인상 안전 규칙에 대한 교육을 철저히 실시하여야 한다.

2 인터넷을 활용한 다양한 영어 교수 학습 방법

멀티미디어를 활용한 외국어 교수-학습 방법은 1세대 오디오, 비디오 등 아날로그 자료에서 컴퓨터를 활용한 디지털 자료 시대의 2세대로의 전환과 인터넷과 Web 2.0의 발달로 인터넷의 가상공간과 네트워킹을 활용하여 시공간 제약을 뛰어넘는 3세대로 발전했다. 휴대용 기기와 고속 네트워크는 멀티미디어 3세대를 더욱 발전시켜 주고 있으며 언어 교수-학습에도 영향을 주고 있다.

정보통신 기술과 인터넷의 대중화와 함께 발전해 온 인터넷 학습은 이러닝, 온라인 학습, 사이버학습, 웹기반 학습 등 다양한 용어로 사용이 되고 있다. 이 장에서는 인터넷을 활용한 교수-학습 방법을 크게 세 가지 유형으로 나눈다.

첫째, 인터넷 자료를 제시하는 교사 중심의 학습이다. Web 1.0처럼 온라인 웹사이트에서 제공되는 정보를 일방적으로 받아들이기에 어느 정도의 상호작용이나 피드백은 주어지지만 학습자가 주도적으로 학습을 이끌어 나가기엔 제한적인 형태이다. Web 1.0이 한계점은 있으나 여전히 많이 활용되는 방법이며, 이러닝 초기 단계의 영어 학습이나 화상을 통한 영어 학습이 대표적이다. 화상을 통한 영어 학습은 초기 이러닝이 갖고 있는 단점을 극복한 새로운 교수-학습 방법이지만 교사 주도적인 면이 많기 때문에 여전히 인터넷 중심 및 교사 중심의 학습 방법이라고 할 수 있다.

둘째, 인터넷을 기반으로 한 학습, 즉 Web 2.0처럼 온라인 웹사이트에서 제공되는 정보를 학습할 수 있을 뿐만 아니라 학습자가 직접 참여해 지식과 정보를 형성해 나갈 수 있는 형태이다. 웹 2.0을 활용한 영어 수업은 학습자가 자신의 학습을 신장시켜 나갈 뿐 아니라 정보와 자료를 공유하거나 재구성하며 다른 학생들과 상호작용 할 수 있다. SNS(Social Network Service), 위키(wiki), 블로그(blog) 등을 활용한 방법이나 인터넷을 다른 멀티미디어 자료와 혼합하는 형태가 있다. 온라인과 오프라인을 혼합한 블렌디드 수업도 여기에 해당된다.

셋째, 인터넷을 매개로 하는 학습으로 무선 인터넷의 특징을 활용한 스마트 폰이나 태블릿 PC를 활용하는 형태이다. 이 형태는 학습자가 자신의 스마트 폰으로 언제, 어느 곳에서나 학습할 수 있기 때문에 유비쿼터스 학습 혹은 U-러닝으로 불리기도 한다. 유비쿼터스란 단어는 라틴어로 언제 어디서나 동시에 존재한다는 의미이다.

이제 위 세 가지 교수-학습 유형의 대표적인 학습 방법의 특징과 장단점을 알아보자.

3 인터넷 활용 영어 교수-학습 유형 I : 자료 제시형

(1) 인터넷 자료를 활용한 교실 수업

교사는 다양하고 풍부한 인터넷 자료를 수업 시간에 제시함으로써 학업 동기를 유발하고 교육 내용을 쉽고 재미있게 제시할 수 있다. 두 가지 사례로 살펴보자.

① 수업 사례: 단원 표현 및 주제 관련 UCC 자료 활용

교과서 CD-ROM은 저작권 문제나 어휘 제한 등의 한계로 인해, 인터넷의 다양한 동영상 UCC(User Created Contents)를 담을 수 없다. 만약 교사가 수업에 적합한 동영상 UCC를 활용한다면, 외국 문화를 자연스럽게 소개하여 학습 동기를 높이고 다양한 교수-학습 활동을 도입할 수 있다. 구체적 사례를 "What Are You Doing?" 단원에 초점을 두고 살펴보면 아래와 같다.

가. 준비 단계 : 교과서 분석 및 동영상 자료 준비

- 학습 내용과 관련이 있으며 학생들의 동기유발에 도움이 되는 동영상을 찾아 놓기
- 유의사항 : 실제적인 자료를 찾되, 문화적으로 이해 및 수용가능한 UCC를 찾기

나. 도입 단계 : 학생들과 가벼운 대화 나누기, 동기 유발하기

- 노래 재생: 교사는 수업 시작 전에 "What are you doing?" 노래를 오디오로 재생해 주며 수업 분위기를 조성한다(좌측 그림).
- 영상 시청: 영미권 생활을 담은 UCC나 만화/영화 한 부분을 보여준다(우측 사진).

[그림 7-3] 동영상 UCC 예시

- 유의사항 : 자막을 넣는 것은 학생의 수준을 고려하되, 처음 동기 유발 시에는 학생들의 생각을 활성화시키기 위해 자막을 넣지 않도록 한다. 동영상을 보여

준 후 본 차시의 주제를 자연스럽게 연결시키며 학습 목표와 학습 활동을 제시한다.

다. 전개 단계 : 애니메이션 UCC 또는 UCC를 캡쳐한 사진 활용하여 대화문 연습

• 대화 UCC 활용: 주요 표현이 담겨 있는 대화 UCC를 학생들에게 보여주며 다양한 교수 방법을 사용한다. 예를 들면, 소리 끄고 보거나 화면 없이 듣고 들리는 단어 적거나, 다음 장면을 예측한다거나 다양한 방법으로 지도할 수 있다.

▸ 유의사항 : 동영상 대화 내용은 1~2분 정도로 짧게 보여준다. 듣고 따라 말하기 활동 시 "전체활동–그룹활동–짝활동" 등 다양한 방법으로 연습할 기회를 준다.

• 재미있는 사진 활용: 교사가 수집한 다양하고 재미있는 동작을 보여 주는 사진을 파워포인트로 보여주며 학습 내용을 심화시킬 수 있다.

▸ 유의사항 : 교육과정에서 제시한 어휘 수준에서 가르치되, 일상생활에서 쉽게 접할 수 있는 동작은 가볍게 다뤄준다. 학생들이 자신만의 영어 사전을 만들어 봄으로써 동작에 대한 영어 단어를 익힐 수 있다.

• 노래하기 : 학습 내용과 관련 있는 노래나 챈트를 불러보는 활동을 한다.

▸ 유의사항 : UCC를 활용해 노래나 챈트를 지도할 때, CD-ROM과는 다르게 라인별로 부를 수 없거나, 가락만(instrument only) 제공되는 UCC를 찾기가 쉽지 않다. 교사가 편집해 사용하거나 학습지를 활용하는 등 교사의 재구성이 필요하다.

• 스피드 게임 : 동영상에서 캡쳐한 사진 등을 활용해서 학생들이 표현하게 하거나, 동영상을 틀어주면서 동작과 관련된 표현 등을 그룹별로 찾아보게 한다.

▸ 유의사항 : 경쟁과 협동의 원리를 잘 이용하며, 모든 게임에서 나타날 수 있는 지나친 경쟁은 피하도록 한다. 학생들이 만든 동영상/사진으로 게임을 할 수도 있다.

라. 마무리 단계 : 배운 표현 확인 정리 및 평가

• 배운 표현을 정리하거나 교사가 평가한다. 또한 처음에 보여주었던 동영상을 다시 한 번 보여주면서 동작과 관련된 표현을 연습한다.

▸ 유의사항 : 학생들은 가정에서 교사가 연결한 UCC를 학교나 학급 홈페이지를 통해 연습할 수 있게 한다.

② 수업 사례: 인터넷 도서관 자료 활용

초등학교들의 전자도서관이나 '키즈클럽' 등과 같은 많은 영어 학습 사이트에서 멀티미디어 영어 이야기를 제공하고 있다. 교사가 아동들에게 영어 이야기를 읽을 수 있는 곳을 안내해 준다면 아동들의 자기주도적 학습 활동에 도움이 될 수 있다. 또한 이러한 이야기들을 활용하여 영어 수업을 한다면 아동들의 흥미 유발과 영어 학습에 효과적일 수 있다. '키즈클럽'에 제시된 영어 이야기를 활용하여 아래의 예와 같이 읽기 활동을 구안해 볼 수 있다.

- 주소 : http://www.kizclub.com/storytime/week/weekprint.pdf
- 제목 : 'My Week'
- 구성: 요일별 활동 7페이지 & 마무리 1페이지
- 이야기 전문(페이지 번호 & 문장)

1. Today is Monday. On Mondays, I help my mom to shop. 2. Today is Tuesday. On Tuesdays, I go to my swimming lesson. 3. Today is Wednesday. On Wednesdays, I go to the library to take out some books. 4. Today is Thursday. On Thursdays, I play baseball with my friends. 5. Today is Friday. On Fridays, I walk my dog. 6. Today is Saturday. On Saturdays, I ride my bike. 7. Today is Sunday. On Sundays, I go to the park with my family. 8. I'm busy every day of the week and I enjoy each day.

- 활동 요약 : 한 주 동안의 생활을 요일별로 들려주는 이야기 'My Week'를 읽는다.
  - 화면에 제시된 그림과 문장을 보면서 모두 같이 소리내어 읽기
  - 화면에 제시된 그림과 문장을 보면서 교사의 낭독을 들으면서 눈으로 읽기
  - 인쇄한 자료를 각자 읽기, 개별 컴퓨터/스마트기기 화면으로 각자 읽기
- 준비 활동 : 교사는 미리 이야기의 제목이 나와 있는 화면을 띄워놓는다. 또한 학생들이 이해하기 어려울 수 있는 영어 표현을 미리 학습시킬 수 있다.
- 온라인 활동 : 'My Week'를 포함하여 다양한 이야기를 웹사이트에서 찾아 읽게 한다. 이때 학생들이 의미를 파악하기 위해 화면에 제시되는 그림을 활용하도록 지도한다. 다음 그림은 'My Week'의 세 번째 페이지 화면이다.

[그림 7-4] 'My Week'의 세 번째 페이지 화면

- 오프라인 활동 : 아동들이 이야기를 이해했는지 점검할 수 있는 학습지(worksheet)를 미리 마련하여 나누어준다. 멀티미디어 어학실의 경우 학습자 개인별로 컴퓨터를 사용하여 이야기를 읽으면서 학습지를 풀게 하면, 문자 외에 그림 등을 보고 답을 할 수 있다. 이야기가 요일별로 총 8페이지로 구성되어 있으므로 한 페이지씩 읽고 그 내용에 대해 학습자들이 대답을 학습지에 기록하면 다음 페이지로 진행해 나간다.
- 후속 활동 : 아동들은 이야기를 프린트하여 색칠도 하고 순서대로 묶어 하나의 이야기책을 만들어서 오프라인 상에서 읽는 연습을 할 수도 있다. 또한 이야기의 내용과 언어 형태를 모델로 하여 자신의 한 주 동안의 이야기를 써서 그림과 함께 하나의 책으로 완성하게 해보는 쓰기 활동으로 연계할 수도 있다. 그림을 제시하면 자신의 한 주 이야기를 말하게 하는 활동도 가능하다.

(2) E-Learning을 활용한 영어 교수-학습

① 특징

인터넷 학습은 온라인 학습, 사이버학습 또는 이러닝으로도 사용되고 있다. 인터넷이 처음 소개된 시기에는 인터넷의 기술적인 특징을 많이 강조했으나 최근에는 "경험(experience), 확장(extension), 확대(expansion)의 의미로 학습(learning)을 더 강조"하고 있다(류다영, 2013: 52). 학습자들의 경험을 질적, 양적으로 확장시켜야 주어야 한다는 맥락에서 이 책에서는 이러닝으로 통일하여 사용하겠다.

② 장점

첫째, 학습자는 교사가 제시한 자료를 자기 주도적 학습에 활용할 수 있다.

둘째, 시간(예 반복)과 공간(예 대도시, 지방)의 제약 없이 학습이 가능하다.

셋째, 다양한 멀티미디어 자료를 활용하여 상호작용이 활발하게 일어난다.

넷째, 면대면에서 발생할 수 있는 심리적 불안감을 해결할 수 있다.

다섯째, 학습 비용을 절감할 수 있고, 학습 자료의 수정 및 개발이 유연하다.

여섯째, 다른 나라의 문화를 자연스럽게 배울 수 있다.

③ 단점

첫째, 교사와 학생, 학생과 학생 간의 감성적 교류의 어려움이 있다. 동영상으로 혼자 학습하면 초등학생에게 필요한 감성적 교류의 단절이 있을 수 있다.

둘째, 학습자들의 집중력 저하가 올 수 있다. 동영상을 시청하거나 인터넷에 제시된 과제를 해결할 때 집중력이 떨어지면, 학습의 지속성을 기대하기 어렵다.

셋째, 학습 외적인 영향이 크다. 인터넷 속도나 컴퓨터 성능에 영향을 받을 수 있다.

넷째, 전적으로 학습자 자율에 의존해야 한다. 오프라인에선 수시 지도와 피드백이 가능하지만 이러닝은 이러한 교사의 역할이 제한적일 수밖에 없다.

④ 지도 시 유의사항

이러닝이 가지고 있는 장점을 활용한 영어교육 사례들이 공통적으로 지목하는 유의사항은 다음과 같다.

첫째, 온라인 커뮤니티를 적극 활용해야 한다. 온라인 커뮤니티는 학생들이 이러닝 학습 동안에 느낄 수 있는 외로움, 상호작용의 부족 등을 채워줄 수 있다. 온라인 커뮤니티를 통해 또래 간 상호작용이 가능하며 책임감과 학습 참여의 기회를 확대된다.

둘째, 교사의 지속적인 피드백이 필요하다. 이러닝 학습 기간 동안에 학습자들이 몰아서 학습을 하지 않도록 교사의 주기적인 학습이나 과제의 확인이 요구된다.

셋째, 학생들의 이러닝 학습 습관을 조성해 주어야 한다. 이러닝 학습 환경은 오프라인 학습 환경과 전혀 다르고, 상호작용 없이 혼자 학습하는 경우가 대부분이므로, 이러닝을 시작하기 전에 교사의 안내 및 습관 형성을 위한 적응 시간을 주어야 한다.

⑤ 주요 사례: EBS English

이러닝의 대표적인 웹사이트는 EBS가 제공하는 EBS English 프로그램이 있다

(http://www.ebse.co.kr). EBS English 프로그램은 펀리딩, e클립, 온라인콘텐츠, 방과후 영어 등(2022년 12월 기준) 다양한 이러닝 프로그램을 제공하고 있다.

EBS가 제공하는 방과후 영어 초등 이러닝 학습의 예를 들면 다음과 같다.

[그림 7-5] EBSe 방과 후 영어 초등 이러닝

EBS에 따르면, 방과후 영어는 "정규교육과정과 연계하여 방과후 영어교육에 필요한 학습 교재 및 관련 콘테츠를 제공하여 정규 수업과 자기주도형 가정 학습을 지원하는 종합 학습 서비스"이다. 듣기, 말하기, 읽기, 쓰기 중심의 이러닝 학습 프로그램을 제공하고 있다. 단원이 끝나면 스스로 평가를 하면서 자기 학습을 점검할 수 있다.

4 인터넷 활용 영어 교수-학습 유형 II: 학습자 참여형

이러닝은 시공간을 넘어선 학습이 가능하지만, 면대면 학습의 기회가 없는 것이 가장 큰 단점이다. 이러한 한계를 극복하는 방법으로 원격 화상 교육이 있다. 원격 화상 교육은 다양한 지역의 교사와 학생들이 실시간으로 소통하는 형태의 교육으로, 다양한 화상 교육 플랫폼이 널리 사용되고 있다.

또한 이러닝과 화상 교육의 장점을 취하면서, 오프라인 활동을 함께 진행하며 학급 구성원과의 동질성이나 교사와의 관계 형성을 도모하는 방법으로 혼합형 영어 교수-학습이 있다. 학습자들이 오프라인 학습을 통해서 온라인 학습에서 경험할 수 없는 면대면 상호작용의 기회를 갖고 온라인을 통해 학습을 지속시켜 나가는 방법이다. 나아가 학생들의 주도적인 활동이 가능한 SNS와 블로그를 영어 교육에 활용할 수 있다.

(1) 화상을 활용한 원격 영어 교수-학습

① 특징

인터넷으로 동시 학습(synchronous learning)을 구현하기 위하여 화상용 소프트웨어로 수업하는 교수-학습 방법이 개발 및 소개되고 있다. 비동시적 학습(asynchronous learning=미리 제작한 교육 콘텐츠를 편리한 시간에 학습)인 이러닝에 비해 화상을 활용한 학습은 학습자의 실제성과 집중도를 유지하는 데 효과적이다.

영어교육에서는 원어민을 활용한 원격화상교육이 활발하게 진행되어, 높은 수준의 학습자 만족도와 학습 효과를 거두고 있다(오영범, 이상수, 2010). 원격 화상 교육은 개인 대 집단 간의 학습도 가능하기에 다양한 영어교육 현장에서 활용되고 있다.

② 장점

원격 화상 교육의 장점은 이러닝이 갖고 있는 많은 장점을 모두 포함한다. 예를 들면 원거리 학습이 가능하고, 교육 비용을 절감할 수 있다.

동시에 이러닝이 갖고 있었던 한계점을 다음과 같이 극복할 수 있다.

첫째, 실시간 상호작용으로 면대면 상황과 동일한 교육적 경험이 가능하다.

둘째, 학생들의 반응에 따라 신속하고 정확한 피드백을 줄 수 있다. 원격 화상 교육 환경에서는 교사가 학생들의 정의적, 심리적인 면을 고려하여 학습을 진행할 수 있다.

셋째, 이러닝에서 불가능했던 그룹 단위 토의와 과제 해결이 가능하다.

넷째, 실시간으로 교수-학습 자료를 공유 및 추가할 수 있다.

③ 단점

원격 화상 교육이 갖고 있는 문제점은 기존의 이러닝이 갖고 있는 문제점과 비슷하다. 예를 들면 컴퓨터 성능이나 인터넷 속도의 영향을 받을 수도 있다. 또한 장시간 컴퓨터 화면을 응시하다 보면, 학습자들의 집중력 저하가 올 수 있다.

초등 영어교육에서도 화상 교육을 실시하고 있지만 아래의 문제점들이 있다.

첫째, 원활한 화상 교육을 위해서 참여자들이 기본 장비, 인터넷 연결 등을 갖추어야 한다. 특히 카메라, 마이크, 인터넷 속도가 중요하므로 초기 비용이 많이 들 수 있다.

둘째, 화상 교육 시스템에 대한 교사와 학습자들의 이해와 사용이 숙달되어야 한다.

셋째, 학생 수에 제한을 받는다는 것이다. 학생 수가 많아지면 교실에서 학습할 때보다 상호작용이 더 적어지고 교사의 일방적 수업으로 변질될 수 있다.

넷째, 초등영어교육은 영상 활용 비율이 높은데, 교사가 송출하는 영상이 끊기거나 화질이 나빠질 수 있다.

④ 지도 시 유의사항

원격 화상 교육을 위해 교사는 일반 교실이나 이러닝 학습과 다른 교수-학습 전략을 구성해야 한다. 원격 화상 교육을 위한 여러 가지 수업 모형이 개발 및 보고되고 있으며 그 수업의 핵심은 역시 교사에게 달려있다고 할 수 있다. 교사는 화상 수업 시 사용할 주요 표현과 주제를 학교 또는 학급 홈페이지를 통해 학생에게 알려 준다. 주제와 관련된 동영상이나 뉴스, 기타 자료 등을 함께 연결해서 학생의 배경 지식을 넓혀 줄 수도 있다. 수업 전 학습에 대한 준비뿐만 아니라 화상 수업을 위한 인터넷, 헤드셋, 컴퓨터 상태 등을 점검하여 학습할 수 있는 환경을 조성해야 한다.

수업이 시작되면, 원격화상으로 수업이 이루어지기 때문에 교사의 적절한 학급 통제 방법과 학생들의 흥미를 지속적으로 유지시킬 수 있는 교사의 능력이 요구된다. 학습자들이 스크린을 통하여 영어 학습시 초기에는 호기심으로 참여도가 높을 수 있으나 지속적인 피드백과 참여의 기회가 주어지지 않으면 오프라인 학습보다 학습의 효과가 떨어지게 된다. 또한 교사는 학습 내용과 활동의 특징에 맞게 전체 활동, 개인 활동, 짝 활동, 모둠 활동을 활용할 수 있는데, 이를 위해 교사는 화상 교육 플랫폼의 여러 구성 기능과 연동 온라인 교구를 수월하고 신속하게 다룰 수 있어야 한다. 교사의 원거리 학습자의 학습에 대한 열정과 화상 교육에 필요한 기자재 숙달 등이 성공적인 화상 교육으로 이루어질 것이다(신동로, 정민수, 이송희, 2009).

(2) Blended learning을 활용한 영어 교수-학습

블렌디드 학습은 하이브리드(hybrid learning) 또는 혼합형(mixed learning) 학습으로도 불린다. 이러닝 혹은 온라인 학습과 오프라인 학습의 결합으로 보기도 하고, 오프라인 학습의 연장 활동으로 보기도 한다(Driscoll, 2002). 블렌디드 학습은 이러닝 학습이 가지고 있었던 제한점, 즉 학습자의 소외감, 인간적인 피드백과 상호작용의 부족 등을 최소화하기 위해 여러 가지 형태로 제안이 되었다. 단순히 온라인, 오프라인을 결합하기도 하고, 여러 가지 학습 방법을 혼합하기도 하며 또는 다른 멀티미디어 자료를 이용하기도 한다. 비실시간 온라인 교육(예 이러닝)과 실시간 온라인 교육(예 화상 수업)을 혼합할 수도 있다.

초등영어교육에서 블렌디드 학습의 장점은 다양한 멀티미디어 자료를 활용하고, 학습자들에게 자기 주도적 학습 및 개별 학습을 가능하게 해주며 온라인 학습이 갖고 있던 정의적인 교류의 부족을 오프라인 만남을 통해 해결할 수 있다(서지연, 심창용, 2012).

(3) Flipped learning을 활용한 영어 교수-학습

① 특징

거꾸로 교실(flipped classroom)은 온라인과 오프라인 교육을 병행한다는 점에서 블렌디드 학습 형태의 하나라고 보기도 한다(Hamdan et al., 2013). 거꾸로 교실이라는 용어는 외국에서 flipped classroom, inverted classroom으로 혼용되어 사용된다. 이 학습 방법은 기존의 전통적인 수업방식을 뒤집는 수업 방법이다. 학생들이 가정에서 숙제를 해 오고 교실에서 교사의 수업을 듣는 방법이 아닌 교사가 제작한 동영상이나 인터넷상의 자료를 학생들이 가정에서 미리 시청하는 것이다. 학교에서 교사는 간단한 퀴즈로 학생들의 이해 여부를 확인하고 비디오와 관련된 주요 활동을 수준별로 학생들에게 제공하는 방법이다. 이 학습 방법은 처음에 과학 과목과 같은 개념학습에 주로 사용되었으나 지금은 실제적 학습 활동이 많이 필요한 영어과에도 시도가 되고 있다. 교실에서 실습의 기회가 적은 영어 과목의 경우 가정에서 어느 정도 기본 표현을 익히고 교실에서는 실제적 과제를 가지고 의사소통 활동에 전념할 수 있는 교수-학습 방법이라고 할 수 있다. 거꾸로 교실이 블렌디드 학습과 다른 점이 있다면 학생들이 좀 더 학습의 주체가 되고 온라인 학습보다 교실에서의 활동이 중심이 되는 교수-학습 방법이다.

② 장단점

이러닝과 블렌디드 학습이 갖고 있는 장점을 거꾸로 교실도 갖고 있다. 예를 들면, 개인별 수준별 학습, 반복 수강, 원거리 수업, 시공간 제약의 극복이 가능하다. 이 밖에도 거꾸로 교실만이 갖고 있는 특징을 살펴보면, 첫째, 수업시간에 교사와 학생 간 상호작용과 개별화 접촉 시간이 증가한다. 학생들은 이미 학습 내용을 가정에서 동영상으로 시청하면서 예습해왔기 때문에 수업 시간에는 교사가 준비한 활동에 초점을 둔다. 따라서 교사와 학생 간의 상호작용이 더 많이 일어난다. 둘째, 학생들이 자신의 학습에 책임을 진다. 미리 학습할 내용을 알고 수업 준비를 함으로써 자기 주도적인 학습과 책임감 신장을 기대할 수 있다. 셋째, 수준별, 개인별 학습이 체계적이다. 학습 초기에 교사는 학생들의 이해를 바탕으로 바로 수준별 학습을 실시할 수 있기 때문에 부진아 학습을 좀 더 집중적으로 수업시간에 지도할 수 있다. 넷째, 학부모 참여가 가능하다. 학생과 함께 동영상을 시청함으로써 자녀 학습에 대한 학부모의 참여와 학교 교육 이해에 도움을 기대할 수 있다.

거꾸로 교실 역시 이러닝, 블렌디드 학습이 갖고 있는 한계가 있다. 즉 학습자의 준비가 부족하면 오히려 역효과를 낼 수 있으며 학생의 개인적 학습이 컴퓨터나 인터넷 속도 등 환경에 따라 영향을 받을 수 있다. 이 밖에도 학부모의 참여가 부족하거나 가정에서의 학습 환경이 마련되지 않으면 초등학생의 경우 자기 주도적 학습이 쉽지 않기 때문에 부작용을 일으킬 수 있다. 또한 교사들이 사전에 동영상을 제작해야 하기 때문에 교사들에겐 또 하나의 부담거리가 될 수도 있다.

③ 지도 시 유의사항

거꾸로 교실의 핵심은 온라인 학습을 위한 동영상 제작과 오프라인에서의 교사의 역할이다. 초등학교 영어 수업에서 모든 차시에 거꾸로 수업을 적용하기는 무리가 있으므로 2차시나 4차시에 실시하는 것이 보다 효과적이다. 교사가 수업 전에 동영상을 제작해야 하는데 Bergmann과 Sams(2012)는 동영상 강의는 6~7분 이내로 제작하는 것이 학생들의 집중도와 학습에 효과가 있다고 주장한다. 교사의 역할이 다른 어떤 교수-학습 방법보다 중요시되는데 첫째, 교사는 동영상에서 학습 목표를 분명하게 제시해야 한다. 학생들에게 동영상을 통해서 기대하는 효과, 수업시간에 기대하는 효과 등을 분명하게 제시해 학생들이 방향을 잃지 않도록 한다. 둘째, 학생들의 자발적인 활동 및 동료 학습을 장려한다. 거꾸로 교실의 필요성과 성공 요소 등을 계속 지도하고, 가정에서 자발적인 학습 활동 및 수업 시간에 협력 학습을 격려한다. 셋째, 수업 시간에 사전 학습이 제대로 이루어졌는지를 평가한다. 간단한 퀴즈를 통해 학생들의 학습 이해도를 평가하고 수준별 수업이 이루어질 수 있도록 한다. 넷째, 다양한 활동 및 평가를 준비한다. 교실에서의 학습 대부분이 활동 중심으로 이루어지기 때문에 개인, 짝, 그룹 활동 등 다양한 활동을 준비하며 그에 따른 평가를 준비한다.

아래 모형은 멀티미디어 수업 모형을 응용한 거꾸로 교실의 교수-학습 모형이다.

[표 7-5] 거꾸로 교실을 활용한 멀티미디어 교수-학습 모형

수업 전	교사 : 2차시에 사용할 주요 영어 표현을 파워포인트로 제시하고, 교사의 간단한 학습 지도와 주요 영어 표현이 있는 대화 장면을 편집해 연결시킨다. 학생 : 가정에서 교사가 올려놓은 동영상을 반복해서 시청한 후 교사가 제시한 동영상 과제를 해결한다(동영상 내용을 부모님과 함께 역할극을 해본다).
↓	
수업 도입	교사 : 동영상과 관련된 질문이나 퀴즈로 학생들의 학습을 확인 점검한다. 학생들을 수준에 따라 3-4 그룹으로 조직한다. 학생 : 동영상 시청과 관련된 질문을 한다.
↓	
수업 전개	교사 : 3-4 그룹에 맞는 활동을 제공한다. 궤간 순시하면서 활동에 대한 피드백을 준다. 학생 : 수준별, 그룹별 활동을 하며, 필요시 동영상을 재시청한다.
↓	
수업 마무리	교사, 학생 : 동영상에 대한 학습 정리와 활동에 대한 경험 등을 나눈다.
↓	
수업 후	교사, 학생 : 온라인 커뮤니티를 통해 학습을 통해 알게 된 점, 궁금한 점 등을 나눈다.

위 수업 모형에서 보듯이 거꾸로 교실의 성공 여부는 수업 전 활동이라 할 수 있다. 수업 전에 교사가 동영상을 제작하는 것과, 학생들이 미리 그 동영상을 시청하여 학습을 하게 하는 부분에 많은 시간과 노력이 필요하다. 동영상 제작을 위해 교사 단독으로 녹화하는 경우도 있으나 동료 교사와의 협력이나 온라인에서의 자료 공유를 통해 제작 부담을 줄일 수 있다.

(4) SNS(Social Network Service)를 활용한 영어 교수-학습

① 특징

SNS는 웹을 기반으로 친구나 가족과 같은 관계 형성을 맺고 서로의 사진이나 이야기를 나누는 사회적 연결망을 말한다(Boyd & Ellison, 2008). SNS는 페이스북, 인스타그램, 트위터, 카카오톡, 네이버밴드 등 다양한 종류가 있다. SNS의 특징을 나타내는 핵심 단어는 networking이다. Networking은 관계의 형성을 의미하는 데, 이로써 SNS는 전통적인 면대면 만남을 온라인상에서 가능케 한다.

SNS가 교육적으로 활용이 되어 학습자들 사이의 상호작용과 정의적 영역에 긍정적인 효과를 가져왔다는 연구들이 많다. 한국과 같은 환경에서 SNS는 영어로 표현해 보는

공간을 교실 밖에서도 제공해 줄 수 있다는 점에서 긍정적으로 받아들여진다.

② 장단점

SNS 활용 영어 교수-학습이 주는 장점으로는 첫째, 학생들끼리의 학습 정보(예 관련 웹사이트, 과업 특징) 교환이 편리하다. 둘째, 토론 문화 형성에 도움이 된다. 오프라인에서 부족했던 대화나 토론을 SNS에서 보충하거나 심화할 수 있다. 셋째, 창의-인성 교육에 효과적이다. 학생들은 다양한 생각을 영어로 표현할 수 있고 다른 학생들의 의견을 고려하며 배려하는 인터넷 예절을 배울 수 있다. 넷째, 개별적인 피드백이 가능하다. 가령 교사는 원하는 때에 SNS에서 학생의 글을 읽고 지도할 수 있다.

하지만 단점 역시 존재하는 데, 우선 학습자의 개인적인 일상생활이 공개되어 부정적인 영향을 끼칠 수 있다. 가령 자신의 이야기를 공개하기 싫어하거나 인터넷상에서 글쓰는 것을 두려워하는 학생들이 있을 수 있다. 또한 SNS에서 cyberbullying이 발생할 수 있고, SNS에 대한 지나친 중독도 극복해야 할 문제점이다.

③ 지도 시 유의사항

특성상 영어교육에서는 쓰기 능력과 정의적 태도를 신장시키기 위해 SNS를 많이 사용하고 있다. 물론 SNS에 오디오 기능을 추가하여 학생들의 듣기, 말하기 능력을 기를 수도 있다(박혜정, 2013). SNS를 활용하여 영어 쓰기 지도 시 수업 이후의 유도 글쓰기나 자유 글쓰기 기회를 주는 것이 필요하다. 학습과 관련된 주제를 제공해서 SNS에서 글쓰기 활동을 지속시켜 줄 필요가 있다. 또한 동영상이나 읽기 자료를 공유함으로써 학생들이 4가지 언어 기능을 함께 연습할 수 있도록 지도할 수 있다. 마지막으로 학습자의 정의적 특성을 반영하여 익명성과 개방성을 적절히 활용해야 한다.

(5) 블로그를 활용한 영어 교수-학습

① 특징

블로그(blog) 또는 web-log는 개인의 의견, 간단한 정보를 인터넷에 작성하는 개인 사이트를 말한다(Williams & Jacobs, 2004). 블로그는 간단한 자기 정보 작성에서부터 정보를 서로 나누고 함께 작업하는 지식 공유의 장소로 활용되고 있다. 블로그를 활용한 영어 수업도 활발히 연구되고 있는데 특히 영어 쓰기에서 많은 긍정적인 효과를 보이고 있다(Mynard, 2007). 블로그는 학습자들에게 편안하게 쓰기 활동을 할 수 있는 환경을 제공해 줄 뿐만 아니라 멀티미디어 자료를 이용하여 자신의 글을 더 효과적으로 표현할 수 있다. 또한 자기 주도적 학습이 가능하고 다른 학생들과 피드백을 주고받으며 풍부한 의사소통이 가능하다고 말하고 있다.

② 장단점

블로그가 가지고 있는 장점으로는 첫째, 사용하기가 쉬우며, 둘째, 빠르게 소식을 접하고 전달할 수 있고, 셋째, 상대방과 정보를 교환하기 쉬우며, 넷째, 내용 관리와 보관이 쉽고, 다섯째, 커뮤니티의 기능을 갖고 있어 온라인상에서 사람들 간의 유대감을 유지할 수 있다(최와니, 이재희, 2010). 또한 블로그는 자신의 학습을 돌아보고 반성하는 습관을 기르는 데 도움을 줄 수도 있다. Paquet(2003) 역시 블로그의 장점으로 개인적인 내용을 작성할 수 있고, 내용을 업데이트하는 것이 편하며, 누구나 접속해서 읽을 수 있다고 하였다. 정기적으로 글을 쓸 경우 과정 중심의 쓰기가 가능하고 자신의 글쓰기를 추적할 수 있다.

하지만 블로그가 가지고 있는 개방적인 특성 때문에 SNS 활용 영어 교수-학습 방법처럼 필요시에는 접근 인원을 제한할 필요도 있다. 비록 업데이트하거나 자료를 올리는 데 특별한 기술은 필요 없지만 블로그를 꾸미는 데 시간이 많이 소요될 수 있다. 또한 블로그는 비동시적 성격을 띠므로 교사의 지속적인 지도나 학생들 간의 반응이 없을 경우 상호작용이 일어나지 않아 학습 효과가 떨어질 수 있다.

아래는 블로그를 활용한 초등학교 영어 쓰기 지도의 한 예이다.

[표 7-6] 블로그를 활용한 멀티미디어 교수-학습 모형 (쓰기지도)

단계	내용
사전 활동 단계 (블로그 활동 안내)	교사가 학생들의 수업 활동과 관련된 내용과 주제와 관련된 사이트를 미리 연결시켜 놓는다.
↓	
도입을 위한 제시 (Presentation/Introduction)	과업 전 단계 : 쓰기 전 단계 선택활동 중 수행할 활동의 선택
↓	
연습 단계 (Practice/Development)	과업 수행 단계 : 쓰기 중 단계 기본활동 수행, 선택활동 해결을 위한 웹사이트 검색과 자료 수집, 활동 결과 정리
↓	
의사소통의 단계 (Production/Communication)	과업 후 단계 : 쓰기 후 단계 학생 블로그에 활동 결과 탑재, 활동 소감문 작성, 과업 시 사용한 표현 연습
↓	
마무리 단계 (Wrap-up/follow-up activities)	활동 결과 공유

③ 지도 시 유의사항

교사는 먼저 개인별로 블로그를 운영할 것인지 아니면 교사가 운영하는 블로그를 학생들에게 개방할 것인지를 잘 선택해야 한다. Wiki의 경우 교사가 학급사이트를 만들고 학급 사이트 안에서 개인별 사이트를 주어 학생들이 자기만의 공간을 사용할 수 있게 할 수 있다. 블로그나 Wiki 활용 시 실제적이고 의사소통적인 블로그가 될 수 있도록 교사나 학생들의 피드백이 중요하다. 의무적으로 다른 학생들의 블로그의 내용을 읽고 답글을 쓰는 것도 학생들의 참여를 유도할 수 있는 방법이다. 무엇보다 자신의 의견을 글로 쓰는 방법과 동시에 상대방의 글에 대한 자신의 생각을 표현하는 방법을 교사가 지속적으로 지도해야 한다.

5 인터넷 활용 영어 교수-학습 유형 III: 유비쿼터스 모델

(1) Smart learning을 활용한 영어 교수-학습

① 특징

이러닝이 처음 도입되면서 편리함 때문에 학습자들이 많은 관심과 흥미를 보였고, 기존 오프라인 학습이 가지고 있었던 시공간의 제약도 어느 정도 해결되었다. 또한 스마트폰의 대중화로 컴퓨터의 사용 영역을 벗어나 학습하기를 원하는 학습자들의 요구도 충족할 수 있게 되었다. 최근 효율적인 영어 학습을 위해 새롭게 시도되고 있는 혼합형 교수-학습 방법 중 하나가 모바일 기기를 활용한 모바일 학습 또는 스마트 러닝이다.

모바일 학습은 Chinnery(2006)에 의하여 MALL이라는 용어로 소개되었고, 이는 모바일 기기를 활용한 언어 학습(Mobile-Assisted Language Learning)을 의미한다. 컴퓨터를 중심으로 한 영어 수업과 달리, 스마트폰, 태블릿 PC 등 휴대용 스마트기기를 주로 활용하기 때문에 스마트 러닝이라고도 할 수 있다. 스마트 러닝은 학습자가 스마트 기기를 활용하여 자신의 학습과정을 설계하고 주어진 과제를 자기주도적으로 해결하는 학습형태이다(한국교육학술정보원, 2012).

모바일 학습 혹은 스마트 러닝은 이동성, 개인성, 현장성, 즉시성, 학습 정보에 대한 접근의 용이성을 갖고 있으며, 학습자들이 시공간을 초월하여 학습할 수 있다는 점에서 효과적인 영어 학습법으로 볼 수 있다(차덕환, 2008). 권연희(2013)도 스마트 기기의 특성으로 첫째, 휴대성, 둘째, 사회적 상호작용이 가능, 셋째, 학습자가 주변 상황에 민감하게 대처, 넷째, 다른 휴대 기기와의 네트워크를 이루어서 공유된 환경, 다섯째, 개별 학습자들 간의 협동 학습이 가능함을 들고 있다.

② 장점

스마트폰, 태블릿 PC 등 개인 휴대용 기기를 활용하는 스마트 러닝의 장점을 살펴보면 다음과 같다. 첫째, 학습의 유연성이 크다. 기존의 컴퓨터나 인터넷을 활용한 이러닝은 시공간의 제약을 많이 받았다. 하지만 스마트러닝은 무선 인터넷을 활용하여 시공간의 제약을 극복하고 실시간 학습을 가능하게 하고 있다. 둘째, 온라인 커뮤니티에서의 상호작용이 유연하다. 즉 학습 공동체를 통하여 피드백을 쉽게 주고받을 수 있으며 긴밀한 관계를 유지할 수 있다. 스마트폰을 활용하여 온라인 커뮤니티를 만들고, 그 커뮤니티 안에서 연장된 영어 학습은 교실 밖에서도 지속적인 학습 활동과 상호 작용을 가능하게 하고 있다. 셋째, 즉시 접속성이다. 과거 컴퓨터가 있어야만 가능했던 학습이 이제는 스마트폰으로 즉시 접속할 수 있다. 넷째, 창의성과 참여도를 높인다. 자신들의 학습이나 활동을 녹음, 녹화하여 바로 인터넷 사이트에 올릴 수 있어 학생들의 참여를 더 잘 이끌어낼 수 있다.

③ 지도 시 유의사항

스마트러닝을 활용한 연구들에서 공통적으로 드러난 지도상의 어려운 점은 스마트 러닝을 위한 어플리케이션의 개발이 필수적이라는 것이다(김주혜, 2013). 초등영어 교육에서 스마트러닝의 장점을 최대화하기 위해서는 전문적인 어플리케이션이 제작이 필요하며 스마트폰으로 학생들의 학습을 관리하고 컴퓨터나 인터넷으로 연동이 가능한 시스템 개발이 요구된다. 스마트폰의 가격이나 관리 그리고 스마트폰의 중독성은 스마트 러닝에서 발생하고 있는 문제점으로 교사의 관심과 지도가 필요한 부분이다.

6 초등영어 교수-학습에 활용할 수 있는 인터넷 사이트

아래에 제시된 인터넷 사이트들은 초등영어 수업에서 활용 가능한 다양한 온라인 자료를 구할 수 있는 곳이므로 수업 목적에 따라 적절하게 참고할 수 있을 것이다.

영역	웹주소
듣기	http://www.rong-chang.com/easykids/ http://www.elllo.org http://www.eslkidstuff.com/ http://www.englishclub.com/listening
말하기	http://eslgold.com http://www.english-4kids.com/ispy.html http://www.eslcafe.com/idea/index.cgi?Speaking: http://esl-kids.com/
읽기	http://www.cookie.com/kids/story/the-little-fish.html http://www.elcivics.com/worksheets/reading.html http://esl-storybooks.com/ http://www.starfall.com/ http://www.anglomaniacy.pl/animals.htm https://www.englishclub.com/kids/index.htm http://esltreasure.com/games-activities/reading-activities/ http://www.eslfast.com/eslread/
쓰기	http://www.esl-galaxy.com/writing.html http://esl-kids.com/worksheets/worksheets.html http://www.starfall.com http://www.handwritingworksheets.com
종합	A to Z Teacher Stuff(www.atozteacherstuff.com) abcteach(www.abcteach.com) BBCEnglish(www.bbc.co.uk/learningenglish/) ESL-Library(www.esl-library.com) Blue Mountain(www.bluemountain.com) Dave's ESL Cafe(www.eslcafe.com) Enchanted Learning(www.enchantedlearning.com) EPALS.com(www.epals.com) Funbrain(www.funbrain.com) Genkienglish.com(www.genkienglish.net) Hallmark(www.hallmark.com) iEARN(www.iearn.org) Interesting Things for ESL Students(www.manythings.org) Lil' Fingers(www.lil-fingers.com) PBS Kids(www.pbskids.org) Starfall.com(www.starfall.com) Storyplace(www.storyplace.org) Sunshine the World(www.sunshine.co.nz) Worldvillage.com(www.worldvillage.com/kidz) 깨비키즈(www.kebikids.com) 리틀팍스(www.littlefox.com) 에듀넷(www.edunet4u.net)

제 8 장

학습자 중심의 학습과 과업

1. 수준별 학습의 의미
2. 학습 스타일과 과업
3. 자기주도적 언어 학습과 과업

오늘날의 교육은 가르치는 교수(teaching)에서 배우는 학습(learning)으로 그 초점이 이동한 상태이다. '아는 것과 가르치는 것이 다르다'라는 말보다는 '가르치는 것과 배우는 것이 다르다'라는 말이 더 피부에 와닿는 세상이 된 것이다. 학습자 중심의 학습이란 학습자 개인이 하나의 인격체로서 대우를 받고, 학습 과정상에 자신의 여러 가지 특성을 고려하고, 의사결정에 적극적으로 참여하고, 자신의 학습 수행의 결과에 책임감을 느껴 자기주도적인 학습을 지속시켜 나가는 일련의 교수 · 학습 활동이라고 할 수 있다. 이 장에서는 학습자 중심 학습의 핵심 개념인 수준별 학습의 의미, 학습 스타일, 그리고 자기주도적 학습(SALL)에 대해서 살펴보기로 한다.

1 수준별 학습의 의미

학습자 중심의 학습은 학습자의 학습 준비도, 흥미, 그리고 지적 수준을 종합적으로 고려하여 학습자에게 최적화된 교육을 실시하는 것을 의미한다. 본 절에서는 학습자 중심의 교육과정 및 수준별 학습의 의미와 특성에 대해 살펴보기로 한다.

1 학습자 중심 학습의 교육과정 적용

초등학교에서 학습자 중심 수업을 계획하는 경우에, 대체적으로 다수의 학생을 한꺼번에 가르쳐야 하는 현실 때문에 전체 학생을 몇 개의 소집단으로 구분하여 심화·보충형 학습을 실시하게 된다. 즉, 기본 활동을 중심으로 단원을 가르치고 기본 활동이 부족한 학생들에겐 보충학습으로, 기본 활동을 마친 학생들에겐 좀 더 심화된 활동을 제공하는 것이다. 이처럼 학습자 중심의 교육과정은 심화·보충형 교육과정을 확대시켜 학생에게 최대한 맞추어 가는 형태가 일반적이다.

(1) 수준별 학습의 의미

수준별 학습은 학습자의 능력이나 처한 여건이 상이하다는 점에 주목하면서 학습의 양과 수준을 달리하는 접근법이다. 목표를 빨리 쉽게 달성한 학습자는 심화학습을 투입하고, 목표 달성에 어려움을 겪거나 지체되는 학습자는 보충학습을 제공하는 것이다. 초등학교 영어 수업에서는 학습자의 수준 및 관심도의 차이가 타 교과에 비해 큰 편이기 때문에 3학년부터 6학년까지 심화·보충형 수준별 학습을 구안하여 적용해야 할 상황이 자주 발생한다. 이런 이유로 인해 영어과에서는 학생의 능력 또는 흥미도 차이에 따라 학교 및 학년별로 심화·보충형 학습을 편성·운영하는 것을 원칙으로 삼아야 한다.

심화학습은 교육과정의 목표를 손쉽게 달성한 성취 수준이 높은 학생들을 대상으로 한다. 심화학습을 편성할 때 교육과정보다 상위 수준의 내용을 다루거나 새로운 개념을 도입하기보다는 과제의 난이도나 복잡도가 높은 활동, 혹은 기본 과제보다 높은 사고력을 필요로 하는 탐구 활동 등을 포함시킨다. 영어과의 심화학습은 기본 학습에서 강조하지 않는 정확성, 유창성, 속도, 자연스러운 의사전달, 감정이입 등을 주로 다루게 된다.

보충학습은 기본 과정의 교육 목표를 달성하지 못한 학생들을 대상으로 하는 과정으로서, 학습 부진 요인을 찾아내서 해결하는 것에 초점을 둔 활동이다. 특히 학업 성취 수준이 낮은 학생들은 학습에 흥미와 관심이 부족하므로 보충학습에서 학습자의 흥미와 동기를 불러일으켜 학습에 참여할 수 있게 하는 것이 무엇보다도 중요하다.

(2) 단계형 수준별 학습과 과목 선택형 수준별 학습

단계형 수준별 학습은 교육과정의 난이도를 기준으로 배울 내용을 위계적으로 여러 단계에 걸쳐 조직하는 것을 지칭한다. 일반적으로, 이런 방식의 학습은 특정 단계의 교육과정 목표에 도달하면 해당 학년의 교과 내용을 이수한 것으로 인정한다는 점에서 학년 개념을 없앤 일종의 교과 무학년제 형태를 취한다. 단계형 수준별 교육과정은 내용 요소 간의 위계가 비교적 분명하고 교수 · 학습 과정에서 학습자의 이전 학습에서의 결손이 이후 학습에 큰 영향이 미칠 것으로 예상되는 교과에 적용하는 것이 적절하다. 원칙적으로, 단계형 수준별 교육과정은 무학년제 수준별 교육과정으로서, 학년에 상관없이 자기의 능력에 맞는 단계에서 학습한다. 이런 학습 방식은 학습 목표에 도달하지 못하면 재이수를 해야 한다는 점에서 심화 · 보충형 수준별 교육과정과 구분된다. 영어과의 경우에, 몰입식 교육(immersion program)이나 영어로 진행하는 수업(TEE)에서는 이런 유형의 수준별 학습이 능률적인 학업을 위한 조건 중 하나가 되기도 한다. 그러나 단계형 수준별 학습이 실시되려면 영어과 이외에 교육 체제 전반의 개편이 이루어져 무학년제가 확산되어야 가능할 것이다.

한편, 과목 선택형 수준별 학습은 학년 내에서의 교육과정의 수준별 유형화 전략이라고 볼 수 있다. 우리나라에서는 고등학교 2 · 3학년 수준에서 학생의 진로와 적성을 고려하여 학문적 성격이 강한 표현을 익히는 것과 실용적 지문을 숙달하는 것에 초점을 둔 경우로 구분하여 교과목을 다르게 배우도록 하고 있다. 이처럼 과목 선택형 수준별 학습은 학생이 처한 여건에 맞추어 교육의 다양화와 개별화를 추구하기 위해 도입된 것이다.

(3) 심화·보충형 교육과정의 운영

심화 · 보충형 교육과정의 운영 방법에는 내용 제시 방법에 따른 운영, 제시 시점에 따른 운영, 그리고 학생의 특성에 따른 운영으로 나누어진다.

내용 제시 방법과 관련하여, 심화 · 보충형 교육과정의 기본 모형은 모든 학습자가 공통으로 기본과정을 이수하고 그 성취 수준에 따라 심화과정이나 보충과정으로 나누어 학습하도록 한다. 이런 기본 모형은 학습자의 과제 달성에 따라 더욱 세부적으로 구분된다. 학습자의 과제 달성 수준 차이가 큰 경우에는 [그림 8-1]과 같이 학습자에 따라 서로 다른 과제와 목표를 설정하며, 이질 집단에서의 협력 학습을 통해 동일 과제를 수행하지만 집단 속에서 각자의 목표를 달성하고자 상이한 역할을 수행하는 경우라면 [그림 8-2]와 같을 것이다. 만일 학습자의 개별적인 관심과 흥미 및 학습 경험 등의 차이를 중시하지만 동일한 목표를 달성해야 하는 경우라면 [그림 8-3]처럼 구성할 수 있을 것이다.

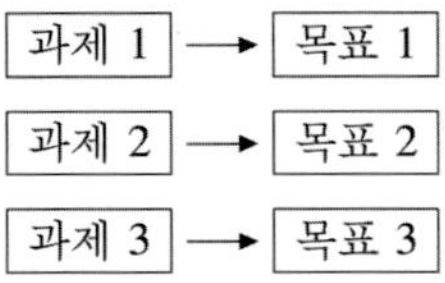

[그림 8-1] 분화된 과제에 분화된 목표

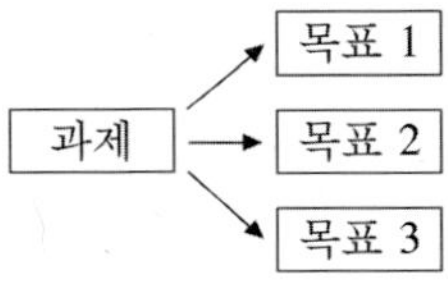

[그림 8-2] 동일과제에 분화된 목표

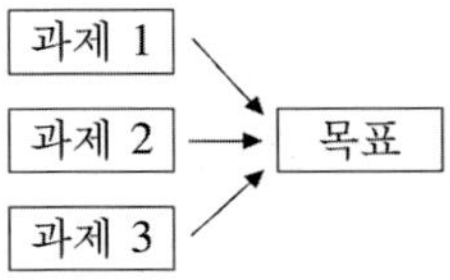

[그림 8-3] 분화된 과제에 동일 목표

분류 시점에 따른 운영과 관련하여, 기본과정을 공통으로 이수한 후에 학습 결과에 따라 심화과정과 보충과정으로 나눌 수 있을 것이다. 저학년 초등영어 수업의 경우에는, 단원별로 심화·보충 과정을 운영하여 3차시까지 기본과정을 공통으로 학습하고 4차시 전체를 심화와 보충으로 나누어 학습하는 방안, 아니면 차시 별로 30분간 기본과정을 공통으로 학습하고 남은 10분 동안에 심화와 보충으로 나누어 학습하는 방안 등을 생각해 볼 수 있다.

단원별 운영은 차시별 운영에 비해 수월하게 운영할 수 있으나 학습부진을 누적시키는 부정적인 면도 간과할 수 없다. 차시별 운영은 학습 부진이나 개인차에 민감하게 반응할 수는 있지만 매시간 학습 결과를 점검하여 심화와 보충으로 나누는 어려움을 감내해야 한다.

[표 8-1] 단원별 심화·보충 운영

<table>
<tr><td>1차시</td><td>기본과정</td></tr>
<tr><td>2차시</td><td>기본과정</td></tr>
<tr><td>3차시</td><td>기본과정</td></tr>
<tr><td rowspan="2">4차시</td><td>심화과정</td></tr>
<tr><td>보충과정</td></tr>
</table>

[표 8-2] 차시별 심화·보충 운영

1차시	기본과정	심화
		보충
2차시	기본과정	심화
		보충
3차시	기본과정	심화
		보충
4차시	기본과정	심화
		보충

학습자의 특성에 따른 운영과 관련해서는, 학습자의 성향을 고려하여 학습을 진행하는 것이 이상적이지만 학습자의 성향이 언제든 바뀔 수 있을 뿐만 아니라 이를 특정한 한 두 가지로 규정하는 것 자체가 논란거리일 수 있다. 따라서 일반적인 심화 · 보충 학습에서는 학습자의 현재 인지 능력을 최우선으로 고려하게 된다.

교사는 학습자의 관심과 흥미에 따라 학습 과제를 제공할 때 혹은 모둠 활동을 조직할 때 학습자 특성을 부분적으로 반영할 수 있을 것이다.

2 심화 · 보충 학습 자료

(1) 심화 · 보충 교수 · 학습 자료의 개발 방향

심화 · 보충 학습의 자료는 기본 학습 목표의 성취를 중심으로 하면서 학습이 진전되면서도 학습 수준이 심화되지 않게 운영되도록 하는 교재여야 한다. 이를 위해 심화학습 자료는 기본학습 내용을 중심으로 폭과 깊이를 심화시키면서 학습자의 잠재력을 계발하는 것에 초점을 두어야 한다. 보충학습 자료는 기본학습에 대한 부진 요인과 학습자의 특성을 파악하여 부진 요인을 효과적으로 치료할 수 있는 내용과 방법을 담아야 한다. 따라서 심화 · 보충 교수 · 학습 자료는 국가나 교육청 수준이 아닌 현장에서 학습자의 부진 요인과 특성을 파악할 수 있는 교사의 안목에 따라 개발되어야 한다. 초등영어 교육과 관련하여, 최진황과 진경애(1998: 48-50)는 심화자료와 보충자료의 개발 방향을 다음과 같이 제안한다.

◎ 심화학습 자료

• 교육 과정의 각 단계별 성취기준에 심화 과정 목표를 포함시킨다.
• 기본 학습 내용보다 폭과 깊이를 늘리거나 깊게 한다.
• 기본 학습 내용보다 정확성, 유창성, 속도, 자연스런 의사전달, 감정이입 등을 강조한다.
• 개별 학습, 자기 주도 학습, 협동 학습 중심으로 개발한다.
• 게임, 역할극 등 활동 중심으로 개발한다.
• 교과서에 제시된 상황을 중심으로 다양한 상황으로 확장하여 연습하도록 한다.
• 문제 해결 학습형, 기능 연습형, 지식 확장형, 상상력/추리력 개발형, 발표 학습형, 주제 탐구 학습형 등으로 개발하되, 가급적 지식 확장형으로는 개발하지 않는다.
• 유의적(meaningful) 학습과 의사소통(communicative) 활동을 중심으로 개발한다.
• 이전에 배운 주요 학습 요소와 본시 학습 요소를 통합하여 구성한다.

◎ 보충학습 자료

• 교과서의 내용 중 필수 학습 요소를 중심으로 개발한다.
• 지식이나 이해력 등과 같이 발달 학습 요소가 아닌 내용을 중심으로 개발한다.
• 선언적 지식을 중심으로 자료를 개발한다.
• 학습자의 흥미를 끄는 챈트와 노래를 많이 포함시킨다.
• 놀이와 게임 등을 통해 활동 중심의 수업이 이루어질 수 있도록 한다.
• 시청각 자료 및 멀티미디어를 다양하게 활용하여 흥미와 성취감을 느낄 수 있는 기회를 많이 제공한다.
• 반복 학습을 많이 시킬 수 있도록 발한다.
• 기계적인 연습, 유의적 연습, 의사소통 중심의 연습을 단계별로 시킬 수 있도록 개발한다.
• 학생 경험에 맞도록 모든 지식을 구조화한다.
• 학생들의 인정욕구를 충족시키고 자신감을 가질 수 있도록 쉬운 내용을 흥미를 가지고 학습할 수 있도록 제작한다.
• 퀴즈 등을 통하여 흥미와 호기심을 유발시키도록 한다.
• 기초적이고 원리 중심의 기계적 연습을 먼저 시킨 후 유의적 연습과 의사소통 중심의 연습으로 넘어가도록 구성한다.

(2) 심화 · 보충 교수 · 학습 자료의 실제

학습 목표 1 : 좋아하는 음식에 대해 묻고 답하는 표현을 익힌다.

	기본과정	보충과정	심화과정
활동	▸좋아하는 음식 묻고 답하는 표현 익히기	▸좋아하는 음식 말하기	▸음식 빙고 놀이하기
방법	▸좋아하는 음식을 서로 묻고 답하기 활동을 한다. (전체활동–짝활동)	▸좋아하는 음식을 학습지에 오려 붙이거나 그린다. ▸그룹에서 각자가 준비한 음식을 보고 녹음자료처럼 말한다.	▸각자 Bingo 판에 그림 9개를 두고, 조원이 돌아가면서 "I like apples" 하면 해당되는 그림을 X하고 먼저 일렬로 3개를 X 한 사람이 Bingo라고 외친다.
자료	▸CD-Rom(디지털교과서), 그림카드	▸녹음자료 A: I like apples. I like hamburger. I like cake.	▸음식에 대한 사진이나 그림 10개와 Bingo 판

학습 목표 2 : 시간을 묻고 답하는 표현을 익힌다.

	기본과정	보충과정	심화과정
활동	▸시간 묻고 답하는 표현 익히기	▸모형시계 보고 묻고 답하기	▸늑대와 양 게임
방법	▸시간을 묻고 답하는 표현을 익힌다. ▸그림카드를 활용하여 시간을 묻고 답한다.	▸모형시계를 돌려서 묻고 답한다.	▸한 학생이 늑대 가면을 쓰고 늑대(술래)가 되어 나머지 학생들인 양떼들과 같이 시간을 묻고 답하는 게임
자료	▸CD-Rom(디지털교과서), 그림카드	▸모형시계 ▸What time is it? - It's three (o'clock).	▸What time is it, Mr. Wolf? - It's ten o'clock. - It's my lunch time.

2 학습 스타일과 과업

학습 스타일은 학습자 중심의 학습에서 강조하는 학습자 변인 중 많은 관심을 받고 있는 것 중 하나이다. 본 절에서는 학습 스타일의 정의, 학습 스타일의 분류, 학습 스타일의 의의, 그리고 학습 스타일에 따른 학습 자료를 살펴볼 것이다.

1 학습 스타일(learning style)의 의미

학습 스타일은 일반적으로 나이, 적성, 지능, 양식 선호, 동기 및 사회문화적인 요소 등과 같이 학습에 영향을 미치는 여러 가지 개인의 차이 중의 하나로 알려져 있다. 학자들에 따라서 학습 스타일을 다양하게 정의하고 있다.

① 학습자가 학습 환경에 대해 어떻게 지각하고 상호작용하는지 보여주는 인지적 · 정의적 · 생리적 요소이다(Keefe, 1979; Swanson, 1995: 2에서 재인용).

② 개인이 어떤 환경에서 새롭고 어려운 정보와 기술에 주의를 집중하여 파지하고 처리하여 내면화하는 것과 관련된 개인적인 선호 경향이다(Dunn & Dunn, 1993).

③ 학습자가 배우고자 하는 것을 가장 효율적으로 받아들이고 처리하며 저장하고 상기하는 복잡한 방법과 조건이다(James & Gardner, 1995: 20).

④ 새로운 정보와 기술을 받아들이고 처리하며 유지함에 있어서 개인이 선천적으로 선호하는 유형으로서 교수 방법과 내용 영역에 상관없이 지속적으로 나타나는 경향이다(Reid, 1998).

⑤ 개인이 정보를 특정한 방법이나 방법의 결합으로 지각하고 처리할 때 선호하는 기질이다(Sarasin, 1998: 3).

⑥ 학습자가 지식을 습득하는 데 활용하는 방법으로 환경에 대처하는 적응 양식이자 지식이나 정보를 습득하고 유지시키는 방법이다(황윤한, 조영임, 2005, p. 35)

또한, 개인의 학습 스타일은 개인의 성격 이외에 사회문화적인 영향을 받아 형성되기도 한다. 이와 관련하여, Claxton과 Murrell(1987)은 양파에 비유하는 다음과 같은 그림으로 표현하였다.

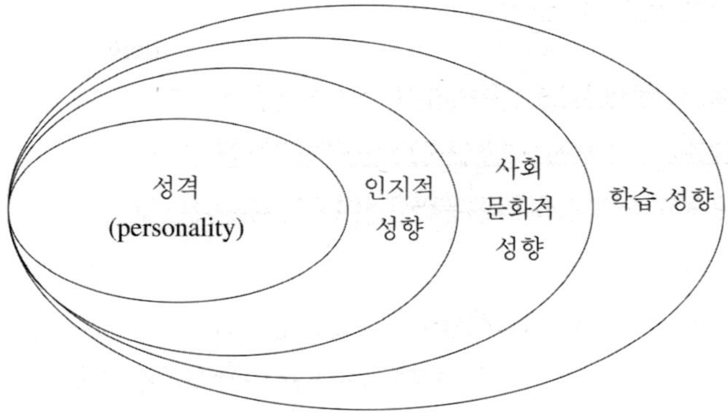

[그림 8-4] 학습 스타일의 구성 (Claxton과 Murrell, 1987)

맨 안쪽에는 개인의 성격(personality characteristics)이 자리를 잡고, 그 바깥에는 지식과 정보를 처리하는 인지적 성향이, 그 다음에는 사회적 상호작용을 통해 나타나는 사회문화적 성향이, 맨 바깥쪽은 학습 방법에서의 선호를 나타내는 학습 성향이 차지하고 있다. 중심으로 갈수록 안정되고 변하기 힘든 항구적 속성이고 바깥으로 갈수록 쉽게 변화한다는 의미이다. 개인의 항구적 속성인 성격은 바깥에 위치한 인지적 성향에 영향을 미치고, 인지적 성향은 사회문화적 성향에 영향을 미치며, 사회문화적 성향은 학습 성향에 영향을 미친다. 이처럼 학습 성향은 사회문화적 성향뿐만 아니라 인지적 성향 및 성격의 영향을 받는다. 이런 의미에서, 학습 스타일은 좁게 보자면 학습 성향만 가리키지만 넓은 의미로는 맨 안쪽의 성격까지 포함한 양파 전체를 뜻하는 것이다. 이상의 여러 학자들에 의해 정의된 학습 스타일의 개념을 종합하여 다음과 같이 정의를 할 수 있다.

학습 스타일은 학습자가 지각하고 기억하며 생각하는 방법에 영향을 주는 양식으로서, 개인마다 새로운 정보를 기능화하고 처리할 때 선호하는 유형을 의미한다. 학습 스타일은 학습에서 새로운 정보나 과제를 지각하고 처리하는 과정에서 내면화되어 나타나는 개인적인 특성이며, 상황이 바뀌더라도 일정한 정도의 지속성과 안정성을 지니고 있는 개인의 학습 방법이다. 즉, 학습 스타일은 교수 스타일(teaching styles)과 교실 분위기의 차이에 상관없이 비교적 안정적으로 유지되는 특징을 지니고 있는 것이다.

2 학습 스타일의 분류

학습 스타일은 학습자가 정보를 받아들여 지식을 형성하고 정서적 반응을 보이고 행동을 취하는 것과 같은 복잡한 양상으로 외현화된다. 따라서 학습 스타일은 어떤 측면에 초점을 맞추느냐에 따라서 다양한 양상으로 논의될 수 있다. 여기에서는 인지적 학습 스타일(cognitive learning style), 감각적 학습 스타일(sensory learning style), 그리고 정의적/기질적 학습 스타일(affective/temperament learning style)을 기술하고자 한다.

(1) 인지적 학습 스타일

인간은 외부 환경이나 사물을 지각할 때 자신의 능력이나 정의적 특성에 따라 그 대상에 수정을 가한 후 자신에게 적합한 방식으로 받아들인다. 즉, 개인마다 주어진 상황에 따라 독특하게 적응하고 정보를 조직하고 수행하는 과정을 거치면서 각기 특유한 방법으로 지각하고 사고하며 기억하는 등의 인지 행동을 하게 된다. 이렇듯, 인지 양식은 인간의 일관성 있는 개인차를 설명하는 개념이다. 영어 학습과 관련하여, 인지 양식은 크게 장독립적 학습자와 장민감적 학습자로 나누어진다.

장독립적인 학습자는 대상을 맥락과 분리하여 분석적인 방법으로 지각하는 데 비해 장민감적인 학습자는 대상을 주변의 장과 관련하여 종합적인 방법으로 지각한다. 문제를 해결함에 있어서, 장독립적인 학습자는 사실적인 정보에 기초하지만 장민감적인 학습자는 권위 있는 다른 사람의 견해에 의존하는 경향이 있다. 장독립적인 학습자는 내재적인 동기가 강하며 자신의 준거에 대한 믿음이 강하기 때문에 남의 비판에 영향을 덜 받는다. 장민감적인 학습자는 외재적인 동기가 강하여 권위자로부터 인정받기를 좋아하며 남의 비판에 큰 영향을 받는다. 인간관계에 있어서, 장독립적인 학습자는 과제 지향적이고 자기중심적이기 때문에 사교성이 적은데 비해, 장민감적인 학습자는 사교 지향적이라 사람에 대한 관심이 크고 정서적으로 개방적인 성향을 띤다. 학습과 관련하여, 장독립적 학습자는 혼자 공부하기를 좋아하고 개념 자체에 흥미를 가지고 새로운 과제를 시도하며 자신이 직접 구조화하는 상황을 좋아하다. 반면에 장민감성은 친구와 함께 공부한다거나 교사의 안내와 시범을 좋아하고, 자신의 경험과 관련된 주제와 자료 및 구조화가 분명히 되어 있는 상황을 선호한다.

[표 8-3] 장독립적 학습자와 장민감 학습자의 특성

	장독립적(field-independent) 학습자	장민감적(field-sensitive) 학습자
지각 (perception)	- 대상을 장이나 맥락과 분리하여 지각 - 장으로부터 항목을 분석적인 방법으로 찾기	- 대상을 주변의 장이나 맥락과 관련하여 지각 - 맥락에 맞춰서 포괄적인 방법으로 환경을 경험
문제해결 (problem solving)	- 문제를 사실적인 정보에 기초하여 독자적으로 해결	- 결론을 내리기 전에 다른 사람의 견해를 수용
동기 (motivation)	- 자신의 준거를 믿고 권위로부터 독립을 경험 - 내재적인 동기화와 스스로 설정한 목표 - 남의 비판에 영향을 적게 받음	- 권위자로부터 칭찬을 통한 인정을 추구 - 외재적인 동기화와 외부로부터 설정한 목표 - 남의 비판에 영향을 많이 받음
인간관계 (human relation)	- 사교적으로 고립 - 물리적으로 멀고 정서적으로 폐쇄적 - 과제 지향적	- 사람들에 대한 관심이 큼 - 물리적으로 가깝고 정서적으로 개방적 - 사교 지향적
학습 (learning)	- 혼자 공부하기 - 교사 도움 없이 새로운 과제 시도 - 개념 그 자체를 위해 흥미를 가짐 - 스스로 구조화하는 상황을 좋아함 - 개념 획득을 위한 가설-검증적 접근 - 선택형과 cloze test를 잘함	- 다른 사람과 함께 공부하기 - 교사에 의한 안내와 시범을 추구 - 사회적인 내용과 자신의 경험과 관련된 자료를 좋아함 - 미리 구조화되어 있는 상황을 좋아함 - 개념 획득에 방관자적인 접근 - 에세이와 열린 시험을 잘함

장독립적인 학습자와 장민감적인 학습자를 정반대의 속성으로 대비될 수 있지만, 이들 두 유형은 연속적인 선형 위의 양극단을 의미할 뿐이다. 실제로, 학습자들은 두 극단의 중앙점을 기준으로 어느 쪽에 더 가까이 있느냐는 정도의 차이만 지닐 뿐이므로, 교사는 학습자들의 성향을 파악할 때 위의 속성들 중에서 상대적으로 어느 한 쪽을 우세하다고 볼 수는 있지만 다른 쪽의 성향이 전혀 없는 것으로 단정짓지 말아야 한다.

(2) 감각적 학습 스타일(sensory learning style)

① 지각적 학습 스타일(perceptual learning style)

인간이 무언가를 학습하기 위해서는 뇌로 정보를 전달하는 감각 기관에 의존해야 한다. 대부분의 사람들은 특정 감각 기관을 다른 것들보다 자주 사용하는 경향이 있다. 이처럼 어떤 감각 기관을 이용하여 어떻게 정보를 가장 쉽게 인지하느냐에 따라 시각형, 청각형, 촉각형, 근육 운동형의 네 가지로 구분해 볼 수 있다(지각적 학습 스타일을 조사하기 위한 설문지는 부록 5를 참조).

시각적(visual) 학습 스타일은 사물이나 어떤 메시지를 청각이나 촉각을 통하기 보다는 시각을 통해서 그들이 본 것을 더 효율적으로 쉽게 이해하고 표현한다. Reid(1987)의 연구에 의하면, 서양인들보다 동양인들이 시각적 효과가 높고, 동양인들 중에서 한국인들이 시각을 통해서 이해하는 속도가 빠르다고 한다. 듣는 것보다는 보는 것을 통해 새로운 정보와 교수 내용을 더 잘 기억하고 쉽게 이해하므로 학습 지도 과정에서 그림이나 도표, 차트, 지도, 비디오 등을 이용한 설명은 학생들의 학습을 도와준다.

청각적(auditory) 학습 스타일은 들으면서 학습하는 것을 선호하며 대체로 분석 적, 논리적, 계열적 사고가 뛰어나다. 상대방이 말로 전해 주거나 교사가 구두로 설명할 경우, 큰소리로 책을 읽을 경우, 또는 책을 읽을 때 입술을 움직이면서 읽을 때 이해가 잘 되면 청각적 학습 스타일이라고 볼 수 있다. 청각적 학습자에게는 그룹 활동이 특히 효과적일 수 있다. 그룹 내 동료 학생의 설명을 들음으로써 자료를 이해할 수 있을 뿐 아니라 학습자 본인이 설명을 하면 용이하게 학습할 수 있기 때문이다. 청각 자료, 강의, 교실에서의 그룹 토의 등을 선호하면 이런 스타일에 속한다고 볼 수 있다.

촉각적(tactile) 학습 스타일은 접촉 또는 손으로 조작하는 활동을 통해서 학습 내용을 보다 효과적으로 학습하는 경우에 해당된다. 가령, 실험실에서 실험을 한다든지, 모형을 만들어 본다든지, 사물을 만지면서 일하는 것 등을 생각해 볼 수 있다. 또한 교실 수업과 관련이 있는 활동 중 신체적인 면이 포함되면 새로운 정보를 이해하는 데 도움을 받을 수 있다.

신체운동적(kinesthetic) 학습 스타일은 완전한 신체적 체험을 통해서 효과적으로 학습하는 스타일을 말한다. 이런 학습 스타일을 선호하는 학습자들은 체험식 교육에 적합하다고 볼 수 있다. 영어 학습으로 좁혀 생각한다면, 신체 활동으로 구현되는 다양한 교실 체험이 이에 해당될 것이다. 언어 학습에서의 적극적인 신체 사용, 현장 실습, 역할극 등은 얻고자 하는 정보를 기억할 때 도움을 준다. 촉각적 학습 스타일은 쓰기,

그리기, 모형 만들기, 실험하기와 같이 주로 손의 조작을 통한 학습에 가깝지만, 신체운동적 학습 스타일은 소풍, 연극, 무언극, 면접 등과 같이 다양한 학습 환경에서 신체 각 부위를 두루 이용하는 경우로 구분될 수 있을 것이다(Kinsella, 1993).

② 환경적 학습 스타일(environmental learning styles)

Dunn과 Dunn(1993)의 환경적 학습 스타일은 학습자가 처한 다양한 주변 환경 요소들에 주목한다. 이들에 의하면, 개인은 환경적, 물리적, 정서적인 특성, 사회적 선호 경향 및 심리적인 정보 처리 경향성과 같은 다섯 가지 자극에 대해서 고유한 선호 경향을 갖는다. 이런 다섯 가지 자극들은 각각 관련된 하위 요소들로 나누어진다. 이들 중에서 직접적인 환경과 관련된 하위요소들로는 빛의 밝기 정도, 소음의 정도, 온도의 정도, 자리 배열의 정형성을 생각해 볼 수 있다. 즉, 빛이 밝은 곳과 은은한 곳, 소리가 적당히 있는 곳과 없는 곳, 온도가 높은 곳과 낮은 곳, 정리정돈이 잘 되어 있는 곳과 그렇지 않은 곳은 학습자에 따라 특정 조건 하에서 학습이 잘 이루어지고 그렇지 못한 차이로 이어진다는 것이다.

③ 사회적 학습 스타일(sociological learning styles)

사람들은 서로 다른 사회적 욕구를 품고 있어서 어떤 학생들은 혼자 학습하는 것을, 또 다른 학생들은 함께 학습하는 것을 좋아한다. 심지어 경우에 따라 보호자와 함께 있어야만 학습이 잘 되는 학습자도 있다. 이처럼 사회적 선호 경향과 관련된 요소로는 혼자서 독립적으로 공부하기, 동료들과 함께 공부하기, 소집단 혹은 집단의 일원으로서 공부하기, 권위 있는 어른과 함께 공부하기, 다양한 방식으로 공부하기 혹은 일관된 방식으로 공부하기에 대한 선호도 등이 다르게 나타난다.

(3) 정의적/기질적 학습 스타일(affective/temperament learning style)

① Myers-Briggs의 성격 스타일(MBTI)

융(Carl Gustav Jung)의 심리 이론에서는 인간행동이 매우 다양해서 종잡을 수없는 것처럼 보여도 실상은 아주 질서정연하고 일관된 경향이 있다고 본다. 위의 이론에서는 인간행동의 다양성은 개인이 인식하고 판단하는 특징이 다르다는 사실에 기인한다고 보았다. Myers와 McCaulley(1985)는 이런 융의 이론을 근거로 MBTI를 개발하였다. 이들은 학습자의 성향이 학업 성취에 영향을 줄 수 있기 때문에 각 개인의 성격 스타일에 맞는 학습 스타일을 강조하였다.

MBTI는 네 가지의 분리된 선호경향으로 구성되어 있다. 선호경향이란 교육이나 환경의 영향을 받기 이전에 이미 인간에게 잠재되어 있는 선천적 심리 경향을 말하며, 각 개인은 자신의 기질과 성향에 따라 [표 8-4]와 같이 네 가지 이분척도에 따라 둘 중 하나의 범주에 속하게 되어 여기서 나올 수 있는 성격유형은 가장 대조적인 ISTJ와 ENFP를 포함한 16가지이다.

[표 8-4] MBTI의 네 가지 이분척도

내 향 (I) Introversion	에너지 방향. 주의 초점 ◀┈┈┈┈┈▶	외 향 (E) Extraversion
감 각 (S) Sensing	인식기능 (정보수집) ◀┈┈┈┈┈▶	직 관 (N) iNtuition
사 고 (T) Thinking	판단기능 (판단, 결정) ◀┈┈┈┈┈▶	감 정 (F) Feeling
판 단 (J) Judging	이행양식/생활양식 ◀┈┈┈┈┈▶	인 식 (P) Perceiving

개인은 누구나 외향적이거나 내향적 성향을 동시에 드러낼 수 있기는 해도 개인이 에너지를 얻는 방식에 따라 더 선호하는 방식은 존재한다. 내향적인 학습자는 사고와 개념이 관련된 상황에서 개인적이고도 독립적으로 학습할 때 뛰어난 학습 효과를 보이며, 외향적인 학습자는 구체적인 경험, 세상과의 접촉, 다른 사람들과의 관계 등을 통해 효과적으로 학습하는 경향을 띤다.

감각과 직관은 사물을 인식하는 두 가지 다른 방식으로, 감각을 사용하면 실제적이고 구체적인 것을 배우며 직관을 사용하면 사실 이면의 가능성을 보고 예감을 하며 전체를 본다. 따라서 감각적인 학습자는 사실을 있는 그대로 배우려는 경향을 보여 사실을 잘 암기하고 실습에 능하며 과학적 · 논리적인 접근을 좋아한다. 이와는 대조적으로, 직관적인 학습자는 가능성과 관련성 발견을 선호해서 추상적 · 수학적 형식에 편안함을 느끼며 상황에 따른 직관적 · 창의적인 접근을 좋아한다.

사고와 감정은 판단하고 추리하는 방식으로, 객관적인 추론을 위해서는 냉철한 이성적 판단을 할 필요가 있지만, 어떤 결정이 개인의 감정에 미치는 영향과 그들의 염려를 고려하기 위해서는 따뜻한 감성적인 판단 역시 필요하다. 사고형 학습자는 비개인적인 환경과 논리적인 결과를 통해 효과적으로 학습하며, 감정형 학습자는 개별화된 환경과 사회적 가치를 통해 효과적으로 학습하는 경향을 지니고 있다.

생활양식 측면에서는, 자신의 확고한 주관에 의한 판단을 중시하는 유형과 사물을 있는 그대로 받아들이고 인식하는 유형으로 나누어진다. 판단형 학습자는 결론과 관련된 과정을 반성적으로 성찰하고 분석하면서 효과적으로 학습하는 스타일로서, 계획에 따라 진행되고 처리되고 결정되고 조직되는 것을 선호한다. 반면에 인식형 학습자는 변화에 대한 적응성과 수용성이 크기 때문에 상황에 맞추는 개방성을 갖춘 스타일로서, 목적과 방향이 변화할 수 있고 상황에 따라 일정이 달라지며 자율적이고 융통성이 있는 것을 선호한다.

② **좌반구 혹은 우반구형(left-or right-hemisphere) 학습자**

Roger Sperry는 1960년대에 간질병 환자를 치료할 목적으로 뇌기능을 연구한 결과 좌뇌와 우뇌의 특수한 기능을 알아내었다. 좌반구형은 전체를 구성하는 각 부분의 식별에 뛰어나며 분석적, 선형적, 순차적, 단계적인 방법으로 정보를 처리한다. 반면에 우반구형은 부분을 결합하여 전체를 구성하는 능력이 뛰어나며 형상제조력(image-making power)이 있어서 공간적, 시각적 과제에 탁월한 기능을 보인다(Sperry, Gazzaniga, & Bogen, 1969; Sperry, 1975). 예를 들면 같은 장미를 보고도 좌반구형은 장미꽃은 암술과 수술이 어떻게 구성되었는지 꽃잎과 꽃대는 어떻게 되어 있는지와 같이 전체 속 부분들의 관계에 관심을 표한다. 반면에 우반구형은 전체로서의 장미의 아름다움에 관심을 가지게 된다.

이러한 특징으로 인해, 좌뇌형 학습자는 정보를 논리적이고 직선적으로 정보를 받아들인다. 이런 학습자는 자기 신뢰에 기반한 분석적 · 객관적 · 숙고적인 경향을 지니고 있어서 수학적 · 언어적 정보 처리에 능하다. 이와는 달리, 우뇌형 학습자는 속으로 상상하고 직감을 이용해서 정보를 흡수한다. 따라서 이런 학습자는 전체적 · 충동적 · 상호작용적인 경향이 강해서 언어적 모호성 · 풍자 · 은유 등을 처리하고 해석하는 능력이 탁월하다. 이런 점을 염두에 둔다면, 언어 교육에 있어서 좌뇌와 우뇌의 기능을 모두 활용하였을 때 언어와 형상을 함께 이용하여 다양한 의사소통 능력을 키우게 될 뿐 아니라, 언어의 모호성과 명료한 사용에 대해 두루 균형잡힌 능력을 키울 수 있을 것이다.

③ **모호함에 대한 관용과 비관용(tolerance/intolerance of ambiguity styles)**

Budner(1962)는 모호함에 대한 관용과 비관용의 정의를 '위협이 되는 모호한 개념,

복잡성 또는 설명할 수 없는 상황을 받아들이는 경향'이라고 정의하였다. McLain (1993) 역시 더욱 관용적인 사람이 더 많이 모험을 감수하고 더 많이 변화를 받아들인다고 본다. 즉, 참을성이 있는 학습자는 위험이 수반되는 실험 기회가 주어질 때 더욱 효과적으로 학습하는 경향이 있다. 이와는 달리, 모호함에 대해 덜 관용적인 학습자는 구조화되어 있고 융통성이 덜하며 위험 부담이 적은 상황에서 효과적으로 학습하는 경향이 있다. 모호함에 대한 관용성은 원어민과 대화를 나누며 모험을 감수해야 하는 상황이 많은 제2언어 학습에서 장점으로 작용한다. 제2 언어는 학습자 자신이 갖고 있는 모국어와 여러 면에서 다를 수 있고, 사고의 방식이나 의미의 표현 방식, 문화적인 면에서도 다른 점이 많이 있을 수 있다. 이럴 경우, 학습자 자신의 기존 지식이나 관념에 어긋나는 것들을 잘 수용할 수 없다면 제대로 언어를 배울 수 없을 것이다.

[표 8-5] 학습 스타일의 분류 (Reid, 1984)

X	Y
인지적 학습 스타일(cognitive learning styles)	
장독립형(field-independent) 분석형(analytic) 숙고형(reflective) 수렴자/동화자(converger/assimilator)	장민감형(field-sensitive) 종합/관계형(global/relational) 충동형(impulsive) 확산자/수용자(diverger/accommodator)
감각적 학습 스타일(sensory learning styles)	
1) **지각적 학습 스타일**(perceptual learning styles)	
시각형(visual) 촉각형(tactile)	청각형(auditory) 운동감각형(kinesthetic)
2) **환경적 학습 스타일**(environmental styles)	
새벽형, 서늘한 곳, 밝은 불빛 선호형	심야형, 따뜻한 곳, 은은한 불빛 선호형
3) **사회적 학습 스타일**(sociological styles)	
개별학습(individual)	그룹학습(group)
정의적/기질적 학습 스타일(affective/temperament learning styles)	
1) MBTI(Myers-Briggs temperament styles)	
내향적, 감각적(Introverted, Sensing) 지성적, 판단적(Thinking, Judging)	외향적, 직관적(Extroverted, Intuitive) 감성적, 현상적(Feeling, Perceiving)
2) 두뇌별 학습 스타일(right-and left-hemisphere learners)	
오른쪽 손, 왼쪽 뇌형	왼쪽 손, 오른쪽 뇌형
3) 모호성 수용에 따른 학습 스타일(tolerance of ambiguity styles)	
엄격형(ambiguity-intolerant)	관용형(ambiguity-tolerant)

어린이는 성인에 비해 자아(ego)가 덜 발달되어 있으므로 모호성을 보다 쉽게 받아들인다고 할 수 있다. 즉, 어린이가 성인보다 모호성에 대한 관용 정도가 크기 때문에 제2언어를 학습하는 데에 있어서는 어린이가 성인보다 더 유리하다고 할 수 있다.

이상과 같이 살펴본 학습 스타일 중에는 서로 비슷한 성향을 보이고 때로는 같은 범주에 겹치는 것들도 존재한다. 지금까지 설명한 학습 스타일을 종합하여 X와 Y의 대립되는 유형으로 구분해 나타내면 [표 8-5]와 같이 정리할 수 있다. 두 유형은 X와 Y의 양극으로 단절된 것이 아니라 연속체의 개념으로 이해되어야 한다. X 유형이라 하여 Y유형이 전혀 없다는 것이 아니라 X유형이 상대적으로 Y유형보다 강하게 나타난다는 것이다. 즉, 학습 스타일간에 서로 영향을 미치기 때문에 같은 쪽에 분류된 것끼리는 다른 쪽에 분류된 것보다 공통점이 크다는 의미이다.

3 학습 스타일의 의의

사람마다 외모가 다르듯, 학습자는 나름의 장점과 단점을 지닌 각기 다른 학습 스타일을 지니고 있다. 학습 스타일은 개인의 성향 이외에도 교사의 교수 스타일과도 관계가 있다. 일반적으로, 교사와 학생 간의 교수 책략이나 학습 책략과 학습 스타일 사이에는 일정한 상관관계가 있다(Nunan, 1991). 학습 스타일에 관한 연구는 복잡한 인간을 대상으로 하므로 학습자가 어떤 스타일이라고 하여 모든 상황에서 항상 그에 따른 방식대로만 행동한다거나 다른 방식을 전혀 사용하지 않는다는 해석이 아니며 환경적 요구에 의해 변화할 수 있다. 많은 교사와 연구가들은 학생들이 자신이 선호하는 학습 스타일을 알게 하면 학생들이 학습과 파지(retention)에큰 효과가 있다고 생각한다(Galloway & Labarca, 1991). 교사들은 학생들에게 자신이 선호하는 학습 스타일을 인식하도록 도와주고 그에 알맞은 반응을 하게 함으로써 자신의 학습 스타일과 학습 책략의 장점을 이용하도록 해야 할 것이다. 이를 통해, 교사는 학습자가 자신의 학습 스타일과 어울리는 교재나 교과서의 다양한 활용 방식을 알게 하여 최적화된 학습 방법을 깨닫고 성공적인 학습자가 되도록 이끌어야 한다(Kroonenberg, 1995). 이런 관점에서, 학습 스타일을 파악하는 것이 지니는 의미는 다음과 같이 제시될 수 있을 것이다.

첫째, 학습 스타일을 파악하여 학습 성취도와 자신감을 높이는 계기로 삼을 수 있다. 학습자 중심의 교육에서 학습 스타일을 앎으로써 학습자는 자신의 학습 스타일에 대한 정보를 최대한 활용할 수 있고, 교사는 학습자의 다양성을 수용하고 장려하는 학습 환경을 만들어 학습 촉진자(facilitator)의 역할을 적절히 수행하게 하여 효과적인 학습 결과를 가져오게 한다.

둘째, 학습 능력의 차이가 학습 스타일의 차이에 의한 결과물일 뿐 우열 관계가 아니라는 깨달음을 얻게 된다. 학습자나 교사는 과제 수행에 나타나는 학습자의 공헌도를 학습 능력의 우열관계로 보지 않고 학습 스타일의 차이로 인식할 수 있게 되는 것이다. 이럴 경우에, 과제 수행에서 학습 스타일이 일치하면 공헌도가 크고 학습 스타일이 일치하지 않으면 공헌도가 적게 된다고 생각한다. 그리고 한 과제에서 공헌도가 작은 학습자일지라도 다른 학습에서는 공헌도가 클 것으로 기대하게 된다.

셋째, 학습 스타일도 개발 가능하다는 깨달음을 얻게 된다. 학습 스타일이 어느 정도의 지속성과 안정성이 있기는 해도 이것이 변화 불가능하다는 의미는 아니다. 학습 스타일은 새로운 환경과 문화의 영향을 받으며 항상 바뀔 수 있는 것이다(Hofstede, 1986; Reid, 1987). 학습자가 자신에게 잘 발달되고 좋아하는 학습 스타일로 학습하여 효과적인 성취를 한다고 하지만 현실적으로 언제나 자기에게 적합한 스타일로 학습할 수 있는 것은 아니다. 학습은 학습 스타일뿐만 아니라 교수 스타일(teaching style)과 학습 환경의 상호작용 속에서 일어나기 때문이다(Keefe, 1979). 실제로 학습 스타일의 유연성이 큰 학습자일수록 학업 성취도가 큰 것으로 알려져 있다(Kirby, 1979). 따라서 교사는 학습자가 익숙한 학습 스타일(comfort zone)에만 안주하지 않고 아직 계발하지 않은 스타일을 포함한 다양한 학습 스타일을 경험하도록 이끌어 학습 스타일 확장(style stretching)에 도움을 주어야 한다.

넷째, 균형적인 학습 스타일은 성공적인 학습으로 이어진다. Claxton과 Ralson (1978)은 도구적인 목적으로 행해지는 학습에서는 잘 발달된 일치하는(matched) 학습 스타일을, 성장과 개발을 목적으로 하는 학습에서는 미발달된 대체적인(alternative) 학습 스타일을 제공하여 균형적인 발달이 되게 해야 한다고 주장하였다. 균형적인 접근에서는 학습자에 익숙한 과제를 제공하여 잘 발달된 학습 스타일을 최대한으로 활용하고, 학습자의 미발달된 스타일을 개발하기 위해서는 학습자가 과제를 경험하고 적응할 수 있도록 다양한 과제를 제공해야 한다는 것이다. 이를 실천하기 위해서, 교사는 학습자가 좋아하는 학습 스타일을 알고 있어야 할 뿐만 아니라 학습자의 수행 과제들에서 필요한 것이 무엇인지 알아야 하며, 더 나아가 학습자가 해당 과제의 요구 사항을 해결하기 위해 택할 적절한 학습 전략(learning strategies)이 무엇인지도 미리 파악하여 연습을 시켜야 한다.

초등학교에서 학습 스타일의 의의는 학습자의 좋아하는 학습 스타일을 발견하고 확인하는 것 못지않게 다양한 학습 스타일을 개발시키는 것에 있다. 초등학생들은 자아가 굳건히 확립된 것이 아니라 사회문화적인 영향을 이후에 많이 받게 될 것이기 때문에 학습 스타일의 가변성 또한 큰 상태이다. 이들이 자신의 학습 스타일이 지닌 강점과 약점을 파악한 후 강점을 최대한으로 활용하고 약점을 보완할 수 있는 기회를 적절히 제공 받는다면 균형적인 학습 스타일을 계발할 수 있을 것이다.

4 학습 스타일과 학습 자료

학습 자료는 학습자가 주어진 학습 목표를 효과적으로 달성하는 데 도움이 되는 것으로 교재뿐만 아니라 그림, 동영상 자료, 오디오 자료, 인형 등 다양한 보조 자료들을 포함한다. 그러나 같은 자료를 가지고 하는 학습 활동일지라도 학습자의 학습 스타일에 따라 좋아하는 학습자도 있고 좋아하지 않는 학습자도 있다. 여기서는 여러 가지 학습 스타일의 분류 중에서 감각적인 학습 스타일에 한정하여 먼저 각 스타일의 특성과 그 스타일에 적절한 학습 자료와 활동들을 제시하고, 동일한 학습 목표를 위한 스타일에 따라 다른 학습자료와 활동을 예시로 제시하고자 한다.

예시 1: 초등 3학년(Do you like apples?)

	시각적 학습자	청각적 학습자	신체운동적 학습자
활동	▸그림카드 보고 좋아하는 (음식) 묻고 답하기	▸좋아하는 (음식) 묻고 답하기 노래/챈트하기	▸좋아하는 (음식) 마임을 통해 맞추는 게임
방법	▸그림카드를 하나씩 제시하면서 묻고 답하기 ▸그림카드 옆에 ☺, ☹ 붙이고 대답하기	▸좋아하는 (음식) 관련 노래나 챈트를 듣고 따라한다. ▸전화놀이를 통해 좋아하는 (음식)에 대해 묻고 답하는 활동을 한다.	▸동작을 활용하여 좋아하는/좋아하지 않는 (음식)을 소개하고 맞추는 게임
표현	▸Do you like (과일)? ▸Yes, I like (과일). ☺ ▸No, I don't like (과일). ☹	▸Hi, I have apples. Do you like apples? ▸Yes, I like apples. ▸No, I don't like aples.	▸You like apples. ▸You don't like apples.

3 자기주도적 언어 학습과 과업

학습의 주체가 교사에서 학습자로 옮겨짐으로서 교육은 자기주도적 학습을 지향하게 되었다. 자기 주도적 학습을 위한 자료 활용을 위해 여기서는 SALL(Self Access Language Learning)이 무엇을 뜻하는지를 살펴보고, SALL을 위한 자료 활용 방법에 대해서 살펴보자.

1 자기주도적 언어 학습(SALL)의 의미

자기주도적 학습이란 학습과정에서 학습자가 교사의 의존에서 벗어나 자기 학습에 책임감을 갖고 독립적이고 자립적으로 해가는 학습을 일컫는 것으로 학자들에 따라 용어를 달리 사용하고 있다. Knowles(1975)는 자기주도적 학습을 학습자가 타인의 도움 여부와 상관없이 자신의 학습에 필요한 것이 무엇인지 진단하고, 학습의 목표를 설정하며, 학습을 위한 인적 물적 자원을 밝히고, 적절한 학습의 전략을 선정하고 이를 적용하며, 학습의 결과를 평가하는 과정에서 스스로 주도적인 역할을 수행하는 것이라고 규정하였다. '무엇을 왜 어떻게 학습할 것인가?' 그리고 '학습의 성과를 무엇을 근거로 평가할 것인가'라는 문제를 선택하고 결정함에 있어서, 교사에 의해 일방적으로 결정된 학습을 수행하는 것이 아니라 학습자가 필요로 하는 학습을 자율적으로 선택하고 결정한다는 것이다. 즉, 학습자의 학습에 대한 자기주도적 선택과 결정권을 강조하는 것이다.

Candy(1991)는 이에 덧붙여 학습을 스스로 계획하고 관리해 가는 과정을 강조 하면서 자기주도적 학습을 학습자 통제(learner control)와 자기관리(self-management)로 구분하였다. 학습자 통제는 정규교육 활동인 교수 · 학습 과정에 있어 학습자가 주도권 혹은 통제권을 갖는 것으로 교사 통제와 대비된다. 반면에 자기 관리는 학습자가 무엇을 배우고 어떻게 배울 것이냐는 문제에서 자신의 학습을 스스로 관리하려는 자발적 의지와 능력의 개발을 뜻한다. 위의 능력들은 교수 · 학습의 과정에서 학습자에게 주도권을 부여함으로써 향상된다.

Long(1995)과 Garrison(1992)은 자기주도적 학습에서 사회적 · 교수적인 측면과 같은 외형적인 면 이외에도 심리적인 측면 또한 강조한다. 특히 Garrison은 학습 외부적 측면의 학습 통제권과 학습 내부적 측면의 인지적 과정을 연결시켜 크게 세 가지로 분류하여 자기주도 학습 개념을 확장하고 있다.

첫째는 자기관리(self-management)로 주로 학습을 계획하고 실행해 가는 학습 과정 활동으로 학습 목표를 설정하고 학습 자원을 관리하는 면이다. 둘째는 자기 감시(self-monitoring)로 학습의 성과를 스스로 모니터하여 학습 결과의 질을 스스로 평가하고 이를 바탕으로 향후 학습 전략을 형성한다. 셋째는 학습 동기(motivation)로 학습자가 학습을 시작하고 목적 달성을 위해 이를 지속하게 하는 것이다.

학습의 시작 동기(entering motivation)뿐만 아니라 과제를 지속적으로 해결해가는 동기(task motivation)가 중요하다는 것이다. 이처럼 Garrison은 세 측면이 다 고려될 때 자기주도적 학습은 개인적으로 의미가 있고 사회적으로 가치 있는 학습으로 다가올 수 있다고 강조한다.

Gardner와 Miller(1999)는 자기주도적 학습을 학습자가 자신에게 맞는 속도와 시간에 따라서 주어진 언어 학습 자료와 시설을 선택적으로 사용하는 독립적인 학습을 의미한다고 이해한다. 실제로 자기주도적 학습은 많은 요소들이 관여하여 하나의 특정한 형태가 아닌 다양한 형태를 띠는 경우가 대다수이다. 그러므로 어떤 요소들로 구성되는지 살펴보면 자기주도적 학습의 의미를 보다 명료하게 이해할 수 있다.

2 SALL의 요소와 특성

(1) SALL의 요소

SALL은 언어 교수가 아닌 언어 학습에 대한 접근법으로, 학습 자료들을 모아놓은 것 혹은 학습 자원의 조직 체계라는 좁은 의미부터 학습 환경을 제공하는 많은 요소들의 통합체까지 다양한 범주를 포괄하는 개념이다. SALL은 어느 하나의 요소의 특성에 의하여 정해지는 것이 아니라 자원, 사람, 경영, 체계, 개별화, 요구분석, 학습자 숙고, 상담, 학습자 훈련, 스탭 훈련, 평가, 자료개발이 뒤얽혀 구성되는 것이다. SALL에서 학습자는 학습 환경의 중심에 서서 교사, 동료 학습자, 상담자, 관리자 등에 의존하지 않고 독립적으로 움직이면서 활동, 자료, 기술 등 필요한 학습 자원을 이용한다. 학습자는 자신만의 믿음과 태도 속에서 반성적 사고를 통해 개별화된 학습 목표를 설정하고 실행하면서 학습 환경 전반의 많은 요소들과 독자적으로 상호작용을 한다.

(2) SALL의 특성

① SALL은 학습자와 교사의 역할 변화를 요구한다.

교사 중심 학습에서는 교사가 학습을 통제하고, 내용과 지식을 전달하며, 활동을 선정하고 지도하며, 학습과 오류 수정에 책임진다. 그렇기 때문에 학습자는 수동적으로 교사에 이끌려서 정해진 스텝을 따라 나아가서 학습에 대한 책임을 갖지 못한다. 학습자의 독립심과 책임감의 결여는 참여성의 결핍을 낳고 결국은 학습의 효과를 떨어뜨리는 결과로 이어지기 쉽다. 이런 의미에서, 성공적인 언어 학습 전략은 자기 학습에 대한 책임감을 갖는 것과 밀접히 관련되어 있다(Naiman외, 1978). 교사가 학습자를 대신해서 학습할 수 없으며, 학습자의 독립성과 학습에 대한 책임감을 증진시키기 위해서는 교사와 학습자의 역할이 다음과 같이 변해야 한다.

교사:	학습자:
가부장적/단정적 → 동기간적/허용적	수동적 → 능동적
지식의 분배자 → 자원 공급원/자문가	학습에 대한 무책임 → 학습에 대한 책임감
의존성육성 → 독립성훈련	승인 요구 → 명시적 승인 불필요
	지시에 순종적 → 의사결정에 참여

② SALL은 학습 방법의 학습(learning to learn)이다.

삶이란 끊임없는 교육의 연속이라는 사실을 감안할 때, 교육을 받은 사람이란 학습하는 방법을 익힌 사람, 변용하고 변화하는 방법을 익힌 사람, 그리고 어떤 지식도 안전하지 않고 지식을 추구하는 과정만이 안정의 기초를 제공해준다는 사실을 깨달은 사람이다(Rogers, 1969). 즉, 학습자에게 자신의 학습을 스스로 주도할 도구를 갖추도록 이끄는 것이 필요한 것이다.

③ SALL은 학습자의 특성을 강조한다.

어떤 학습자도 다른 학습자와 동일하지 않다. 학습자들은 인지 유형이나 언어 적성, 학습 스타일이 다르며, 공부하는 습관과 학습 전략이 다르고, 성격과 믿음, 태도, 학습동기가 다르다. 어떤 학습자는 청각을 통한 학습을 좋아하고, 어떤 학습자는 시각을 통한 학습을 좋아하고, 또 어떤 학습자는 혼자서 학습하기를 좋아하지만 다른 학습자는 소그룹 속에서 학습하기를 좋아할 수 있다. 이렇게 서로 다른 학습자의 특성을 고려하기 위해서는 교사의 일방적인 교수나 처치보다는 학습자 주도의 학습이 이루어져야 할 것이다. 학습의 주체는 학습자 자신이 되고 교사는 학습자가 학습하는 데 어려움을 해소하며 학습 환경을 조성해 주는 것이 중요하다.

④ SALL 학습 모형은 매우 유연하다.

SALL에 대한 반응은 개별 학습자 차원을 뛰어넘어 민족에 따라서도 다르게 나타날 수 있다. 교사와 교육제도, 동료, 사회가 SALL에 대한 학습자의 태도에 영향을 미치며, 학부모, 문화, 권력계층 등의 사회적 영향이 정치, 행정, 교육 제도를 거쳐 교실에까지 연쇄효과(knock-on effect)가 예상되기 때문이다(Kennedy, 1988). 이처럼 사회 문화적인 요인이 강력한 영향을 미치기에, SALL은 하나의 보편적인 모형으로 존재하는 것이 아니라 다양한 모습으로 나타난다(Gremmo & Riley, 1995).

⑤ SALL은 SAC의 역할을 중시한다.

자기주도적 학습에서는 학습자가 주도적으로 학습할 수 있는 환경을 마련해 주어야 하기 때문에 인적 자원 못지않게 물적 자원이 중요하다. 이를 위한 학습센터 SAC(self-access center)을 적절히 구성하는 것이 무엇보다도 중요하다. 이상과 같은 SALL의 특성을 전통적인 교사 주도의 학습과 비교하여 제시하면 다음 표와 같다.

[표 8-6] 교사 중심 수업과 자기 주도적 학습(SALL)의 특징

	교사 중심 수업	자기주도적 학습(SALL)
목표	• 매우 명시적임 • 제한된 범위 • 교육자에 의해 설정, 통제됨	• 명시적이거나 모호함 • 단일한 목표이거나 대단히 넓은 범위의 것임 • 교육자, 학습자 혹은 둘 다에 의해 설정됨
학습자의 자율성 준수	• 완전한 교사 주도에서부터 부분적인 학습자 주도까지	• 학습자들이 자기 주도가 없는 데서부터 완전한 자율성까지
학습 성과	• 사전, 사후 평가와 같이 상대적으로 측정하기 쉬움	• 측정하기 어려움 – 학습자가 독립적으로 수행하기 때문에 표준화된 평가가 불가능 – 기간과 강도가 유연하기 때문에 평가가 어려움 – 효과가 긴 기간이 걸리기 때문에 진정한 성과는 몇 년이 지난 후 나타날 수 있음
학습 기간	• 과정의 길이에 의해 제한됨	• 일회적부터 평생학습까지 그 기간이 길 수 있음
학습 강도	• 교사에 의해 결정됨	• 자율성 정도에 따라 교사나 학습자 개인에 의해 통제
학습자 동기	• 사전 평가 혹은 학기말 평가를 통해 평가됨 • 수업참여를 통해 관찰됨	• 학습자 지원 수준을 설정하는 데 중요함

3 SALL을 위한 학습 자료

자기주도적 학습 자료는 학습자의 언어 학습 요구를 반영하고, 학습 상황에 적절하며, 스스로 확인하고 피드백을 줄 수 있는 해답이 제시되고, 시간과 예산의 범위 안에서 준비할 수 있는 다음과 같은 다양한 자료를 포함한다.

(1) 출판된 언어 학습 자료

출판된 자료는 전문가가 많은 시간과 노력으로 개발한 자료이므로 나름의 장점을 지니고 있다. 그러나 이런 자료는 대체로 장점이 부각되었을 뿐 단점을 제시하지 않는다는 사실에 유의해야 한다. 게다가 동료 교사들이 사용하고 추천하는 자료라 해도 SALL에 대한 경험이 없는 경우 적절하게 활용하지 못할 수도 있다. 또한, 이런 자료는 불특정 다수를 위한 자료로 교실 상황과 교사 주도적인 학습을 전제로 하는 경우가 많으며, 구체적인 문제해결 과정이 결여되고, 개인적이고 특정한 호소력이 약할 수 있다. 이 밖에도 자료 선정에 대한 문화적인 제약이나 대중성에 대한 정보 등도 주요 고려사항들이다.

(2) 실제적(authentic) 자료

실제적 자료란 목표언어를 가르치는 목적이 아닌 다른 목적으로 만들어져서 우리 주변에 있는 자료로서 신문, 잡지, 홍보 및 광고물, 사용 설명서, 지도, 라디오 및 TV 프로그램, 비행기 및 기차 시간표, 지하철 및 버스 노선도, 노래, 게임, 이야기 등 다양하다. 이런 자료들은 흥미와 동기를 고취시켜 언어 습득과 학습을 증가시켜준다(Little 외, 1989). 그러나 언어의 통제가 없기 때문에 복잡하여 학습 부담을 가중시킬 위험이 있다. 따라서 이를 활용할 때에는 교육적인 관점에서 배려가 요구되며, 자료 수집은 교사 혼자서 하는 것보다 학습자 모두가 하게 하는 것이 바람직하다.

(3) 학습용 제작 자료

출판된 자료나 실제적인 자료로서 학습자의 요구를 충족시키지 못할 때 특별히 학습 목표에 맞게 자료를 제작하게 된다. 자료를 제작할 때는 학습자에게 익숙한 상황을 포함하여야 하고 기존 자료에서 추출하여 만드는 경우 저작권 문제에 유의하여야 한다. 자료를 만들 때는 학습 스타일이나 문화 등을 고려하여 다양성을 기할 수 있지만 자료의 질이나 투자되는 시간과 자료의 양 등이 문제가 될 수 있다. 이런 문제점을 해결하기 위해서, 교사는 학습자 스스로 SALL 자료를 만들고 제공하는 기회를 제공할 수도 있다.

(4) 자료의 제작과 축적

어떤 하나의 자료도 학습자의 모든 요구를 다 충족시킬 수 없다. 자료마다 장점과 단점이 있기 때문에 여러 변수를 고려하여 다양한 자료들의 특성을 적절히 절충하여 제작하여야 할 것이다. 이때, 현실적 차원에서 인력, 비용, 자료의 수명, 제작권, 활용도, 보관 문제와 기술적인 문제를 고려해야 한다. 또한 언어 수준, 언어 기능, 학습 목표, 활동의 길이, 교수 언어, 학습경로, 기술, 평가, 그리고 후속 단계 등 교육적인 문제도 생각해 보아야 한다. 새로 제작된 자료는 실험 사용 후에 피드백을 받아 수정하며, 축적된 자료에 대해서도 건의함, 대출 및 이용 회수, 정기적인 회의 등에서 나온 의견에 따라 수정을 실시한다. 자료의 활용을 위해서는 표지에 구분(section), 제목, 수준, 목표, 활동시간을 기재하여 체계적으로 분류하여 쉽게 접할 수 있게 해야 한다.

4 학습자 중심 기반 학교 영어 프로그램

자기주도적 학습을 위한 프로그램은 정규 수업시간 내에 이루어지거나 방과 후 활동이나 방학 프로그램을 활용하여 제공된다. 자기주도적 학습은 학습자가 주도적으로 학습을 할 수 있도록 학습 환경을 조성해 주는 것이 중요하다. 학습자는 고립적으로 학습하는 것이 아닌 만큼 가능한 모든 학습 자원을 동원하여야 하며 다양한 프로그램으로 학생들의 자기주도적 학습을 지원할 필요가 있다. 다음의 프로그램들은 정규 수업시간 외에 학교에서 실시할 수 있는 프로그램으로 자기주도적 학습을 적용할 수 있다.

(1) 학교 영어체험센터 활용 프로그램

영어체험센터는 학교 내의 공간을 리모델링하여 학생들이 자연스럽게 영어를 접할 수 있도록 구성한 공간이다. 영어체험센터를 구성하는 공간은 학교마다 다르지만, 기본적으로 생활체험 학습공간, 몰입 학습공간, 영어 학습 활동실, 특별 활동실, 자료실로 구성할 수 있다(진경애, 2006).

부산 남항초등학교, 거점초등 영어체험센터
:https://www.nocutnews.co.kr/news/473665

예천 유천초 영어체험교실
내외뉴스통신(http://www.nbnnews.co.kr)

[그림 8-5] 학교 영어체험센터

생활체험 학습공간은 영어권 문화에서 접할 수 있는 식당, 병원, 쇼핑 몰 등과 관련된 실물이나 사진 등으로 구성되며 학생들이 일상생활에서 의사소통 경험을 할 수 있도록 구성된다. 몰입 학습공간은 교과목을 영어로 학습하는 공간으로 멀티미디어 자료나 인터넷 학습을 통하여 교과 내용을 복습할 수 있도록 구성된다. 영어 학습 활동실은 학생들이 좋아하는 노래, 챈트하기나 그림 사전 만들기 등 활동할 수 있는 공간이다. 특별 활동실은 수업 시간에 배운 내용을 심화학습 할 수 있는 공간으로 영어로 방송이나 유튜브 만들기, 드라마, 역할놀이 등 발표를 할 수 있는 공간이다. 자료실은 영어 동화책, 영화 자료 등 학생들이 자유롭게 이용할 수 있는 공간으로 꾸밀 수 있다. 최근에는 영어체험센터에 에듀테크를 활용한 공간 활용이 늘고 있는데, VR(Virtual Reality), AR(Augmented Reality), Metaverse 등의 가상현실 공간과 연계한 센터 운영이 시도되고 있다.

(2) 방과후 학교 영어 프로그램

방과후 학교 영어 프로그램은 정규 교육과정 이외의 시간에 이루어진다. 방과후 학교 영어 프로그램은 학생들의 영어 능력 격차 해소, 정규 수업 보충, 사교육비 경감 등을 목표로 시행되고 있다. 정규 교육과정과는 달리 방과후 학교 영어 프로그램은 학생들의 흥미와 자발적인 참여로 이루어지기 때문에 학습자 중심의 영어 수업이 가능하다. 방과후 학교 영어 프로그램은 다음과 같이 구성하여 운영할 수 있다.

① 기초반: 노래, 챈트, 게임, 만들기, 그리기 등 활동 중심의 영어 수업으로 학생들이 영어를 즐겁고 편안하게 학습할 수 있도록 내용을 구성한다.
② 중급반: 파닉스 등 기초적인 영어 읽기를 바탕으로 어휘와 문장 중심의 표현들을 다양한 활동과 함께 학습할 수 있도록 내용을 구성한다.
③ 고급반: 프로젝트, 주제 중심, 과제 중심 등 학생들이 배운 표현을 자유롭게 활용하는 교과 외 활동으로 내용을 구성한다.
④ 보충반: 다른 반과 달리 보충반은 정규 수업의 보충 수업의 성격을 갖고, 학생들이 정규 수업 진도를 잘 이해할 수 있도록 복습의 내용으로 구성한다.

위에서 제시한 영어 프로그램은 수준별 학습을 기초로 나눈 것인데, 무학년제나 학년군으로 묶어 영어반을 개설하는 것이 효과적이다. 방과후 학교 영어 프로그램 담당은 주로 외부 강사를 통해 이루어지는데, 프로그램의 질을 향상시키기 위해 방과후 영어 강사에 대한 인식 개선과 선발 시험 등 다양한 방법을 활용할 필요가 있다.

(3) 방과후 영어 독서 프로그램

초등학교에서 대표적인 방과후 영어 프로그램은 영어 독서 프로그램이다. 학교 영어 도서관을 활용하거나 동아리 교실에서 개발한 교육과정으로 운영이 되는데 학교 및 학생 수준에 따라 다양하게 운영할 수 있다. 영어 교육에서 읽기는 영어 입력 측면에서 중요한 역할을 차지한다. 읽기는 모든 언어 기능과 연결되어 있으며 특히 문자 언어 쓰기와 깊은 관계가 있다. 읽기와 관련하여 독서는 학생들에게 읽기의 재미를 느낄 수 있게 하고, 다양한 그림 및 인터넷 자료와 연계된 독서 활동은 학생들의 영어에 대한 관심과 언어 능력 향상에 도움이 된다. 독서 프로그램은 책을 읽고 난 후 독후 활동이 중요한데, 학생들이 읽은 내용을 다양한 방법으로 표현할 수 있기 때문이다. 독후 활동으로는 이야기 줄거리 영어로 쓰고 발표해 보기, 영어 북리포트 작성하고 발표해 보기, 읽은 책 역할놀이 해보기, 등장 인물 영어로 소개하기 등 다양한 활동을 적용할 수 있다. 아래 표는 영어 독서 프로그램의 블록 수업(2차시)을 소개한 것이다.

단계	주요 활동	세부 독서 활동
읽기 전 활동	동기유발	- 인사하기, 안부 묻기
	전시 복습	- 전시 학습에 대한 복습
	도입	- 책 소개, 작가 소개 - 표지 함께 읽기, 표지 그림보고 내용 유추하기
	활동소개	- 목표 어휘 제시하기 - 목표 어휘와 관련된 대화 표현 제시하기
읽기 중 활동	이해 활동 표현 연습	- 이야기 읽어주기 - 이야기 읽어주면서 질문하기 - 이야기 내용 예측해 보기
읽기 후 활동	참여 활동	- 읽은 이야기 내용 알아보기 - 노래, 챈트, 그림으로 이야기 내용 다시 꾸며보기 - 발표하기
	복습	- 책 내용 및 학습내용 복습하기 - 목표 어휘 복습하기
	정리	- 차시예고 및 정리하기

(4) 영어 캠프

영어 캠프는 방학 중 단기 언어 체험 프로그램으로 언어 습득에서 중요한 입력, 출력의 기회를 단기간에 최대한 많이 제공하여 학생들이 영어에 대한 두려움을 극복하고 영어에 대한 자신감을 높이는 데 효과적이다. 영어 캠프는 몰입교육(immersion)에서 주장하는 내용을 목표어로 가르치거나, 주제 중심에서 강조하는 주제를 중심으로 교과를 통합하여 활동하기도 하며, 과제 중심에서 활용하는 흥미로운 과제를 중심으로 운영되기도 한다. 영어 캠프의 강점으로 첫째, 다양한 활동과 체험 중심 수업이 가능하다. 둘째, 원어민과 상호작용의 기회가 많다. 셋째, 다양한 주제의 자율적인 교육이 가능하다. 넷째, 학생들의 참여를 높이는 수업으로 이루어진다(안경자, 이완기, 2012). 영어 캠프를 운영할 때는 레벨 테스트를 통해 수준을 나눈 후 수준별로 실시하는 것이 효과적이다. 각 반별 수준에 따라 내용의 난이도가 달라질 수 있으나 기본적인 캠프의 교육과정 예시를 보면 다음과 같다.

요일	교시	1주	2주	3주
월	1-2	Orientation	Movie English	Movie English 2
	3-4	Introduce myself	Writing	Writing
화	1-2	Number	Body	Time
	3-4	Song & Chant 1	Song & Chant 2	Song & Chant 3
수	1-2	Colors	Sport	Food and places
	3-4	Phonics 1	Phonics 2	Phonics 3
목	1-2	Storytelling 1	Storytelling 2	Storytelling 3
	3-4	Role-play 1	Role-play 2	Role-play 3
금	1-2	Jobs	Animals	Wrap-up
	3-4	Wrap-up	Wrap-up	Closing ceremony

일상적인 영어 수업에서는 교사가 정해진 수업 시간에 가르쳐야 할 내용을 중심으로 수업을 구성하며, 다양한 경험, 성격을 가진 학생을 모두 고려하여 수업하기는 쉽지 않다. 따라서 방과 후 활동이나 방학 중 특별 프로그램은 오히려 학습자 중심 수업을 실현하기 좋은 기회일 수 있다.

제 9 장

초등영어 수업과 평가

1. 언어의 평가
2. 언어 평가의 역사
3. 평가와 시험의 종류
4. 평가의 요건
5. 어린 학습자를 위한 평가

교사는 학생의 학습 수행, 과정, 결과 등을 지속해서 관찰 및 평가하고, 평가 결과를 바탕으로 학생의 성장을 위해 후속 수업과 관련된 최선의 의사결정을 한다. 이 절차는 교사의 수업 개선과 직결되므로 평가는 학생의 학습뿐만 아니라 교사 전문성 발달을 위해서도 중요하다. 이와 관련하여 최근 강조되는 학습자 평가 방향은 교육과정-수업-평가-기록 일체화의 맥락에서 학습자 학습 과정을 중시하는 평가이다. 이는 영어를 활용한 의사소통 행위 자체를 결과가 아닌 연속되는 과정으로 보는 것이 타당함을 고려하였을 때, 영어교육의 본질적 목표인 학습자 영어 의사소통 역량 신장을 위해서도 알맞은 방법일 것이다. 이와 같은 학습자 영어 평가의 중요성에 대한 인식을 바탕으로, 본 장에서는 영어 능력을 제대로 평가하기 위해 언어 평가가 무엇이며, 어떻게 평가해야 할지, 또 주의해야 할 사항은 무엇인지 등을 최근 초등영어 학습자 평가 동향을 중심으로 살펴보기로 한다.

1 언어의 평가

1 평가의 정의

'Evaluation, assessment, testing, measurement'라는 말은 모두 평가를 뜻하는 말이다. 이들은 흔히 혼용되고 가끔 혼동을 일으키기도 한다. 그러나 이 용어가 모두 같은 것을 의미하는 것은 아니다. 총평과 평가(evaluation)는 더 일반적이고 더 전반적인 과정을 의미하고, 시험(testing)은 총평(assessment)의 한 부분이며, 측정(measurement)은 일종의 학습자 학습 수행에 관한 계량화를 의미한다.

(1) 평가(evaluation)

평가는 언어 프로그램이 목표를 달성하는 정도를 결정하기 위해서 정보를 수집하는 과정이다. Weiss(1972)는 교육적인 결정을 하기 위해서 체계적으로 정보를 수집하는 과정이 평가이며, 평가는 그 결정 과정까지 포함하는 것이라고 말한다. 즉, 학습자뿐만 아니라 교육의 모든 요소가 평가 대상이 될 수 있으므로 가장 포괄적인 용어가 평가이다. 관련된 정보는 교사와 학부모의 견해, 교재의 특질, 시험 결과, 학습자의 태도 같은 것들이며, 평가 과정의 도구로는 시험, 설문지, 교재 분석, 관찰 등을 이용할 수 있다.

(2) 총평(assessment)

총평은 학습자의 지식, 능력, 이해, 태도, 동기 등에 관한 정보를 수집하기 위해서 사용되는 모든 방법을 포함하는 일반적인 용어이다. 성태제(2000)는 학습자의 학업 성취도나 학습 진행에 대한 정보를 수집하기 위한 종합적인 방법으로서 다양한 측정 방법이 필요하다고 본다. 총평은 학생에 대한 종합적인 정보를 수집하기 위하여 지필검사뿐 아니라 작업 내용, 혹은 자유 반응 형태의 모든 결과를 수집하여 종합적으로 판정하는 과정이므로 측정과 평가 가운데 위치한다. 평가가 교육의 모든 요소를 대상으로 하는 개념인 반면 총평은 학습자를 대상으로 하는 개념이다.[1]

1 총평의 개념을 확장하여 학습자 이외의 영역에까지 적용하기도 한다. 그러나 이 경우에도 총평의 초점은 학습자의 향상과 발전에 있다.

(3) 시험(testing)

이것은 학습자의 수행을 평가하기 위해 이용되는 측정 도구로서, 개인의 어떤 특성을 추론을 통해 이끌어내기 위한 것이다. 예를 들어 시험은 수업목표에 비추어 학습자가 음성 또는 문자 언어를 어느 정도 이해하는가를 보기 위해 실시될 수 있다. 그리고 학습자가 이러한 목표를 달성하였는지를 확인할 수 있는 과제를 적용하고, 그 결과를 점수나 등급과 같이 수량화하여 표시한다.

(4) 측정(measurement)

분명한 절차와 규칙에 따라 개인의 특성을 계량화하는 과정이 측정이다. 측정은 사물의 성질을 구체화하기 위하여 수를 부여하는 절차로서 수량화를 위한 분명한 규칙과 절차를 갖는다고 할 수 있다.

2 세환(washback)

평가란 원래 교수·학습의 결과가 얼마만큼의 목표를 달성했는가를 점검하여 이후의 목표 설정에 피드백을 제공하기 위한 것이다. 따라서 평가는 교수·학습의 영향을 받는다. 그러나 반대로 교수·학습이 평가의 영향을 받아 달라질 수도 있는데 이처럼 평가가 교수·학습에 미치는 영향을 세환(washback)이라고 한다. 평가가 몹시 중요하고 그 결과가 심각한 영향을 미치는 경우 평가는 교수·학습 활동을 지배하게 된다. 심하면 평가의 내용과 기법이 교육과정의 목표를 좌우하게 되는데 이는 해로운 세환이다. 예를 들자면 쓰기 능력을 기른다는 목표 달성을 위해 쓰기 활동 위주로 교수·학습 활동을 하였으나 평가는 객관식 지필검사로 시행할 경우, 다음 교수·학습 활동에서 쓰기 활동에 대한 학습자들의 동기는 훨씬 감소될 것이다.

반면에 이로운 세환도 있어 평가가 교수·학습의 잘못된 방향을 바로잡을 수도 있다. 예를 들어 교수·학습은 문법 설명과 암기로만 이루어졌으나 의사소통 과제 수행을 평가하는 시험을 도입하면 그 이후의 수업은 의사소통 과제 중심의 접근으로 바뀌게 될 것이다.

Davies(1968)는 "좋은 평가는 교수·학습을 따르고 모방하기 때문에 교수·학습의 충실한 하인이다."라고 하였다. 그러나 교수·학습과 평가의 올바른 관계는 협력 관계이다. 좋은 평가는 올바른 교수·학습을 지원하여야 하며, 필요하다면 잘못된 교수를 교정하는 역할을 하는 것이어야 한다.

3 평가의 필요성

학습자 영어 사용 능력을 측정하기 위해 의사소통 행위를 결과 중심으로 평가하는 것은 타당하지 못할 수 있고, 영어 능력 평가가 때로 교수 · 학습이나 교육과정에 해로운 세환이 될 수도 있으나, 어떠한 경우라도 학습자 평가는 꼭 필요하다. 언어 능력에 관한 정보는 매우 유용하고 학습자의 성장을 촉진하고 후속 수업을 개선하기 위해 꼭 필요하기 때문이다. 평가는 교사로 하여금 개별 학습자나 학급에게 더 도움이 되도록 교수를 조정함으로써 자신의 교수의 효율성을 높일 수 있게 해준다. 학습자와 학급의 성취에 관한 정보를 주고 그를 바탕으로 합리적인 교육적 결정이 이루어지게 하는 데 도움을 준다. 또한 교사가 사용한 방법이나 자료는 물론 교수요목의 효율성을 평가할 수 있는 자료가 된다. 학습자의 수행(performances)을 제대로 측정하는 평가는 학습자에게 동기를 줄 수 있으며, 수행 후 곧바로 학습자에게 정확한 정보를 주면 학습자 스스로 자신의 약점으로부터 배울 수 있는 기회가 된다. 그러므로 좋은 평가는 가치 있는 교수 장치로 사용될 수 있다.

4 교사와 평가

교사가 더 나은 평가를 위해 할 수 있는 일로 Hughes(2003)는 다음을 제시한다. 첫째, 교사 스스로 더 나은 시험을 개발할 수 있다. 이를 위해 교사 스스로 더 나은 시험을 개발하기 위한 평가에 관한 이론과 연습, 경험이 필요할 것이다. 둘째, 평가 과정에 포함된 사람들의 변화를 이끌 수 있다. 평가에 관련 있는 사람들의 평가에 대한 이해가 높을수록 평가가 교수와 통합될 가능성은 더 높아진다. 마지막으로 시험을 향상시키도록 전문 평가자 집단에 압력을 행사할 수 있다. 실제로 간접적 방식으로 쓰기 능력을 측정하던 TOEFL에 대해 1986년 TWE(Test of Written English)를 도입하여 실제로 쓰기를 수행하게 함으로써 이로운 세환 효과를 가져오게 한 것은 영어 교사들이 주도한 것이었다.

2 언어 평가의 역사

언어 평가는 크게 네 종류의 접근으로 구분될 수 있다. 이들은 ① 에세이-번역식 접근, ② 구조주의적 접근, ③ 통합적 접근, ④ 의사소통적 접근이다. 이들은 등장한 시기순으로 제시되었으나 이들이 반드시 특정 시기에만 국한되어 사용된 것은 아니며, 또 네 접근이 늘 상호 배타적인 것도 아니다. 유용한 평가는 보통 위의 네 접근 중 몇 가지의 특질을 함께 가지고 있다. 어떤 접근이 아주 매력적으로 보일지라도 그 접근에만 국한함으로써 내재적인 약점을 갖게 될 수 있기 때문이다. 각 접근을 간단히 살펴보기로 한다.

1 에세이-번역식 접근(essay-translation approach)

보통 언어 평가의 전과학적 단계(pre-scientific stage)라고 불린다. 평가에 특별한 기술이나 전문성이 필요 없었던 시기이며, 교사의 주관적 판단이 제일 중요한 시기였다. 시험은 대체로 에세이 쓰기, 번역, 문법적 분석의 형태였지만 문화적, 학문 적으로 치우침이 심했다. 상급 수준에서는 가끔 구두 시험이 있었으나 부가적인 것일 뿐 통합적인 방식은 결코 아니었다.

2 구조주의적 접근(structural approach)

언어 학습은 주로 일련의 습관을 체계적으로 습득하는 것과 관계된다고 보았던 시기이다. 행동주의에 기반한 구조주의 언어학을 대변하는 접근이며 특히 대조분석, 목표어의 요소 각각—음운, 어휘, 문법 등—을 학습자가 얼마나 숙달하였나를 측정하였다. 이는 많은 언어 형태들이 짧은 시간에 다루어질 수 있다는 이유로 맥락에서 완전히 분리된 단어와 문장을 사용하여 측정되었다. 한 번에 한 항목을 평가하는 것이 필수적이라고 생각하였으므로 듣기, 말하기, 읽기, 쓰기 기능이 가능한 한 서로 분리되었다. 구조주의적 접근에서는 전통적인 에세이-번역 시험이 주관적이고 신뢰성이 없다는 비판에서 비롯되었다. 이에 따라 측정의 객관성과 신뢰성을 강조하는 심리 측정적 접근이 중심이 되었으므로 심리 측정적 접근(psychometric approach)이라고도 불린다. 그 결과 신뢰성과 타당성을 통계적으로 분석하는 것이 제일 중요한 문제였고, 자연히 선다형(multiple-choice) 문항이 유행하였다.

3 통합적 접근(integrative approach)

통합적 접근은 맥락에서의 언어를 평가하려 하므로 담화의 의미와 전체적인(total) 의사소통 효과에 일차적 관심이 있었다. 따라서 정교하게 언어 기능을 분리하는 대신 동시에 둘 이상의 기능(skills)을 사용하는 능력을 측정하려 하였다. 숙달도(proficiency)에 관심이 있었지만 이 숙달도는 배우는 언어의 목적에는 상관없이 모든 학습자가 갖고 있다고 주장하는 단일 능력(unitary competence)을 가정하고 있었다. 곧 인간의 언어 능력은 본질적으로 부분으로 나눌 수 없는 통합적 체계이므로 읽기 능력과 듣기 능력, 문법과 어휘 능력 등을 분리하여 측정할 수 없다는 주장이었다. 만약 분리하여 측정하려 하여도 얻어지는 결과는 어떤 중심적인 단일한 언어 능력이라는 것이었고 다양한 통계 증거들이 이 주장을 뒷받침하기 위해 제시되었다. 예를 들면 읽기 능력이 우수한 학습자는 듣기도 잘한다거나 읽기를 잘못하는 학습자는 쓰기도 못한다는 일반화를 통계 기법을 이용하여 증명하는 식이었다. 그러나 개개 학습자에 있어 말하기 능력은 우수하나 쓰기는 잘 못하는 학습자, 읽기는 잘 하지만 말하기는 부진한 학습자들이 있음을 볼 때, 단일 능력 가설(unitary competence hypothesis)은 개인 내에서의 능력의 차이는 무시하고 집단의 수행에만 관심을 기울였다는 비판을 할 수 있다. 결국 단일 능력 가설을 주장하였던 Oller(1979) 자신이 인간의 언어 능력은 하나의 총체적 체계를 이루고 있지만 이는 다시 세부 하위 능력으로 나누어 볼 수 있다는 단일 언어 능력의 약설(weaker form of unitary competence hypothesis)을 인정하였다.

통합적 접근은 기능적 언어(functional language)를 다루지만 기능적 언어의 사용은 다루지 않았다는 점을 지적할 수 있다. 규칙 빈칸 메우기(cloze) 시험과 받아쓰기(dictation)가 대표적인 통합 평가 방식이다. 구두 인터뷰, 번역, 에세이 쓰기 등도 통합적 평가에 속한다.

4 의사소통적 접근(communicative approach)

의사소통적 접근은 때때로 통합적 접근과 연관된다. 두 접근 모두 형태와 구조보다는 발화의 의미를 중시하지만 근본적인 차이가 있다. 의사소통적 평가는 무엇보다도 언어가 의사소통에서 어떻게 사용되는가에 관심이 있으므로, 가능한 한 실생활에서 학생들이 접하게 될 과업(task)을 이용하게 되고 언어적 정확성보다 의사소통의 효율성 관점에서 평가한다. 즉, 언어의 용법(usage)보다 실제의 사용(use)을 강조하고 학습자의 언어 수행에 대해 기능별, 혹은 과업별 능력의 윤곽을 파악하려 한다. 예를 들어 비공식적 대화에서의 말하기 수행 능력은 낮으나 읽기 시험에서는 높은 점수를 얻는 학습자를 가정할 수 있다. 세미나 토론에 기여하기, 전문적 강의 듣기, 실험 보고서 쓰기 등의 수행에서 강의 듣기는 잘하지만 실험 보고서 쓰기에서는 낮은 점수를 얻는 학습자도 있을 수 있다. 여기서 통합적 접근과의 차이를 찾을 수 있다. 통합적 접근이 단일 능력 가설에 의해 기저 언어 능력을 측정하려 하지만, 의사소통적 접근은 학습자의 필요를 상세화한 목표에 따라 학습자의 의사소통 정도를 평가한다. 또한 의사소통 능력을 분리하여 측정하는 것에서 구조주의와의 공통점도 볼 수 있지만, 실생활과 거의 관련이 없는 내용을 평가하는 구조주의 접근과는 분명히 다르다.

의사소통적 접근은 학습자 중심적이고 의사소통의 본질에 맞는다고 할 수 있으나 학습자의 필요가 기준이 되므로 문화적 색채가 들어가게 되고 ESP(English for Specific Purposes) 시험의 경우 원어민의 점수가 비원어민 점수보다 낮을 수도 있다.

좋은 평가는 평가의 목적이나 평가의 다양한 제약에 따라 의사소통적 접근, 통합적 접근, 심지어는 구조주의 접근의 특질을 결합하는 일이 자주 있다. 언어 평가는 언제나 이상적인 것과 특정 상황에서 실용 가능한 것 사이의 타협을 하는 것이다. 그러나 이것이 질 낮은 평가를 하는 데 대한 변명이 되어서는 안 된다. 상황에 따르는 제약이 무엇이든, 가능한 한 타당하고 신뢰도가 높으며 교수·학습에 유용한 세환 효과를 갖는 시험을 끊임없이 개발하려 하면서 이상과 목표를 유지하는 것이 중요하다.

3 평가와 시험의 종류

평가를 분류하는 기준이 무엇이냐에 따라 여러 유형의 평가가 있을 수 있다. 평가의 목적, 평가 개발의 접근 방식, 평가 결과 산출 방식, 채점 방식, 평가의 시기 등에 따른 구분을 살펴보자.

1 평가 목적에 따른 분류

(1) 숙달도 평가(proficiency test)

숙달도 평가는 전반적인 언어 능력을 측정할 목적으로 고안된 시험이다. 언어 코스의 특정 내용이나 목표에 근거하지 않고 수험자가 언어로 할 수 있는 것을 명시한 내용에 근거를 두는 시험이다. TOEFL, TOEIC, TEPS, FCE, CPE 등의 예를 들 수 있으며, 이들은 성공적인 수험자가 할 수 있는 것을 기술하는 상세한 명세서(specifications)를 함께 제공한다.

(2) 성취도 평가(achievement test)

수업 전체 코스와 가장 직접적으로 관련되는 것이 성취도 평가로서, 이는 개별 학습자나 학급, 혹은 코스 자체가 목표를 어느 정도 달성하였는가를 보기 위한 것이다. 코스 중에 실제로 사용했던 교재나 교수요목을 평가의 내용으로 삼을 수도 있고, 코스의 목표를 평가의 내용으로 삼을 수도 있으나 유익한 세환 효과를 촉진하기 위해서는 후자가 더 바람직하다(Hughes, 2003).

(3) 진단 평가(diagnostic test)

진단 평가는 새로운 학년 또는 학기의 교육과정이 시작되기에 앞서 학습자의 강점과 약점을 알아내기 위해 시행된다. 즉, 앞으로 무엇을 어떻게 배워야 할지에 대한 정보를 얻기 위한 시험인데, 숙달도 평가나 이전 년도 학습 내용에 대한 성취도 평가를 진단 목적으로 이용할 수도 있다. 최근 초등교육 현장에서는 새로운 학년이 시작되면 각 교과에 있어 인지, 정의, 행동적 영역이 모두 고려된 학습자의 발달상황을 종합적으로 진단하기 위한 진단활동 기간을 운영하는 것이 보편화되어 있다. 이 과정은 지필형 또는 수행형으로 구성된 진단평가 도구와 교사의 심도 있는 관찰을 통해 이루어질 수 있다. 또한 교사는 진단활동의 결과를 교수요목 및 수업의 설계에 반영할 수 있다.

(4) 배치 평가(placement test)

학습자를 학습 수준에 알맞은 프로그램 또는 교실에 배치하기 위한 평가이다. 배치 평가 또한 앞서 제시한 성취도 또는 능숙도 평가 결과를 활용할 수 있다. 절대평가가 대부분 활용되는 최근의 초등교육 현장에서 실제 학생의 수준별 배치를 위해 배치 평가가 사용되는 경우는 거의 없다. 그러나 교사가 개발한 교수·학습 프로그램의 효과를 다각도로 검증할 때 등 교사의 필요에 따라 배치 평가를 활용할 수 있다.

(5) 정의적 영역 평가(affective domain test)

올바른 평가는 학습자의 전인적 성장을 촉진시킨다. 즉, 평가는 학습자의 인지, 정의, 행동적 영역을 모두 다루어야 한다. 따라서 평가자는 학습자가 아는 것(인지)만큼 할 수 있는가(행동)에 관한 것뿐만 아니라 학습에 대한 태도, 흥미, 호기심 등과 같은 정의적 영역에도 관심을 가져야 한다. 이와 관련하여 영어 교과에서는 수업 중 학습자가 영어 의사소통 활동에 얼마나 적극적으로 참여하는지, 영어 사용에 있어 어느 정도의 자신감을 보이는지, 주변 동료들과 과업을 수행할 때의 협력적 태도가 양호한지 등을 평가할 수 있다. 그리고 교사는 그 결과를 통해 학습자의 영어 수업 흥미 유발을 위한 방안을 생각해 볼 수 있고, 학습자는 영어 사용에 있어서 태도적 측면의 신장을 이룰 수 있다.

2 평가 개발의 접근에 따른 분류

(1) 직접 평가(direct testing)와 간접 평가(indirect testing)

직접 평가는 측정하고자 하는 기능을 수험자에게 직접적으로 수행하게 하는 평가이다. 예를 들어 학습자의 쓰기 기능을 측정하기 위해 작문을 하게 하는 것으로 가능한 한 실제적인(authentic) 과제를 주어야 한다. 직접 평가는 첫째, 측정하고자 하는 능력이 분명하다면 그 능력을 이끌어낼 환경을 만드는 것이 비교적 간단하다. 둘째, 말하기, 쓰기와 같은 산출 기능은 학습자 수행 정도가 가시적으로 드러나므로, 그 결과를 해석하기도 쉽다. 다음으로 기르고자 하는 기능을 제대로 평가한다면 이로운 세환 효과가 따를 수 있다.

한편 간접 평가는 살펴보고자 하는 기저의 언어 기능을 표면적으로 측정한다. 예를 들어 발음을 평가하기 위해 지필고사를 이용하여 발음이 같은 쌍을 찾는 것과 같은 평가이다. 기저 능력의 명시화는 무한할 수 있는데 그것을 정해진 수의 대표 샘플을 이용하여 평가할 수 있게 한다는 것이 장점이다. 예를 들자면 문법에 대한 평가에서 간접 평가는 비교적 폭넓은 출제를 할 수 있는 반면 직접 쓰기를 하게 하는 직접 평가에서는 제한된 수의 과제만을 주어 대표성이 없는 결과를 얻게 된다는 점을 생각하면, 간접 평가는 더 일반화할 수 있는 결과를 준다. 그러나 간접 평가의 문제점은 우리가 아직도 쓰기 기능의 요소로 쓰기 기능을 정확히 측정할 수 없다는 것이다. 곧 간접 평가의 수행과 쓰기의 수행이 같다고 볼 수는 없어서 간접 평가로 학습자의 쓰기 기능이 정확히 평가되었다고 말하기 어렵다는 것이다.

(2) 분리 항목(discrete point) 평가와 통합적(integrative) 평가

분리 항목 평가는 한 번에 한 요소를 평가하는 것이지만, 통합적 평가는 과제를 완성하는 데 있어서 여러 언어 요소를 통합하여야 하는 평가이다. 작문하기, 받아쓰기, 규칙 빈칸 메우기 등이 통합적 평가 활동이다. 이 구분은 간접 평가와 직접 평가 구분과 비슷해 보이지만 분리 항목 평가가 거의 항상 간접 평가인 반면 통합적 평가는 직접 평가인 경향이 있다고 해야 할 것이다.

3 평가 결과 산출 방식에 따른 분류: 규준 기준 평가와 준거 기준 평가

평가 결과를 주는 방식은 두 가지가 가능하다. 하나는 개별 수험자가 얻은 점수가 전체 수험자의 점수를 기준으로 분포 위치가 어느 정도인지, 곧 상위 10%, 하위 5% 등으로 말하는 것이고, 다른 하나는 개인의 수행이 전체 수험자의 수행과는 상관없이 평가 영역에서 실제로 어느 정도 할 수 있었느냐를 말하는 것이다. 전자는 규준 기준(norm-referenced) 평가, 곧 상대 평가이고 후자는 준거 기준(criterion-referenced) 평가, 절대 평가라고 불린다. 준거 기준 평가는 실제로 할 수 있는 것을 말하므로 함께 시험을 본 사람들의 집단이 달라져도 의미있는 기준이 된다는 점과 수험자에게 정해진 기준을 달성하도록 동기를 준다는 것에 장점이 있다. 이러한 점을 바탕으로 초등학교에서는 교육과정에 제시된 성취기준을 근거로 한 준거 기준 평가가 공식적으로 이루어지고 있다.

4 채점 방식에 따른 분류: 객관식 평가와 주관식 평가

채점자에게 판단을 요구하지 않으면 객관식 평가이고 채점자의 판단이 요구된다면 주관식 평가이다. 선다형 평가가 대표적인 객관식 평가이고, 서술형 평가는 주관식 평가이다.

5 평가 시기에 따른 분류: 형성 평가와 총괄 평가

형성 평가(formative test)는 학습자의 성장을 점검하기 위해 학습 내용을 얼마나 숙달하였는지 보고, 교수 계획에 이용하려는 것으로 그 결과는 학습자에게 주는 피드백의 기초가 된다. 형성 평가는 학습 과정 중에 수시로 이루어질 수 있으며 학습자가 자신의 성장을 모니터링하고, 자신의 학습 목표를 수정하기 위해 이용하는 자기 평가, 교사가 수업 중에 하는 관찰, 비공식적 시험이나 퀴즈 등을 활용할 수 있다. 반면 총괄 평가(summative test)는 학기 또는 학년 말에 개인과 집단이 이룬 성취도를 측정하기 위한 것이다.

6 평가 개발 주체에 따른 분류: 외부 개발 평가와 교사별 평가

외부 개발 평가는 전문 평가 기관, 교육지원청, 출판사 등에서 개발한 평가로서, 교과 전문가 집단이 개발한 문항에 대해 타당도와 신뢰도가 대부분 검증되어 있다. 교사는 계획에 따라 해당 평가를 언제든 활용할 수 있으며, 일반적으로는 숙달도, 성취도 평가를 총괄 평가로 활용할 때 외부 개발 평가가 많이 사용된다. 반면, 교사별 평가는 실제 수업을 하는 교사가 교육과정 및 학습자 실태를 바탕으로 직접 평가 계획 수립 및 도구를 개발하며, 수업 중 평가를 실시하는 것을 말한다. 실제 초등학교 현장에서는 교육 전문가로서의 교사 책무성과 자율성을 바탕으로 교사 평가권 강화의 맥락에서 교사별 평가가 강조되고 있다. 이를 통해 평가의 본질적 목표인 학습자에 대한 적기의 피드백 제공을 통해 학습자의 성장을 이끌도록 한다.

4 평가의 요건

평가가 갖추어야 할 요건으로 타당도, 신뢰도, 변별도를 들 수 있다. 이들은 평가를 논할 때 이론적으로 항상 다루어지는 개념이다. 최근 교육 현장에서 강조되는 교사별 평가에 따라 개별 교사가 교육 환경과 학습자 특성에 맞게 스스로 평가 도구를 개발하는 경우가 많으므로, 아래의 개념은 여전히 중요하게 다루어질 필요가 있다.

1 타당도(validity)

평가가 측정하고자 하는 것을 제대로 측정한다면 타당한 평가라고 말한다. 내용 타당도, 준거 관련 타당도, 구인 타당도 등의 개념이 관련된다.

(1) 내용 타당도(content validity)

평가의 내용이 언어 기능이나 구조 등의 대표적인 샘플로 구성되면 내용 타당도가 있다고 말한다. 예를 들어 문법 시험이 문법에 대한 지식이나 문법 구사에 관련된 항목으로 구성된다면 타당한 시험이지만 이것이 내용 타당도를 가지려면 관련된 구조의 적절한 샘플을 포함하여야 한다. 그러므로 내용 타당도 판단을 위해서는 목표하는 기능이나 구조의 명확한 세부 내역서(specification)가 필요하다. 이런 세부 내역서와 평가 내용을 비교하는 일이 내용 타당도 판단의 기초가 된다. 평가의 내용 타당도가 커질수록 측정하고자 하는 능력의 정확한 측정 가능성이 커지고 이로운 세환 효과를 기대할 수 있다. 내용 타당도는 그 평가 개발에 관여하지 않은 전문가가 하는 것이 가장 이상적이다.

(2) 준거 관련 타당도(criterion-related validity)

평가의 결과가 독립된, 그러면서 수험자의 능력에 대한 믿을만한 평가 결과와 일치하는 정도가 준거 관련 타당도이다. 준거 관련 타당도에는 병존 타당도(concurrent validity)와 예측 타당도(predictive validity)가 있다.

예를 들어 100명의 학생의 말하기 능력을 타당하게 측정하기 위해 1인당 50분의 평가 시간이 필요한데 현실적으로 불가능한 경우 병존 타당도를 이용할 수 있다. 말하자면 같은 목적을 갖는 시험으로 1인당 10분 정도를 요하는 현실적으로 실시 가능한 시험을 개발하여, 100명 중 소수를 대상으로 50분짜리와 10분짜리 시험을 실시한다. 대상이 된 소수의 수험자들이 두 시험에서 얻은 점수의 상관 정도를 보아 상관 계수가 높다면 10분짜리 시험으로 50분짜리 시험을 대신할 수 있다. 이때 10분짜리 시험의 타당도는 병존 타당도이다. 한편 예측 타당도는 시험이 수험자의 앞으로의 수행을 예측하는 정도에 따라 결정된다. 예를 들자면 배치 평가를 통해 배치된 학생들의 잘못 배치된 비율을 본다거나, TOEFL 성적에 따라 미국 대학 입학이 허락된 학생들이 입학 후 실제 수업에서의 의사소통이 얼마나 성공적이냐에 따라 예측 타당도를 말할 수 있다.

(3) 구인 타당도(construct validity)

외국어 교육에서 목표로 하는 것은 외국어 능력의 습득이므로 평가도 외국어 능력을 평가하여야 한다. 외국어 능력의 평가는 읽기 능력, 말할 때의 유창성, 문법의 구사 능력처럼 외국어 능력의 이론적 구성 요소(theoretical constructs)를 평가하게 된다. 이에 따라 요즈음은 구인 타당도를 타당도의 일반적이자 포괄적인 개념으로 사용하는 경향이 있다. 그러므로 내용 타당도, 준거 관련 타당도의 조사가 타당도, 혹은 구인 타당도의 증거를 제공한다고 말할 수 있다.

'구인', 즉 구성 요소란 언어 능력에 관한 이론에서 가설로 설정한 모든 기저 능력이나 기저 특성(trait)을 가리키는 말이다. 곧 우리가 읽기 능력의 하위 능력이라고 가정하고 있는, 맥락에서 모르는 단어의 의미를 추측하는 능력이 한 예가 될 수 있다. 그러한 하위 능력이 존재하는지, 측정될 수 있는지, 실제로 측정되는지 등은 경험적 연구를 통하여 밝혀야 할 필요가 있다.

(4) 채점에서의 타당도(validity in scoring)

시험이 타당하려면 문항이 타당한 것은 물론이고 채점 방식도 타당하여야 한다. 예를 들어 읽기 능력을 보기 위하여 타당도가 높은 읽기 문항을 개발하였으나 읽은 것을 써서 답해야 하는 상황에서 철자나 문법을 채점한다면 읽기 능력에 대해 타당한 평가를 하였다고 볼 수 없다는 것이다. 이 경우 읽기 능력 측정의 타당도를 낮추게 된다.

(5) 안면 타당도(face validity)

시험이 측정하도록 되어 있는 것을 측정하는 것처럼 보이면 안면 타당도가 있다고 말한다. 곧 발음 능력을 측정한다면서 말하기를 시키지 않으면 안면 타당도가 없다고 해야 할 것이다. 안면 타당도는 과학적인 개념도 아니고 구인 타당도의 증거를 주는 것 같지도 않지만 안면 타당도가 없는 평가는 교사, 학생, 교육 관련자 누구에게도 선택되지 않고 이용되지도 않을 뿐 아니라, 설령 이용된다 하더라도 수험자들이 실제 자신들의 능력을 반영할 수 있게 수행하지도 않을 것이다. 그러므로 만약 새로운 평가 기법, 특히 그것이 간접적 평가라면 충분한 설명을 해가면서 서서히 도입해야 할 것이다.

2 신뢰도(reliability)

시험이 같은 수험자를 대상으로 다른 경우에 실시되더라도 같은 결과를 얻는 정도가 신뢰도이다. 그러나 아무리 평가 도구가 우수하고 실시 환경이 동일하고, 채점이 객관적이고 수험자 측에 변화가 없고 하루 간격으로 치른 시험이라도 수험자가 두 시험에서 똑같은 점수를 얻는다고 볼 수는 없다. 인간은 동일한 환경에서도 모든 경우에 똑같이 행동하지는 않기 때문이다. 그러므로 우리는 이를 인정하고 가능한 한 신뢰도가 높은 시험을 개발하고 실시하고 채점하기 위해 어떻게 해야 하는 가를 생각해야 할 것이다.

신뢰도에 영향을 주는 요소는 첫째, 평가를 위해 선정한 자료 샘플의 범위이다. 타당도가 샘플의 내용과 주로 관련이 있는 반면 신뢰도는 크기와 관계가 있다. 곧 샘플의 크기가 클수록(예를 들면 수험자가 수행해야 하는 과제의 수가 많을수록) 시험의 신뢰도가 높을 가능성도 커진다. 둘째로는 시험의 실시이다. '같은 시험이 다른 환경에서 다른 집단에게 실시되는 경우, 시험의 지침이 정확하게 모든 수험자에게 전달되었는가?'와 같은 수험자의 시험에 대한 동기나 조건 등의 개인적 요소, 시험 채점의 객관성 등이 신뢰도에 영향을 줄 수 있다. 아무리 타당도가 높은 시험이라도 실시에서 신뢰도를 확보하지 못하면 타당도가 떨어질 수밖에 없다.

시험의 신뢰도를 측정하는 방법은 같은 시험을 일정 시간 후에 다시 실시해 보는 것이다. 그 간격 동안 모든 학습자들의 조건이 같다고 가정하고 두 시험의 결과를 비교한다. 또 다른 방법은 같은 집단에서 비슷한 형태의 두 시험을 실시하여 결과를 비교하는 것이다. 두 시험의 샘플링, 난이도, 길이, 채점 등이 같아야 하고 결과의 상관도가 높을수록 신뢰도가 높다. 후자를 위해 반분법(split-half method)이 많이 쓰인다. 예를 들어 50문항짜리 시험이라면 짝수 문항과 홀수 문항의 시험으로 나누는 것이다. 이때 1번부터 50번까지 난이도 순서로 배열하여야 난이도 차이로 인한 차이를 줄일 수 있다.

(1) 채점자 신뢰도

시험의 채점을 두 명 이상의 채점자, 혹은 한 채점자가 두 번 이상 채점할 경우 이들 점수의 일치 수준을 채점자 신뢰도 지수(scorer reliability coefficient)로 수량화하여 나타낼 수 있다. 채점자가 아무런 판단을 할 필요가 없는 객관식 평가의 경우 채점자 신뢰도 지수는 1이 된다. 주관식 평가의 경우 각 채점자의 채점 결과에 따라 신뢰도 지수가 1에 가까울 수도 있고, 그렇지 않을 수도 있다.

시험의 채점이 신뢰롭지 못하면 시험의 결과 역시 신뢰롭지 않고, 시험의 신뢰도 지수는 채점자 신뢰도보다 거의 항상 낮다. 채점 이외에 신뢰도를 낮추는 여러 요인들이 더해지기 때문인데 예를 들면 어느 작문 시험의 경우 채점자 신뢰도 지수는 .92이었지만 시험의 신뢰도 지수는 .84로 나타났다. 신뢰도를 검증하는 방법에는 여러 가지가 있지만 대체로 크론바하(Cronbach's) α를 많이 사용한다.

(2) 평가의 신뢰도를 높이는 방법

평가의 신뢰도를 높일 수 있는 방법을 Hughes(2003)는 다음처럼 제안한다.

① 충분한 샘플을 택하라 : 다른 조건이 같다면 시험의 문항이 많아질수록 시험의 신뢰도는 높아진다. 만족스러운 신뢰도를 얻기 위하여 학습자의 능력을 충분히 볼 수 있을 만큼 문항 수를 늘리다 보면 실용도가 떨어지거나 수험자의 저항이 있을 수 있다. 그러나 시험의 결과가 중요할수록 시험의 길이가 길어 져야 한다는 것은 분명하다.

② 변별력이 떨어지는 문항은 배제하라 : 모든 학습자에게 너무 쉽거나 너무 어려운 문항은 배제한다. 그러나 수험자에게 자신감을 주고 긴장을 감소시키기 위해 시험의 초반부에는 쉬운 문항을 넣을 수도 있다.

③ 수험자에게 너무 많은 자유를 허용하지 말라 : 예를 들어 작문 시험에서 여러 개의 문항을 주고 수험자가 선택하여 답을 쓰게 하는 경우 수험자가 어느 문항을 선택하느냐에 따라 학습자의 수행이 달라질 수 있어서 신뢰도가 낮아진다.

④ 의미가 모호하지 않은 문항을 만들어라 : 문항의 의미가 분명하지 않거나 출제자가

기대하지 않았던 수용 가능한 정답이 있는 문항은 피해야 한다.

⑤ 분명하고 명백한 지시를 하라 : 지시가 불분명하여 수험자가 오해하고 답하는 경우 수험자의 언어 능력을 제대로 볼 수 없다.

⑥ 시험이 잘 배치(lay out)되고 잘 읽을 수 있는지 확인하라 : 인쇄 상태가 나쁘거나 알아보기 힘들게 되어 있어서 수험자가 언어 능력 이외의 능력을 동원해야 한다면 신뢰도는 떨어진다.

⑦ 수험자가 시험의 형태와 기법에 익숙해지게 하라 : 시험의 기법이 낯설어서 수험자가 언어 능력을 제대로 발휘하지 못할 수 있다. 샘플 시험이나 연습 자료를 보급하여 해결할 수 있다.

⑧ 실시 행정을 일치시키고 실시 장소마다 같은 환경이 되게 하라 : 시험 실시의 행정이 다르면 수험자의 수행의 차이도 커진다. 따라서 모든 시험 장소의 조건이 같고 똑같은 관리가 이루어져야 한다. 예를 들면 어느 시험 장소에서나 시간을 똑같이 주고 최상의 음향 시설을 준비하여야 하는 등의 조건이다.

⑨ 가능한 한 객관적인 채점이 되는 문항을 이용하라 : 선다형 문항이 제일 객관적이지만 좋은 문항 개발이 어렵다는 단점이 있다. 개방형(open-ended) 문항이 비교적 객관적이면서 언어 능력 측정에 유리하다.

⑩ 수험자의 능력을 가능한 한 직접적으로 비교하라 : 작문 시험의 경우 여러 개의 주제를 주는 것보다 하나의 주제를 줄 때 수험자의 능력이 더 직접적으로 비교되며 채점에서도 신뢰도가 높다.

⑪ 상세한 채점 기준을 제공하라 : 수용 가능한 답을 구체화하고 부분적으로 수용 가능한 답에 대한 점수를 할당한다. 이때 상세한 기준을 주면 신뢰도를 높일 수 있다.

⑫ 채점자를 훈련시켜라 : 채점이 주관적일 때 특히 중요한 사항이다. 예를 들어 작문을 채점할 때 훈련받지 않은 채점자에게 맡길 수 없다. 채점이 끝난 후에는 채점의 유형을 분석하여 현저하게 채점이 차이 있거나 일관성이 없는 채점자는 다시 활용하지 않는다.

⑬ 채점 시작할 때 수용 가능한 답과 그에 맞는 점수에 합의하라 : 작문 평가의 경우 수준별로 대표적인 샘플을 골라 몇 점을 줄 것인지 모든 채점자가 동의한 후에 채점을 시작한다.

⑭ 수험자는 이름이 아니라 번호로 구분하라 : 객관적인 평가를 위해 수험자에 대한 채점자의 편견이나 선입관을 없앨 수 있도록 수험자의 신분이 드러나지 않게 한다.

⑮ 다중적이고 독립적인 채점을 하라 : 주관식 채점일 때 최소한 두 명의 채점자가 다른 채점자의 점수를 알지 못하는 가운데 채점해야 한다. 두 채점자의 점수 차이가 클 때는 제3의 채점자가 개입한다.

(3) 신뢰도와 타당도

타당도가 낮은 시험이라도 신뢰도가 높을 수는 있지만 타당도가 확보되지 않으면 신뢰도는 부적절하다. 또한 신뢰도는 높지만 타당도는 전혀 없을 수 있다.

흔히 신뢰도와 타당도는 갈등 관계에 있다고 말한다. 곧 시험의 신뢰도가 커질수록 타당도는 줄어든다는 것이다. 예를 들어 구두 면접이나 편지 쓰기 같은 산출 기능에 포함된 실생활의 과제는 안면 타당도와 구성요소 타당도는 높은 대신 신뢰도는 희생해야 할 것이다. 시험 개발자로서는 신뢰도가 높다고 알려진 시험의 타당도를 높일 것인가, 아니면 타당도가 높다고 알려진 시험의 신뢰도를 높일 것인가를 선택해야 할 것이다. 보통은 먼저 타당도가 높은 시험을 개발하고 다음에 신뢰도를 높이는 방법을 찾는다.

신뢰도를 높일 수 있는 효율적인 방법 중 한 가지는 잘 만들어진 평가 척도를 이용하는 것이다. 평가 척도는 각 수준에 해당하는 수행의 다양한 특징을 분명하고 압축적으로 기술해 놓은 것인데, 채점자는 해당 과제의 수행에 대해 가장 적절한 등급을 표시한다. 신뢰도는 양적인 판단보다 질적인 판단과 프로필 보고(profile reporting)로 높일 수 있다.

3 변별도(discrimination index)

때때로 여러 수험자의 수행을 분간하여 수행의 차이를 보여 주는 힘이 시험의 중요한 특질이 될 때가 있다. 예를 들어 거의 모든 수험자가 70점을 맞은 시험은 학습자 간 능력의 차이를 보여주지 못한다는 것이다. 대규모의 수험자에게 실시될 시험은 보통 샘플 수험자에게 먼저 실시되어 변별력이 조사되곤 한다. 이때 변별도가 낮은 문항은 제거되거나 수정되어 최종 시험에서 적용된다.

변별의 필요 정도는 시험의 목적에 따라 다양하다. 대부분의 교실 시험에서 교사는 학생들이 얼마나 내용을 잘 익혔는가를 보는 데 관심이 있을 것이므로 80~90% 주위에 점수군이 형성되기를 바랄 것이다. 그러면서도 어느 정도로는 상대적 능력과 어려운 영역을 찾기를 원할 수도 있다.

변별도는 문항별로 측정 가능하다. 해당 시험의 상위집단과 하위집단을 구분한 뒤, 상위집단이 해당문항을 맞춘 비율에서 하위집단이 해당문항을 맞춘 비율을 빼고 0.01을 곱하면 변별도가 계산된다. 따라서 변별도가 높은 문항은 상위집단은 많이 맞추고 하위집단은 많이 틀린 경우일 것이다. 일반적으로 상위 27%를 상위집단으로, 하위 27%를 하위집단으로 설정하며, 변별도가 0.4이상이면 매우 우수, 0.3~0.39는 우수, 0.2~0.29는 개선, 그리고 0.19미만은 완전 개작이나 폐기해야 되는 문항으로 본다.

5 어린 학습자를 위한 평가

세계적으로 초등학교에서 영어를 가르치는 일은 보편적으로 되었고 점점 더 많은 나라들이 어린 학습자들에게 영어교육과 영어 평가를 실시하고 있다. 여기서 어린 학습자란 대체로 6세~12세의 아동을 말한다. 어린 학습자는 다른 학습자 집단과는 다르다. 전통적인 평가, 혹은 어른 대상의 평가는 어린 학습자의 자아 존중심, 동기, 언어와 언어 학습에 대한 전반적인 태도에 부정적인 영향을 미칠 수도 있다. 어린 학습자를 대상으로 성공적인 영어 평가를 하려면 유의해야 할 점이 무엇인지, 어떻게 하면 영어 능력을 가장 잘 평가할 수 있는지 살펴보기로 한다.

1 평가의 필요성

먼저 어린 학습자의 영어 능력을 평가할 필요가 있는가에 대한 의문이다. 이에 대해 Hughes(2003)는 교수 학습 프로그램이 효율적인가를 보기 위해서 필요하다고 한다. 그렇다면 "왜 다른 방법으로 보지 않고 시험(testing)에 의해서인가?"라는 의문이 뒤따른다. 이는 시험이 공통되는 표준을 줄 수 있기 때문인데 문제는 어린 학습자들에게 시험이 영어와 영어 학습에 대한 긍정적인 태도를 촉진하는 것이어야지 방해가 되는 것이어서는 안 된다는 것이다.

긍정적인 영향을 주는 시험은 어린 학습자에게 평가에 대한 긍정적인 태도를 개발하게 하고 평가의 가치를 인식하게 돕는 것이어야 한다. 이를 위해 첫째, 시험(testing)을 평가의 통합적인 부분으로 만들려는 노력을 특별히 하여야 하고 또 평가를 교수·학습 프로그램의 통합적인 부분이 되게 노력을 기울여야 한다. 이는 시험, 평가, 교수·학습 프로그램이 학습 목표와 일치하여야 하고 가능한 한 어린 학습자들이 수행하여야 하는 과제와 일관되어야 함을 의미한다. 둘째로, 시험으로부터의 피드백이 즉각적이고 긍정적이어야 한다. 즉각적인 피드백이 있으면 시험의 가치가 극대화될 것이다. 어린이에게 그들의 약점뿐 아니라 잘한 점을 말해 주면 시험 결과의 잠재적 부작용 효과는 줄어든다. 셋째로는 어린 학습자의 자기 평가가 교수·학습 프로그램의 일부가 되게 하여야 한다. 이렇게 하면 어린이들 스스로 자신의 학습 발달을 모니터하는 습관을 갖는데 도움이 된다. 또 자신들의 성취에 대해서 기쁨을 느끼게 하여야 한다. 자기 평가 능력을 향상시키기 위해 어린 학습자들에게 자신들의 평가를 교사의 평가와 비교하도록 격려한다. 자기 평가를 위해서 [그림 9-1]과 같은 자기 평가서를 이용할 수 있다.

한편 Ioannou-Georgiou와 Pavlou(2003)는 어린 학습자를 평가하는 목적을 다음처럼 정리하고 있다.

다음 질문에 답해 보세요. 해당되는 곳에 v 표시를 하세요.

나는	예	대부분	보통	대체로아니다	전혀아니다
- 무엇을 할지를 이해했다	___	___	___	___	___
- 텍스트를 이해했다	___	___	___	___	___
- 시간이 충분했다	___	___	___	___	___
- 과제를 잘했다	___	___	___	___	___
- 과제를 좋아했다	___	___	___	___	___
- 새 단어의 뜻을 추측할 수 있었다	___	___	___	___	___

- 이해가 어려운 텍스트가 있었다 아니오 ___ 예 ___ (번호를 쓸 것)

______
______
______

- 나는 무엇을 배웠는가?

____
____
____
____

[그림 9-1] 자기 평가서

① 어린이의 진보를 모니터하고 도와주기 위해
② 어린이에게 자신의 진보에 대한 증거를 제공하고 동기를 높이기 위해
③ 교사의 교수를 모니터하고 앞으로의 교수를 계획하기 위해
④ 학부모, 동료교사, 학교 관련자에게 정보를 제공하기 위해

2 평가의 내용

(1) 기능의 발달

언어는 통합적으로 4기능을 모두 사용하는 경우가 많지만 평가에서는 각 기능을 따로 평가하여서 각 기능의 발달과 문제점을 파악해야 할 경우도 있다. 그러나 한기능의 평가가 종종 다른 기능의 사용을 요구하기 때문에 분리가 어려운 경우가 있어 이때는 주초점을 측정하고자 하는 기능에 맞추는 것이 필요하다.

① 듣기(listening)

듣기는 내용 예측하기, 내용으로부터 의미를 추론하기, 대강을 파악하기, 세부 정보 듣기 등 여러 하위 기능의 사용을 포함하는 능동적인 기능이다. 어린이는 모국어로 기본적인 하위 기능을 사용할 수 있다. 하위 기능 중 일부는 영어 교실에서도 연습되어야 한다. 평가는 듣기의 다양한 하위 기능에서의 진보를 점검한다.

② 말하기(speaking)

말하기도 발음, 억양, 말하기 순번(turn-taking)과 같은 다양한 요소로 구성된다. 그러나 말하기의 전반적인 목적은 구두 의사소통을 하는 것 곧 메시지를 전달할 수 있는 것이다. 어린이를 평가할 때는 질문을 하거나 자신을 소개하는 등의 기본 기능에서의 의사소통 능력에 초점을 맞춘다.

③ 읽기(reading)

읽기는 세부 정보 얻기, 대강을 파악하기, 특정 정보 얻기, 내용 예측하기, 문맥에서 의미 추론하기 등 듣기와 유사한 다양한 하위 기능을 갖는다. 어린이들이 이러한 하위 기능을 개발하도록 도와주는 것이 중요하며 이들은 읽기 전략으로서도 도움이 된다.

④ 쓰기(writing)

쓰기는 손으로 쓰기(handwriting), 철자, 구문, 문법, 단락, 아이디어 등 다른 요소를

많이 포함하기 때문에 가장 어려운 언어 기능으로 생각된다. 어린이들에게 가장 중요한 쓰기 기능은 알파벳 익히기, 베끼기, 손으로 쓰기, 기본 문장 형성 등을 숙달하는 것이다.

⑤ 통합적 기능(integrated skills)

기능을 분리하여 평가하는 것은 평가 목표가 무엇이냐에 따라 정당화될 수 있지만 이는 실생활의 언어 사용을 반영하지 않는다. 모든 언어 기능은 실제로는 통합 되며 분리되어 사용되는 일은 드물다. 따라서 통합적 기능도 평가되어야 한다. 통합적 기능 평가는 모의 실제 상황에서 한 언어 기능 이상을 이끌어 내야 할 때 어린이의 대응 능력을 모니터한다.

(2) 학습법을 배우기(learning how to learn)

급변하는 세계에서 어린이는 다양한 학습 방법을 사용하고 그 중에서 가장 효율적인 것을 발견하도록 훈련되어야 한다. 이는 자율적인 학습자로서 새로운 지식을 얻어야 할 끊임없는 필요성을 처리하도록 어린이를 도와줄 것이다. 사전, 인터넷, 기타 자원 활용하기, 자신의 학습을 점검하고 반성하기, 자신의 작업 검토하기, 자신의 학습 조직하기와 같은 기능은 어린이의 노력의 결과를 최대화할 것이다. 이러한 능력이 평가되어야 하는데 학습법 학습의 평가는 어린이들이 유용한 학습 습관을 개발하는 데 도움이 되고 앞으로의 학습에 영향을 줄 수 있다.

(3) 태도(attitudes)

어린 시절은 학습, 목표어, 목표 문화에 대한 강한 긍정적인 태도를 형성하기에 가장 좋은 시기이기 때문에 이 시기에는 긍정적인 태도를 형성하는 것이 최우선적이다. 이 시기에 형성된 부정적인 태도는 바꾸기가 어렵다. 태도 평가는 어린이와의 사적인 짧은 대화나 설문지, 관찰을 통해 이루어질 수 있다. 태도, 동기, 학습에의 관심, 목표어에 대한 흥미 등을 객관적 점수로 채점하기는 어렵지만 교사는 어린이 개개인의 프로필이나 태도의 기술, 학부모, 동료 교사, 학교 관련자를 위한 보고 등을 만들어 놓을 수 있다. 이는 앞서 언급한 정의적 영역 평가의 실례로서 초등교육에서 최근 그 중요성이 계속 강조되고 있다.

(4) 행동과 사회적 기능(behavioral and social skills)

교사는 무엇보다도 어린이가 전인으로 교육받고 자라나는 데 대한 책임이 있다. 훌륭한 팀 구성원이 되는 것, 정중할 것, 다른 사람을 배려하고 타인에게 감사하는 것 등은 모든 교사가 촉구하고 평가하여야 할 자질들이다. 최근 초등교육 현장에서 학습자들의 협력적 문제 해결력을 평가하는 것도 같은 맥락이다.

3 평가의 방법

어린이들의 경우 영어의 유용성을 평가하기에는 너무 어려서 대부분 부모나 학교의 결정에 따라 영어를 배운다. 이는 어린이들에게 영어 학습의 동기를 제공하고 유지할 필요가 있음을 의미한다. 예를 들면 익숙한 환경을 제공하여 동기를 높인다든지, 그리기, 게임, 퍼즐, 드라마를 통해 가능한 한 학습을 재미있게 만들어야 한다는 것이다. 이렇게 하더라도 평가는 학습에 대한 부정적인 태도를 형성할 가능성이 있어서, 될 수 있는 대로 영어와 학습에 대한 긍정적 분위기와 태도를 보호할 수 있는 방법을 사용하여야 한다. 구조화된 평가 활동과 과업, 숙제 형식의 평가 과업, 포트폴리오 등등이 사용될 수 있는데 이들은 교실의 긍정적 학습 분위기를 유지하고 고양할 수 있는 방법들이다. 이러한 방법들은 통합되는 경우가 많지만 여기서는 분리하여 제시하기로 한다.

(1) 포트폴리오 평가(portfolio assessment)

포트폴리오는 일정 기간에 걸쳐 어린이가 산출한 작업의 샘플을 모은 것이다. 그림, 읽은 책의 제목 기록, 프로젝트, 쓰기 결과물, 녹음/녹화물, 시험 결과, 자기 평가 기록, 교사와 학부모의 논평 등이 포함될 수 있다. 어느 것을 선정하느냐는 궁극적으로 어린이에게 달려 있는데, 어떤 기준에 따라 선정할 것인가에 대해 교사와 어린이가 동의한 후 어린이가 선정한다. 포트폴리오는 산출물 선정, 포트폴리오 검토, 샘플 취소, 추가 작품 결정 등을 포함하는 계속적인 과정이다. 어린이의 학습과 발전에 대한 더 완전한 모습을 보여주므로 교사에게 유용할 뿐 아니라 어린이가 무엇을 할 수 있는가와 앞으로의 진보를 볼 수 있게 한다는 점에서 학부모, 다음 학년의 교사, 학교 관련자들에게도 중요하지만 일차적으로는 어린이 자신을 위한 것이다. 포트폴리오가 흥미로운 프로젝트로 자신이 새로이 발견한 지식과 능력을 보여줄 수 있기 때문이다. 포트폴리오는 학습자의 누적된 수행 결과를 가정과 공유하는 데도 매우 유용하다.

(2) 구조화된 평가 활동과 과업(structured assessment activities/tasks)

구조화된 평가 활동이란 교사에 의해 조직된 과업으로서 지식, 기능, 태도를 평가하는 것 뿐 아니라 이러한 것들을 새로운 상황에 적용하는 능력까지 평가하기 위한 것이다. 어린이에게 적합한 활동들은 어린이들이 하면서 이해하는 것을 보여주는 활동들이다. 그리기, 흉내내기, 자르고 풀칠하기, 가리키기, 만져보기 등등의 활동이 이런 것들인데 아무런 언어적 수행을 요구하지 않기 때문에 이해 기능을 평가하기에 특히 유용하다. 예를 들어 그리기 활동의 경우 어린이들이 질문에 반응하거나 과업을 해결하게 하면서 언어 의사소통이 아니고도 언어를 이해하고 인식하는지를 보여줄 수 있다.

(3) 프로젝트(projects)

프로젝트는 능력이 다양한 집단을 평가하는 데 적합하다. 교사는 어린이들의 능력에 따라 특정 과업을 주거나 주지 않을 수 있다. 더욱이 프로젝트는 언어 기능 통합과 어린이들의 창의성을 촉진하게 한다. 그러나 프로젝트는 소집단 활동과 소집단에의 개인의 기여도 평가를 포함하므로, 프로젝트를 조직하고 평가하는 데 수고가 들 수 있다.

(4) 자기 평가(self-assessment)

자기 평가는 어린이가 자신의 발달을 모니터하고 자신의 능력과 학습 스타일을 숙고하며, 자신의 목표를 설정하도록 촉구한다는 점에서 특히 중요하다. 또한 다른 사람이 사용하는 평가 기준에 대한 통찰을 얻게 해준다. 나아가 어린이가 자기 스스로의 평가에 대해 말할 것이 있다는 느낌을 갖게 해 주는데 이는 어떤 의미에서 어린이에게 힘을 주는 것(empowerment)이다. 어린이는 자신을 평가하는 기본 영역을 이용할 수 있지만 나이든 학습자보다 더 많은 시간과 지도를 필요로 할 것이다. 따라서 교사는 인내심을 갖고 꾸준히 기다려야 한다. 널리 사용되는 자기 평가 방법은 포트폴리오, 설문지, 저널, 교사와의 회의, 그래픽으로 나타내기 등이다. 실제 초등영어 교과서에서도 '얼마나 잘했는지 표시해 봅시다.'와 같은 발문과 함께 간단한 그래픽 표시(예 별 색칠하기)로 매 차시 자기 평가의 기회를 제공하고 있다.

(5) 동료 평가(peer-assessment)

학습이 그런 것처럼 평가도 친구와 함께 하면 더 재미있을 수 있다. 동료 평가는 학습 분위기에 긍정적 영향을 미칠 수 있는데 어린이들이 서로의 작업을 평가함으로써 서로를 존중하고 용인할 수 있기 때문이다. 동료 평가는 교실이 같은 목표를 향해 함께 학습하는 공동체라는 느낌을 갖게 해준다. 시간이 갈수록 이 공동체 의식은 다른 교실 활동에로 전이되어서 경쟁의 부정적 면을 최소화하고 어린이들 사이의 신뢰를

키울 수 있다. 또한 어린이들이 교사에게서가 아니라 친구에게서 배울 수 있음을 발견하고 평가 기준의 적용에 더 많은 통찰을 얻고 책임감을 배우게 된다. 자기 평가에서와 마찬가지로 동료 평가에서도 이를 효율적으로 할 수 있기까지 시간이 필요하다. 어떤 어린이들은 자기 중심적이고 미성숙한 평가를 계속할지 모르지만 반복되는 연습, 객관적 평가 기준, 어린이의 노력을 제대로 평가하는 공평한 교사라면 결국은 대부분의 문제를 해결할 수 있을 것이다.

(6) 관찰(observation)

교사들은 수업 시간마다 어린이들의 행동, 태도, 수행 등을 관찰하고 수많은 판단을 한다. 이러한 관찰을 체계적으로 기록하기 위해서 수업 후 곧바로 짧은 메모를 하거나 파일에 기록하고 혹은 체크리스트를 이용할 수 있다. 이렇게 하더라도 관찰은 매우 주관적이어서 다른 평가 방법과 함께 이용되어야 한다.

(7) 수행평가(performance test)

앞서 (1)~(6)에서 언급한 방법들을 종합하면 영어를 비롯한 초등교육에서 강조되는 수행평가를 정의할 수 있다. 전통적 평가는 주로 학습자가 학습한 내용을 얼마나 알고 있는가를 결과 중심으로 평가하였다. 그러나 최근에는 어린 학습자 또한 자신의 경험과 배경지식을 바탕으로 주어진 정보를 능동적으로 재구성하는 존재로 보고 있으며, 이에 따라 구체적 학습 상황에서 학습자에게 주어진 과제를 수행하는 장면이 직접적으로 평가되고 있다. 즉, 전통적 평가의 대안으로 수행평가라는 용어가 최근 보편적으로 사용되고 있다. 수행평가는 구체적 상황에서 학습자의 지식, 기능이나 기술의 수행 정도를 측정하는 것을 의미하며, 실제 상황 또는 실제와 유사한 상황에서의 학습자 수행을 평가하게 된다. 수행평가는 직접 평가, 질적 평가, 역동적 평가의 여러 특성을 공유하고 있으며, 그 구체적인 방법은 실습, 관찰, 면접, 토론, 자기 및 상호평가, 포트폴리오 평가, 서술형 평가 등으로 다양하다.

(8) 전통적 평가(traditional test)

선다형 문제나 진위형 진술, 규칙 빈칸 메우기, 지필 평가와 같은 전통적 평가 방법은 객관적이고 채점하기 쉬우며 준비하기 쉽다는 이점이 있다. 이러한 평가는 형식적 성격이 강하여 어린 학습자를 위축시키고, 긴장시킬 수도 있다. 따라서 이러한 전통적 평가 방법을 적용할 때 교사는 학습자들이 긍정적인 분위기에서 평가 활동에 참여할 수 있도록 세심하게 안내하는 것이 필요하다. 또한 전통적 평가가 어린이들이 할 수 있는 모든 것을 알려주는 것은 아니다. 따라서 점수나 등급 형태로 주어지는 전통적 평가의 결과는 다른 평가 기법(예 수행평가)를 통해 얻은 정보와 함께 다루어질 필요가 있다.

(9) 학습자가 개발하는 평가 과업(learner-developed assessment tasks)

어린이들이 평가 과업의 내용에 기여하거나 자신의 과업을 개발할 수 있다. 교사와 과업 내용을 토론하면, 어린이들이 자신들이 알도록 되어 있는 것에 대해 생각해야 하고 적절한 수행 기준을 만들어야 하기 때문에 책임감과 발전을 더할 수 있다. 또한 어린이들이 스스로 평가 과업을 준비하면 평가 절차가 더 개별화되고 덜 위협적이 된다. 과업에 포함되는 자료를 만들거나 교사가 고른 자료에서 질문을 만들어내고, 다른 어린이가 대답할 질문을 쓰거나, 읽기 이해 평가 과업으로 사용될 단락이나 문장을 쓰는 등으로 참여할 수 있다.

(10) 숙제 과업(take-home tasks)

숙제 과업은 어린이가 교사와 토론한 후에 기한을 정해 주고 집에서 완성하도록 하는 과업이다. 보통 통합적이며 여러 가지 이점을 준다. 어린이들이 자신들의 능력에 따라 언제, 어떻게, 얼마 동안, 어떤 수준까지 할지를 선택할 수 있기 때문에 능력이 다양한 학급에 특히 적절하다. 숙제 과업은 어린이들이 스스로 과업을 완수하고 스스로 기한을 정하며 시간을 얼마나 들이고 질과 완성도, 과제 제출의 책임을 가정하기 때문에 자율적인 학습자를 길러줄 수 있다. 이것들은 학습법 학습의 기능과 병행한다.

(11) 회의(conferencing)

회의란 어린이가 자신에 대해 자유롭게 말할 만큼 충분히 편안한 가운데 교사가 어린이와 비공식적이고 친밀한 이야기를 갖는 것을 의미한다. 교사와 1 : 1로, 혹은 4~5명 정도의 소집단으로 이루어질 수 있다. 회의는 코스가 시작될 때나, 새 어린이가 왔을 때, 특정 단원이 끝났을 때, 포트폴리오 검토 때, 중요한 시험을 앞두고, 특별한 문제가 있을 때 등에 할 수 있다. 말하기 기능, 태도, 학습 스타일, 다독의 범위를 평가하기 위해 회의를 이용할 수도 있다. 또한 포트폴리오 평가에서나, 교사가 관찰이나 다른 방법으로 수집한 정보를 체크하고 완성하기 위해서도 이용 가능하다. 이때 어린이에게 미리 질문을 주어 생각해 보게 하는 것도 도움이 된다. 회의를 할 시간을 내기가 어려우면 어린이에게 평가지나 설문지를 주어 써넣게 한 후 거기에 코멘트를 주는 방법도 있다.

4 어린이 언어 능력 평가의 특징

과업을 이용한 평가는 평가라기보다 교실 활동처럼 보이지만 평가 과업은 교수·학습 활동과는 다르며 다음처럼 차이를 말할 수 있다.

- 목표(aims) : 평가 과업은 평가되어야 할 영역이 분명하게 정의되고 다른 영역과 분리되어 만들어진다. 예를 들어 목표가 듣기 평가라면 어린이들은 말하거나 쓰는 능력이 요구되지 않을 것이다.
- 측정 가능한 결과(measurable results) : 평가 과업을 통해 어린이 개개인이 활동의 정해진 목표를 달성할 수 있는지 없는지를 정확히 알 수 있다.
- 평가 준거(assessment criteria) : 각 평가 과업은 평가되는 특정 영역의 도달 정도를 보여주기 위해 어린이들이 할 수 있어야 하는 것을 정의하는 준거를 명시한다.
- 활동에 대한 어린이들의 경향(children's predisposition towards the activity) : 고학년 어린이들은 자신들이 평가받는다는 것을 알면 보통은 미리 준비하고 평가받는 동안 최선을 다하며 평가 후의 피드백에도 더 주의를 기울인다. 이러한 경향은 어린이들의 평소 때의 행동과는 다르다.
- 시점(timing) : 평가 과업은 학습 과정 중 특정 시점에서 주어진다. 어린 이들의 학습을 점검할 수 있도록 보통은 특정 언어 항목이나 기능을 제시, 연습한 후나, 단원이 끝났을 때 치러진다. 때로는 어린이들이 이미 알고 있는 것을 찾아내기 위하여 진단 목적으로 이용할 수도 있다.
- 어린이의 참가(children's participation) : 수업 활동의 경우는 참가하지 않거나 그다지 적극적으로 활동하지 않는 어린이가 있어도 괜찮지만 평가 과업에서는 모든 어린이가 참여하여야 한다.
- 기록/학습자 프로필(record keeping/learner profiling) : 평가 과업에서의 어린이의 수행은 기록되고 파일로 보존된다. 또한 어린이의 프로필을 쓸 때 평가에서의 수행과 관련된 메모나 추가 사항을 이용할 수 있다. 이렇게 하면 어린이 개개인에 관해 잘 알고 정보를 조직화할 수 있고, 관련 집단에게 자신 있게 충분한 보고를 할 수 있다.

5 소집단 평가

어린이들은 그룹으로 작업하고 배우기를 좋아한다. 그룹 평가는 개인 평가보다 더 안도감을 줄 수 있으며 서로 친구에게 도움을 주고받을 수 있어서 능력이 다양한 학급에 적합하다. 또한 협동 같은 가치 있는 사회적 기능을 평가할 기회가 된다.

그러나 그룹 평가는 평가에 어려움이 있다. 개인의 공헌도를 무시하지 않고 어떻게 그룹을 전체로서 평가할 것인가? 개인의 작업과 그룹의 작업을 어떻게 균형을 줄 것인가? 그룹 작업을 준 이유는 그룹을 전체로 평가하기 위한 것이며 한편으로 적절하게 그룹에 공헌한 개인의 역할을 무시할 수도 없다. 이에 대해서는 그룹과 개인을 모두

이름 _____ 과제 ______________________________

그룹 _____ 날짜 ______________________________

______________의 그룹

제 시간에 과제를 완수하였다	예 ___________	아니오 ___________
함께 잘 수행하였다	예 ___________	아니오 ___________
성공적으로 과제를 완수하였다	예 ___________	아니오 ___________
영어를 많이 사용하였다	예 ___________	아니오 ___________

Comments

___________________________'의 그룹에의 공헌

그룹이 _____________에게

1) ____

2) ____

을 요청하였다.

그룹을 도왔다 예___________ 아니오 ___________

영어를 많이 사용하였다 예 ___________ 아니오 ___________

다른 어린이와 잘 협동하였다 예 ___________ 아니오 ___________

자신의 과제를 성공적으로 수행하였다 예 ___________ 아니오 ___________

Comments

[그림 9-2] 그룹 작업 평가지

평가하고, 양쪽의 가치를 강조할 수 있도록 하나의 기록지에 평가를 기록하는 것이 좋다. 예를 들면 [그림 9-2]에서와 같은 기록지를 이용하여 '성공적으로 과제를 완수함'이나 '성공적으로 자신의 과제를 수행함'에 표시하는 것이다.

그룹 작업의 평가는 자기 평가 혹은 동료 평가의 형태도 취할 수 있다. 아니면 동료, 교사, 자기 평가의 혼합된 형태를 선택할 수도 있다.

6 어린이 평가에서의 유의점

어린 학습자 대상의 평가는 편안한 환경에서 이루어져야 하지만 이는 평가 개발의 기준이 완화된다는 의미는 아니다. 우리는 타당하고 신뢰도가 높은 평가를 개발하여야 하며, 긍정적인 세환 효과를 기해야 할 필요성은 어른 대상의 평가보다 더 크다. 이를 위해 평가 명세서를 상세히 만들고 적절한 평가 기법을 선택하여야 할 것이다. 어린 학습자 대상의 평가는 다음과 같은 점에 유의하여야 한다.

① 어린 학습자는 주의 집중 시간이 짧다. 그래서 시험이 길어서는 안 된다. 과업은 간단하고 다양해야 하고 필요하다면 한 과업을 둘, 혹은 그 이상으로 나누어 제공한다.

② 어린이는 이야기와 놀이를 즐긴다. 어린이가 시험에 몰두하게 하려면 과업이 이야기와 놀이를 반영하여야 한다. 만화나 퍼즐 책에 나오는 단어 게임 같은 것을 포함할 수도 있다.

③ 어린이는 그림, 매력적인 서체, 색깔에 잘 반응한다. 가능하면 시험이 이런 요소들을 포함하게 한다. 그림의 내용은 어린이 모두에게 분명하여야 하고, 과업 수행에 필요하지 않은 경우에조차 그림을 포함해도 좋다.

④ 모국어와 인지 능력이 여전히 발달 중이므로 과업은 어린이의 모국어로 편안하게 다룰 수 있는 수준의 것이어야 한다.

⑤ 어린이는 사회적 상호작용을 통해 배우므로, 둘 이상의 어린이간 상호작용을 포함하는 과업을 이용하는 것이 좋다.

⑥ 교수·학습 과업이 통합된(integrated) 것이라면 평가에서도 유사한 과업을 이용할 수 있다. 그러나 각 기능에 관한 진단 정보를 얻기 위해서라면 통합된 과업은 적절하지 않다.

이밖에 어린이가 최선을 다해 평가를 수행할 수 있는 환경을 만들어주는 노력이 필요하다. 말하자면 어린이가 잘 아는 교사, 익숙한 환경 등을 조성하는 것이다. 또한 어린이가 자신이 무엇을 해야 하는지를 평가 시작부터 확인하는 것이 특히 중요하다. 어린이에게 자신감을 주기 위해서 처음에는 쉬운 과업을 주고 점차 어려운 과업으로 넘어가는 것이 좋다.

7 피드백 제공하기

어린이의 수행 결과를 수집하자마자 평가가 끝나는 것은 아니다. 피드백 제공은 평가 과정의 통합적 부분이며 평가 과업이 수행된 후 가능한 한 빨리 주어져야 한다. 피드백 주는 것이 늦어질수록 의미는 줄어들며 어린이에게 미치는 영향도 감소된다.

피드백은 다양한 방식으로 주어질 수 있다. 어린이 개개인에게 개별적으로 제공하거나 그룹, 혹은 전체 학급에게 줄 수 있다. 또한 자가 정정(self-correction)이나 동료 피드백(peer-feedback)으로도 가능하다. 피드백은 어린이들에게 자신의 강점과 약점을 발견하게 해주며 동기를 주고 학습을 지속해 나가도록 돕는다.

피드백을 주는 가장 좋은 방법은 어린이와 회의를 통해 평가의 결과를 토론하는 것이다. 회의가 여의치 않을 때는 짧은 코멘트로 문자 피드백을 주고 후에 간단한 대화를 할 수 있다. 동료 피드백도 중요하므로 어린이들이 동료 피드백을 고마워하고 건설적으로 피드백을 주도록 훈련할 필요가 있다. 교실이 친근하고 도와주는 분위기라면 때로 전체 학급이 한 어린이에게 피드백을 줄 수도 있다. 이러한 환경에서는 모든 어린이가 자신의 작업이 다른 어린이들에 의해 토론되는 것에 동의하고, 돌아가면서 피드백을 제공받도록 하는 것이 중요하다.

8 창의서술형 평가

영어과 교육과정에서는 의사소통 능력의 신장뿐 아니라 창의성 계발과 인성교육을 점차 강조하였다(예 2009 개정 영어과 교육과정). 이에 따라, 창의성을 신장하고 다양성을 존중하는 문화로의 전환을 위해 창의서술형 평가가 실시되었다. 창의서술형 평가는 주관식 평가의 일종으로 학생들이 이미 알고 있는 지식과 정보를 활용하여 평가문항을 분석하고, 설명하고, 해석하거나, 창의적으로 문제를 해결하는 능력을 측정하는 평가유형이다(이재영 외 13인, 2013). 기존의 선택형 평가문항이 학생들로 하여금 제한된 선택지 중에서 선택하게 함으로써, 학생들의 사고의 범위를 제한시키는 문제점을 내포하고 있는 반면, 창의서술형 평가는 학생들이 자신의 생각이나 의견을 서술하게끔 하여, 학생들 스스로 자유롭게 사고할 수 있는 바탕을 마련한다. 이러한 창의서술형 평가를 통해 교사는 학생들의 판단력, 통합력, 정보수집 및 분석능력, 창의적인 문제해결능력을 평가할 수 있다.

9 과정 중심 평가

과정 중심 평가는 교육과정의 성취기준에 기반한 평가계획에 따라 교수·학습 과정에서 학생의 변화와 성장에 대한 자료를 다각도로 수집하여 적절한 피드백을 제공하는 평가이다(교육과정평가원, 2017: 4). 이는 학습자의 참된 성장을 이끌 수 있다는 점에서 과거 결과 중심의 전통적 평가와 대비되어 그 중요성이 주목받고 있다. 과정 중심 평가는 새로운 평가 기술이라기보다는 기존의 결과 중심 평가를 보완하고, 수행 및 형성평가 방법을 활용하여 평가 과정을 교육과정 및 수업과 연계시키고자 하는 평가 패러다임 변화에 따라 강조되는 개념이다. 초등영어 수업의 맥락에서의 과정 중심 평가는 학습을 위한 평가, 준거 참조 및 성장 참조 평가, 누적효과 지향, 수업 중 수시 평가, 평가 방법과 주체의 다양화, 즉각적인 피드백 제공으로 그 구체적 특성을 정리할 수 있다.

10 인공지능 챗봇 활용 평가

최근 초등영어 수업에 인공지능(Artificial Intelligence: AI) 기술을 접목하고자 하는 다양한 시도가 있으며, 그 가운데서도 가장 활발한 접근이 AI 챗봇의 활용이다. AI 챗봇의 활용은 영어가 외국어인 우리나라 상황에서 학습자에게 실제적 영어 의사소통 기회를 제공한다는 점에서 그 활용 가능성이 매우 주목받고 있다. AI 챗봇은 자동 음성 인식(Automatic speech recognition)과 문자-음성 변환(Text-to-Speech: TTS) 기능을 기반으로 하고 있다. 그리고 이러한 기능이 AI 챗봇을 활용한 학습자 평가 가능성을 시사한다. 구체적으로, AI 챗봇은 학습자의 음성 발화를 텍스트로 변환하여 처리하게 된다. 이 과정에서 학습자의 모든 발화가 텍스트 형태로 AI 챗봇 플랫폼에 저장되며, 교사는 해당 텍스트 변환 발화 자료를 보고, 학습자 말하기를 과정 중심으로 평가할 수 있는 것이다. 실제로 초등영어 수업에서 말하기 수행평가는 시간 및 공간적 제약을 가장 많이 받는 평가 영역이다. 그러나 AI 챗봇을 활용하게 되면 교사는 개별 학습자의 말하기 과정과 결과를 평가하여 개별적 피드백을 제공할 수 있다. 이러한 평가 방법은 향후 AI 기술 발달과 함께 그 활용도가 더욱 높아질 것으로 예상된다.

11 평가 기준의 예시

영어과 교육과정이 제시하고 있는 영어교과의 핵심적인 목표는 의사소통 능력을 기르는 것이다. 이런 입장에서, 평가자는 평가의 객관성을 확보하고자 언어 항목을 쪼개서 기재하기보다는 학생들의 표현이 의사소통 범주에 들었는지를 전반적으로 평가하는 것에 초점을 두어야 한다. 학생들의 영어 의사소통능력을 평가하는 일반적인 방법은 학생들의 영어 네 기능(듣기, 말하기, 읽기, 쓰기)에 따라 수준을 측정하는 것이다. 이를 위해 널리 알려진 평가 준거로는 ACTFL(American Council on the Teaching of Foreign Languages) 영어수준 가이드라인을 들 수 있다. ACTFL 영어수준 가이드라인은 학습자들의 영어 네 기능 수준을 측정하는 구체적인 평가 기준을 제시하는 데, 여기에서는 영어 말하기 평가기준을 소개하고자 한다.

ACTFL 영어 말하기 평가 기준에서 말하기 수준은 총 11단계로 구성되어 있다. 즉, 초급-하, 초급-중, 초급-상, 중급-하, 중급-중, 중급-상, 상급-하, 상급-중, 상급-상, 최상급, 초고급 단계로 구성된 것이다. 이 중, 우리나라 초등학생들 대부분은 ACTFL 영어수준 가이드라인의 초급과 중급 정도에 해당할 것이므로 여기에서는 초급과 중급 수준만 제시한다.

[표 9-1] ACTFL 가이드라인 영어 말하기 초급 수준

구분	수준
초급-하	• 의사소통이 거의 불가능하다. • 발음은 알아듣기 어려운 편이고, 간단한 인사나 자기 이름 말하기, 주변의 친숙한 물건의 이름 정도를 말할 수 있다. • 익숙한 사물들의 이름을 말할 수 있지만, 중급 수준의 과제를 수행하거나 주제에 대해 이야기할 수 있는 능력이 없다.
초급-중	• 최소한의 의사소통이 가능한 수준이다. • 2~3개의 개별 단어나 미리 외워놓은 표현 등을 사용하고, 말이 자주 끊어지며, 자신의 말이나 상대방의 말을 반복해서 말하는 경우가 많다. • 어휘력이 부족하고 부정확해서 적절하게 대답하지 못하는 경우가 많고, 같은 말을 반복하거나 모국어의 단어를 쓰거나, 침묵으로 넘기는 경우가 많다.
초급-상	• 일상적 상황에서 개인적 정보, 친숙한 사물, 간단한 활동, 좋고 싫음, 당장의 필요 등에 관한 간단하고 단순한 문제에 대해 말할 수 있는 수준이다. • 몇 개의 미리 외워놓은 표현만을 사용하여 간단한 질문이나 요청을 할 수 있다. 외워둔 표현이나 상대방 말의 단어나 어구를 재조합하여 말하며, 주로 현재형의 짧은 말을 한다. • 미리 외어놓은 표현들을 조금 늘려서 사용하기 때문에 언뜻 유창하고 정확하게 들리지만, 자주 떠듬거리고, 문법과 어휘가 부정확한 편이다. • 발음, 어휘, 문법 등에 모국어의 영향이 크게 나타나며, 대화중 상대방이 잘못 이해하는 경우에는 되묻거나 반복해 말함으로써 자신의 의미를 어렵사리 전달한다. • 중급수준의 과제에 대해 때때로 문장 수준으로 반응을 보이지만, 문장 수준의 대화를 지속적으로 유지하지는 못한다.

[표 9-1]과 [표 9-2]에 제시된 내용만큼 세분화된 구분이 불필요할 경우에는, 교사가 재조직하고 단순화하여 초등영어에 맞도록 평가기준을 다시 만들 수 있다. [표 9-3]은 ACTFL 가이드라인의 세분화된 단계를 다섯 단계로 재조직한 것이다.

[표 9-2] ACTFL 가이드라인 영어 말하기 중급 수준

구분	수준
중급-하	• 일상적인 상황에서 복잡하지 않은 의사소통 문제를 해결할 수 있다. • 개인적 정보, 좋고 싫음, 음식 주문, 물건 구매 등의 주로 예측 가능한 구체적인 일들에 관해 대화할 수 있다. • 상대방의 질문이나 요구에 수동적으로 대응하는 편이며, 2~3개 정도 적절한 질문을 할 수 있다. • 외워둔 표현이나 상대방의 말을 조합하여 짤막하게 자신의 의미를 표현하지만 자주 더듬거리며, 문법과 어휘가 부정확한 편이다. • 말의 끊김이 자주 있고, 다시 말하기와 고쳐 말하기 등을 제대로 수행하지 못하며, 발음이나 문법 등에서 모국어 영향이 현저하게 나타난다.
중급-중	• 다양한 형태의 간단한 의사소통 문제를 해결할 수 있다. • 자신, 가족, 일상 활동, 개인적인 관심, 좋고 싫음, 식사, 여행, 쇼핑, 숙소 구하기 등에 관한 정보를 얻고 교환할 수 있으며, 예측 가능한 구체적인 사안에 관해 대화할 수 있다. • 상대방의 질문이나 요구에 수동적으로 대답하는 경향이 있지만, 길 묻기나 가격 묻기, 이용 가능한 서비스 등에 대한 정보를 얻기 위해 필요한 다양한 질문을 할 수 있다. • 상대방이 했던 말 혹은 외워둔 표현을 조합하고 재구성할 수 있지만, 말의 끊김, 다시 말하기, 수정하여 말하기 등이 자주 나타나므로, 어휘, 발음, 문법상의 부정확성으로 인해 이해가 잘되지 않는 경우가 많다. • 상급 수준에 해당하는 과제에 대해서는, 어느 정도 정보를 제공할 수 있지만, 시제 사용, 자신의 생각을 연결하여 말하기, 돌려서 말하기 등을 어려워한다.
중급-상	• 대부분의 일상적인 과제나 상황에 대해 편안하고 자신 있게 말할 수 있다. 문단 길이로 연결성 있게 이야기하거나 묘사할 수 있다. • 말의 끊김이나 실수가 보이고, 모국어 영향이 여전히 분명하게 느껴지지만, 직장, 학교, 오락, 특정 관심사, 자신의 특기 영역 등 복잡하지 않은, 많은 문제들에 대해 기본적인 정보를 교환할 수 있다. • 상급 수준의 과제를 수행할 수는 있으나, 다양한 주제에 걸쳐 이런 과제를 완벽하게 수행하지는 못한다. • 의미상 · 문법상으로 틀린 점이 노출된다. 시제, 논리적 연결, 문장 연결사 사용, 어휘 사용 등이 부적합하거나, 돌려 말하기를 제대로 하지 못하며, 말을 더듬거나 반복하는 경우가 빈번하다.

[표 9-3] ACTFL 가이드라인의 수정 활용 예시

언어기능		항목
듣기	하	① 아주 짧은 대화도 이해하기가 쉽지 않다
	↑	② 잘 알고 있는 주제에 대한 짧은 대화를 이해할 수 있다
		③ 일상생활에 관한 대화를 비교적 잘 이해할 수 있다
	↓	④ 생소한 주제의 대화에서도 어느 정도 그 내용을 이해할 수 있다
	상	⑤ 모든 분야의 대화 내용을 완벽한 수준으로 이해할 수 있다
말하기	하	① 인사나 자기소개 정도는 할 수 있다
	↑	② 대부분의 일상적인 소재에 대해 짧은 문장으로 말할 수 있다
		③ 일상적인 주제에 대해 대화할 수 있다
	↓	④ 익숙한 주제에 대해 유창하게 대화할 수 있다
	상	⑤ 다양한 주제에 대해 유창하게 대화할 수 있다
읽기	하	① 개별 단어 또는 어구의 의미를 파악할 수 있다
	↑	② 메뉴, 시간표, 지도 등 간단한 메시지의 목적을 파악할 수 있다
		③ 사람, 사물에 관한 서술을 담은 짧은 글을 이해할 수 있다
	↓	④ 신문 기사 등 다소 긴 글의 주제와 주요 사실을 파악할 수 있다
	상	⑤ 모든 종류의 글을 거의 완벽하게 이해할 수 있다
쓰기	하	① 이름, 숫자 등 본인에게 관련된 내용을 단어와 어구로 적을 수 있다
	↑	② 개인적 경험을 간단한 문장으로 쓸 수 있다
		③ 짧은 편지 혹은 객관적 사실을 한 단락으로 쓸 수 있다
	↓	④ 일상적인 주제에 대한 글을 여러 단락으로 쓸 수 있다
	상	⑤ 다양한 주제에 관한 글을 여러 단락으로 정확히 쓸 수 있다.

교사는 경우에 따라 영어 구사력 이외에 언어 외적인 능력도 평가해야 한다. 예를 들어, 학생들이 준비한 내용을 영어로 발표하는 경우, 영어 구사력뿐 아니라 발표능력도 함께 평가해야 할 것이다. [표 9-4]는 학생들의 발표능력을 평가하는 기준의 예시이다.

[표 9-4] 발표능력 평가 기준 예시

구분	항 목	매우 부족	약간	보통	충분	매우 충분
목적	발표자는 분명한 목표를 가지고 있으며 내용을 충분히 이해하고 있는가?					
	청자의 관심을 끄는 주제인가?					
구성	발표는 서론-본론-결론으로 잘 구성되어 있는가?					
	주장에 대한 근거는 충분한가?					
전달력	발표자는 질문을 던지는 등, 청자들의 적극적인 참여를 유도하는가?					
	발표자는 머뭇거림 없이 유창하게 내용을 전달하는가?					
보조자료	발표자는 효과적인 발표를 위해 시각자료 등 보조적인 자료를 사용하는가?					
	보조자료는 효과적으로 제작되었는가?					
발표시간	발표자는 발표시간을 잘 지켜서 발표하는가?					
	발표자는 내용을 전달하는 데 시간을 효과적으로 배분하고 있는가?					

영어로 토론수업을 실시할 경우에는, 학생들의 토론능력을 평가할 필요가 있다. 이 경우, 토론에 필요한 능력들을 선택하고 항목화한 후, 이러한 각 항목에 점수를 부여할 수 있을 것이다. [표 9-5]는 학생들의 토론능력을 평가할 때 사용할 수 있는 평가 기준의 사례이다.

[표 9-5] 토론능력 평가 기준 예시

항 목	매우 부족	약간	보통	충분	매우 충분
모르는 내용을 질문하는 능력					
질문을 준비하는 능력					
적극적으로 듣는 능력					
상대방의 의견을 구하는 능력					
본인의 의견을 표현하는 능력					
토론내용을 요약하는 능력					
대화에 참여하는 능력					
효과적으로 메모하는 능력					

12 평가의 실제

(1) 듣기

① 문장 듣고 해당 그림 찾기

예 1 10개의 동물 그림을 보세요. 각 그림에 대한 짧은 문장이나 대화를 들려줍니다. 해당되는 그림 밑에 그 번호를 쓰세요.

1. Gosh! Isn't it tall? Yes, it's the tallest animal in the world.
2. How many animals are there in that cage? Three, I think.
3. This animal is a big cat. It's got black stripes.
4. Look at this hippo's teeth. They're enormous.
5. It's big and it's got black and white stripes.
6. Can it fly? Yes, of course it can. It's a pelican.
7. What's that animal in the tree? Is it a monkey or a panda? It's a monkey.
8. This animal got a long tail and big feet. It can't walk but it jumps.
9. What's that in the grass? It looks like a crocodile.
10. These are birds but they can't fly.

예 2 학생들은 다음을 듣는다.

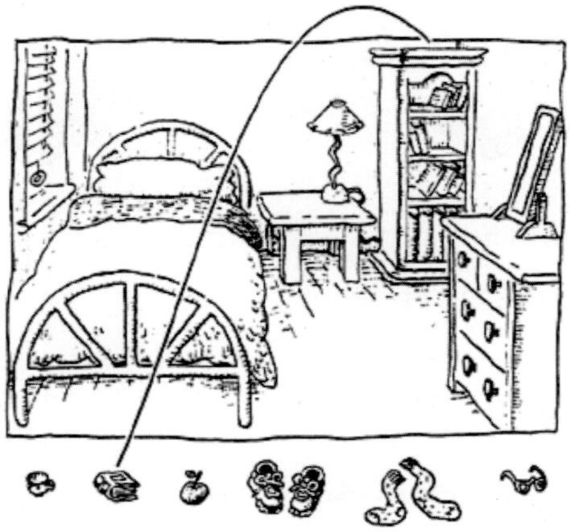

A: Look at the picture. Listen to the example. Listen and look.

B: Put the book on top of the bookcase.

C: Pardon?

B: Put the book on top of the bookcase.

A: This is an example. Can you see the line? Now you listen and draw a line.

B: Put the socks on the bed.

C: Where?

B: Put the socks on the bed.

이와 비슷하게 다양한 활동을 하는 학생들이 포함된 그림을 보여 주고 그림 밖에 있는 학생들의 이름을 연결하는 과제도 줄 수 있다. 학생들은 다음과 같은 대화를 듣는다.

A: I'm looking for Mike.

B: Mike? He's painting a picture over there.

A: Is that him in the corner?

B: Yes.

예 3 주어진 몇 개의 그림 중 들려주는 문장이나 대화에 해당되는 그림을 찾는 활동이다.

A : Did you say Harry was eating an orange?

B : No, it was an apple.

② 지시에 따라 색칠하기/그리기

문장을 듣고 문장과 일치하게 주어진 그림에 색칠하는 과제이다.

예 1 다음 그림은 Mary입니다. 지시에 따라 예쁘게 색칠하세요.

1. Mary has short brown hair.
2. She has a yellow ribbon in her hair.
3. Her blouse is pink.
4. Her skirt is blue.
5. Her socks are green.
6. Her shoes are orange.
   She is very colorful

(사전에 색칠할 준비를 갖추게 한다.)

예 2 듣고 색칠하고 그리세요. 예가 하나 주어집니다.

A : Look at the fish under the ducks.

B : I can see it. Can I color it?

A : Yes, color it red.

B : The fish under the ducks - color it red.

A : Now draw a fish.

B : Where?

A : Draw a fish between the boat and the box.

B : OK. Between the boat and the box.

A : And color it green. Color the fish green.

③ 지시에 따라 그림 붙이기

문장을 듣고 해당되는 물건을 붙이는 활동이다.

예 1

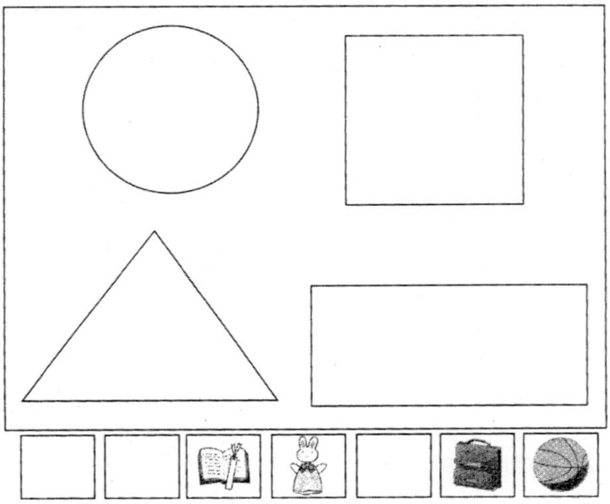

1. Put a pencil in the circle.
2. Put a doll in the square.
3. Put a book in the rectangle.
4. Put a ball in the triangle.
5. Put a hat between a circle and a square.
6. Take an eraser and put it between a square and a rectangle.
7. Take a bag and put it between a circle and a triangle.

④ 그림 잘라 붙이기

예 1 다음 그림은 Tom의 방입니다. 너무 어질러져 있어서 그의 어머니는 매우 화가 났습니다. 무엇이 어디에 있는지 잘 듣고 잘라서 붙이세요.

1. His book is under the chair.
2. His shoes are on the bed.
3. His clothes are on the floor.
4. His car is on the chair.
5. His football is in front of the bed.
6. His robot is under the table.

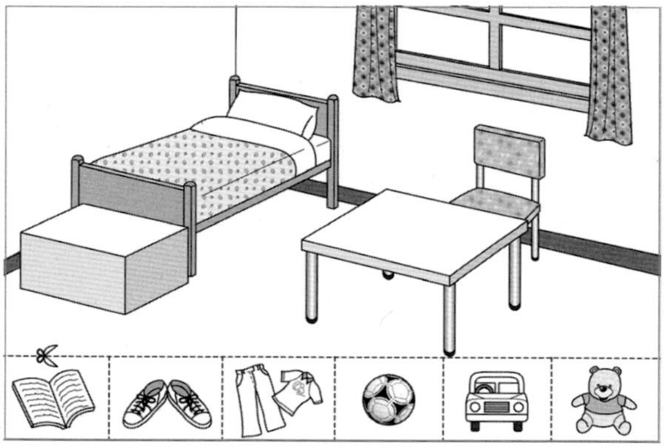

⑤ 표 작성하기

들려주는 내용에 따라 표를 채우고 T/F 답을 하는 과제이다.

예 1 Dairymaid Milkshake 음료수 회사는 표에 나타난 4가지 맛의 음료수를 개발하여 시음회를 가졌습니다. 각 어린이는 각각의 맛에 대해서 점수를 0에서 5까지 줄 수 있습니다. 잘 듣고 각 어린이가 준 점수를 표에 쓰세요. 표를 완성하고 나서 들려주는 말이 맞으면 T, 틀리면 F를 해당란에 쓰세요.

Listen and fill in the number of points on the chart.

- Alan gave 3 points for strawberry, (pause) 3 points for chocolate, (pause) 2 points for banana, (pause) and 4 points for orange. (pause)
- Bridget gave no points for strawberry, (pause) 5 points for chocolate, (pause) 2 points for banana, (pause) and 4 points for orange. (pause)
- Charles gave 5 points for strawberry, (pause) no points for chocolate, (pause) 4 points for banana, (pause) and 1 point for orange. (pause)
- Dena gave 3 points for strawberry, (pause) 2 points for chocolate, (pause) 1 point for banana, (pause) and 5 points for orange. (pause)
- Edward gave 3 points for strawberry, (pause) 2 points for chocolate, (pause) no points for banana, (pause) and 1 point for orange. (pause)

Now add up the total number of points for each flavor and write it on the chart.

	strawberry	chocolate	banana	orange
Alan				
Bridget				
Charles				
Dena				
Edward				
Total				

〈질문〉

Write True or False:

1. Alan gave chocolate 3 points. ______
2. Dena gave banana no points. ______
3. Charles liked banana best. ______

4. Bridget didn't like chocolate. ______
5. Edward liked strawberry least. ______

Write the answers:

1. Which flavor did Charles like best? __________
2. Which flavor did Bridget like least? __________
3. Who liked orange best? _________
4. Who liked chocolate least? _________
5. Who liked strawberry and chocolate equally? _________
6. Which flavor got the most points? _________
7. Which flavor did the children like least? _________

⑥ 듣고 동물 이름 쓰기

들은 내용을 간단한 단어 쓰기를 통해서 나타내는 활동이다.

예 1 다음 그림은 동물원에 있는 동물의 우리입니다. 녹음을 듣고 해당란에 동물의 이름을 쓰세요.

As you go into the zoo, the first things you see are the rabbits in the round cage in front of you. The monkeys are in the cage on your right and the hippos are on the left — in the cage with the water pool. Next to the monkeys are the tall giraffes, and next to the hippos are the great big elephants. At the back of the zoo are 3 animals that all eat meat: tigers, lions and foxes. The foxes are in the middle cage, and the lions are on the right. Oh yes, then there are those noisy, colorful parrots — they live behind the rabbits.

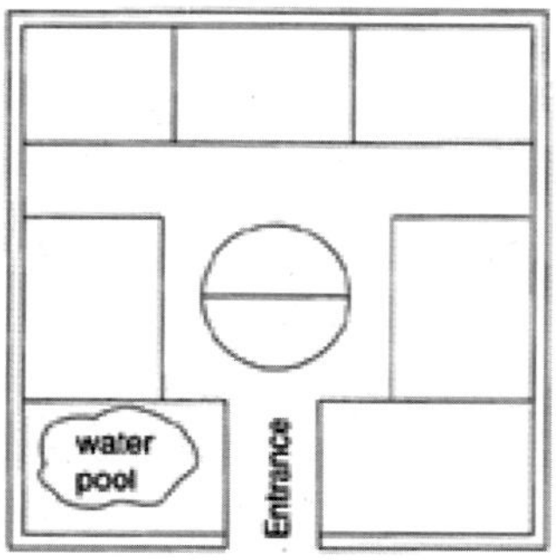

⑦ 관련 있는 그림과 연결하기

다음은 네 어린이가 자신을 소개합니다. 형제 자매가 몇이며, 어디에 살고, 좋아하는 동물이 무엇이며, 무엇을 하기 좋아하는지에 대해 말합니다. 그림을 보고 관련 있는 것을 어린이와 연결하세요.

- Hello, my name is Anna. I've got 2 sisters. I live in a little house. I've got a pet cat. I like playing with my lego.
- My name is Billy. I've got 1 brother. I live in a caravan. I've got a pet rabbit. I like playing football.
- I'm Colin. I've got no brothers or sisters. I live in a flat. I've got a pet parrot. I like playing with my cars.
- Hello, my name is Doreen. I've got 1 brother and 1 sister. I live in a big house. I've got a pet dog. I like riding my bike.

(2) 말하기

말하기는 가장 동기를 높여 줄 수 있는 기능이지만 소심한 학생에게는 위협적 이거나 부담이 될 수 있다. 따라서 말하기 과제의 선택에는 주의를 기울여야 하며 비공식적이고 비위협적인 상황과 방법으로 수행하게 해야 한다. 짝활동이나 소집단 활동을 통해 말할 기회를 갖게 하며 말하기 과제는 실제적이고 맥락이 주어져야 한다.

말하기 평가의 주요 문제는 실용성이다. 30명 이상이 되는 학생들을 어떻게 교사 한 사람이 평가하는가? 해결 방법은 반 전체가 말하기 평가를 준비하게 하고 한 번에 4~6명의 그룹을 선택하여 평가하는 것이다. 한 번에 평가하는 학생의 수는 과제와 과제 해결에 필요한 시간, 교사가 얼마나 숙련되었는가에 달려 있다.

활동의 예를 몇 가지 소개하면 다음과 같다.

① 조사하기

[그림 9-3]과 같은 표를 나누어 주고 네 명의 친구를 조사하여 표를 채우게 한다. What's your name? How old are you? What's your favorite food? ... 등의 질문과 대답을 하게 될 것이다.

Getting to know you

Name ________________ Class ________________ Date ________________

Choose four friends. Ask them questions and complete the form. Use English!

Friend 1
name ____________________
age ____________________
favorite food ____________________
favorite color ____________________
favorite ____________________

Friend 2
name ____________________
age ____________________
favorite food ____________________
favorite color ____________________
favorite ____________________

Friend 3
name ____________________
age ____________________
favorite food ____________________
favorite color ____________________

Friend 4
age ____________________
favorite food ____________________
favorite color ____________________
favorite ____________________

[그림 9-3] Worksheet (Ioannou-Georgiou 등, 2003: 45)

② 차이점 말하기

괴물 그림을 학생들에게 나누어 주고 자유롭게 색칠하게 한 후 짝에게 자신이 칠한 괴물을 묘사하게 한다. 말한 내용을 비교하여 서로의 괴물이 몇 가지가 다른지 찾아보게 한다. 다음의 표를 이용할 수 있다.

A Name ______________________ **Class** ____________ **Date** ____________

Colour your monster's head, hands, teeth, and eyes.
Use only green, blue, and red.

✂ --

B Name ______________________ **Class** ____________ **Date** ____________

Colour your monster's head, hands, teeth, and eyes.
Use only orange, yellow, and brown.

[그림 9-4]

Monster differences

We checked our monsters and there are ______ differences.

The differences are:

1. ____________________ 6. ____________________
2. ____________________ 7. ____________________
3. ____________________ 8. ____________________
4. ____________________ 9. ____________________
5. ____________________ 10. ____________________

We found ______ differences. We get ______ points out of 10.

Signatures ______________________________

③ 묘사하기

짝 활동을 이용한 정보의 공백 메우기이다. [그림 9-5]를 나누어 주고 한 학생이 자유롭게 물건을 배치한 후 짝에게 물건의 위치를 말한다. 짝은 그것을 듣고 그대로 배치하여 나중에 두 그림을 비교한다.

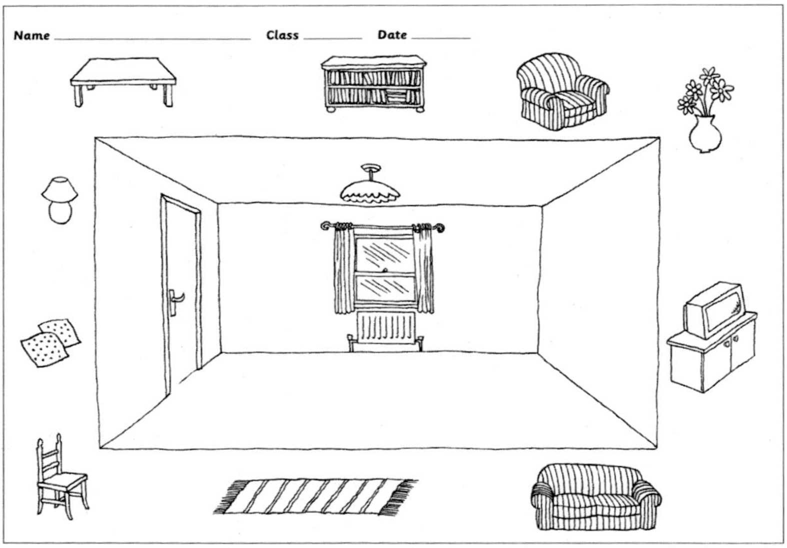

[그림 9-5] 정보 공백 활동지

④ 질문에 답하기

네 명이 한 조가 되어 진행한다. 조마다 [그림 9-6]을 나누어 주고 네 명이 한 조각씩 갖게 한다. 쇼핑하고 나오다가 친구와 부딪혀 쇼핑 가방을 떨어뜨렸고 쇼핑한 물건들이 친구의 것과 섞여 버렸다. 쇼핑 목록을 보며 서로 질문하여 없어진 물건이 무엇이며 섞인 물건 가운데 자신의 것을 가려내는 활동이다. 자신의 물건을 찾으면 목록에 V 표시를 한다. 다음과 같은 표현을 기대할 수 있다.

A : Have you got any apples?

B : No.

A : Have you got a chocolate cake?

B : Yes. Here you are.

A : Thank you.

[그림 9-6] 쇼핑 목록

(3) 읽기

읽기를 잘하는 학습자는 읽기를 즐기고 더 많이 읽고 결과적으로 자신의 읽기 기능과 전반적인 언어 능력을 향상시킨다. 읽기에 어려움을 느끼는 학습자는 읽기를 싫어하고 덜 읽으며 결과적으로 읽기에 문제를 갖게 되고 점점 더 싫어하게 된다. 그러므로 읽기에 대한 부정적인 태도를 갖지 않게 하기 위해 처음부터 읽기를 즐기게 만들어주고 읽기 기능을 향상하도록 도와주어야 한다.

학생들의 읽기 기능을 향상시키는 한 가지 방법은 훑어 읽기(skimming)나 찾아 읽기(scanning) 같은 읽기의 하위 기능을 사용하도록 연습하는 것이다. 읽기를 잘 하는 사람은 빨리 읽고 내용 예측을 잘 하며 문맥으로부터 단어의 의미를 잘 추측한다. 이러한 기능은 연습으로 길러질 수 있다.

평가는 교실 활동의 연속이기 때문에 읽기 평가는 재미있고 흥미롭고 실제적이며 맥락화되어 이루어져야 한다. 다독도 포함할 수 있으며 긍정적이고 학습자에게 친숙한 방법으로 평가되어야 한다. 다음과 같은 예들이 있다.

① 단어와 그림 연결하기

어젯밤 큰 폭풍이 불어 동물원의 표지판이 모두 떨어져 버렸습니다. 표지판을 찾아 다시 달아 주어야 합니다. 주어진 글을 읽고 동물과 표지판을 연결하세요.

Name ______________________ **Class** ______________ **Date** ______________

lions gorilla elephants penguins foxes
giraffes crocodiles snakes hippos ponies

[그림 9-7]

② 읽고 색칠하기

Zinky라는 이름의 외계인에게서 엽서를 받았습니다. Zinky는 자기가 사는 별이 어떤 모습인지 볼 수 있도록 아래 글이 말하는 대로 색칠하라고 부탁합니다. 문장을 읽고 문장의 내용에 맞게 색칠하세요.

[그림 9-8]

The sky is pink.

The clouds are yellow.

The grass is orange.

The trees are purple and the fruit is blue.

The flowers are black.

The river is white.

The cows are red.

③ 읽고 그리기

주어진 글을 읽고 그림에 빠져 있는 다섯 가지를 그리세요.

[그림 9-9]

This is my grandma's garden. There's a pond in the middle of the garden. There are three ducks in the pond. Behind the pond there's an apple tree. There are five big apples under the tree. Today, there are two big birds in the tree. Look at my grandma's house. It's got two small windows. Ginger, her cat, is on the roof and Spot, her dog, is sitting in front of the door.

④ 만화(a cartoon strip) 읽고 그림 그리기

학생들이 자기가 읽었던 책 중에서 하나를 선택하여 특별한 장면이나 전반적인 줄거리를 만화로 그려야 한다. 말풍선도 그려 넣어 만화의 대사를 써야 한다.

이 활동은 다독(extensive reading)을 격려하고 이야기의 줄거리를 이해하는가를 보기 위한 것이다.

⑤ 정보 찾기

학습지를 먼저 보고 어떤 정보를 찾아야 할지 파악하세요. 그리고 부로셔를 재빨리 훑어보며 답을 찾으세요. 5분 안에 질문에 답해야 합니다.

Edinburgh Zoo
WHAT CAN YOU SEE?
over 1,000 animals-with fur, feathers, and scales- from all over the world
see the penguins under water in the world's biggest penguin pool
watch the penguin parade every day at 2:00 p.m.
meet the new animals: a family of meerkats

WHAT CAN YOU DO?
get really close to small animals much as snails, rats, and snakes
meet the keeps and learn about interesting and endangered animals find out more about animals:
touch their bones, horns, teeth and skins Special events Easter treasure Trail
30 and 31 March
Follow the animals clues and find a chocolate surprise!
Rhino Week
17-26 May
Games and fun to help raise money for wild rhinos
'Into Africa' summer school
21 July-15August
For children aged 6-14 Go on a safari round Africa in the zoo!
Art at the Zoo
27 July-5 September
Colourful and exciting paintings of animals
Enquiries
For details of all events and our education programme, please telephone
0131 334 9171

Name: ______________

Class: ______________

Date: ______________

1. Give the name of one special event at the zoo.

____

2. How many animals are there at the zoo?

____

3. What's happening between 17th and 26th May?

____

4. What is the telephone number for enquiries?

____

5. What time can you watch the penguin parade?

____

⑥ 읽고 맞는 답 고르기

다음 글을 읽고 용의자를 찾으세요.

Baby elephant stolen

Three young men were seen late last night near the circus.

The first was a bald-headed young man, who was seen around ten o'clock.

The man was wearing a long grey raincoat, and gave an angry look to a lady as she went past him.

The second was a blond-haired man. He was seen cycling away from the circus at midnight.

The third was a tall young man with long dark hair, wearing a leather jacket.

He was seen around one o'clock, pushing a wheelbarrow.

The police would like to speak to these three men.

[그림 9-10]

Find the suspect

The newspaper article tells us about three men who were seen near the circus last night. They are 'suspects'.

Three of the pictures here show the suspects. Try to find them.

Put a '1' under the first man described in the article, a '2' under the second and a '3' under the third.

(4) 쓰기

쓰기는 구두점, 철자, 단어, 문법 등 많은 언어 영역에 숙달해야 가능하기 때문에 어린 학습자들에게는 특히 어렵다. 쓰기가 창의적이고 의사소통적이며 즐겁지 않으면 어린 학습자들은 동기를 잃어버릴 것이므로 현실적이고 실제적인 상황에서 흥미와 즐거움을 발생시킬 수 있는 과제를 제공해야 한다.

① 목록 쓰기

생일 파티 준비를 하였는데 갑자기 고양이들이 들어와 음식과 준비된 물건들을 망쳐 놓았습니다. 빨리 슈퍼에 가서 없어진 물건들을 사 와야 합니다. 아래 그림에서 없어진 물건들을 찾아 슈퍼에서 사올 물건의 목록을 만들어 봅시다.

[그림 9-11]

② 만화의 대사 써 넣기

두 사람이 처음으로 만났습니다. 둘의 대화를 완성해 보세요. 인물들의 이름은 자유롭게 정하세요.

[그림 9-12]

③ 단락 쓰기

다음과 같은 학습지를 주고 생략되지 않은 문장으로 좋아하는 TV 프로그램에 관해 짧은 단락을 쓰게 한다. 다 쓰고 나면 그 프로그램을 나타낼 수 있는 그림을 학습지에 그려보게 한다.

My favorite programme

Name ______________ Class ______________ Date ______________

1. What's your favorite TV program?
2. What kind of program is it?

3. What's it about?
4. What day of the week is it on?
5. What time is it on?
6. Who's your favorite character?

〈My favorite program〉

____
____
____
____

④ 묘사하는 글 쓰기

학생들이 늘 학교에 가지고 오는 물건을 한 가지씩 그리게 한 후 그림을 걷어서 재분배한다. 그리고 각 학생들이 물건을 잃어버렸다고 하고 자신이 잃어버린 물건을 묘사하는 짧은 메모를 쓰게 한다.

Lost and found

Name ____________ Class ____________ Date ____________

LOST!

More information

1. ______________________________________
2. ______________________________________
3. ______________________________________
4. ______________________________________

⑤ 질문과 묘사하는 글 쓰기

학생마다 친구나 친척의 사진을 가져와서 짝에게 보여 주고 서로 상대방의 사진 속 인물에 대해 질문한다. 그리고 나서 사진을 교환하고 짝의 사진에 대해 알고 싶은 것을 5개의 질문 문장으로 쓴다. 질문 문장을 교환하여 서로 답을 써준다. 이를 바탕으로 사진 속 인물을 묘사하는 단락 글을 쓴다.

(5) 통합적 기능

〈Endangered species〉

1차시: 학습지를 나누어 주고 빈 곳에 동물의 이름을 쓴다. 네 명이 한 조가 되어 각 조에 네 종류의 동물을 선택하게 하고 자신이 선택한 동물에 관한 그림이나 정보 등을 다음 시간에 가져오게 한다.

Help us!!!

A Name ________ Class ________ Date ________

I am a ....
I am black and white.
I eat bamboo.
Help me please!

I am a ....
I am yellow and black.
I eat other animals.
I am a big cat.
Help me please!

I am a ....
I eat small fish.
I live in the sea.
I am blue.
Help me please!

I am a ....
I am grey.
I eat grass.
Help me please!

Help us!!!

B Name ________ Class ________ Date ________

I am a ....
I am black.
I eat plants.
I am very big.
Help me please!

I am a ....
I am grey.
I eat tree leaves.
I have a small nose.
Help me please!

I am a ....
I am white.
I eat fish.
I am very big.
Help me please!

I am a ....
I eat other animals.
I live in the water.
I am long.
Help me please!

[그림 9-13]

2차시: 각자 모아온 그림이나 정보를 발표하고 공유한다. 관련 있는 단어를 쓴다. 그림과 단어를 짝짓고 동물의 이름을 쓴다. 그리고 나서 종이 인형을 만드는데 각자 자기 조의 네 동물 중 하나를 선택한다. 종이 인형 만드는 법을 설명하고 만드는 것을 보면서 따라 만들게 한다. 시간이 충분하지 않으면 집에서 완성하게 한다.

[그림 9-14]

3차시: 각자 만든 종이 인형을 서로 보여준다. 자기가 만든 종이 인형에 해당하는 그림의 단락을 읽고 구두로 발표할 준비를 한다. 자기 조에서 짝과 함께 발표 준비를 하고 서로 발표한다.

(6) 학습법 학습

성공적인 학습자의 특성은 학습법 학습 기능을 사용한다는 것이다. 대체로 학습법 학습은 교실에서 별로 일어나지 않는 듯하며 어린이들은 다양한 언어 학습법 학습 기능과 전략을 깨닫지 못하는 것 같다. 학습법 학습 전략은 아주 어릴 때부터 개발될 수 있으며 유용한 학습 습관을 형성하고 자율적인 학습자가 되게 한다는 점에서 매우 중요하다. 언어 학습법의 경우 언어, 그림을 사용하여 맥락에서 의미를 추측하기, 사전 이용하기, 다른 사람에게 도움 요청하기 등이 속한다고 할 수 있다.

① 단어를 알기 위해 사전 이용하기

개별 활동이나 짝 활동으로 할 수 있다. 충분한 수의 그림 사전을 준비하여 교사가 선택한 10개 정도의 단어의 뜻을 사전을 이용하여 찾게 한다. 시간을 정해 주고 정해진 시간 내에 찾게 한다.

② 의미 추측하기

주어진 그림으로부터 모르는 단어의 뜻을 찾게 하는 활동이다. 그림을 보고 굵은 글자로 쓰여진 부분의 의미를 추측하게 한다. 4개의 보기가 있으나 정답은 하나이다.

John loves **ice-skating** in winter

[그림 9-15]

③ 의미 추론하기

컴퓨터가 문제를 일으켜 때때로 작성한 문서의 단어를 바꿔 버린다고 말하고 바뀌어진 단어가 들어 있는 문장을 읽고 그 이상한 단어의 의미를 추측해 보게 한다. 어린이들이 원한다면 추측한 단어를 써넣게 하는데 둘 이상의 답이 있을 수 있다.

Name ____________ Class ____________ Date ____________

My computer's gone crazy! Can you help to correct the word I typed?

1. My name's Sophie. I live in London. I have one brother and one ljsflfjlf. ________
2. Jane looks very pretty today. She is wearing a beautiful jflsjlfsjlf. ________
3. Let's go and eat. I'm very hlajfhwourojl. ____________
4. Carlos lives in a house with a big hljdhpirjp. ____________
5. I feel very tired. I'd like to go to jfoskklj. __________
6. It's cloudy today. We'll need an fjlohjfkjp. __________
7. Have you got a camera? Let's take a kjylhjfgl. __________
8. I don't feel well. I've got a jkgspkjlw. ____________
9. Ahmet went to the duijklyj to buy some fruit. __________
10. Giovanni's grandmother has a beautiful garden with lot of jlrsljpk. ____________

부록

□ 부록 1 영어과 교육과정

[별표 1] 소재

[별표 2] 의사소통 기능과 예시문

[별표 3] 어휘: 기본 어휘 관련 지침과 기본 어휘 목록

[별표 4] 의사소통에 필요한 언어 형식

□ 부록 2 지각적 학습 스타일 설문지

부록 1 영어과 교육과정(2022년 12월 22일 개정)

교육과정 설계의 개요

영어과는 급격히 변화하는 미래 사회에서 요구되는 역량에 대해 그 개념과 구성 요소를 재정립할 필요성을 인식하고, 영어과의 총괄적인 핵심역량을 영어 교육의 궁극적 지향점인 '영어 의사소통 역량'으로 명명하였으며, 이를 새 교육과정 총론의 방향성과 연계하고 있다. '영어 의사소통 역량'이란 가장 널리 통용되는 소통의 수단인 영어로 제시된 다양한 정보를 습득하고, 문화적 산물을 향유하며, 영어로 자신의 생각을 창의적으로 표현하고, 영어 사용 공동체 참여자들과 협력적으로 상호 작용할 수 있는 역량을 말한다. 이는 의사소통 능력의 개념을 기초로 하되, 미래 사회의 요구에 부합하는 영어 학습자의 역량에 중심을 두어 개념을 확장하고 체계화한 것이다. '영어 의사소통 역량'은 2022 개정 교육과정의 총론에서 제시하고 있는 여섯 가지 핵심역량을 모두 포함하고 있으며, 각 핵심역량을 영어과의 관점에서 해석하고 구체화하여 교과 목표로 진술하였다.

영어과 교육과정의 '성격'에서는 영어를 '다양한 언어 및 문화 배경을 가진 사람들의 주요 의사소통 수단이 되는 언어'로 규정하고, 학교 교육에서의 영어 교과의 필요성과 역할을 제시하였다. '목표'에서는 국가적 · 사회적 요구, 미래 사회 변화, 학문적 체계, 해외 동향 등을 반영하여 영어과의 궁극적인 목표인 영어 의사소통 역량을 기르는 것으로 총괄 목표를 제시하고 6개의 세부 목표를 진술하고 있다. '목표'에 제시된 교과 역량 개념을 구체화하여 이를 내용 체계표의 교육 내용 및 성취기준과 연계하되 세부 목표를 고루 반영하였다. '교수 · 학습 및 평가'에서는 디지털 · 인공지능 교육 환경을 고려하여 역량 함양을 위한 교수 · 학습 및 평가 방법을 구체적으로 제시하고 있다.

매체의 발달과 기술의 변화로 의사소통 방식(사회 관계망 서비스, 비대면 원격회의 등)이 다변화되면서 듣기, 말하기, 읽기, 쓰기의 구분이 불명확해졌고 그 비중도 균등하지 않다. 듣기와 읽기에 더해 시청각 이미지가 결합된 보기(viewing)가 영어를 접하는 주요 수단이 되었고, 말하기와 쓰기에 더해 발표 등과 같은 제시하기(presenting)가 중요한 표현 수단이 되었다. 영어 학습의 궁극적인 목적은 학생이 삶과 연계한 실생활 맥락에서 영어를 습득하고 사용하는 데 있다. 실생활에서의 영어 의사소통은 언어 사용의 목적과 결과를 수반하는 과업을 중심으로 이루어지며 이 과정에서 다양한 언어 기능이 동시에 혹은 선택적으로 사용된다.

이에 2022 개정 영어과 교육과정에서는 지금까지 듣기, 말하기, 읽기, 쓰기의 네 가지 언어 기능 관점으로 교육 내용의 영역을 분류하던 기존 방식에서 탈피하여 언어의 사회적 목적 관점에 따라 '이해(reception)'와 '표현(production)'의 두 가지 영역을 설정하였다. 이해 영역에서는 담화와 글뿐만 아니라 이미지, 동영상 등이 다양하게 결합된 방식으로 제공되는 영어 지식 정보를 처리하고 사용하는 능력을 기른다. 표현 영역에서는 다양한 매체를 통해 말, 글, 시청각 이미지 등을 활용하여 자신의 느낌, 생각, 의견 등을 전달하는 능력을 기른다. 이해 영역과 표현 영역은 독자적인 영역으로 기능하는 한편, 두 영역의 결합된 형태로 영어 사용자 간 상호 작용도 가능하게 한다. 상호 작용은 대화, 토론, 문자 교환 등 참여자 간의 다양한 소통 방식으로 이루어질 수 있다. 영어과 역량 및 영역 구성을 정리하면 아래 그림과 같다.

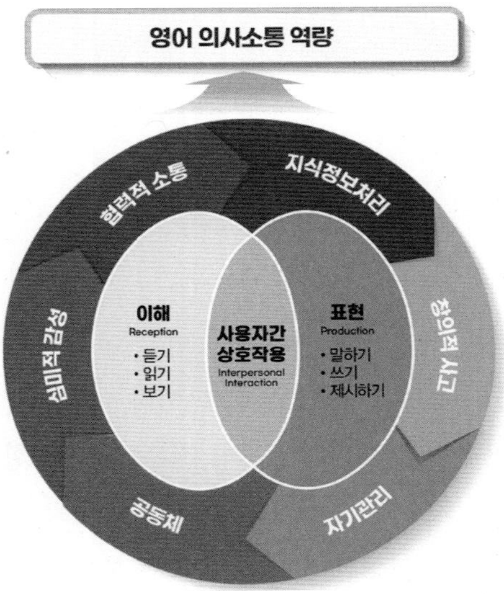

[그림] 영어과 역량 및 영역 구성

영어과 공통 교육과정의 '핵심 아이디어'는 영어 학습을 통해 학습자가 함양해야 하는 영어 이해 및 표현 영역의 의사소통에 필요한 일반화된 내용이다. 이전 교육과정의 영역별 핵심 개념 및 일반화된 지식을 재정리하고, 영어과 역량의 개념을 반영하여 영역별로 핵심어를 추출하였으며 '지식 · 이해', '과정 · 기능', '가치 · 태도'의 측면을 고루 포괄하여 초등학교와 중학교를 아우를 수 있도록 기술하였다.

영어과 공통 교육과정의 내용 체계는 '지식 · 이해', '과정 · 기능', '가치 · 태도'의 세 가지 범주로 구성하였다. '지식 · 이해'에서는 '언어'와 '맥락'으로 구분하여 학습 내용을 제시하고 있다. 영어과에서의 지식은 언어적 지식뿐만 아니라 영어가 사용되는 사회 · 문화적 상황인 맥락 또한 학습의 중요한 내용 요소다. '언어'에서는 어휘, 의사소통 기능, 언어 형식, 담화 및 글의 유형 등을 학교급별로 제시하고 있으며, '맥락'에서는 영어 사용의 문제 해결에 필요한 구체적인 상황을 범주화한 주제 및 문화적 내용을 학교급별로 제시하고 있다. '과정 · 기능'에서는 이해 및 표현 영역에서 학습자가 언어 요소로 유의미한 상호 작용을 하면서 영어를 내재화하는 과정과 영어 사용의 목적을 달성하기 위한 기능을 학교급별로 구체화하여 제시하고 있고, 언어 사용 전략 및 매체 활용 내용을 포함하고 있다. '가치 · 태도'에서는 가치와 태도를 해당 영역의 학습을 통해 학생이 궁극적으로 함양할 것으로 기대하는 정의적인 내용으로 규정하고, 이해 및 표현 영역의 학습을 통해 내면화할 수 있는 것을 영역별로 기술하고 있다. 그리고 내용 체계표의 '지식 · 이해', '과정 · 기능', '가치 · 태도'에 근거하여 이들을 조합한 성취 기준을 진술하였다.

1 성격 및 목표

가. 성격

영어는 현재 국제적으로 가장 널리 통용되고 있는 언어로서 서로 다른 언어 및 문화 배경을 가진 사람 사이의 주요한 의사소통 수단이다. 영어과는 학생의 영어 의사소통 능력을 길러 디지털 전환에 따른 사회적 변화, 기후변화 및 환경 재난 등 위기 상황에 능동적으로 대응할 수 있는 기본 역량과 변화 대응력을 키워 준다. 영어로 의사소통한다는 것은 학생의 삶과 연계한 실생활 맥락에서 영어로 표현된 다양한 형태의 정보를 습득하고, 영어로 자신의 생각과 느낌을 자유롭고 창의적으로 표현하며, 영어 사용 공동체 참여자들과 협력적으로 상호 작용하는 것을 의미한다.

일상생활에서 영어를 거의 사용하지 않는 우리나라의 상황에서는 매체 발달과 기술 변화로 다변화된 의사소통 방식을 반영하여 영어 지식 정보의 처리 및 사용을 위한 실제적인 교육을 학교에서 효과적으로 시행하는 것이 필요하다. 이에 학교 영어 교육은 변화하는 영어 의사소통 방법과 목적에 대한 학생 및 국가적·사회적 요구를 반영하도록 한다. 이와 더불어 외국어로서의 영어를 습득하는 데 영향을 미치는 학생의 인지적·정서적 발달 정도를 고려하고, 학생의 흥미와 적성을 바탕으로 하여 삶과 진로를 설계할 수 있도록 한다. 이로써 영어과는 학생이 영어를 습득하는 과정을 통해 자기주도적인 사람으로 성장하도록 하며, 다양한 문화에 대한 이해를 바탕으로 세계 공동체 일원으로서 지속가능한 삶을 함께 살아가는 포용성을 갖춘 사람으로 성장하도록 교육한다.

학교 영어 교육에서는 학생에게 실생활 맥락과 연계된 영어 사용 기회를 가능한 많이 제공할 수 있는 교수·학습 방법을 계획하고 실천한다. 디지털·인공지능 교육 환경으로의 변화에 부합하도록 다양한 매체 자료와 정보 통신 기술 등을 수업과 학습에서 활용하며 교수·학습 활동과 평가를 유기적으로 연계하여 학습의 효율성을 극대화한다.

나. 목표

영어과의 궁극적인 목표는 다변하는 미래 사회를 대비하여 언어와 문화의 배경이 다른 세계인과 영어로 의사소통하는 역량을 기르는 것이다. 이와 같이 학생의 삶과 연계된 영어 의사소통 역량을 함양하기 위한 영어과의 세부 목표는 다음과 같다.

첫째, 일상생활 및 다양한 주제에 대하여 협력적 태도로 자신의 참여 목적과 상황에 맞게 영어로 의사소통한다.

둘째, 영어에 대한 흥미와 관심을 바탕으로 스스로 영어 사용의 필요성을 파악하여 학습 목표를 세우고, 다양한 학습 전략을 사용하여 자기주도적으로 영어 학습을 지속한다.

셋째, 지역·국가·세계 공동체의 구성원으로서 문화 정체성과 언어 및 문화적 다양성에 대한 이해를 바탕으로 공감, 배려와 관용 및 포용 능력을 갖추고 영어를 통해 공동체의 문제 해결에 적극적으로 참여한다.

넷째, 영어로 전달되는 다양한 분야의 지식, 기술, 경험 등을 융합적으로 활용하고 비판적으로 사고하여 자신의 생각을 창의적으로 표현한다.

다섯째, 영어로 표현된 다양한 자료와 작품 등을 통해 인간에 대한 공감적 이해와 심미적 감수성을 기르고 이를 바탕으로 삶의 의미와 가치를 발견하고 향유한다.

여섯째, 영어로 표현된 다양한 매체의 디지털 지식 정보를 자신의 목적에 맞게 검색, 수집, 이해, 분석, 평가 및 활용한다.

2 내용 체계 및 성취기준

가. 내용 체계

(1) 이해(reception)

<table>
<tr><td colspan="2">핵심 아이디어</td><td colspan="3">· 의사소통 목적과 상황에 맞게 배경지식을 활용하고 관점, 목적과 맥락을 파악함으로써 담화나 글을 이해하는 능력을 함양한다.
· 적절한 사고 과정 및 전략을 활용하여 담화나 글의 의미를 파악하고 분석한다.
· 담화나 글을 이해하는 활동은 협력적이고 포용적으로 화자나 필자의 의도를 이해하는 태도를 길러준다.</td></tr>
<tr><td colspan="2" rowspan="3">범주</td><td colspan="3">내용 요소</td></tr>
<tr><td colspan="2">초등학교</td><td>중학교</td></tr>
<tr><td>3~4학년</td><td>5~6학년</td><td>1~3학년</td></tr>
<tr><td rowspan="3">지식·이해</td><td rowspan="2">언어</td><td>· 쉽고 간단한 단어, 어구, 문장의 소리, 철자, 강세, 리듬, 억양
· [별표 2] 의사소통 기능과 예시문
· [별표 3] 기본 어휘 관련 지침에 따른 학습 어휘 수 300단어 이내
· [별표 4] 초등학교 권장 언어 형식</td><td>· 간단한 단어, 어구, 문장의 강세, 리듬, 억양
· [별표 2] 의사소통 기능과 예시문
· [별표 3] 기본 어휘 관련 지침에 따른 학습 어휘 수 300단어 이내
· [별표 4] 초등학교 권장 언어 형식</td><td>· 단어와 문장의 강세, 리듬, 억양, 연음이나 축약
· [별표 2] 의사소통 기능과 예시문
· [별표 3] 기본 어휘 관련 지침에 따른 학습 어휘 수 1,500단어 이내
· [별표 4] 중학교 권장 언어 형식</td></tr>
<tr><td>· 이야기나 서사 및 운문(동화, 그림책, 만화, 노래, 시 등)
· 친교나 사회적 목적의 담화와 글(대화, 편지, 이메일 등)
· 정보 전달·교환 목적의 담화와 글(표지판, 메모, 묘사, 안내 등)</td><td>· 이야기나 서사 및 운문(동화, 그림책, 만화, 노래, 시, 일기 등)
· 친교나 사회적 목적의 담화와 글(대화, 편지, 초대장, 이메일 등)
· 정보 전달·교환 목적의 담화와 글(공지, 안내, 묘사, 설명, 광고 등)
· 의견 전달·교환이나 주장 목적의 담화와 글(포스터, 감상문 등)</td><td>· 이야기나 서사 및 운문(수필, 단편 소설, 대본, 시, 전기문, 여행 일지 등)
· 친교나 사회적 목적의 담화와 글(이메일, 소셜 미디어, 인터뷰, 초대장 등)
· 정보 전달·교환 목적의 담화와 글(공지, 안내, 설명, 보고, 기사, 광고 등)
· 의견 전달·교환이나 주장 목적의 담화와 글(논설, 연설 등)</td></tr>
<tr><td>맥락</td><td>· [별표 1] 소재
· 자기 주변 주제
· 간단한 의사소통 상황 및 목적
· 다양한 문화권에 속한 사람들의 비언어적 의사소통 방식</td><td>· [별표 1] 소재
· 일상생활 주제
· 일상적인 의사소통 상황 및 목적
· 다양한 문화권에 속한 사람들의 언어적·비언어적 의사소통 방식</td><td>· [별표 1] 소재
· 친숙한 주제
· 다양한 의사소통 상황 및 목적
· 다양한 문화권에 속한 사람들의 언어적·비언어적 의사소통 방식</td></tr>
</table>

과정·기능	· 소리 식별하기 · 알파벳 대소문자 식별하기 · 강세, 리듬, 억양 식별하기 · 소리와 철자 관계 이해하며 소리 내어 읽기 · 의미 이해하기 · 주요 정보 파악하기 · 시각 단서 활용하여 의미 추측하기 · 다양한 매체로 표현된 담화나 문장을 듣거나 읽기	· 강세, 리듬, 억양 식별하기 · 강세, 리듬, 억양에 맞게 소리 내어 읽기 · 의미 이해하기 · 세부 정보 파악하기 · 중심 내용 파악하기 · 일이나 사건의 순서 파악하기 · 시각 단서 활용하여 듣거나 읽을 내용 예측하기 · 특정 정보를 찾아 듣거나 읽기 · 내용 확인하며 다시 듣거나 읽기 · 다양한 매체로 표현된 담화나 글을 듣거나 읽기	· 연음이나 축약된 소리 식별하기 · 세부 정보 파악하기 · 줄거리나 요지 파악하기 · 주제 파악하기 · 일이나 사건의 순서, 전후 관계 파악하기 · 일이나 사건의 원인과 결과 파악하기 · 기분이나 감정 추론하기 · 의도나 목적 추론하기 · 단어, 어구, 문장의 함축적 의미 추론하기 · 다양한 매체로 표현된 담화나 글을 듣거나 읽기 · 적절한 전략 활용하여 듣거나 읽기
가치·태도	· 흥미와 자신감을 가지고 듣거나 읽으며 즐기는 태도 · 상대의 감정을 느끼고 공감하는 태도 · 다양한 문화와 의견을 존중하고 포용하는 태도		· 자신감을 가지고 관심 분야에 대해 적극적으로 듣거나 읽는 태도 · 다양한 의견과 관점을 존중하는 태도

(2) 표현(production)

핵심 아이디어		· 의사소통 목적과 상황에 맞게 적절한 매체를 활용하여 자신의 감정이나 의견을 담화나 글로 표현하는 능력을 함양한다. · 적절한 사고 과정 및 전략을 활용하여 의미를 표현하거나 교환한다. · 담화나 글로 표현하는 활동은 다양한 문화와 관점에 대한 이해를 바탕으로 협력적이고 포용적으로 상호 소통하며 의미를 표현하거나 교환하는 태도를 길러준다.		
범주		내용 요소		
		초등학교		중학교
		3~4학년	5~6학년	1~3학년
지식·이해	언어	· 쉽고 간단한 단어, 어구, 문장의 소리, 철자, 강세, 리듬, 억양 · [별표 2] 의사소통 기능과 예시문 · [별표 3] 기본 어휘 관련 지침에 따른 학습 어휘 수 300단어 이내 · [별표 4] 초등학교 권장 언어 형식	· 간단한 단어, 어구, 문장의 강세, 리듬, 억양 · [별표 2] 의사소통 기능과 예시문 · [별표 3] 기본 어휘 관련 지침에 따른 학습 어휘 수 300단어 이내 · [별표 4] 초등학교 권장 언어 형식	· 단어와 문장의 강세, 리듬, 억양, 연음이나 축약 · [별표 2] 의사소통 기능과 예시문 · [별표 3] 기본 어휘 관련 지침에 따른 학습 어휘 수 1,500단어 이내 · [별표 4] 중학교 권장 언어 형식

		·이야기나 서사 및 운문(동화, 그림책, 만화, 노래, 시 등) ·친교나 사회적 목적의 담화와 글(대화, 편지, 이메일 등) ·정보 전달·교환 목적의 담화와 글(표지판, 메모, 묘사, 안내 등)	·이야기나 서사 및 운문(동화, 그림책, 만화, 노래, 시, 일기 등) ·친교나 사회적 목적의 담화와 글(대화, 편지, 초대장, 이메일 등) ·정보 전달·교환 목적의 담화와 글(공지, 안내, 묘사, 설명, 광고 등) ·의견 전달·교환이나 주장 목적의 담화와 글(포스터, 감상문 등)	·이야기나 서사 및 운문(일기, 수필, 기행문, 소설, 대본, 노래 가사, 시 등) ·친교나 사회적 목적의 담화와 글(편지, 이메일, 소셜 미디어 등) ·정보 전달·교환 목적의 담화와 글(공지, 안내, 설명, 보고, 기사, 광고 등) ·의견 전달·교환이나 주장 목적의 담화와 글(사설, 논설, 연설 등)
	맥락	·[별표 1] 소재 ·자기 주변 주제 ·간단한 의사소통 상황 및 목적 ·다양한 문화권에 속한 사람들의 비언어적 의사소통 방식	·[별표 1] 소재 ·일상생활 주제 ·일상적인 의사소통 상황 및 목적 ·다양한 문화권에 속한 사람들의 언어적·비언어적 의사소통 방식	·[별표 1] 소재 ·친숙한 주제 ·다양한 의사소통 상황 및 목적 ·다양한 문화권에 속한 사람들의 언어적·비언어적 의사소통 방식
과정·기능		·강세, 리듬, 억양에 맞게 따라 말하기 ·알파벳 대소문자 쓰기 ·소리와 철자 관계 바탕으로 단어 쓰기 ·실물, 그림, 동작 등을 보고 말하거나 쓰기 ·인사 나누기 ·자기 소개하기 ·주변 사람이나 사물 묘사하기 ·행동 지시하기 ·감정 표현하기 ·주요 정보 묻거나 답하기 ·표정, 몸짓, 동작 수반하여 창의적으로 표현하기 ·적절한 매체 활용하여 창의적으로 표현하기 ·철자 점검하며 다시 쓰기	·강세, 리듬, 억양에 맞게 말하기 ·실물, 그림, 동작 등을 보고 말하거나 쓰기 ·알파벳 대소문자와 문장 부호 바르게 사용하기 ·주변 사람 소개하기 ·주변 사람이나 사물 묘사하기 ·주변 장소나 위치, 행동 순서나 방법 설명하기 ·감정이나 의견, 경험이나 계획 기술하기 ·세부 정보 묻거나 답하기 ·예시문 참고하여 목적에 맞는 글쓰기 ·반복, 확인 등을 통해 대화 지속하기 ·브레인스토밍으로 아이디어 생성하기 ·다양한 매체 활용하여 창의적으로 표현하기 ·피드백 반영해 고쳐 쓰기	·연음 및 축약된 소리 활용하기 ·사람이나 사물 등 묘사하기 ·기분이나 감정 묘사하기 ·위치나 장소 등 설명하기 ·그림, 사진, 도표 등 설명하기 ·방법이나 절차 설명하기 ·경험이나 계획 설명하기 ·일이나 사건의 순서, 전후 관계 설명하기 ·일이나 사건의 원인과 결과 설명하기 ·자신의 의견 주장하기 ·듣거나 읽고 요약하기 ·일기, 편지, 이메일 등 쓰기 ·적절한 매체 활용하여 말하거나 쓰기 ·적절한 전략 활용하여 말하거나 쓰기 ·자신의 창의적인 생각을 말하거나 쓰기
가치·태도		·말하기와 쓰기에 대한 흥미와 자신감 ·대화 예절을 지키고 협력하며 의사소통 활동에 참여하는 태도		·상대방을 배려하며 말하거나 쓰는 태도 ·정보 윤리를 준수하며 말하거나 쓰는 태도

나. 성취기준

[초등학교 3~4학년]

(1) 이해

[4영01-01] 알파벳과 쉽고 간단한 단어의 소리를 듣고 식별한다.
[4영01-02] 알파벳 대소문자를 식별하여 읽는다.
[4영01-03] 쉽고 간단한 단어, 어구, 문장을 듣고 강세, 리듬, 억양을 식별한다.
[4영01-04] 소리와 철자의 관계를 이해하며 쉽고 간단한 단어, 어구, 문장을 소리 내어 읽는다.
[4영01-05] 쉽고 간단한 단어, 어구, 문장의 의미를 이해한다.
[4영01-06] 자기 주변 주제에 관한 담화의 주요 정보를 파악한다.
[4영01-07] 적절한 전략을 활용하여 담화나 문장을 듣거나 읽는다.
[4영01-08] 다양한 매체로 표현된 담화나 문장을 흥미를 가지고 듣거나 읽는다.
[4영01-09] 시, 노래, 이야기를 공감하며 듣는다.
[4영01-10] 자기 주변 주제나 문화에 관한 담화나 문장을 존중의 태도로 듣거나 읽는다.

(가) 성취기준 해설

- [4영01-04] 이 성취기준은 단어, 어구, 문장을 개별 소리와 철자 관계에 주목하며 소리 내어 읽음으로써 독자적인 문자 해독의 기초를 형성하는 데 초점이 있다. 초기 학습 단계에서는 소리와 철자 관계가 규칙적이면서 친숙한 단어를 읽고, 나아가 두음이나 각운이 같은 단어를 포함한 어구나 문장, 의미를 알고 있는 어구나 문장을 반복하여 읽으며 소리와 철자 관계를 이해하는 것을 의미한다.
- [4영01-06] 이 성취기준은 말이나 대화를 듣고 명시적이고 구체적으로 언급된 정보를 파악하는 사실적 이해의 수준을 말하며, 담화의 상황과 내용을 이해하는 데 가장 핵심이 되는 한두 가지의 정보를 파악하는 것을 의미한다.
- [4영01-07] 이 성취기준은 영어 듣기와 읽기 전략에 관한 것으로 실물, 그림, 동작 등의 시각 정보를 활용하여 담화의 상황이나 내용, 문장의 의미를 파악하는 것을 의미한다.
- [4영01-09] 이 성취기준은 시, 노래, 이야기 등 문학이나 예술적 감성을 불러일으키

는 듣기 자료를 통해 기쁨, 슬픔 등의 감정을 느끼고 공감하는 것을 의미한다.

(나) 성취기준 적용 시 고려사항

- 영어를 처음 접하는 시기이므로 듣기 능력의 향상에 중점을 두되, 읽기 능력도 균형적으로 발달하도록 지도한다. 또한 이해 영역의 듣기와 읽기를 연계한 활동뿐만 아니라 이해한 내용을 말하거나 쓰기, 질문하며 답하기 등의 활동을 활용하여 이해 영역 활동이 자연스럽게 표현 영역 활동에 연결되도록 통합적으로 지도한다.
- 영어 학습 초기임을 고려하여 학습자 자신 주변의 주제(이름, 색깔, 시간, 학용품, 운동, 동물 등)를 중심으로 듣기나 읽기 자료를 구성하는 것이 효과적이다. 다양한 실물, 동작, 그림, 사진, 삽화, 도표 등의 시각 정보도 함께 제시하여 학습자가 듣거나 읽은 것을 쉽게 이해할 수 있도록 한다.
- 영어 학습에 관한 인지적 부담을 낮추고 흥미와 자신감을 가질 수 있도록 듣고 행동으로 반응하기, 듣고 지시대로 행동하기, 들은 내용을 바탕으로 그리기, 들은 내용을 바탕으로 도표 만들기 등 듣고 이해한 정도를 다양한 과업 수행으로 표현할 수 있도록 지도한다.
- 듣기와 읽기 전략은 학습자가 담화나 문장을 효과적으로 이해하는 데 도움을 줄 수 있다. 그림이나 동작 등 시각적 단서를 활용하여 단어, 어구, 문장의 의미를 추측할 수 있으며, 삽화 속에 나타난 등장인물이나 상황을 통해 이야기의 내용이나 결말을 예측해 보도록 하여 능동적으로 의미를 구성해 보는 기회를 준다.
- 듣기나 읽기 자료를 제시할 때는 시각 자료나 일상생활의 맥락, 배경이 포함되도록 하여 학습자의 이해를 돕고, 역할극, 놀이, 게임, 영상 등 다양한 매체와 학습 방법을 통해 관련 표현을 자연스럽게 반복적으로 배우도록 지도한다. 특히, 에듀테크에 기반한 디지털 매체는 영어 입력 및 영어 학습에 대한 흥미도 향상, 영어에 관한 불안감 해소에 기여할 수 있다.
- 알파벳은 알파벳 모형 등 구체적인 조작물을 활용한 알파벳 대소문자 짝짓기, 이름 듣고 해당하는 알파벳 찾기, 신체를 활용한 알파벳 놀이, 디지털 도구를 활용한 알파벳 인식 등 다양한 읽기 활동을 통하여 재미를 느끼면서 익힐 수 있도록 지도한다.
- 소리와 철자의 관계를 지도할 때는 비슷한 패턴을 보이는 여러 단어를 사용하여 학습자가 스스로 규칙을 찾도록 유도한다. 첫소리나 끝소리가 같은 단어 찾기, 중간 모음이 같은 단어 찾기, 철자를 조합하거나 변형하여 읽어 보기 등 다양한

활동을 할 수 있다.

- 듣기의 이해 정도를 평가할 때는 질문에 관한 대답뿐만 아니라 그림으로 나타내거나 행동으로 반응하는 등 언어 외적인 방법으로도 표현할 수 있도록 한다. 또한 상황에 따라 알맞게 단어나 어구 등을 바꾸어 제시하고 집중하여 듣는 능력을 평가하는 방법도 사용할 수 있다. 초기 영어 학습자임을 고려하여 단순한 음성 자료만 활용하는 것은 지양하고, 시각적 자료를 병행하거나 일상생활의 맥락, 배경이 포함된 음성 자료를 활용하여 평가하도록 한다.
- 단어나 어구 읽기를 평가할 때는 가급적 구두로 익힌 쉽고 간단한 단어나 어구를 선정한다. 학습자의 수준에 따라 시각적인 보조 자료 없이 문자 언어만 제시하는 것도 고려할 수 있다. 평가 방법으로는 단어 또는 어구와 그림을 연결하기, 단어 또는 어구를 읽고 분류하기, 상황에 어울리는 단어 또는 어구 카드 찾기 등이 있다.
- 영어 이해 기능의 가치 · 태도를 평가할 때는 해당 성취기준을 독립적으로 평가하기보다는 다른 성취기준과 통합하여 평가하는 것을 권장한다. 존중과 배려의 태도로 상대방의 말을 수용하거나 다양한 문화를 이해하는 것이 중요한 듣기의 태도임을 인식할 수 있도록 지도한다. 또한 일회적인 평가보다는 장기간의 지속적인 관찰을 통해 평가하기를 권장한다.
- 평가에 대한 개별 피드백을 제공하여 학습에 대한 동기를 부여하고 이것이 다시 학습의 과정과 결과물에 반영되는 순환 구조가 이루어지도록 한다.

(2) 표현

[4영02-01] 쉽고 간단한 단어, 어구, 문장을 강세, 리듬, 억양에 맞게 따라 말한다.
[4영02-02] 알파벳 대소문자를 구별하여 쓴다.
[4영02-03] 소리와 철자의 관계를 바탕으로 쉽고 간단한 단어를 쓴다.
[4영02-04] 실물, 그림, 동작 등을 보고 쉽고 간단한 문장으로 말하거나 단어나 어구를 쓴다.
[4영02-05] 자신, 주변 사람이나 사물의 소개나 묘사를 쉽고 간단한 문장으로 말하거나 보고 쓴다.
[4영02-06] 행동 지시를 쉽고 간단한 문장으로 말하거나 보고 쓴다.
[4영02-07] 자신의 감정을 쉽고 간단한 문장으로 말하거나 보고 쓴다.
[4영02-08] 자기 주변 주제에 관한 담화의 주요 정보를 묻거나 답한다.

[4영02-09] 적절한 매체나 전략을 활용하여 창의적으로 의미를 표현한다. [4영02-10] 의사소통 활동에 흥미와 자신감을 가지고 대화 예절을 지키며 참여한다.

(가) 성취기준 해설

- [4영02-03] 이 성취기준은 단어를 쓰는 단계에서 학습자가 기계적으로 철자를 외워서 쓰는 것이 아니라 단어의 개별 소리에 대응하는 철자를 생각해 보며 쓰도록 하는 것을 의미한다.
- [4영02-05] 이 성취기준은 간단한 인사말과 함께 자신과 가족, 친구 등의 이름이나 외모, 주변의 물건이나 동물 등의 특징을 쉬운 언어 형식의 한두 문장으로 말하거나 제시된 문장을 그대로 보고 쓰는 것을 의미한다.
- [4영02-09] 이 성취기준은 의사소통 과정에서 사진, 그림, 디지털 매체 등을 활용하여 다양한 방식으로 의미를 전달하거나 교환하는 것을 말한다. 이는 표정, 몸짓, 동작 등의 비언어적 수단을 수반하여 말하는 것과 함께 그림 글자나 단어 쓰기, 고안 철자(invented spelling) 쓰기, 철자 점검하며 다시 쓰기 등의 전략을 적절하게 사용하는 것을 의미한다.
- [4영02-10] 이 성취기준은 말하기 · 쓰기 활동 및 과업을 수행하는 과정에서 학습자가 흥미와 자신감을 가지고 능동적으로 참여하도록 다양한 학습 경험을 제공하는 데 초점이 있으며, 대화 상대자의 영어 사용 수준이나 문화적 차이를 고려하여 상대방을 배려하고 차례를 지키며 대화에 참여하도록 하는 것을 의미한다.

(나) 성취기준 적용 시 고려사항

- 영어를 처음 접하는 시기이므로 말하기 능력의 향상에 중점을 두되, 쓰기 능력도 균형적으로 발달하도록 지도한다. 또한 표현 영역에서 말하기와 쓰기를 연계한 활동뿐만 아니라 듣고 말하기, 읽고 쓰기 등의 활동을 활용하여 이해 영역과 표현 영역의 활동이 자연스럽게 연결되도록 통합적으로 지도한다.
- 교실 및 자기 주변에서 쉽게 접하는 교사나 친구, 사물에 대하여 말하거나 쓰는 활동을 통해 교사와 학생, 동료 학생 간의 상호 작용을 강화하고 목표 언어의 의미와 사용 맥락을 실제적으로 체험할 수 있도록 지도한다.
- 노래와 챈트는 영어의 강세, 리듬, 억양을 익히기에 좋은 언어 자료이므로 내용을 이해하고 반복적으로 들으면서 따라 부르도록 한다. 단어 수준에서부터 어구, 문장,

간단한 대화 등의 순으로 들려주면서 자연스럽게 영어의 강세, 리듬, 억양에 익숙해지게 한다.

- 학습자는 여러 단계의 중간 언어(interlanguage)를 거쳐 영어를 습득하기 때문에 발화 과정에서 나타나는 오류는 자연스러운 현상이다. 따라서 의사소통에 지장을 주는 경우가 아니라면 오류에 대한 즉각적인 교정은 피하는 것이 좋다. 교정적인 피드백은 학습자끼리 주고받을 수도 있고, 오류의 유형과 특성에 따라 개인별 혹은 전체를 대상으로 교사가 제공할 수도 있다.
- 알파벳 쓰기를 처음 배우는 시기이므로 대소문자를 모양과 획순에 맞게 정확하게 쓸 수 있게 충분한 연습 기회를 제공한다. 모양이 유사해서 혼동하기 쉬운 철자에 대하여 반복적으로 학습할 기회를 제공하고, 소문자 위주로 단어나 어구 등이 제시될 수 있으므로 대문자도 균형적으로 익힐 수 있도록 유의한다. 학습자의 특성과 필요에 따라 단기간 집중 또는 분산 지도 방법을 사용하여 알파벳을 지도할 수 있으며, 읽기와 쓰기를 연계하여 지도한다.
- 초기 쓰기 단계에서는 학습자가 철자 쓰기에 어려움을 겪는다. 따라 쓰기, 보고 쓰기, 완성하여 쓰기의 순으로 점진적으로 통제의 정도를 줄여 가며 쓰도록 하여 쓰기에 대한 자신감을 가지게 한다. 또한 알파벳의 이름과 소리를 연계하여 생각해 보기, 같은 소리와 철자를 가진 친숙한 단어 생각해 보기 등 철자를 기억할 수 있는 다양한 전략도 활용하도록 안내한다.
- 학습자는 영어로 표현하는 것에 대한 어려움과 불안감을 느끼는 경우가 많다. 교사는 이해 가능한 입력 자료, 의미 중심의 활동, 동료와의 협력 등을 통해 발화에 어려움이 있는 학습자가 적극적으로 대화에 참여하도록 이끌어 주어야 한다. 쓰기에 대한 흥미와 관심도 잃지 않도록 주변의 친숙한 간판이나 표지판, 상표 등에 나타난 알파벳과 단어를 중심으로 쓰게 한다. 또한 언어 수준을 고려하여 개별 학습자에게 필요한 맞춤형 자료를 준비하여 지도한다.
- 학습자 간 의사소통 과정에서 기본적인 대화 예절을 이해하고 준수하도록 지도한다. 적극적으로 대화에 참여하는 태도, 상대방을 배려하여 공손하게 듣고 말하는 태도, 말하는 차례 지키기 등을 의사소통 전 과정에 걸쳐 체득할 수 있도록 지속적으로 점검하고 격려한다.
- 에듀테크의 발달에 따라 사이버 공간에서 활발한 상호 작용이 이루어지고 온오프라인 연계 학습이 활성화되고 있으므로 교육 환경과 학습자의 상황을 고려하여 적절

한 매체와 기법을 활용하여 새롭고 흥미로운 학습 경험을 제공하고, 다양한 형태의 결과물을 창의적으로 만들 수 있도록 유도한다.

- 말하기 형성평가는 교사의 발문에 대한 응답, 짝이나 소그룹 활동 등에서 이루어지는 학습자들의 상호 작용 및 과업 수행 정도, 전략 활용과 대화 예절 등에 초점을 두고 진행한다. 쓰기 형성평가는 학습자가 배운 단어, 어구, 문장을 바르게 쓸 수 있는지와 과업의 수행 정도 등에 중점을 둔다.
- 말하기와 쓰기에 대한 흥미나 자신감을 평가하는 방법으로 자기 평가와 동료 평가를 활용할 수 있다. 표현 활동에 얼마나 흥미가 있으며 자신감이 생겼는지 평가하는 과정을 통해 학습자 스스로 학습 계획을 세워 실천해 나가며 성찰할 수 있는 자기주도학습의 기초가 될 수 있도록 한다.
- 말하기와 쓰기의 통합 평가를 위해 간단한 단어와 어구를 쓰고 이와 관련된 의사소통 표현을 묻거나 답하는 방법, 구어로 물어본 질문에 답하고 이를 단어나 어구로 쓰도록 하는 방법 등을 이용할 수 있다. 통합 평가를 수행하는 데 어려움을 겪는 학습자에게는 시각적 단서 등의 자료를 제공하여 평가할 수 있다.

[초등학교 5~6학년]

(1) 이해

[6영01-01]	간단한 단어, 어구, 문장을 듣고 강세, 리듬, 억양을 식별한다.
[6영01-02]	간단한 단어, 어구, 문장을 강세, 리듬, 억양에 맞게 소리 내어 읽는다.
[6영01-03]	간단한 단어, 어구, 문장의 의미를 이해한다.
[6영01-04]	일상생활 주제에 관한 담화나 글의 세부 정보를 파악한다.
[6영01-05]	일상생활 주제에 관한 담화나 글의 중심 내용을 파악한다.
[6영01-06]	일상생활 주제에 관한 담화나 글에서 일이나 사건의 순서를 파악한다.
[6영01-07]	적절한 전략을 활용하여 일상생활 주제에 관한 담화나 글을 듣거나 읽는다.
[6영01-08]	다양한 매체로 표현된 담화나 글을 흥미와 자신감을 가지고 듣거나 읽는다.
[6영01-09]	시, 노래, 이야기를 공감하며 듣거나 읽는다.
[6영01-10]	일상생활 주제나 문화에 관한 담화나 글을 포용의 태도로 듣거나 읽는다.

(가) 성취기준 해설

- [6영01-06] 이 성취기준은 말이나 대화, 글의 흐름을 파악하는 데 초점을 둔 것으로, 주요한 일이나 사건의 전후 관계 및 시간적 순서를 파악하는 것을 의미한다. 그림이나 만화 등을 이용하여 사건이 일어난 순서에 따라 연결하거나 배열하기, 일이 일어난 순서대로 번호 쓰기 등의 활동을 하는 수준을 말한다.
- [6영01-07] 이 성취기준은 듣기나 읽기 전 · 중 · 후 과정에서 다양한 단서를 활용하여 담화나 글의 내용을 예측하기, 특정 정보를 찾아 듣거나 읽기, 내용 확인을 위해 다시 듣거나 읽기 등의 전략을 활용하는 것을 의미한다.
- [6영01-08] 이 성취기준은 일상생활 주제에 관해 다양한 매체로 표현된 학습 자료를 듣거나 읽으면서 영어에 대한 흥미와 자신감을 높이고, 학습자 스스로 자신의 수준에 맞는 다양한 영어 자료를 자기주도적으로 찾아 즐기는 것을 의미한다.
- [6영01-10] 이 성취기준은 공동체 구성원으로서의 가치 · 태도와 관련된 것으로, 일상생활 주제나 문화에 관한 담화나 글을 듣거나 읽으면서 다른 사람의 생각과 의견을 존중하고 이해하는 태도를 갖는 것을 의미한다. 이는 우리나라와 다른 문화권의 다양한 의사소통 방식과 생활 양식을 수용하는 것을 포함한다.

(나) 성취기준 적용 시 고려사항

- 듣기와 읽기 능력을 균형 있게 향상하는 데 중점을 두어 지도한다. 또한 이해 영역의 듣기와 읽기를 연계한 활동뿐만 아니라 이해한 내용을 말하거나 쓰기, 질문하며 답하기 등의 활동을 활용하여 이해 영역 활동이 표현 영역 활동에 자연스럽게 연결되도록 통합적으로 지도한다.
- 초등학교 5~6학년군에서는 일상생활에서 자주 접할 수 있는 주제(장래 희망, 여행, 취미, 건강 등)를 중심으로 3~4학년군보다 다양한 주제와 의사소통 상황을 포함한 듣기, 읽기 자료를 구성하여 활용한다. 자연스러운 의사소통의 맥락에서 학습자가 다양한 문화권에 속한 사람들의 의사소통 방식이나 일상생활도 접할 수 있도록 한다.
- 일상생활 주제의 담화나 글을 이해하기 위해 듣기 및 읽기 전 · 중 · 후 활동에서 적절한 전략을 활용할 수 있다. 즉, 듣기 · 읽기 전 활동에서는 시각 단서를 활용하여 듣거나 읽을 내용을 예측하는 전략, 듣기 · 읽기 중 활동에서는 특정 정보에 주목하여 듣거나 읽는 전략, 듣기 · 읽기 후 활동에서는 듣거나 읽은 내용을 점검하고

필요한 내용을 다시 듣거나 읽는 전략 등을 단계별로 지도한다.

- 담화나 글의 내용을 파악할 때는 인물, 행동, 장소, 시간, 감정 등 명시적으로 언급된 세부 정보뿐만 아니라, 담화나 글의 맥락, 주제 및 요지 등의 중심 내용, 일이나 사건의 전후 관계 등을 파악하도록 지도한다. 예를 들어 담화나 글의 줄거리 파악하기, 듣거나 읽은 문장을 순서대로 배열하기, 간단한 메모 작성하기 등 학습자의 흥미를 불러일으킬 수 있는 유의미하고 다양한 학습 활동을 사용한다.
- 소리 내어 읽기를 위해 혼자 읽기, 반 전체가 함께 읽기, 짝이나 모둠원과 번갈아 읽기, 모둠에게 읽어 주기, 시간을 정하여 읽기 등 다양한 방법을 활용한다. 소리 내어 읽기의 목적은 단어, 어구, 문장을 빠르고 정확하게 읽도록 연습하는 데 있으므로, 의미 중심의 읽기를 위한 발판의 역할로 사용하는 것이 좋다.
- 에듀테크의 발달과 함께 듣기, 읽기 도구도 다양해지고 있으므로 다양한 디지털 매체를 활용한 듣기와 읽기에 익숙해질 수 있도록 한다. 인공지능이나 앱, 번역기 등의 디지털 도구를 활용하여 학습자의 수준에 맞는 맞춤형 학습을 제공할 수도 있다.
- 듣기 · 읽기 평가는 일괄적으로 실시하는 것보다 평가 목적과 대상, 방법에 따라 다양하게 실시하는 것이 바람직하며, 단어, 어구, 문장, 글 등 학습자의 수준에 적절한 언어 재료를 다양하게 활용하는 방안을 고려할 수 있다.
- 듣기 · 읽기 평가는 지필평가, 수행평가, 교사 평가, 동료 평가, 자기 평가 등을 다양하게 적용하여 학습의 과정이 드러나도록 한다. 학습 과정을 누가 기록할 수 있도록 다양한 도구를 활용하고, 이를 바탕으로 학습자에게 적절한 피드백을 제공한다. 학습자가 피드백을 활용하여 자신의 현재 수준과 학습의 목표 사이의 간격을 줄이도록 지도한다.
- 듣기 · 읽기의 가치 · 태도를 평가할 때는 해당 성취기준을 독립적으로 평가하기보다는 다른 성취기준과 통합하여 평가하는 것을 권장한다. 자기 평가나 동료 평가 등을 통해 학습자 스스로 듣기나 읽기 태도를 확인하고 점검하게 할 수 있다. 또한 듣기 · 읽기 태도가 자신의 영어 듣기 · 읽기 능력 향상과 어떠한 관련이 있는지를 스스로 성찰해 볼 수 있도록 지도한다.

(2) 표현

[6영02-01]	간단한 단어, 어구, 문장을 강세, 리듬, 억양에 맞게 말한다.
[6영02-02]	실물, 그림, 동작 등을 보고 간단한 단어, 어구, 문장으로 말하거나 쓴다.
[6영02-03]	알파벳 대소문자와 문장 부호를 문장에서 바르게 사용한다.
[6영02-04]	주변 사람이나 사물을 간단한 문장으로 소개하거나 묘사한다.
[6영02-05]	주변 장소나 위치, 행동 순서나 방법을 간단한 문장으로 설명한다.
[6영02-06]	자신의 감정이나 의견, 경험이나 계획을 간단한 문장으로 표현한다.
[6영02-07]	일상생활 주제에 관한 담화나 글의 세부 정보를 간단한 문장으로 묻거나 답한다.
[6영02-08]	예시문을 참고하여 목적에 맞는 간단한 글을 쓴다.
[6영02-09]	적절한 매체와 전략을 활용하여 창의적으로 의미를 생성하고 표현한다.
[6영02-10]	의사소통 활동에 흥미와 자신감을 가지고 참여하여 협력적으로 수행한다.

(가) 성취기준 해설

- [6영02-05] 이 성취기준은 주변의 장소를 찾아가는 방법이나 위치, 일상생활에서 이루어지는 활동을 위한 일련의 행동 순서나 방법에 대하여 두세 문장으로 말하거나 쓰는 것을 의미한다. 이때 문장과 문장을 이어 주는 말(and, but 등)이나 순서를 나타내는 말(first, second 등)을 적절하게 활용할 수 있다.
- [6영02-08] 이 성취기준은 초대, 감사, 축하 등을 목적으로 하는 카드나 이메일, 경험을 담은 일기나 기행문 등 일상생활에서 빈번하게 일어나는 쓰기의 상황과 목적을 고려하여 글을 쓰는 것으로서, 예시문을 참고하여 글의 형식에 맞게 적절한 내용으로 변형하거나 응용하여 쓰는 수준을 말한다.
- [6영02-09] 이 성취기준은 구어나 문어로 의사소통하는 과정에서 학습자의 수준과 특성에 알맞은 매체와 전략을 사용하여 창의적으로 의미를 생성하고 표현하는 것을 말한다. 이는 브레인스토밍이나 생각 그물 등을 활용하여 아이디어를 생성하고, 이를 동작이나 그림과 같은 전통적인 매체뿐만 아니라 다양한 앱이나 디지털 매체 등을 활용하여 새로운 방법으로 말하거나 쓰는 것을 의미한다. 또한 의사소통 과정

에서 발생하는 어려움을 극복하기 위해 반복하기, 반복 및 확인 요청하기 등의 말하기 전략과 고쳐 쓰거나 다시 쓰기 등의 쓰기 전략을 활용하는 것을 의미한다.

- [6영02-10] 이 성취기준은 온오프라인 공간에서 제공된 다양한 형태의 말하기·쓰기 과업이나 활동에 흥미와 자신감을 가지고 능동적으로 참여하는 것을 의미한다. 지속적으로 이루어지는 짝이나 모둠별 말하기·쓰기 활동을 통해 학습자들이 서로 가르쳐 주거나 배우는 과정에서 긍정적인 피드백을 주고받으며 말하거나 쓰고 싶은 의욕과 자신감을 높이는 것을 말한다.

(나) 성취기준 적용 시 고려사항

- 말하기와 쓰기 능력을 균형 있게 향상하는 데 중점을 두어 지도한다. 또한 표현 영역의 말하기와 쓰기를 연계한 활동뿐만 아니라 듣고 말하기, 읽고 쓰기 등의 활동을 활용하여 이해 영역 활동과 표현 영역 활동이 자연스럽게 연결되도록 통합적으로 지도한다.
- 학습자의 일상생활과 밀접하게 관련된 주제로서 자신의 경험, 의견, 계획, 진로뿐만 아니라 기후변화나 다문화 문제 등에 대해서도 적극적으로 관심을 가지도록 과업이나 프로젝트 학습, 의견 조사 등의 다양한 활동을 실시한다. 학습자가 결과물을 정리하고 발표하는 과정에서 자기주도성을 높이고 유의미한 학습이 이루어지도록 수업을 설계한다.
- 교사와 학습자, 학습자 간의 상호 작용에서 다양한 유형의 질문과 피드백을 활용하여 학습자의 응답을 유도하고, 지속적인 상호 작용이 이루어지도록 한다.
- 효과적인 쓰기 활동을 위해 계획, 초고 쓰기 및 수정, 공유 단계 혹은 쓰기 전·중·후 활동으로 나누어 단계별로 지도할 수 있다. 학습자 스스로 또는 동료들과 협력하여 쓰기 과정을 점검하게 함으로써 쓰기 능력을 신장하는 기회로 활용한다.
- 교사 또는 학습자 상호 간의 교정을 통해 알파벳 대소문자와 문장 부호 등 영어 표기법을 이해하고 알맞게 사용할 수 있도록 지도한다. 이 과정에서 국어에서 배운 쉼표, 마침표, 물음표 등에 대한 지식을 활용하도록 지도할 수 있다.
- 말하기와 쓰기의 유창성을 높이기 위해 그림, 사진, 실물 등의 시각 자료나 번역기 등을 활용할 수 있다. 그림으로 그린 후에 이를 보고 문장을 말하거나 써 보도록 할 수 있으며, 사전 앱이나 번역기 등의 도움을 받아 문장을 구성하게 하는 것도 좋다. 또한 협력 학습을 통해 짝이나 모둠원과 서로 번갈아 문장을 말하거나 쓰는 문장 릴레이 활동을 한 후 여러 개의 문장을 이어서 말하거나 쓰도록 교수·학습

과정을 구성할 수도 있다.

- 학습자의 수준을 고려하여 개별화된 수준별 학습 자료, 시청각 자료뿐만 아니라 다양한 디지털 매체를 활용한 학습 자료를 제공하여 인지적 · 심리적 부담감을 줄인다.
- 말하기 전략은 의사소통 과정에서 발생할 수 있는 여러 가지 어려움을 해결하는 데 유용한 방법이 될 수 있으므로 다양한 비언어적, 언어적 전략을 익혀 활용하도록 지도한다. 글쓰기 과정에서도 교사와 동료의 피드백을 반영하여 고쳐 쓰거나 사전 앱이나 번역기 등의 디지털 도구를 활용하는 것은 중요한 쓰기 전략 중의 하나이며 자기주도적인 학습자로 성장하는 데 있어 좋은 경험이 될 수 있다.
- 말하기 · 쓰기 평가는 가급적 수행평가를 통해 실시하며, 말하기는 면접이나 과업(역할놀이, 조사 활동 등)을, 쓰기는 서답형 문항이나 포트폴리오 등을 활용하여 평가할 수 있다.
- 말하기 · 쓰기 평가를 위한 채점 척도는 일반 평가 원리에 의한 척도를 응용하거나 과업에 적합한 척도를 만들어 사용할 수 있고, 표현 능력을 발현시키고 측정할 수 있는 다양한 매체를 활용할 수도 있다. 말하기는 발음, 어휘, 내용 등에 대하여, 쓰기는 철자와 구두점, 어휘, 내용, 언어 형식 등에 대하여 세부적인 평가기준을 마련하고 학습자에게 충분히 안내한 후에 평가를 실시한다.
- 말하기와 쓰기에 대한 흥미와 자신감, 짝이나 모둠 구성원들의 협력 정도를 평가할 때는 자기 평가와 동료 평가를 활용할 수 있다. 이때 평가 결과는 학습자 스스로 학습 계획을 세우고 실천해 나가며 성찰할 수 있는 자기주도학습의 기초가 되도록 한다.

[중학교 1~3학년]

(1) 이해

[9영01-01] 단어, 어구, 문장을 듣고 연음이나 축약된 소리를 식별한다.
[9영01-02] 친숙한 주제에 관한 담화나 글에서 세부 정보를 파악한다.
[9영01-03] 친숙한 주제에 관한 담화나 글의 중심 내용을 파악한다.
[9영01-04] 친숙한 주제에 관한 담화나 글에서 일이나 사건의 논리적 관계를 파악한다.

[9영01-05]	친숙한 주제에 관한 담화나 글에서 인물의 기분이나 감정을 추론한다.
[9영01-06]	친숙한 주제에 관한 담화나 글에서 화자나 필자의 의도나 목적을 추론한다.
[9영01-07]	단어, 어구, 문장의 함축적 의미를 추론한다.
[9영01-08]	적절한 전략을 활용하여 다양한 매체로 표현된 담화나 글을 듣거나 읽는다.
[9영01-09]	다양한 관점을 존중하는 태도로 듣거나 읽는다.
[9영01-10]	자신의 관심사에 관한 다양한 담화나 글을 선택하여 적극적으로 듣거나 읽는다.

(가) 성취기준 해설

- [9영01-01] 이 성취기준은 자주 사용되는 단어나 어구 또는 다양한 언어 형식의 문장을 듣고 영어의 리듬, 강세, 억양뿐만 아니라 연음이나 축약된 소리를 식별하여 자연스럽게 영어로 말하는 것을 듣고 이해할 수 있는 것을 의미한다.
- [9영01-02] 이 성취기준은 학습자가 개인 생활, 학교생활, 사회생활 등에서 흔히 접할 수 있는 친숙한 주제에 관하여, 말이나 대화를 듣거나 글을 읽고 그 속에서 숫자, 위치, 사건 등의 세부 정보를 파악할 수 있으며, 그림, 사진, 도표 등의 시각적 정보를 포함한 말, 대화, 글에서 세부 정보를 파악할 수 있는 것을 의미한다.
- [9영01-03] 이 성취기준은 학습자가 개인 생활, 학교생활, 사회생활 등에서 흔히 접할 수 있는 친숙한 주제에 관하여, 말이나 대화를 듣거나 글을 읽고, 줄거리, 주제, 요지 등의 중심 내용을 파악할 수 있는 것을 의미한다.
- [9영01-04] 이 성취기준은 학습자가 개인 생활, 학교생활, 사회생활 등에서 흔히 접할 수 있는 친숙한 주제에 관하여, 말이나 대화를 듣거나 글을 읽고 일이나 사건의 순서, 전후 관계, 원인과 결과 등의 논리적 관계를 파악할 수 있는 것을 의미한다.
- [9영01-08] 이 성취기준은 학습자가 방송, 영상, 인터넷 등 다양한 매체로 표현된 친숙한 주제에 관한 말, 대화 또는 글을 듣거나 읽을 때, '다음에 나올 내용을 추측하며 듣거나 읽기'와 '훑어보기'와 같은 다양한 전략을 적절하게 활용할 수 있는 것을 의미한다.

• [9영01-10] 이 성취기준은 학습자가 자신의 관심 분야와 관련된 말, 대화 또는 글을 스스로 선택하여 계획성 있고 적극적인 태도로 듣거나 읽을 수 있는 것을 의미한다.

(나) 성취기준 적용 시 고려사항

• 학습자의 듣기와 읽기 능력을 균형적으로 향상하는 데 중점을 두어 지도한다. 또한 이해 영역의 듣기와 읽기를 연계한 활동뿐만 아니라 이해한 내용을 말하거나 쓰기, 질문하며 답하기 등의 활동을 활용하여 이해 영역 활동이 자연스럽게 표현 영역 활동에 연결되도록 통합적으로 지도한다.
• 학교생활, 음식, 스포츠, 봉사 활동, 지속가능한 사회를 위한 노력 등 학습자에게 친숙한 주제의 다양한 자료를 활용하여 지도한다. 또한 흥미를 유발하고 학습 효과를 높일 수 있도록 실생활에서 접하는 다양한 매체의 자료, 즉 오프라인 매체뿐만 아니라 온라인 매체의 자료를 활용하여 지도한다.
• 듣기와 읽기 활동은 전 · 중 · 후 활동으로 구성하여 단계별로 지도하며, 상향식 과정, 하향식 과정, 상호 작용식 과정을 적절히 활용하여 지도한다.
• 교수 · 학습 활동과 평가를 연계하여 학습의 과정에서 형성평가를 통해 성취기준 도달 정도를 점검하고 학습자에게 적절한 피드백을 제공하여 성취기준에 도달할 수 있도록 지도한다.
• 평가의 내용과 수준은 성취기준을 근거로 선정하며 성취기준에 따라 적절한 평가 방법을 활용한다. 지필평가, 수행평가, 자기 평가, 동료 평가 등 다양한 평가 방법을 적용하여 성취수준이 어느 정도인지 다각도로 점검한다.
• 평가의 목적과 학습자의 수준에 따라 사실적 이해 능력과 추론적 이해 능력을 측정하는 문항의 비중을 적절히 조절하며 평가한다.
• 학습자의 관심과 흥미가 진로와 자연스럽게 연계될 수 있도록 듣기와 읽기 자료를 제공하며 학습자가 자신의 진로를 탐색하고 계획하는 데 도움이 되는 수업과 평가 활동을 제공한다.
• 이해 영역의 [9영01-08], [9영01-09], [9영01-10] 성취기준의 경우 지필평가보다는 수행평가, 학생의 자기 평가, 동료 평가 등의 방법을 활용하여 평가하며, 각 성취기준에 어느 정도 도달하였는지를 독립적으로 평가하기보다는 다른 성취기준과 연계하여 평가한다.

(2) 표현

[9영02-01] 연음이나 축약된 소리를 활용하여 단어, 어구, 문장을 말한다.
[9영02-02] 대상이나 인물의 감정을 묘사한다.
[9영02-03] 친숙한 주제에 관해 사실적 정보를 설명한다.
[9영02-04] 친숙한 주제에 관해 경험이나 계획을 설명한다.
[9영02-05] 친숙한 주제에 관해 일이나 사건의 논리적 관계를 설명한다.
[9영02-06] 친숙한 주제에 관해 자신의 의견을 주장한다.
[9영02-07] 친숙한 주제에 관해 듣거나 읽고 내용을 요약한다.
[9영02-08] 간단한 일기, 편지, 이메일 등의 글을 쓴다.
[9영02-09] 적절한 매체를 활용하여 정보 윤리를 준수하며 말하거나 쓴다.
[9영02-10] 적절한 전략을 활용하여 상황이나 목적에 맞게 말하거나 쓴다.
[9영02-11] 상대방을 배려하는 태도로 말하거나 쓴다.

(가) 성취기준 해설

- [9영02-01] 이 성취기준은 학습자가 영어의 리듬, 강세, 억양뿐만 아니라 연음이나 축약된 소리를 적절히 활용하여 실제 상황에서 단어, 어구, 문장을 이해할 수 있는 발음으로 자연스럽게 말할 수 있는 것을 의미한다.
- [9영02-02] 이 성취기준은 학습자가 개인 생활, 학교생활, 사회생활 등에서 흔히 접할 수 있는 친숙한 주제에 관해, 자신이나 상대방이 느끼는 기분이나 감정을 묘사하는 말이나 대화를 하거나 문장 또는 문단으로 쓸 수 있는 것을 의미한다. 또한 주변 사람이나 사물 등에 대해 적절하게 묘사하는 말이나 대화를 하거나 문장 또는 문단으로 쓸 수 있는 것을 의미한다.
- [9영02-03] 이 성취기준은 학습자가 개인 생활, 학교생활, 사회생활 등에서 흔히 접할 수 있는 친숙한 주제에 관해 사람, 사물, 위치나 장소, 방법이나 절차 등을 적절하게 설명하는 말이나 대화를 하거나 문장이나 문단으로 쓸 수 있는 것을 의미한다. 또한 그림, 사진, 도표 등 시각적 정보와 관련하여 특정 정보를 설명하는 말이나 대화를 하거나 문장이나 문단으로 쓸 수 있는 것을 의미한다.
- [9영02-05] 이 성취기준은 학습자가 개인 생활, 학교생활, 사회생활 등에서 흔히 접할 수 있는 친숙한 주제에 관한 일이나 사건의 상황에 대해 분석적으로 생각해

보고 이를 통해 일이나 사건의 순서, 전후 관계, 원인과 결과 등의 논리적 관계에 대해 말이나 대화를 하거나 문장이나 문단으로 쓸 수 있는 것을 의미한다.

- [9영02-06] 이 성취기준은 학습자가 개인 생활, 학교생활, 사회생활 등에서 흔히 접할 수 있는 친숙한 주제에 관해 자신의 의견을 주장하는 말이나 대화를 하거나 문장이나 문단으로 쓸 수 있는 것을 의미한다. 이는 또한 학습자의 주장이 설득력을 갖추기 위해 의견을 뒷받침할 만한 근거를 함께 제시할 수 있도록 하는 것이다.
- [9영02-09] 이 성취기준은 학습자가 인용한 내용이나 자료의 출처를 언급하는 등의 정보 윤리를 준수하며 이미지, 영상, 인터넷 등 다양한 매체를 적절하게 활용하여 자신의 생각을 말하거나 문장이나 문단으로 쓸 수 있는 것을 의미한다.
- [9영02-10] 이 성취기준은 학습자가 실생활의 여러 말하기나 글쓰기 상황에서 '바꿔 말하기' 또는 '고쳐 쓰기'와 같은 적절하고 다양한 전략을 활용하여 상황이나 목적에 맞게 효과적으로 말이나 대화를 하거나 문장이나 문단으로 쓸 수 있는 것을 의미한다.

(나) 성취기준 적용 시 고려사항

- 말하기와 쓰기 능력을 균형 있게 향상하는 데 중점을 두어 지도한다. 또한 표현 영역의 말하기와 쓰기를 연계한 활동뿐만 아니라 듣고 말하기, 읽고 쓰기 등의 활동을 활용하여 이해 영역 활동과 표현 영역 활동이 자연스럽게 연결되도록 통합적으로 지도한다.
- 말하기와 쓰기 활동은 전 · 중 · 후 활동으로 나누어 단계별로 지도하며, 학습자의 흥미와 수준에 맞는 다양한 말하기 및 쓰기 과업을 활용하여 지도한다.
- 학습자의 흥미를 유발하고 학습 효과를 높일 수 있도록 실생활에서 접하는 다양한 매체, 즉 오프라인 매체와 온라인 매체를 함께 활용하여 지도한다.
- 교수 · 학습 활동과 평가를 연계하여 학습의 과정에서 형성평가를 통해 성취기준에 어느 정도 도달하였는지를 점검하고, 학습자에게 적절한 피드백을 제공하여 성취기준에 도달할 수 있도록 지도한다.
- 말하기 · 쓰기 활동의 과정 중에는 의미 전달에 지장을 주지 않는 한 교사의 즉각적인 오류 수정을 자제하여 유창성을 높이도록 지도하며, 최종 결과물에 대해서는 유창성뿐만 아니라 정확성에도 중점을 두어 지도한다.
- 평가의 내용과 수준은 성취기준을 근거로 선정하며 성취기준에 따라 적절한 평가 방법을 활용하고 지필평가, 수행평가, 자기 평가, 동료 평가 등 다양한 평가 방법을

적용하여 성취수준을 다각도로 점검한다. 말하기 · 쓰기 평가기준은 학습자 수준과 평가 과업에 따라 분석적 채점과 총괄적 채점을 적절히 사용하여 평가한다.

- 표현 영역의 [9영02-09], [9영02-10], [9영02-11] 성취기준의 경우 지필평가뿐만 아니라, 수행평가, 자기 평가, 동료 평가 등의 방법을 활용하여 평가할 수 있으며, 각 성취기준에 대한 도달 정도를 독립적으로 평가하기보다는 다른 성취기준과 연계하여 평가한다.

3 교수 · 학습 및 평가

가. 교수·학습

(1) 교수·학습의 방향

(가) 깊이 있는 학습을 통하여 영어 의사소통 능력을 함양하도록 지도한다. 학교급과 전체 교육과정을 고려하여 내용 관련 배경지식과 맥락을 최대한 제시하고, 사회적인 목적과 실생활에의 적용 가능성이 잘 드러나는 의미 중심 의사소통 과업을 제공하여 학습 몰입감과 흥미를 높인다.

(나) 학습자가 능동적인 사고 과정을 거치도록 지도한다. 학습 활동을 설계할 때 과업 목표 달성을 위한 문제 인식과 상황 이해, 의사 결정, 문제 해결 등의 인지 과정을 부여하고, 이것에 필요한 과정 · 기능을 전략적으로 취사선택하여 스스로 학습할 수 있도록 지도한다.

(다) 학습자의 요구나 개별 관심사를 반영한 단원의 소주제나 관련 자료, 토론 내용, 활동 방법을 선정하여 학습자 자신의 관심사와 연결해 배움을 확장하도록 지도한다.

(라) 학습 내용을 현실에 적용할 기회를 제공한다. 학습 목적에 부합하는 현실 사회의 영어 의사소통 환경(사회 관계망 서비스 등 사회적 상호 작용), 또는 실생활 맥락을 담은 자료에 노출되도록 하고, 학습한 언어 · 문화 지식과 언어 기능을 실제 맥락에서 적용하고 체험해 보도록 지도한다.

(마) 다양한 디지털 교수 · 학습 도구를 적극적으로 활용하여 지도한다. 수업에서 능동적 참여와 상호 작용, 동기 부여 등을 촉진하기 위한 각종 프로그램을 효과적으로 사용한다. 또 개별화 학습을 위한 각종 언어 보조 학습 도구를 소개하고

이를 활용해 볼 수 있는 과업을 부여함으로써 생동감 있고 풍부한 영어 학습을 경험하고 디지털 소양을 기르게 한다.

(바) 자신의 생각을 표현할 수 있는 창의적인 활동을 제공한다. 학습자의 연령이나 영어 수준에 맞추어 단어, 어구, 문장 등을 사용하여 자신의 느낌, 생각, 기억, 상상력, 새로운 아이디어 등을 표현할 수 있는 다양한 활동을 제시한다. 이를 위해 사전에 예시를 제공하고, 디지털 자료와 도구를 활용하여 학습자의 언어적 제한을 극복하고 창의적인 발상을 공유하도록 지원한다.

(사) 영어로 표현된 다양한 문화적 산물을 체험하면서 심미적 감성을 함양할 기회를 제공한다. 세계인의 삶과 문화를 표현한 일화, 예술·문학 작품 등을 예시 자료로 제시하여 언어와 문화의 심미적 요소를 학습자 스스로 탐구하고 감상할 수 있도록 지도한다.

(아) 수업 환경이나 영어 학습 내용에 따라 다양한 온오프라인 연계 학습을 설계한다. 교육 상황과 목적에 따라 융통성 있게 온오프라인 연계 수업을 활용하여 학생들이 일상생활에서 영어를 사용하여 이해, 표현 및 상호 작용할 수 있도록 지도한다. 예를 들어 실제 언어 입력이나 언어 지식(어휘, 언어형식) 등은 온라인으로 제시하고, 언어 수행과 상호 작용(발표, 모둠 활동)은 오프라인으로 진행하는 등의 연계 학습을 계획할 수 있다.

(자) 자신의 진로 및 미래의 삶과 연결하여 스스로 영어 학습을 관리하도록 지도한다. 희망하는 진로 분야에서 요구하는 영어의 역할과 영어 능력을 파악하도록 지원하고, 현실적이고 구체적인 성취 목표와 학습 방법을 스스로 선택, 계획, 성찰해 가도록 지도한다. 개별 학습자의 학습 관리가 성공할 수 있도록 교사는 이를 지속적으로 지원하고 점검한다.

(차) 영어과 내 영역 간 연계를 통해 통합적 사고를 촉진한다. 또한 영어과 주제와 타 교과를 연결, 통합, 확장하는 기회를 마련함으로써 궁극적으로는 학습자의 사고와 경험이 통합되도록 돕는다.

(카) 학생의 특성과 성취 단계를 고려하여 개별화 수업을 제공한다. 개별 학생의 영어 능력 수준 및 다양한 학습자 요인을 파악할 수 있는 데이터를 수집하고, 각자의 수준과 요구에 부합하는 자료, 활동, 과제를 선택하게 하는 등 개별화된 수업 환경을 마련한다. 또한 맞춤형 평가와 학습 과정에 대한 피드백을 제공함으로써 개별 학습자의 학습 성취를 돕는다.

(타) 초등학교와 중학교 간, 중학교와 고등학교 간의 자연스러운 학습 연계를 위해 성취기준 달성 여부를 점검하고 보충·심화할 수 있는 진로 연계 수업을 계획하여 운영한다.

(2) 교수·학습 방법

(가) 영어 학습에 대한 학습자의 동기를 유발하고 흥미와 자신감을 유지할 수 있도록 하기 위해 학습자의 관심사를 고려하여 다양한 온오프라인 자료, 에듀테크 등을 활용한다.

(나) 창의적이고 융합적인 사고 능력을 함양할 수 있도록 문제 해결 프로젝트 등의 활동과 다양한 매체를 활용한 교수·학습 방법을 구안한다.

(다) 디지털 기반 영어 학습 자료와 프로그램을 사용하여 다양한 언어 입력을 제공함으로써 학습자가 실제적인 영어에 친숙해지고 생동감 있는 언어 사용을 체험할 수 있도록 지원한다.

(라) 목적과 언어 수준에 맞는 디지털 영어 자료를 학습자 스스로 선택하고 핵심 사항을 파악하여 영어 표현을 다양하게 구사하고 원하는 지식을 쌓을 수 있도록 검색 능력, 비판적 평가 능력, 필요한 기술 및 전략을 길러준다.

(마) 온오프라인상의 다양한 영어 의사소통의 기회(교사와 학습자 간, 학습자 간, 학습자와 영어 사용 공동체 간)를 제공하고 안내하여 언어·문화적 상호 작용 능력을 향상시킨다.

(바) 영어 학습을 지원하는 각종 인공지능 기술 및 디지털 도구(영어 키보드, 영어 사전, 녹음, 학습용 앱, 코퍼스 데이터, 자동 번역, 챗봇, 각종 멀티미디어 저작 도구 등)를 적극적으로 수업에 도입하여 디지털 및 인공지능 리터러시를 함양하고 개인의 영어 학습 성장에 도움이 되는 활용법을 지도한다.

(사) 자기주도학습이 이루어지도록 다양한 학습자 중심 과업을 구안하여 학습자의 흥미와 동기 유발을 도모한다.

(아) 영어 이해 및 표현 과정에서 활용할 수 있는 다양한 언어적·비언어적 전략의 종류를 제시하고, 학습자가 다양한 상황에서 이를 적절하게 활용하도록 지도한다.

(자) 듣기와 읽기는 흥미를 유발하기 위하여 다양한 장르의 입력 자료를 제시하고 다양한 매체를 활용하여 지도한다.

(차) 듣기와 읽기는 말이나 대화가 일어나는 상황, 글의 문맥, 배경지식 등을 활용하여 의미를 파악하도록 지도하고, 듣기나 읽기 전·중·후 활동으로 나누어 단계별로 지도한다.

(카) 말하기는 상황이나 목적에 맞는 적절한 표현과 말하기 전략을 사용한 의사소통 중심의 다양한 활동을 충분히 제공하여 영어에 대한 흥미와 자신감을 높이도록 지도한다.

(타) 쓰기는 학습 목표와 학습자의 수준을 고려한 단계적인 지도가 필요하다. 과정과 결과를 모두 고려한 피드백을 제공하여 효과적인 쓰기 학습이 이루어지도록 한다.

(파) 교사와 학습자, 학습자와 학습자 간 활발한 상호 작용을 유도하고 영어 사용 기회를 충분히 제공할 수 있는 협력 학습, 문제 해결 학습, 소그룹 및 과업 중심 활동 등을 적절히 활용한다.

(하) 개별 학습 및 모둠 학습을 적절히 활용하여 자기주도적 학습 태도뿐만 아니라 나눔과 배려의 공동체 의식도 기를 수 있도록 지도한다.

(거) 언어와 문화의 다양성을 이해하고 포용적 태도를 기를 수 있도록 하고, 적극적이고 협력적으로 영어로 교섭하며 소통할 수 있는 교수·학습 활동을 구안한다.

나. 평가

(1) 평가의 방향

(가) 깊이 있는 영어 학습과 역량 중심 평가가 이루어지도록 한다. 평가의 목적은 학생의 사고 계발을 촉진하여 궁극적으로는 영어 의사소통 역량의 배양을 지원하는 데 있어야 한다. 이를 위해서는 단편적인 지식이나 기술의 평가를 지양하고, 깊이 있는 학습을 통해 영어과의 교과 역량을 실질적으로 함양하였는지에 초점을 둔 평가가 이루어져야 한다.

(나) 학생이 평가를 학습 과정의 일부로 인식하고 자신의 영어 학습 과정과 성과를 성찰하도록 구안한다. 평가는 학습의 최종 단계에서 성과를 측정하는 행위를 넘어 자신의 영어 학습 전 과정을 되돌아보고 개인적 의미를 발견하며 학습 계획을 자기주도적으로 수정·보완할 수 있는 계기가 되어야 한다. 따라서 학습 과정과 결과에 대한 평가가 모두 이루어져야 한다.

(다) 학습 성과에 대한 평가는 학습한 내용을 새로운 상황과 맥락에 적용할 수 있는지

에 초점을 둔다. 배운 내용의 단순 확인에서 탈피하여 학생이 학습한 영어 지식과 기술을 활용하여 새로운 상황에서 과업을 수행할 수 있는 역량을 갖추었는지를 평가한다. 이를 위하여 성취기준을 기반으로 학습 내용을 적용할 수 있는 실제적이고 새로운 맥락과 상황을 제시하여 학생의 영어 수행 능력을 평가해야 한다.

(라) 학습자가 평가 준비, 시행, 결과 해석 과정에 적극적으로 참여할 수 있도록 한다. 이를 통해 학생은 영어 학습의 목표와 성공적인 수행 수준을 명확하게 인지할 수 있게 된다. 또한 수행 과정과 결과를 스스로 평가하고 진단할 수 있는 기회를 학습자에게 제공함으로써 학습자가 자신의 영어 학습을 성찰하고 향후 학습 방향을 계획할 수 있도록 한다.

(마) 학습자의 다양한 특성 및 영어 수준을 고려한 맞춤형 평가를 시행한다. 학생의 학습 스타일, 정의적 특성, 영어 수준 등을 고려한 다양한 평가 방식을 마련하여 학생 맞춤형 평가가 이루어지도록 한다. 특히 학습 부진을 겪고 있거나 성장 속도가 느린 학생이 단일 평가 방식으로 인해 학습 의욕 저하 및 이탈을 경험하지 않도록 평가 방안을 마련한다.

(바) 다양한 디지털 평가 도구를 적극적으로 활용한다. 디지털 분석 · 평가 도구를 활용하여 실제적인 평가 맥락을 제공하고, 다양한 학습자 데이터를 체계적으로 구축한다. 이를 토대로 다각적이고 신뢰할 만한 평가 결과를 도출할 수 있다.

(사) 평가 결과를 바탕으로 개별 맞춤형 피드백을 제공한다. 교사는 평가 결과를 지속적으로 모니터하고 교수 · 학습에 환류하여 수업을 개선한다. 또한 상세한 맞춤형 피드백을 학습자에게 제공하여 학습 성장을 돕는다.

(2) 평가 방법

(가) 평가는 평가 계획서에 제시된 방법과 절차를 따르며 학습자가 평가의 세부 절차와 유의 사항을 분명히 알 수 있도록 사전에 명확하게 안내한다.

(나) 평가 문항 제작, 평가의 시행과 채점에 관한 사항을 평가 계획서에 근거하여 점검표로 만들고 각 항목을 하나씩 점검함으로써 적정한 신뢰도를 유지한다.

(다) 평가의 결과는 차후 평가 계획 수립에 반영하고 교수 · 학습의 개선 및 학습자의 학습 동기 유발과 개별 지도에 활용한다.

(라) 평가는 영어 학습에 대한 긍정적인 환류 효과를 줄 수 있도록 구안한다.

(마) 학습자가 영어 능력을 다각도로 평가할 수 있도록 다양한 평가 방법을 활용한다.

(바) 표현 영역의 평가는 가급적 수행평가와 같은 직접 평가 방법을 활용한다. 수행평가는 평가의 목표, 내용, 과제 유형, 채점 기준 등을 명확히 한 후에 실시한다.

(사) 학습자의 통합적인 영어 능력을 신장할 수 있도록 듣기, 말하기, 읽기, 쓰기의 개별 기능에 대한 평가뿐만 아니라 두 가지 이상의 기능을 통합한 평가도 적절히 실시한다.

(아) 듣기나 읽기 같은 이해 영역 평가 시 디지털 텍스트, 텍스트 난이도, 읽기나 듣기 속도, 어휘 · 언어 형식 수준 등 학습자 개인의 읽기와 듣기 수준을 객관적으로 평가할 수 있는 각종 보충 자료 및 디지털 프로그램(인공지능 기반 플랫폼 등)을 활용하여 학습자의 이해 능력을 진단하고, 개인별 맞춤형 피드백 학습을 통해 향상 과정을 파악한다.

(자) 말하기나 쓰기 같은 표현 영역 평가 시 실제적인 의사소통 맥락을 제공할 수 있는 다양한 인공지능 기술(음성 녹음, 음성 인식, 챗봇, 화상 회의 등)을 활용하여 다각적이고 신뢰할 만한 평가 결과를 도출한다.

(차) 쓰기 자동 채점, 텍스트 분석, 번역기, 표절 검사 프로그램 등의 기술을 활용하여 쓰기 영역의 평가 신뢰도를 확보한다.

(카) 학습 성장 과정을 확인할 수 있도록 에듀테크를 평가에 활용한다.

(타) 개별 학습자의 영어 학습 기록(음성 발화, 작문, 과제물, 각종 평가 점수 등)을 학습 관리 시스템에 체계적으로 저장하고 분석하여 학습 성장 과정을 학습자 스스로 점검하게 하고, 이를 평가에 반영한다.

(파) 영어 학습 활동의 결과물을 온라인 공유 플랫폼 등에 축적하도록 지도하여(예 디지털 포트폴리오), 학습자와 동료 학습자의 학습 성장 과정을 지속적으로 기록하며, 자기 평가 혹은 상호 평가의 기회를 제공한다.

(하) 개별화 학습 및 맞춤형 평가를 촉진하기 위하여 각종 영어 평가, 온라인 설문 등을 활용하여 개별 학습자의 영어 능력 및 학습자 요인(학습 동기, 학습 스타일, 적성 등)에 대한 진단을 시행하고 이를 교수 · 학습 및 평가 설계에 참고한다.

별표 1 소재

학습자들이 관심을 가지고 흥미를 느낄 수 있는 소재를 선택하되 학습자들의 의사소통 능력, 공동체 문제 해결 능력, 창의적 사고력, 심미적 감수성 등을 기르는 데 도움이 되는 내용으로 한다.

연번	범주	세부 내용
1	개인생활 관련	- 취미, 오락, 여행, 운동, 쇼핑 등 여가 선용에 관한 내용 - 보건, 위생, 영양 등 개인 건강 관리에 관한 내용 - 생일, 관심사, 생활 방식 등 개인 일상에 관한 내용
2	가정생활 관련	- 의복, 음식, 주거 등의 내용 - 명절, 가족 행사, 집안일 등 가정 일상에 관한 내용
3	학교생활 관련	- 다양한 교육 내용 및 방법, 학교 활동, 교우 관계, 진로, 진학 등 학교 일상에 관한 내용
4	사회생활 관련	- 일, 노동, 직업 윤리 등 근로에 관한 내용 - 서신 왕래, 소셜 미디어 등의 온라인 활동, 면대면 대화 등 대인 관계에 관한 내용 - 회의, 지역 행사, 졸업, 결혼, 장례식 등 사회적 행사에 관한 내용
5	문화 관련	- 동일 문화권 내의 다른 세대, 성별 간의 문화적 차이에 관한 내용 - 우리의 문화와 생활 양식을 소개하는 데 도움이 되는 내용 - 우리 문화와 다른 문화의 언어·문화적 차이에 관한 내용 - 다양한 문화권의 관습, 규범, 가치, 사고방식, 행동 양식, 의사소통 방식에 관한 내용 - 세계 문화의 의식주, 명절과 축제, 종교, 언어, 문학, 음악, 예술, 대중문화, 여행 및 관광지, 건축물, 전통, 지리, 역사, 인물, 스포츠, 관혼상제 등의 다양한 일상생활에 관련된 내용 - 다양한 문화권의 사람들과의 의사소통, 교류, 협력 등에 관한 내용
6	민주시민 관련	- 공중도덕, 예절, 협력, 배려, 봉사, 정의, 책임감 등의 인성에 관한 내용 - 인권, 양성평등, 글로벌 에티켓, 평화 등의 민주시민 의식 및 세계시민 의식을 고취하는 내용 - 올바른 미디어 리터러시를 통한 비판적 사고의 성찰, 사회적 공감과 의사소통, 문제에 대한 비판적 사고와 민주적 의사 결정 및 갈등 해결에 관한 내용 - 가난 및 기아 해결, 인구 문제, 청소년 문제, 고령화, 다문화 사회, 사회 정의와 불평등 해소, 책임 있는 소비와 생산, 자원과 에너지 문제, 국제 문제 해결을 위한 협력 등의 사회 현안을 논의하는 내용 - 변화하는 사회 및 국제적 현안을 해결하기 위하여 가정, 학교, 지역, 국가 및 세계 공동체의 범위로 참여를 촉구하는 내용
7	생태전환 관련	- 인간과 생태계의 관계에 대한 관점, 자연환경과 생태 윤리, 생태 감수성과 책임감, 현재 및 미래 세대의 권리로서 환경권 존중 등의 생태계와 인간의 관계에 대한 관점과 태도에 관한 내용

연번	범주	세부 내용
		- 생태계의 특성과 시스템 탐구, 생태 시스템과 인간 사회 시스템의 연관성 탐구 등 기후변화와 생태계 문제 탐구에 관한 내용 - 생태전환을 위한 사회 체계의 변화 제안 및 실천, 생태전환을 위한 지속가능한 과학 기술 제안 및 실천, 일상생활에서의 생태 전환 참여와 실천 등 생태전환을 위한 참여와 실천에 관한 내용
8	디지털 · 인공지능 관련	- 컴퓨터와 인터넷 활용, 소프트웨어의 이해와 활용 등 디지털 기술의 이해와 활용에 관한 내용 - 정보의 공유, 온라인 활동 참여와 협업 등 디지털 의사소통과 협력에 관한 내용 - 정보의 수집, 관리, 분석, 표현 등 정보의 처리와 생성에 관한 내용 - 디지털 기술과 정보의 안전한 사용 및 윤리적 사용에 관한 내용
9	일반교양 관련	- 생활 안전, 교통안전, 재난 안전, 직업 안전 등의 안전에 관한 내용 - 동식물 또는 계절, 날씨 등의 자연 현상에 관한 내용 - 애국심, 평화, 안보, 독도 교육 및 통일 등의 내용 - 정치, 경제, 금융, 역사, 지리, 수학, 과학, 교통, 정보 통신, 우주, 해양, 탐험 등의 일반교양을 넓히는 데 도움이 되는 내용 - 인문학, 사회 과학, 자연 과학, 예술 분야 등의 학문적 소양을 기를 수 있는 내용 - 언어, 문학, 예술 등의 심미적 심성을 기르고 창의력, 상상력을 확장할 수 있는 내용

별표 2 의사소통 기능과 예시문

1. 아래에 제시된 의사소통 기능은 필요에 따라 선별하여 활용하거나 분리 또는 추가하여 사용할 수 있다. 예시문은 의사소통 기능의 이해를 돕기 위해 예를 제공한 것임에 유의해야 한다.
2. 의사소통 기능을 구현할 표현은 학교급별 언어 형식을 고려하여 사용할 것을 권장한다.
3. ( ) 안에 제시된 낱말이나 구는 생략이 가능한 것을 나타낸다.
4. X, Y 또는 …은 상황에 맞게 쓸 수 있는 낱말이나 구를 나타낸다.

가. 의사소통 기능

영역	범주	세부 내용			
I. 정보 전달	1. 정보 전달 · 요구하기	1.1.	(정체) 확인하기와 상술하기		
		1.2.	진술하기와 보고하기	1.2.1.	개인 정보 제공하기
				1.2.2.	습관과 일과 묘사하기
				1.2.3.	시간 말하기
				1.2.4.	인물 묘사하기
				1.2.5.	사물 묘사하기
				1.2.6.	장소 묘사하기
				1.2.7.	경험이나 사건 묘사하기
				1.2.8.	이야기 서술하기
		1.3.	수정하기		
		1.4.	질문하고 답하기		
II. 태도 및 의견	1. 사실에 대한 태도 표현하기	1.1.	동의하기		
		1.2.	이의 제기하거나 부인하기		
		1.3.	동의나 이의 여부 묻기		
	2. 지식, 기억, 믿음 표현하기	2.1.	알거나 모름 표현하기		
		2.2.	궁금증 표현하기		
		2.3.	기억이나 망각 표현하기		
		2.4.	상기시키기		
		2.5.	확실성 정도 표현하기		
	3. 양상 표현하기	3.1.	가능성 정도 표현하기		
		3.2.	의무 표현하기		
		3.3.	허가 표현하기		
		3.4.	능력 유무 표현하기		
	4. 의지 표현하기	4.1.	바람, 소원, 요망 표현하기		
		4.2.	의도 표현하기		
	5. 감정 표현하기	5.1.	기쁨, 즐거움 표현하기		
		5.2.	희망, 기대 표현하기		
		5.3.	슬픔, 화 표현하기		
		5.4.	불만족, 실망 표현하기		
		5.5.	걱정, 두려움 표현하기		
		5.6.	감정이나 상태 묻기		
		5.7.	위로하기와 안심시키기		
		5.8.	유감이나 동정 표현하기		

영역	범주	세부 내용
		5.9. 공감 표현하기
		5.10. 화냄에 응대하기
		5.11. 안도감 표현하기
		5.12. 좋아하거나 싫어하는 것 표현하기
		5.13. 선호 표현하기
		5.14. 만족이나 불만족 표현하기
		5.15. 불평하기
		5.16. 관심이나 무관심 표현하기
		5.17. 놀람 표현하기
	6. 도덕적 태도 표현하기	6.1. 도덕적 의무 표현하기
		6.2. 승인이나 거부 표현하기
		6.3. 비난 표현하기
	7. 설득 · 권고하기	7.1. 제안 · 권유하기
		7.2. 도움 제안이나 요청하기
		7.3. (도움) 제안, 권유, 요청에 답하기
		7.4. 충고하거나 구하기
		7.5. 허락 요청하고 답하기
		7.6. 행동이나 방향 지시하기
		7.7. 경고하기
		7.8. 금지하기
Ⅲ. 담화와 글	1. 사교 활동하기	1.1. 주의 끌기
		1.2. 만날 때 인사하기
		1.3. 호칭하기
		1.4. 안부 묻고 답하기
		1.5. 제삼자에게 안부 부탁하기
		1.6. 소개하기와 소개에 답하기
		1.7. 소개가 필요한지 묻기
		1.8. 환영하기
		1.9. 음식 권하고 답하기
		1.10. 감사 표현하고 답하기
		1.11. 사과하고 수용하기
		1.12. 축하, 칭찬하기
		1.13. 격려하기
		1.14. 기원하기
		1.15. 헤어질 때 인사하기

영역	범주	세부 내용
	2. 담화 · 글 구성하기	2.1. 대화 시작하기
		2.2. 내용 시작 · 전환 알리기
		2.3. 주제 소개하기
		2.4. 질문 요청 · 응대하기
		2.5. 의견 묻거나 표현하기
		2.6. 예시 들기
		2.7. 열거하기
		2.8. 강조하기
		2.9. 정의하기
		2.10. 요약하기
		2.11. 주제 바꾸기
		2.12. 대화에 끼어들기
		2.13. 대화 종료하기
		2.14. 매체 사용하기
	3. 의사소통 개선하기	3.1. 반복 요청하고 답하기
		3.2. 확인 요청하기
		3.3. 설명 요청하기
		3.4. 철자 · 필기 요청하고 답하기
		3.5. 표현 요청하기
		3.6. 표현 제안하기
		3.7. 이해 점검하기와 이해 상태 나타내기
		3.8. 오해 알리기
		3.9. 생각할 시간 요청하거나 주기

나. 의사소통 기능 예시문

Ⅰ. 정보 전달

1. 정보 전달 · 요구하기

1.1. (정체) 확인하기와 상술하기

This is/That's/It's/They're … .

The man over there is Mr. Kim.

We have three cats and one dog.

My father is 45 years old.

1.2. 진술하기와 보고하기

1.2.1. 개인 정보 제공하기

My name is John.

I'm from the north of Canada.

I have three sisters and one brother.

1.2.2. 습관과 일과 묘사하기

He goes to school at 8:30.

I always go swimming on Tuesdays.

On Sundays I visit my grandmother.

John comes to my office every Tuesday.

1.2.3. 시간 말하기

What time is it? A quarter to six.

Do you have the time?

It's 10:45.

The train leaves at three o'clock.

1.2.4. 인물 묘사하기

Ann has blue eyes.

Tom is tall and slim.

Mary has long brown hair.

1.2.5. 사물 묘사하기

It's blue and it's made of plastic.

It has four doors.

It is bigger than an elephant.

1.2.6. 장소 묘사하기

Seoul is the capital city of Korea.

It has 5 royal palaces and many historic sites.

It's also famous for … .

1.2.7. 경험이나 사건 묘사하기

Last week, I visited Jejudo.

It was cool, but windy.

I took a taxi and … .

1.2.8. 이야기 서술하기

Once upon a time, there lived a giant. He was … .

1.3. 수정하기

No, it isn't.

(Sorry.) That's/It's not right.

(No,) this is MY bag.

(I think) you've made a mistake.

1.4. 질문하고 답하기

Is she from Egypt?

Do you like dancing?

Who is he?

Whose notebook is this/that?

What is your name?

What time is it?

Which movie do you want to see?

Where did she go to university?

When did it happen?

Why are we waiting?

How did they travel?

How much does it cost?

Ⅱ. 태도 및 의견

1. 사실에 대한 태도 표현하기

1.1. 동의하기

Me, too.

Okay!/Of course!/Good!/Fine!/ Great!

(Yes,) I agree.

Exactly!/Certainly!

That's a good idea.

That's right.

1.2. 이의 제기하거나 부인하기

I don't think/believe so.

I don't agree/disagree (with you).

That isn't true.

That's not right/correct.

Of course not.

You're wrong.

I don't think ... .

1.3. 동의나 이의 여부 묻기

What do you think?

Don't you agree?

Would/Do you agree with me?

2. 지식, 기억, 믿음 표현하기

2.1. 알거나 모름 표현하기

I (don't) know (about) ... .

I heard/have heard (about) ... .

I'm aware (of) ... .

I have no idea.

I haven't got a clue.

Do you know (about) ...?

Have you heard (about) ...?

You know ... (, don't you)?

Are you aware (of) ...?

2.2. 궁금증 표현하기

I'm curious about ... .

I wonder ... .

I'd be (very) interested to know ... .

Can someone tell me about ...?

I have a question.

(Please,) Tell me (about)... .

2.3. 기억이나 망각 표현하기

I (don't/can't) remember ... .

I (nearly/completely) forgot (about that/where I put my bag).

I'll never forget ... .

Do/Don't you remember ...?

I wonder if you remember ... .

You haven't forgotten about ... , have you?

2.4. 상기시키기

Remember to ... .

Remind me to ... .

Don't forget to ... .

2.5. 확실성 정도 표현하기

I'm (not) sure.

Are you sure/certain about ...?

I have no doubt.

I'm (not) (quite/fairly/absolutely) sure/certain ... .

How sure are you that ...?

It seems ... .

3. 양상 표현하기

3.1. 가능성 정도 표현하기

... may/can be changed.

Perhaps/Possibly/Maybe they will ... .

They should/ought to ... .

It is certain/probable/likely/possible/impossible that ... .

May/Can John ...?

Is Mary likely to ...?

Is it probable/likely/possible/impossible that ...?

3.2. 의무 표현하기

You have to/must ... .

You should/ought to ... .

It is required to ... .

You're expected to ... .

Must I ...?

Do I (really) have/need to (...)?

Is it necessary to ...?

I don't have/need to ... .

3.3. 허가 표현하기

May/Can I ...?

(Yes,) You may/can ... .

(No,) You may not/can't.

Is it all right/okay if ...?

I wonder if I could ... .

Do you mind if ...?

You must not/may not ... .

(I'm afraid) it's/that's not possible.

You're not allowed/supposed to ... .

3.4. 능력 유무 표현하기

I can (not) ... .

I was (not) able to ... .

I (don't) know how to ... .

I'm (not) good at ... .

Can you ...?

Do you know how to ...?

Are you good at ...?

4. 의지 표현하기

4.1. 바람, 소원, 요망 표현하기

I want (to) ... .

I'd like ... .

I look/am looking forward to ... .

I wish I could ... .

Do you want (to) ...?

Would you like ...?

Do you wish (you could) ...?

Are you looking forward to ...?

4.2. 의도 표현하기

I'm going to ... .

I'm thinking of ... .

I'm planning to ... .

What will you do ...?

Will you ...?

Are you going to ...?

Are you thinking of ...?

Are you planning to ...?

5. 감정 표현하기

5.1. 기쁨, 즐거움 표현하기

That's great/wonderful!

I'm/I feel (very/so) happy/glad.

I'm (very) glad/delighted to ... .

It's a (great) pleasure to ... .

5.2. 희망, 기대 표현하기

I hope ... .

I'm looking forward to ... .

I can't wait for ... .

I'm excited (about...)!

5.3. 슬픔, 화 표현하기

I'm/I feel (rather/quite/very) sad/unhappy/angry/upset/annoyed (about ...).

That makes me (really) sad/angry.

I'm in a bad mood (now/today).

I can't stand ... .

... is (very) annoying/irritating.

How sad.

5.4. 불만족, 실망 표현하기

I'm/I feel (very) disappointed.

That's very disappointing.

What a pity/shame!

Oh, my(goodness)!

5.5. 걱정, 두려움 표현하기

I'm (rather) worried/anxious (about ...).

I'm scared/frightened/terrified (to ...).

5.6. 감정이나 상태 묻기

Are you all right/okay?

How are you feeling?

Are you afraid/scared/frightened of ...?

Are you worried/concerned/anxious about ...?

What are you afraid of/worry about?

Why are you so happy/excited/sad/angry?

What's wrong?

What's the matter?

5.7. 위로하기와 안심시키기

Don't worry.

Come on!

Cheer up!

Don't worry/be afraid/be frightened.

Things will be better (soon).

Everything will be ok/all right.

Don't be disappointed/discouraged.

5.8. 유감이나 동정 표현하기

That's too bad.

I'm (so/very) sorry (to hear ...).

That's a pity/shame.

5.9. 공감 표현하기

I feel the same way.

I understand how you feel.

I agree with you.

I think you're right.

5.10. 화냄에 응대하기

Calm down!

Don't get so angry!

There's nothing to get angry about.

That's too bad.

I feel the same way.

5.11. 안도감 표현하기

That's a relief.

What a relief!

Thank goodness.

I'm relieved/glad to hear ... .

5.12. 좋아하거나 싫어하는 것 표현하기

I (don't) like/love (to) ... .

I enjoy ... (very much).

My favorite thing is ... .

... is (very) good/nice/pleasant.

I hate (to) ... .

Do you like ...?

What (...) do you like?

What's/Who's your favorite ...?

5.13. 선호 표현하기

I prefer X to Y.

I('d) prefer (to) ... (if possible).

I think X is better than/preferable to Y.

Which do you prefer?

Do you prefer X to/or Y?

Do you like X better/more than Y?

5.14. 만족이나 불만족 표현하기

Good!/Fine!/Excellent!

I'm (not) satisfied/happy (with ...).

That'll do.

That won't do/work.

Are you satisfied/happy (with ...)?

How do you like/find ...?

Is this what you want(ed)/need(ed)/meant/had in mind?

5.15. 불평하기

It's not fair.

I'm not happy about ... .

I want to complain about ... .

You can't possibly ... .

I'm sorry, but... .

5.16. 관심이나 무관심 표현하기

I'm (not) (very) interested in ... .

... interests me (a lot/greatly).

I'm fascinated by ... .

How interesting/boring!

Are you interested in ...?

What are you interested in?

Do you find X interesting?

5.17. 놀람 표현하기

What a surprise!

That's/It's surprising!

I (just) can't believe this.

I'm surprised that ... .

Does that surprise you?

Are you surprised that ...?

What surprised you?

6. 도덕적 태도 표현하기

6.1. 도덕적 의무 표현하기

You should/ought to ... .

It's right/wrong to ... .

You must ... .

You have to/have got to ... .

You're supposed to ... .

6.2. 승인이나 거부 표현하기

(Very) good.

That's fine/excellent.

That's/It's not (very) good/nice.

You shouldn't have done that.

I don't/can't approve (of ...).

How's this?

What do you think of ...?

How do you find ...?

Do you approve (of) ...?

6.3. 비난 표현하기

It's (all) your/his fault.

You're to blame.

It's (all) because of you/him.

It isn't/wasn't my fault.

Don't blame me.

It was a(n honest) mistake.

7. 설득 · 권고하기

7.1. 제안 · 권유하기

Let's … .

What/How about …?

Why don't we/you …?

Can you make it (at ten)?

You'd better … .

(I think) you should/ought to … .

Would you like (me) to …?

I suggest (that) we … .

Shall we …?

7.2. 도움 제안이나 요청하기

Can I help you?

Let me help you.

Can I give you a hand?

(Please,) open the door.

Can you …(, please)?

Could I ask you to …?

Would you mind closing the window?

7.3. (도움) 제안, 권유, 요청에 답하기

Yes!/Okay!

Sure!/All right!

No problem.

(That) sounds good.

Sorry …, but … .

No, thank you.

Thank you, but … .

I'm afraid I can't … .

7.4. 충고하거나 구하기

(I think) you should … .

Why don't you …?

You'd better … .

If I were you, I'd … .

Do you think I should …?

Could you give me some advice?

What would you do if …?

7.5. 허락 요청하고 답하기

May/Can I … (, please)?

Let me … .

Do you mind if …?

Would it be possible …?

I was wondering if I could …?

(I'm afraid) that's/it's not possible.

7.6. 행동이나 방향 지시하기

Stand up.

Come to the front.

Flip the card.

Turn on the light.

The museum is on the left.

Go to the end of the street and turn right.

Where is the supermarket?

It's straight ahead.

7.7. 경고하기

Don't … .

Be careful.
Watch/Look out (for ...)!
Make sure you don't ... .
Mind your head/step!

7.8. 금지하기
Don't ... .
You mustn't/can't/shouldn't ... .
You'd better not ... .

Ⅲ. 담화와 글

1. 사교 활동하기
1.1. 주의 끌기
Hey!/Hello!
(Oh,) look/listen.
May I have your attention(, please)?
Excuse me.

1.2. 만날 때 인사하기
Hi!/Hello!
Good morning/afternoon/evening.
Good/Nice to see you (again)!
How do you DO?
-How do YOU do?
It's been a long time.

1.3. 호칭하기
Mr./Miss/Mrs./Ms. ...
Doctor/Professor/Director Brown
How/What do you want me to call you?

1.4. 안부 묻고 답하기
How are you (today)?
How's it going?
How are you doing?
What's up?
How have you/things been?
(I'm) okay (, thanks/thank you).
(I'm) fine/very well (, thanks/thank you).
Not (too/so) bad (, thanks/thank you).

1.5. 제삼자에게 안부 부탁하기
Say hello to ... (for me).
Please give my regards to ... .
Remember me to ... .

1.6. 소개하기와 소개에 답하기
I'm ... .
My name is ... .
I'm ... .
Please call me ... .
X, this is Y. Y, this is X.
I'd like you to meet ... .
I'd like to introduce ... .
(It's) nice/good to meet you.
(I'm) (very) pleased to meet you.
It's a pleasure to meet/meeting you.
I've been looking forward to meeting

you.

1.7. 소개가 필요한지 묻기

Do you know each other?

Have you already met ...?

I think you (two) know/have met each other, don't/haven't you?

X, can I introduce Y?

1.8. 환영하기

Welcome!

Glad you're here.

Glad you could come.

1.9. 음식 권하고 답하기

(Please) help yourself.

Please go ahead.

Please try some ... .

Would you like some ...?

Do you want some more(...)?

Yes, please/thanks/thank you.

No, thanks/thank you. (I'm full./I'd rather have some ... .)

That would be very nice.

It/everything looks delicious.

1.10. 감사 표현하고 답하기

Thanks (a lot)/Thank you (very/so much).

Thanks for ... .

I (really) (do) appreciate your help/what you've done.

Sure.

You're welcome.

No problem.

(It was) my pleasure.

Don't mention it.

Not a big deal.

1.11. 사과하고 수용하기

(I'm so/very) sorry (about that).

Please forgive me.

I apologize.

Not at all.

(That's/It's) okay.

That's all right.

Forget it.

It doesn't matter.

No problem.

Never mind.

1.12. 축하, 칭찬하기

Congratulations (on ...)!

(Very) good!

Good (for you)!

What a nice ... !

How ... she is!

Great!/Excellent!

(You did a) good (work/job)!

I like ... !

Thanks/Thank you (very much).

You, too!

I'm glad you like … .

How nice (of you)!

1.13. 격려하기

You can do it!

Don't give up!

That's all right. (You'll do better next time).

Come on.

Keep (on) going.

Thanks/Thank you (very much).

You, too!

How nice (of you)!

1.14. 기원하기

Happy birthday/New Year/… !

Good luck (with your …/the …)!

Bless you.

Have a good/nice … !

I'll keep my fingers crossed!

I hope/wish … .

1.15. 헤어질 때 인사하기

Bye(-bye).

Goodbye.

Take care.

(Have a) nice day/good night.

See you (later/again/tomorrow).

2. 담화 · 글 구성하기

2.1. 대화 시작하기

May I have your attention, please?

Excuse me, can I talk to you for a minute?

Excuse me. I wonder if you could help me.

Hello everyone, I'm very happy to be speaking with you today.

My name is … , and I'm … .

Today, I'd like to talk about … .

We will discuss … .

I am going to talk about.

The purpose of this presentation is … .

2.2. 내용 시작 · 전환 알리기

Let's get started.

Let me begin by looking at … .

Let me start with some … .

2.3. 주제 소개하기

(Now) let's talk about … .

I'd like to say something about … .

I'd like to tell you what … .

2.4. 질문 요청 · 응대하기

If you have any questions, feel free to ask me.

Does anyone have any questions or comments?

Please stop me if you have any questions.

Do you have any questions before I

move on?

Thank you for your question, Ann.

That's an interesting/great question.

Does that answer your question?

Please email me at email@address.com, if you have any question.

2.5. 의견 묻거나 표현하기

What do you think (of/about ...)?

How do you feel about ...?

What is your view/opinion?

I think/feel/believe ... .

It seems to me ... .

In my view/opinion, ...

2.6. 예시 들기

For example ... .

A good example of this is ... .

To illustrate this point ... .

This reminds me of ... .

To give you an example ... .

2.7. 열거하기

A, B and C.

There are three things to consider. First ... . Second ... . Third ... .

There are two kinds of ... . The first is ... . The second is ... .

We can see four advantages and two disadvantages. First, advantages ... .

One is ... . Another is ... . A third advantage is ... . Finally(Lastly), ...

There are (four) different stages to the process.

First ..., then ..., next ..., after that ..., then x, after x there's y.

There are two steps involved. The first step is ... . The second step is ... .

There are four stages to the project.

At the beginning/later/then/finally ... .

2.8. 강조하기

It is important to/that ... .

I want to stress ... .

My point is ... .

I DO love my family.

This is important because ... .

I'd like to emphasize that ... .

We have to remember that ... .

In other words, ...

To put it more simply, ...

What I'm saying is that ... .

What I want to say... .

2.9. 정의하기

X/This means ... .

The meaning of X/this is ... .

2.10. 요약하기

In short, ...

In brief, ...

To sum up, … .

2.11. 주제 바꾸기

By the way, … .

Let's move on to … .

I'd like to say something else … .

2.12. 대화에 끼어들기

Excuse me.

Can I say something?

Can I interrupt you for a moment?

2.13. 대화 종료하기

Thanks for listening.

Thank you for your attention/time.

It was nice talking(to you).

That's all I want to say about … .

To sum up, … .

That's it for today.

So, now I'd be very interested to hear your comments.

This is the end of this presentation.

Anyway, I should get back to work.

I'm sorry, I have to go now.

I must go, see you later.

2.14. 매체 사용하기

Hello?

(This is) … (speaking/here).

May/Can I speak to … , please?

Who's calling, please?

Can I leave/take a message?

(Sorry, but) can I call you back?

Dear Mr. Kim,

Best regards/Sincerely,

Can you hear/see me?

Is the audio/video working?

Turn on/off your video.

Please, mute/turn off the microphone.

I can't see the people at the sides of the room.

Thank you for talking with me today.

Thank you for taking the time to talk with me today.

3. 의사소통 개선하기

3.1. 반복 요청하고 답하기

Excuse me?

(I'm) sorry?

What (did you say)?

(I beg your) pardon?

Would you say that again(, please)?

- (I said) X.

- I said that … .

Can you repeat that?

Can you speak (more) slowly?

3.2. 확인 요청하기

Did you say X?

Are you sure?

Do/Did you mean …?

He lives in Seoul, doesn't he?

3.3. 설명 요청하기

What is X (exactly)?

What do you mean by X?

Could you explain ...?

3.4. 철자 · 필기 요청하고 답하기

How do you spell ...?

Could you spell that, please?

Could you write that down (for me), please?

- B-A-G.

- 'Bag' is spelled B-A-G.

- It's spelled with a capital 'P'.

3.5. 표현 요청하기

What is X (in English)?

Do you say ... (or ...)?

I don't know how to say/write it.

How would/do you say this in English/Korean?

3.6. 표현 제안하기

X.

Do you mean X?

I think you mean ... .

In English/Korean we say ... .

3.7. 이해 점검하기와 이해 상태 나타내기

Do you understand?

Do you see/know what I mean?

Is this/everything clear (now)?

Do you follow me?

I'm sorry, did you say "..."?

I'm not sure I understand. Are you saying that ...?

Do you mean ...?

Are you with me?

I see./Okay.

I (don't) understand.

Please, go on.

It (still) isn't clear to me what this means.

(Sorry/I'm afraid) I don't know what you mean/meant.

3.8. 오해 알리기

(No,) I mean Y (not X) ... .

(I'm afraid) that's wrong/not right.

That's not (exactly) what I meant to say.

3.9. 생각할 시간 요청하거나 주기

Let me see/think.

Just a moment (while I think).

May I think about that for a moment?

Take your time (to think).

You have five minutes.

I'll give you five (more) minutes.

별표 3 **어휘:** 기본 어휘 관련 지침과 기본 어휘 목록

기본 어휘 관련 지침

1. 영어과 기본 어휘 목록은 영어과 교육과정의 성취기준 달성에 필요한 가장 기본적인 3,000개의 단어로 되어 있다. *표를 한 단어는 800개로 초등학교에서 사용하기를 권장하고, **표를 한 단어는 1,200개로 중학교와 고등학교 공통과목에서 사용하기를 권장한다. 나머지 1,000개의 단어는 그 외의 과목에서 사용하기를 권장한다.
2. 각 학년군 및 과목의 학습 어휘 수는 다음과 같다.

2022 개정 영어과 교육과정 어휘 수			
과목명			어휘 수
초등학교		초등학교 3~4학년	300단어 이내
		초등학교 5~6학년	300단어 이내
			누계: 600단어 이내
중학교		중학교 1~3학년	1,500단어 이내
고등학교	공통과목*	기본영어 1, 2	1,600단어 이내
		공통영어 1, 2	1,800단어 이내
	일반 선택	영어 I	2,000단어 이내
		영어 독해와 작문	2,200단어 이내
		영어 II	2,500단어 이내
	진로 선택	직무 영어	2,000단어 이내
		영어 발표와 토론	2,500단어 이내
		심화 영어	2,800단어 이내
		영미 문학 읽기	3,000단어 이내
		심화 영어 독해와 작문	3,500단어 이내
	융합 선택	실생활 영어 회화	1,500단어 이내
		미디어 영어	2,000단어 이내
		세계 문화와 영어	2,200단어 이내

* 기본영어와 공통영어의 어휘 수는 각각 1과 2의 합본 상태의 어휘 수를 말한다.

3. 학습 또는 평가에서 사용되는 어휘는 초등학교, 중학교, 고등학교 공통과목 및 일반 선택과목은 90% 이상을, 진로 선택과목 및 융합 선택과목은 80% 이상을 기본 어휘 목록에서 사용할 것을 권장한다.
4. 기본 어휘 목록은 단어군의 대표형으로 제시한다. 대표형은 그 자체와 모든 굴절 변이형과 다음 36개의 파생 접사에 의한 변이형을 나타낸다. 단, 이들 파생 변이형은 precious 'price 어근 + -ous'와 같이 파생 접사가 의존 어근에 붙어 만들어진 변이형을 포함하지 않는다. 빈도가 상대적으로 높고 학습에 유용한 일부 파생 변이형은 대표형 옆의 ( ) 안에 표기한다.

예시

〈굴절 변이형〉

write: writes, wrote, written, writing
be: am, are, is, was, were, been, being
have: has, had, having
book: books, foot: feet
tall: taller, tallest
they: their, them, theirs, themselves

〈파생 변이형〉

un - : unable, unhappy, unlike
in - (il - , im - , ir -): incorrect, illogical, impossible, irresponsible
en - (em -): endanger, enjoy, enlarge, embody
inter - : interact, international, interview
mis - : misfortune, mistake, mistrust
re - : rebuild, recycle, review
dis - : disappear, discount, disease
- able: considerable, preventable, sustainable
- er: leader, teacher, writer
- ish: childish, selfish, foolish
- less: endless, homeless, restless

- ly: finally, happily, softly
- ness: darkness, softness, weakness
- or: actor, conqueror, inventor
- th: fourth, fifth, ninth, twelfth
- y: rainy, dirty, easy
- al (- i(c)al, - ual): formal, biological, material, usual
- ation (- ication): information, realization, situation, application
- ful: beautiful, colorful, harmful
- ist: pianist, scientist, tourist
- ity: ability, generosity, mentality
- ism: capitalism, nationalism, romanticism,
- ize (- ise): apologize, finalize, criticise
- ment: basement, government, payment
- ous: dangerous, famous, ambitious
- ance: acceptance, importance, maintenance
- ant (- icant): consultant, participant, pleasant, significant
- ary: elementary, legendary, primary, secondary
- ence: dependence, emergence, interference
- ent: different, excellent, president, student
- ship: friendship, membership, relationship, scholarship
- ic: Arabic, economic, dramatic, programmatic
- ify: identify, quantify, signify
- ion: admission, convention, description, perception, union
- ive: effective, negative, positive
- ure: departure, failure, mixture

5. 고유 명사, 호칭, 감탄사, 로마자화된 우리말 또는 영어 이외 외국어 단어, 알파벳과 문자, 단위명, 약어, 화학식, 기수와 서수는 기본 어휘뿐만 아니라 학습해야 하는 새로운 어휘로도 간주하지 않는다.

예시

〈고유 명사〉

인명: Bill, Laura, Mr. Porter, Doctor Watson, ...

지명: Asia, Brazil, California, the Pacific (Ocean), Jeju, the (River) Thames, the Panama Canal, Lake Tahoe, the Sahara, Mount Everest, the Alps, ...

언어명: Korean, English, French, German, Chinese, Arabic, ...

월 · 요일명: January, February, ... Monday, Tuesday, ...

축일명: Independence Day, Christmas, ...

기타: Kennedy Airport, Westminster Bridge, Harvard University, the House of Commons, the Savoy, the Mermaid (Theatre), the Louvre Museum, The New York Times, ...

단, Lake Tahoe와 같이 이름과 보통 명사로 이뤄진 고유 명사의 경우에 보통 명사에 해당하는 것은 일반 기본 어휘 관련 지침을 따른다.

〈호칭〉 Mr., Ms., Madam, sir, ma'am

〈감탄사〉 Oh, Ah, Aha, Wow, Yippee, Ouch, Ow, Ugh, Ouh, Shhh, ...

〈로마자화된 우리말 또는 영어 이외 외국어 단어〉 bulgogi, pungsokdo, samullori, ... umuntu ngumuntu ngabantu (a person is a person through (other) people), ...

〈알파벳과 문자〉 A, B, C, ... a, b, c, ... α, β, γ, ... A1, Q2, ...

〈단위명〉 pound, gram, ounce, liter, ... dollar, cent, euro, ... meter, yard, mile, ... percent

〈약어〉 A.M. (a.m., am), P.M. (p.m., pm), A.D. (AD), B.C. (BC), TV, CD, DVD, DNA, SNS, AI, Wi-Fi

〈화학식〉 CO_2, H_2O, CH_4, ...

〈기수〉 zero, one, two, three, four, five, six, seven, eight, nine, ten, eleven, twelve, thirteen, twenty, thirty, hundred, thousand, million, billion을 제외한 기수

〈서수〉 first, second, third, twenty-first, twenty-second, twenty-third를 제외한 서수

기본 어휘 목록

A

a* (an)
abandon
able** (disabled)
aboard
abort (abortion)
abound (abundant)
about*
above*
abroad
absent
absolute**
absorb
abstract
absurd
abuse
academy
accelerate
accent**
accept**
access**
accident**
accommodate
accompany
accomplish
accord
account**
accumulate
accurate
accuse**
ache (headache)
achieve**
acid
acknowledge
acquire
acquisition
across*
act* (actual, interact)
adapt**
add*
addict
address*
adequate
adjust
administer
(administration)
admire**
admit** (admission)
adolescent
adopt**
adult*
advance**
advantage** (disadvantage)
adventure**
adverse
advertize**/advertise**
advice**
advise**
advocate
aesthetic
affair**
affect** (affection)
afford**
afraid*
after*
afternoon*
again*
against*
age*
agency
agenda
agent**
aggress (aggressive)
ago*
agree* (disagree)
agriculture
ahead*
aid**
aim**
air*
airline**
airplane* / aeroplane*
airport**
alarm**
album*
alcohol**
alert
alien
alike
alive**

all*
allocate
allow**
ally
almost*
alone*
along*
alongside
aloud**
already*
alright*
also*
alter**
alternate (alternative)
although**
altogether**
always*
amaze**
ambassador
ambition (ambitious)
ambulance**
among**
amount**
amuse**
analysis**
analyze / analyse
anchor
ancient
and*
angel**
anger**
angle
animal*
anniversary
announce**
annoy**
annual**
another*
answer*
ant**
anticipate
anxiety
anxious**
any*
apart**
apartment*
apology
apparent
appeal**
appear** (disappear)
apple*
apply** (applicant)
appoint**
appreciate**
approach**
appropriate**
approve
approximate
architect (architecture)
area*
argue**
arise
arm*
army**
around*
arrange**
arrest**
arrive*
arrow
art*
article**
artifice (artificial)
as*
aside**
ask*
asleep**
aspect
aspire
assault
assemble
assert
assess**
asset
assign** (assignment)
assist** (assistant)
associate**
assume**
assure
astonish
at*
athlete
atmosphere**
atom
attach**
attack**
attempt**
attend**
attention**
attitude**

attract**
attribute
auction
audience**
aunt*
authentic
author
automatic**
autumn*
avail (available)
average**
avoid**
await
awake**
award**
aware** (unaware)
away*
awe (awful)
awkward**

B

baby*
back*
background**
bacon**
bad*
badminton*
bag*
bake*
balance**
ball*
balloon**
ban
banana*
band**
bang**
bank*
bankrupt
bar**
bare**
bargain
bark**
barrier
base*
baseball*
basis**
basket*
basketball*
bat*
bath*
battery**
battle**
bay**
be*
beach*
beam
bean**
bear*
beard
beast
beat**
beauty*
because*
become*
bed*
bee*
beef*
beer**
before*
beg**
begin*
behalf
behave(behavior/
behaviour)
behind*
belief**
believe*
bell*
belong**
below*
belt*
bench**
bend**
beneath**
benefit**
beside*
bet**
betray
between*
beyond**
bias
big*
bike*
bill*
billion**
bin**
bind**
biography
biology

bird*
birth*
biscuit*
bit**
bite**
bitter**
black*
blame**
blank**
blanket**
blast
blend
bless**
blind**
blink
block**
blonde**
blood*
bloom**
blossom
blow**
blue*
board*
boat*
body* (embody)
boil**
bold
bomb**
bond**
bone*
book*
boom**
boost
boot**
border
bore**
borrow*
boss**
both*
bother**
bottle*
bottom*
bounce**
boundary
bow**
bowl**
box*
boy*
brain**
brake**
branch**
brand**
brave*
bread*
break*
breakfast*
breast**
breath**
breathe**
breed
breeze
brick**
bridge*
brief**
bright*
brilliant**
bring*
broad**
broadcast
brother*
brown*
brush*
brute (brutal)
bubble**
budget**
bug**
build*
bulk
bull
bully
bump**
bunch**
bundle
burden
burn*
burst**
bury**
bus*
bush**
business*
busy*
but*
butcher
butter*
button*
buy*
buzz
by*

C

cable**
cage**

cake*
calculate** (calculator)
calendar**
call*
calm**
camera*
camp*
campaign*
can*
cancel
cancer
candidate
candy*
canvas
cap*
capable**
cape**
capital**
captain**
capture
car*
card*
care*
career**
carpet**
carrot*
carry*
cart**
carve
case* (casual)
cash*
cast**
castle**
cat*
catalogue** / catalog**
catch*
category**
cater
cattle
cause** (causal)
caution
cave
cease
ceiling**
celebrate
celebrity
cell**
censor
center*
century**
certain*
certificate
chain**
chair*
chairman**
challenge**
chamber
champion**
chance*
change*
channel**
chaos
character**
characteristic**
charge** (discharge)
charity
charm**
chart**
chase**
chat**
cheap*
check* / cheque*
cheek**
cheer**
cheese*
chef
chemical
chest**
chew**
chicken*
chief**
child*
chill
chin
chip**
chocolate*
choice**
choir
choose*
chop**
chorus
chronic
church*
cigarette**
cinema**
circle*
circulate
circumstance**
cite
citizen**
city*
civil**

claim**
clap
clash
class* (classic, classify)
clause
clay
clean*
clear* (clarify)
clerk**
clever*
click**
client**
cliff**
climate**
climb*
cling
clinic
clip**
clock*
close* (disclose, enclose)
clothes*
cloud*
club*
clue**
cluster
coach**
coal**
coast**
coat*
code**
coffee*
coin**
coincide
cold*

collaborate
collapse
collar
colleague
collect*
college*
colony
color* / colour*
column
combat
combine**
come*
comedy**
comfort** (comfortable)
comic*
command**
comment**
commerce**
commit (commission)
committee**
commodity
common**
communicate**
(communication)
communist
community**
companion
company*
compare**
compatible
compel
compensate
compete (competent)
compile

complain**
complement
complete**
complex** (complexity)
complicate**
component
compose
compound
comprehend
(comprehensive)
comprise
compromise
compute* (computer)
conceal
conceive
concentrate**
concept**
concern**
concert**
conclude
concrete
condemn
condition*
conduct
confer
confess
confide (confident)
confine
confirm**
conflict**
conform
confront
confuse**
congratulate*

congress
connect**
conscience
conscious**
consent
conserve
consider**
consist (consistent)
constant**
constitute (constitution)
constrain
construct (construction)
consult
consume** (consumer, consumption)
contact**
contain**
contemporary
contend
content**
contest**
context**
continent
continue**
contract**
contradict
contrary
contrast
contribute**
control*
controversy
convene (convenient, convention)
converse** (conversation)
convert
convey
convict
convince**
cook*
cookie* / cooky*
cool*
cooperate
coordinate
cop**
cope**
copy**
copyright
cord
core
corn
corner*
corporate (corporation)
correct**
correspond
corridor
corrupt
cost*
costume
cottage**
cotton**
cough**
could*
council**
counsel
count** (discount, counter)
counterpart
country*
countryside**
county**
couple*
coupon
courage (discourage, encourage)
course*
court*
cousin*
cover* (discover)
cow*
crack**
craft
crash**
crawl**
crayon*
craze (crazy)
cream*
create** (creature)
credible (incredible)
credit**
creep
crew
crime** (criminal)
crisis**
crisp**
criterion
critic (criticize/criticise, criticism)
crop
cross*
crowd**
crown**
crucial

cruel**
cruise
crush
cry*
crystal
cultivate
culture*
cup*
cure**
curious** (curiosity)
curl**
currency
current**
curriculum
curry
curse
curtain*
curve
custody
custom
customer*
cut*
cute**
cycle**(recycle, cyclist)
cynical

D

dairy
damage**
damp
dance*
danger*
dare**
dark*
darling**
dash
database
date*
datum (data)
daughter*
dawn**
day*
dead*
deal**
death*
debate**
debt**
decade
decay
decent
decide* (decision)
deck**
declare
decline (declension)
decorate**
decrease
dedicate
deep*
defeat
defend (defendant)
defense** / defence**
deficiency
deficit
define**
definite**
degree**
delay**
delegate
delete
deliberate
delicate
delicious*
delight**
deliver**
demand**
democracy
democrat
demon
demonstrate**
dense
dentist**
deny**
depart (department, departure)
depend** (dependence, independent)
depict
deposit
depress**
deprive
derive
descend
describe** (description)
desert**
deserve**
design*
designate
desire**
desk*
despair
desperate**
despite**

destine (destination)
destiny
destroy**
destruct (destruction)
detach
detail**
detect**
determine**
develop**
device
devil
devise
devote
diabetes
dialogue* / dialog*
diary**
dictate
dictionary**
die*
diet**
differ (different)
difficult*
dig**
dignity
dimension
diminish
dine
dinner*
dip
diplomat
direct**
dirt** (dirty)
disappoint**
disaster
disc** (disk)
discipline**
discourse
discriminate
discuss*
disgust**
dish**
dismiss
display**
dispute
disrupt
distance**
distinct
distinguish
distort
distract
distribute
district**
disturb**
dive**
diverse
divide**
divine
divorce**
do*
doctor*
document**
dog*
doll*
dolphin**
domain
domestic**
dominate (dominant)
donate**
door*
dose
dot
double*
doubt**
doughnut*
down*
dozen**
draft
drag**
drain
drama**
draw* (drawer)
dread
dream*
dress*
drill
drink*
drive*
drop*
drown
drug**
drum*
dry*
dual
duck*
due**
dull
dump**
during*
dust**
duty**
dwell
dynamic

E

each**
eager
ear*
early*
earn**
earth*
ease** (disease, easy)
east*
eat*
economy**
edge**
edit**
educate**
effect** (effective)
efficient
effort**
egg*
eight*
either**
elaborate
elect**
electric**
electronic
elegant
element** (elementary)
elephant*
elevate (elevator)
eleven*
eliminate
elite
else**
embarrass**
embassy
embrace
emerge (emergence)
emergency
emit (emission)
emotion**
emphasis
emphasize**
empire**
employ**
empty**
encounter
end*
endure
enemy**
energy*
engage**
engine**
engineer**
enhance
enormous**
enough*
enter*
enterprise
entertain**
enthusiastic
entire**
entry
envelope**
environ (environment)
envy
equal**
equip (equipment)
era
erase (eraser)
erect
err (error)
escape**
especial** (especially)
essay**
essence (essential)
establish**
estate
estimate**
ethic (ethical)
ethnic
evacuate
evaluate
even**
evening*
event** (eventually)
ever**
every*
evidence**
evil**
evitable (inevitable)
evolution
evolve
exact**
exaggerate
examine** (examination/exam)
example*
exceed
excel (excellent)
except**
excess
exchange**
excite**

exclude (exclusive)
excuse**
executive
exercise*
exhaust**
exhibit
exist**
exit**
exotic
expand**
expect**
expense** (expensive)
experience**
experiment**
expert**
expertise
explain**
explicit
explode
explore
export
expose**
express**
extend**
extent
external
extinct
extra**
extract
extraordinary
extreme**
eye*
eyebrow

F

fabric
face*
facilitate
facility
fact* (factual)
factor**
factory**
faculty
fade
fail*
faint**
fair**
faith**
fall*
false
fame (famous)
familiar**
family*
fan*
fancy**
fantastic**
far*
fare
farm*
fascinate**
fashion**
fast*
fasten
fat*
fate (fatal)
father* (dad, daddy)
fault**
favor** / favour**
favorite* / favourite*
fear**
feature**
federal
fee**
feed**
feel*
fellow**
female**
fence**
ferry
fertile
festival*
fever**
few**
fiber / fibre
fiction
field*
fierce
fight*
figure**
file*
fill*
film*
filter
final**
finance**
find*
fine*
finger*
finish*
finite

fire*
firm**
first*
fish*
fit**
five*
fix*
flag**
flame**
flash**
flat**
flavor / flavour
flaw
flee
flesh
flexible
flight**
flip
float**
flock
flood**
floor*
flourish
flow**
flower*
flush
fly*
focus*
fog**
fold**
folk**
follow**
fond
food*
fool*
foot*
football*
for*
forbid
force** (enforce)
forecast
forehead
foreign**
forest*
forever**
forget*
forgive**
fork*
form* (formal, formation, informal)
format
former
formula
forth**
fortunate**
fortune**
forward**
foster
found** (foundation)
fountain
four*
fox*
fraction
frame**
framework
frankly**
free*
freeze**
frequent
fresh*
friend* (friendship)
fright**
frog**
from*
front*
frost
frown
fruit*
frustrate**
fry**
fuel
fulfil
full*
fun*
function**
fund**
fundamental
funeral
fur**
furnish
furniture**
furthermore
fury (furious)
fuse
future*

G

gain**
gallery
gamble
game*
gang

gap
garage**
garden*
gas*
gasoline / petrol
gate**
gather**
gaze
gear**
gender
gene (genetic)
general**
generate (generation)
generous
genius
gentle**
gentleman*
genuine
geography
geology
gesture**
get*
ghost**
giant**
gift**
giraffe**
girl*
give*
glad*
glance**
glare
glass*
globe (global)
glory**
glove**
glow
glue**
go*
goal*
goat
god*
gold*
golf**
good* (goods)
goodbye* (bye)
gorgeous**
govern** (government)
grab**
grace**
grade** (gradual)
graduate
grain
grand**
grandfather*
grant**
grape*
graph** (graphic)
grasp
grass*
grateful
grave
gray* / grey*
great*
greed
green*
greet**
grief
grip
grocery**
gross
ground*
group*
grow*
guarantee**
guard**
guardian
guess*
guest**
guide**
guideline
guilt** (guilty)
guitar*
gulf
gum*
gun**
guy*
gymnasium / gym

H

habit*
habitat
hair*
half**
hall**
halt
hamburger*
hammer
hand*
handicap
handle**
handsome**
hang*

happen**
happy*
harbor / harbour
hard* (hardly)
harm**
harmony (harmonious)
harsh
harvest
hat*
hate*
haunt
have*
hazard
he*
head*
headquarters
heal
health** (healthy)
hear**
heart*
heat*
heaven**
heavy*
heel
height**
heir
helicopter**
hell**
hello* / hey* / hi*
helmet*
help*
hence
here*
heritage
hero*
hesitate**
hide**
hierarchy
high*
highlight
highway**
hike*
hill*
hint**
hire**
history*
hit*
hobby*
hold*
hole**
holiday*
holy
home*
homework*
honest*
honey**
honor** / honour**
hook
hope*
horizon
horror
horse*
hospital*
host
hostile
hot*
hotel**
hour*
house*
household
how*
however*
hug**
huge**
human*
humor** / humour**
hundred*
hunger** (hungry)
hunt*
hurry*
hurt**
husband*
hut
hypothesis

I

I*
ice*
idea*
ideal
identical
identity** (identify)
ideology
if*
ignore**
ill**
illude (illusion)
illustrate**
image*
imagine**
imitate
immediate**

immense
immigrate
immune
impact
imperial
implement
imply
import (importance, important)
impose
impress**
improve**
in*
incentive
incident
incline
include**
income**
incorporate
increase**
indeed**
index
indicate**
individual**
induce
industry**
infant
infect
infer (inference)
inflate
influence**
inform**
ingredient
inhabit
inherent
inhibit
initial
inject
injure**
inn
innocent**
innovate
input
inquire / enquire
insect
insert
inside*
insight
insist**
inspect**
inspire
install
instance**
instant**
instead**
instinct
institute (institution)
instruct**
instrument**
insult
insure** (insurance)
integrate
intellect (intellectual)
intelligent
intend**
intense**
intent** (intention)
interest**
interfere
interior
intermediate
internal**
internet*
interpret
interrupt**
interval
intervene
intimate
into*
intrigue
introduce*
invade
invent** (inventor)
invest**
investigate**
invite*
involve**
iron**
irony
irritate
island**
isolate
issue*
it*
item**

J

jacket*
jail
jam*
jar
jaw**

jeans**
job*
jog
join*
joint
joke**
journal
journey**
joy** (enjoy)
judge**
juice*
jump*
junior**
jury
just*
justice**

K

keen
keep*
key*
kick*
kid*
kill*
kind*
king*
kiss*
kit
kitchen*
knee**
knife*
knight
knock**
knot
know*
knowledge**

L

label**
labor** / labour**
laboratory** / lab**
lack**
ladder
lady*
lake*
lamb**
lamp**
land*
landscape
lane**
language**
lap
large*
laser*
last*
late*
latter
laugh**
launch
laundry
law**
lawn**
lawyer**
lay** (layer)
lazy*
lead**
leaf**
league**
leak
lean**
leap**
learn*
lease
leather
leave**
lecture
left*
leg*
legal**
legend
legislate
legitimate
leisure
lemon**
lend**
lesson*
let**
letter* (literal)
level**
liberal
liberty
library*
license** / licence**
lid**
lie*
life*
lift**
light*
like* (likely)
likewise
limit**
line*

linguistic
link**
lion*
lip*
liquid
list**
listen*
literature
little*
live*
livingroom**
load**
loan**
local**
locate**
lock**
log**
logic
lone
long*
look*
loose**
lose**
loss**
lot**
loud**
love*
low*
loyal
luck*
lump
lunch*
luxury

M

machine**
mad*
magazine**
magic**
magnet
magnificent
mail*
main**
maintain**
major** (majority)
make*
male**
man*
manage**
manifest
manipulate
manner**
manufacture**
many*
map*
marathon*
margin
marine
mark**
market*
marry*
marvel**
mask**
mass**
master**
match**
mate**
mathematics* / maths* / math*
matter** (material)
mature
maximum**
may*
maybe**
mayor
meal**
mean**
meanwhile
measure**
meat*
mechanic
mechanism
medal*
mediate
medical**
medicine**
medieval
medium (media)
meet*
melon**
melt**
member* (membership)
memory*
mental**
mention**
menu**
merchant
mere
merge
merit
mess**

message**
metal**
method**
metropolitan
microphone
microwave**
middle*
might*
migrate (migrant)
mild
military**
milk*
mill**
million
mind*
mine (miner)
mineral
minimal
minimum
ministry
minor**
minute**
miracle
mirror**
miss*
missile
mission**
mix**
mobile
mock
mode
modify
model*
moderate
modern**
modest
moist (moisture)
molecule
moment**
money*
monitor**
monkey*
monster
month*
monument
mood**
moon* (half - moon)
moral**
moreover**
morning*
mortal
mother* (mom, mommy)
motion**
motive
motor**
mount**
mountain*
mouse*
mouth*
move*
movie*
much*
mud**
multiple
murder
muscle**
museum**
mushroom**
music*
must*
mutual
mystery**
myth

N

nail**
naive
naked
name*
narrate
narrow**
nasty
nation* (international)
native**
nature*
navy**
near*
neat**
necessary**
neck*
need*
needle
negate (negative)
neglect
negotiate
neighbor** / neighbour**
neither**
nephew
nerve** (nervous)
nest**
net**
network

neutral
never*
nevertheless
new*
news*
newspaper*
next*
nice*
night*
nightmare
nine*
no* / nope* / nay*
noble
nod
noise**
nominate
none**
nonetheless
noon**
nor**
norm (normal)
north*
nose*
not*
note* (notion)
notebook*
nothing*
notice**
novel
now*
nowadays**
nowhere**
nuclear
number*
numerous
nurse*
nut**

O

oak**
obey
object** (objective)
oblige
observe**
obsess
obtain
obvious**
occasion**
occupy (occupation)
occur** (occurrence)
ocean**
odd**
of*
off*
offend
offer**
office* (official)
officer**
often*
oil*
okay* / okey* / OK*
old*
on*
once**
one*
only*
open*
opera**
operate**
opinion**
opportune (opportunity)
oppose**
opt (option)
optimist
or*
oral
orange*
orbit
orchestra
order** (disorder)
ordinary**
organ (organic, organize / organise)
orient (orientation)
origin (original)
other**
otherwise**
ought**
out*
outcome
outline
output
outrage
outstanding
oven**
over*
overall**
overcome
overhead
overlap
overlook
overnight

oversea / overseas
overwhelm
owe
own**

P

pace
pack**
pad
page*
pain**
paint*
pair**
palace**
pale
palm
pan**
panel
panic**
pants*
paper*
parade**
paragraph**
parallel
pardon**
parent*
park*
parliament
part*
participate
particle
particular** (particularly)
partner*
party*

pass*
passage
passenger
passion
passport
past**
pat
patch
patent
path**
patient**
pattern**
pause**
pave
pay*
peace** (peaceful)
peak
pear**
peasant
peel
peer
pen*
penalty
pencil*
people*
pepper**
per**
perceive (perception)
perfect**
perform**
perhaps**
period**
permanent
permit

persist
person** (personality)
perspective
persuade
pet**
phase
phenomenon
philosophy
photograph** / photo**
phrase
physical**
physics
piano*
pick*
picnic**
picture*
pie**
piece**
pig*
pile**
pill
pilot*
pin**
pinch
pine**
pink*
pioneer
pipe**
pitch**
pity**
pizza*
place* (displace)
plain**
plan*

plane**
planet**
plant**
plastic*
plate**
platform
play*
please* (pleasant, pleasure)
plenty**
plot
plus**
pocket**
poem**
poet**
point*
poison**
pole** (polar)
police*
policy**
polish
polite**
politics**
poll
pollute**
pond
pool**
poor*
pop**
popular**
populate (population)
pork**
port**
portion

portrait
pose (dispose)
posit (position, positive)
possess**
possible**
post** (poster)
pot**
potato*
potential**
pour**
powder**
power*
practical**
practice** / practise**
praise
pray**
preach
precede (unprecedented)
precise
predator
predict
prefer**
pregnant**
prejudice
premium
prepare**
prescribe
presence**
present*
preserve
preside (president)
press**
presume
pretend**

pretty*
prevail
prevent**
previous**
prey
price**
pride**
priest
prime** (primary)
primitive
prince*
principal
principle**
print*
prior
prison**
privacy**
private**
privilege
prize**
probable** (probably)
problem*
proceed** (procedure)
process**
produce**
profession**
professor
profile
profit**
profound
program* / programme* (programmatic)
progress**
prohibit

project*
prominent
promise**
promote**
prompt
pronounce**
(pronunciation)
proof
proper**
property**
proportion
propose**
prospect
prosper
protect**
protein
protest**
proud**
prove**
provide**
province
provoke
psychology
pub**
public**
publish (publisher)
pull**
pump**
punch**
punish**
pupil
puppy*
purchase**
pure**
purple**
purpose**
pursue
push*
put*
puzzle**

Q

quality** (qualify)
quantity
quarter**
queen*
question*
questionnaire
quick*
quiet*
quit**
quite**
quiz*
quote**

R

rabbit*
race* (racial)
radio*
rage
rail**
rain*
rainbow**
raise**
rally
random
range**
rank
rapid**
rare**
rat**
rate**
rather**
rational
raw
reach**
react**
read*
ready*
real** (realize / realise)
rear
reason** (reasonable)
rebel
receipt
receive** (reception)
recent**
recipe**
recognize**
recommend**
record**
recover**
recreation*
recruit
red*
reduce**
refer**
refine
reflect**
reform
refrigerate (refrigerator)
refuse**
regard**

region**
register**
regret
regular**
regulate
reinforce
reject
relate** (relative, relation, relationship)
relax**
release**
relevant
relief**
relieve
religion
reluctant
rely**
remain**
remark**
remedy
remember*
remind**
remote
remove**
rent**
repair**
repeat**
replace**
reply**
report**
represent**
republic
reputation
request**

require**
rescue
research**
resemble
reserve**
reside (resident)
resign
resist**
resolve
resort
resource**
respect** (respective)
respond**
responsible**
rest**
restaurant*
restore
restrain
restrict
restroom*
result**
resume
retail
retain
retire**
retreat
return*
reveal
revenge
reverse
revise
revive
revolution
reward

rhythm
ribbon*
rice**
rich*
rid
ride**
ridicule (ridiculous)
right*
ring*
riot
rise**
risk**
rival
river*
road*
roar
roast
rob**
robot*
rock*
rocket**
rod
role**
roll** (enroll / enrol)
romantic
roof**
room*
root**
rope**
rose*
rot
rough**
round**
route**

routine
row**
royal**
rub** (rubber)
rude**
ruin**
rule**
rumor / rumour
run*
rural
rush**

S

sack
sacred
sacrifice
sad*
safe*
sail**
salad*
salary**
sale*
salt*
same*
sample**
sand*
sandwich*
satellite
satisfy**
sauce**
save*
say*
scale**
scan
scandal
scarce
scare**
scarf**
scatter
scene**
schedule**
scheme
scholar
school*
science*
scissors*
scope
score*
scramble
scratch**
scream**
screen**
screw
sculpt (sculpture)
sea*
seal**
search**
season*
seat**
second* (secondary)
secret**
secretary**
section**
sector
secure**
see*
seed**
seek**
seem**
seize
select**
self**
sell*
send*
senior**
sense** (sensation)
sensible
sentence**
sentiment
separate**
sequence
series**
serious**
serve**
service*
session**
set*
settle**
seven*
several**
severe
sew**
sex**
shade**
shadow**
shake**
shall**
shallow
shame**
shape**
share**
sharp**

shave**
she*
sheep**
sheet**
shelf**
shell**
shelter**
shift**
shine**
ship*
shirt*
shock**
shoe*
shoot**
shop*
shore**
short*
should*
shoulder**
shout**
show*
shower**
shut**
shy*
sick*
side*
sigh
sight**
sign** (significant)
silent
silly**
silver**
similar**
simple**
simulate
simultaneous
sin
since**
sing*
single**
sink**
sister*
sit*
site**
situate** (situation)
six*
size*
skate*
ski*
skill**
skin*
skip
skirt*
sky*
slave**
sleep*
slice
slide**
slight**
slim
slip**
slope
slow*
small*
smart**
smash**
smell*
smile*
smoke**
smooth**
snack**
snake**
snap**
sneak
snow*
so*
soak
soap
soccer*
social**
society**
sociology
sock*
soft*
software*
soil**
soldier**
sole
solid**
solve**
some*
somewhat**
son*
song*
soon**
sophisticate
sore**
sorry*
sort**
soul**
sound*
soup*

sour**
source**
south*
space*
spaghetti*
span
spare**
spark
speak*
species** (special)
specific**
spectacle
spectrum
speech**
speed*
spell**
spend**
sphere
spill
spin**
spirit**
spit
splash
split
spoil**
sponsor**
spoon*
sport*
spot**
spouse
spray**
spread**
spring*
spy**

square**
squeeze
stable**
stack
staff*
stage**
stain
stairs**
stamp**
stand*
standard**
star*
stare**
start*
starve
state**
station**
statistic
statue
status
stay*
steady**
steak*
steal**
steam**
steel**
steep
stem
step**
stick**
stiff
still**
stimulate
stir**

stitch
stock**
stomach**
stone*
stop*
store*
storm**
story*
stove
straight**
strain
strange**
strategy**
strawberry**
stream**
street*
stress**
stretch**
strict
strike**
string**
strip
stripe
stroke
strong*
structure**
struggle**
studio**
study* (student)
stuff**
style*
subject** (subjective)
submarine
submit (submission)

subscribe
substance (substantial)
substitute
subtle
suburb
subway*
succeed**
success**
such**
suck
sudden**
suffer**
suffice (sufficient)
sugar*
suggest**
suicide
suit**
suite
sum** (summary)
summer*
summit
sun*
super**
superb
superior
supervise
supper**
supplement
supply**
support**
suppose**
sure* (ensure)
surface**
surgery
surprise**
surrender
surround**
survey**
survive**
suspect**
suspend
sustain
swallow**
swear
sweat
sweater**
sweep**
sweet**
swell
swift
swim*
swing**
switch**
symbol
sympathy
symphony
symptom
system**

T

table*
tackle
tag
tail*
take* (mistake)
tale**
talent
talk*
tall*
tank**
tap**
tape*
target**
task
taste*
tax**
taxi*
tea**
teach*
team*
tear**
tease
technique** / technic**
technology**
teenage**
telegraph
telephone* / phone*
television*
tell*
temperature**
temple
temporary
tempt
ten*
tenant
tend**
tender
tennis*
tense**
tent*
term**
terminal

terminate
terrace
terrible**
terrific
territory
terror (terrorist)
test*
text**
textbook*
than*
thank*
that*
the*
theater** / theatre**
theme
then**
theory**
therapy
there*
therefore**
they*
thick**
thief**
thin**
thing*
think*
third*
thirst*
thirteen*
thirty*
this*
thorough
though**
thousand**
thread
threat**
three*
thrill
throat**
through**
throw**
thumb
thus**
tick
ticket*
tide** (tidy)
tie**
tiger*
tight**
till**
timber
time*
tin**
tiny**
tip**
tire* (tired)
tissue
title** (entitle)
to*
toast**
today*
toe**
together*
toilet**
tomato*
tomorrow*
tone**
tongue**
tonight*
too*
tool**
tooth*
top*
topic**
torture
toss
total**
touch*
tough**
tour**
toward** / towards**
towel**
tower**
town*
toxic
toy*
trace**
track*
trade**
tradition**
traffic**
tragic
trail
train*
transact
transfer**
transform
transition
translate
transmit
transport** (transportation)

trap**
travel*
tray**
treasure
treat**
treaty
tree*
tremendous
trend
triangle**
tribe
trick**
trigger
trim
trip*
triumph
troop
trouble**
truck*
true*
trunk**
trust**
truth**
try* (trial)
tube
tune**
tunnel
turn*
turnover
twelve*
twenty*
twenty-first*
twenty-second*
twenty-third*
twice*
twin**
twist**
two*
type*

U

ugly*
ultimate
umbrella*
uncle*
under*
undergo
underlie
undermine
understand*
undertake
uniform**
unify
unique
unit**
unite** (union)
universe
university**
unless**
until**
up*
update
upon**
upper**
upset**
upward / upwards
urban
urge (urgent)
use* (usual)
utilize / utilise
utter

V

vacate (vacation)
vaccine
vacuum
vague
valid
valley**
value**
van**
vanish
various**
vary**
vast
vegetable*
vehicle**
venture
verb (verbal)
verse
version**
versus
vertical
very*
vessel
veterinarian
via
vice
victim**
victory
video*
view** (interview, review)

vigor (vigorous)
villa**
village**
violent**
violin*
virgin
virtue (virtual)
virus
visible
vision**
visit*
visual
vital
vivid
vocabulary
vocation
voice*
volume**
volunteer**
vote**

W

wage**
wait*
wake*
walk*
wall*
wander
want*
war*
warehouse
warm*
warn**
warrant
wash*
waste**
watch*
water*
watermelon*
wave**
way*
we*
weak**
wealth
weapon**
wear*
weather*
weave
website*
wedding*
weed
week*
weekend*
weigh**
weight*
weird
welcome*
welfare
well*
west*
wet*
whale**
what*
wheat
wheel**
when*
where*
whereas
whether**
which**
while**
whip
whisper**
whistle**
white*
who*
whole**
why*
wicked
wide**
wife*
wild**
will*
win*
wind*
window*
wine*
wing**
winter*
wipe**
wire**
wise**
wish*
wit
with*
withdraw
within**
without**
witness
woman*
wonder**
wood*

wool**
word*
work*
world*
worry*
worship
worth**
would**
wound**
wrap**
wreck
write*
wrong*

Y

year*
yell**
yellow*
yes* / yeah* / yep*
yesterday*
yet**
yield
you*
young*

Z

zebra**
zero**
zone
zoo*

별표 4 의사소통에 필요한 언어 형식

※● 표시는 학습 시작 권장 학교급을 의미

범주	예문	학습 시작 권장 학교급		
		초	중	고
1. Nouns	Kate is from London.	●		
	A boy/The boy/The (two) boys ran in the park.	●		
	Water is very important for life.	●		
	The water in this river is clean.		●	
	She lived in the woods when she was a kid.		●	
	A lot of houses are made of wood.		●	
	Thank you for your kindness.		●	
	He does a kindness to poor people.		●	
	The audience is/are enjoying the show.			●
	The news is very interesting.			●
	Mathematics is my favorite subject.		●	
2. Determiners	The store is closed.	●		
	This book is very interesting.	●		
	That dog is smart.	●		
	These/Those books are really large.	●		
	You can choose any color you like.		●	
	We didn't buy much/any food.	●		
	I need a little more time to think.		●	

범주	예문	학습 시작 권장 학교급		
		초	중	고
	Most good comedians tell some bad jokes.		●	
	Many young people have no money.	●		
	Every monkey likes bananas.	●		
	All children love baby animals.	●		
	Each boy admires his teacher.		●	
	A few/few students came late for class.		●	
3. Generic Expressions	A lion is brave.		●	
	The lion is brave.		●	
	Lions are brave.		●	
	A German is a good musician.		●	
	Germans are good musicians.		●	
	The Germans are diligent.			●
4. Pronouns	Which do you like better, this or that?	●		
	These are apples, and those are tomatoes.	●		
	I like your glasses. What about mine?	●		
	We are very glad to hear from him.	●		
	He will help her.	●		
	They're really delicious.	●		
	She is a scientist, and he's a teacher.	●		
	Susan likes math, but John doesn't like it.	●		
	You should be proud of yourself.		●	
	He praised himself in the meeting.		●	
	I myself took this picture.			●
	They're talking to each other.		●	
5. Substitute Expressions	I don't like the black coat, but I like the brown one.		●	
	These cups are dirty. Could I have some clean ones?		●	
	I have three books. One is mine. The others are yours.		●	
	The chocolate cookie is sweet. I'm going to have another one.		●	
	The climate of Seoul is milder than that of New York.		●	
	The ears of rabbits are longer than those of squirrels.		●	
	I'd like to write a diary, but I'm too busy to do so.			●
6. Nonreferential It	It's cold outside.	●		
	It's Wednesday.	●		
	It's half past four.	●		

범주	예문	학습 시작 권장 학교급		
		초	중	고
	It's windy today.	●		
	It's far from here.	●		
7. Tenses	He walks to school every day.	●		
	We (usually) meet after lunch.	●		
	We played soccer yesterday.	●		
	She is going to visit her grandparents next week.	●		
	I will visit New York next year.	●		
8. Progressives	He is sleeping now.	●		
	I was studying when John called me.		●	
	She will be coming soon.		●	
	I'm thinking about the problem.		●	
	He's being very rude.			●
	We are hoping you will be with us.			●
9. Perfectives	The train has arrived.		●	
	Have you ever been to Florida?		●	
	He has attended the club meetings regularly.		●	
	The bakery has been open since 1960.		●	
	I've been reading for two hours.		●	
	He had already left when we arrived.		●	
	I will have finished my homework by the time you get here.			●
10. Sentence Patterns	The baby cried.	●		
	She stayed in bed.	●		
	He is a math teacher.	●		
	You look happy today.	●		
	I like gimbap.	●		
	You can put the dish on the table.		●	
	He gave me a present.		●	
	They elected him president.		●	
11. Enough / Too	Is the room warm enough?		●	
	These bags are too expensive.		●	
	We cannot thank you enough.			●
	You cannot be too careful to drive a car.			●
12. Equatives	She is as tall as her mother (is).		●	
	She is old, but she is not as old as he (is).		●	

범주	예문	학습 시작 권장 학교급		
		초	중	고
	I don't know as many people as you (do).			●
	You can run as fast as Billy can.		●	
	I arrived at the same time as Tom (did).			●
13. Comparatives	Mary is taller than I/me.	●		
	Yellow tomatoes are less sour than red ones.		●	
	They've got more/less money than they need.		●	
	A car is much more expensive than a motorbike.		●	
	I prefer tea to coffee.		●	
	The more she thought about it, the less she liked it.		●	
14. Superlatives	Cindy is the shortest of the three.		●	
	It was the worst moment in/of my life.		●	
	Where is the world's highest mountain?		●	
	It is the most interesting speech I've ever heard.		●	
	She is one of the smartest students in my class.			●
15. Causative Verbs/ Sensory Perception Verbs	I made him carry the box.		●	
	They had me repeat the same things.		●	
	You shouldn't let him go there again.		●	
	Bill had the car cleaned.		●	
	My mom got me to clean the room.		●	
	I heard the children sing/singing.		●	
	I saw him lying on the sofa.		●	
16. To-Infinitive	To see is to believe.		●	
	He wanted to go home.		●	
	I hope to see you again soon.		●	
	I have a book to read.		●	
	He came to see me.		●	
	He told me not to do it again.		●	
	The problem is where to get money (from).		●	
	He seemed to have been ill (for some time).			●
	This new ship is big enough (to cross the Pacific).		●	
	This story sounds too good (to be true).		●	
	The turtle moves slowly enough for us to catch it.		●	
	Robin ran too fast for me to catch him.		●	
	Dan wanted Betty to behave herself.		●	

범주	예문	학습 시작 권장 학교급		
		초	중	고
	I asked her to help me.		●	
	I helped my mom (to) wash the dishes.		●	
	Bill promised Jane to work out with her.			●
	Bill persuaded Jane to work out with him.			●
17. To-Infinitive as an adjective complement	Mike is slow to react.		●	
	Chris was glad to hear the news.		●	
	Ray is hesitant to agree with you.		●	
	Ron is easy to please.		●	
18. Gerunds	Playing baseball is fun.		●	
	We enjoy swimming in the pool.		●	
	I'm interested in watching horror movies.		●	
	I remembered John/John's coming late for class.			●
	Did you go fishing last weekend?	●		
	I don't feel like sleeping now.		●	
	I cannot help doing things like that.		●	
	It's no use trying to persuade me.			●
	There is no use crying over the spilt milk.			●
	It goes without saying that time is money.			●
	Life is worth living.		●	
19. Clause Types	John and Mary are good friends.	●		
	Does Anne work out on weekends?	●		
	Open your book.	●		
	Let's go to Brian's birthday party.	●		
	How beautiful she is!		●	
	What a wonderful day it is!		●	
	How sweet!		●	
	What a player!		●	
20. Negation	I am not tired.	●		
	It isn't very cold.	●		
	I don't like snakes.	●		
	You can't swim here.	●		
	We didn't enjoy the movie very much.	●		
	They haven't told him what to do.		●	
	Tom won't be at the meeting tomorrow.	●		

범주	예문	학습 시작 권장 학교급		
		초	중	고
	Few/No people understand what he's saying.		●	
	The children seldom/rarely/hardly/scarcely like carrots.		●	
21. Interrogatives	Are you ready?	●		
	Is it raining?	●		
	Do you like oranges?	●		
	Don't you like apples?	●		
	Can you write a letter in English?	●		
	Won't you have some cookies?		●	
	Have you finished your homework yet?		●	
	This is your book, isn't it?		●	
	You like oranges, don't you?		●	
	Bob isn't here, is he?		●	
	They haven't left, have they?		●	
	Bring me some water, will you?		●	
	Let's go, shall we?		●	
	There are children playing in the park, aren't there?		●	
	When will you come?	●		
	Where can we take the bus?	●		
	Why did he leave early?	●		
	How do you spell your name?	●		
	Who can answer that question?	●		
	Whose dolls are these?	●		
	Which ice cream do you like, vanilla or chocolate?	●		
	What size is this shirt?	●		
	What kind of job do you want?		●	
	Which color do you prefer?		●	
	What time is it?	●		
	How old is she?	●		
	How big is the house?	●		
	How heavy is your computer?	●		
	How much is it?	●		
	How far did you drive today?		●	
	How come you were late this morning?		●	
	How good a dancer is she?		●	
	Who cares?			●
	It cost how much?			●

범주	예문	학습 시작 권장 학교급		
		초	중	고
22. Direct Speech / Indirect Speech	She said, "I will help you."		●	
	She said that she would help me.		●	
	He said to me, "I have been busy lately."		●	
	He told me that he had been busy lately.		●	
	He said to me, "I will come tomorrow."			●
	He told me that he would come the next day.			●
	He said to me, "Please come at once."			●
	He asked me to come at once.			●
	He said, "Do you need a pen?"			●
	He asked if/whether I needed a pen.			●
	Emma asked, "Where do you live?"		●	
	Emma asked where I lived.		●	
23. Reports of Questions and Statements	I don't know where he lives.		●	
	Please tell me what happened.		●	
	I wonder whose bicycle that is.		●	
	I don't know whether he will come (or not).		●	
	Tell me how to make cookies.		●	
	I think (that) he is a good actor.		●	
24. Real Conditionals	If oil is mixed with water, it floats.		●	
	I'll lend Jack the book if he needs it.		●	
	If you feel seasick, take one of these pills.		●	
	We're going to play baseball tomorrow unless it rains.			●
	Take these pills in case you feel ill on the bus.			●
	I'll lend you the book on condition that you return it within two weeks.			●
	Provided that/As long as they had plenty to eat, the crew seemed to be happy.			●
25. Unreal Conditionals	If Joe had time, he would go to Spain.		●	
	If I were/was a bird, I could fly home.		●	
	If Joe should have time, he would go to Spain.			●
	Had I had enough money, I would have bought a cell phone.			●
	If it were not for you, I would be lonely.			●
	Without/But for your advice, I would have failed.			●
	It's time you were in bed.		●	

범주	예문	학습 시작 권장 학교급		
		초	중	고
	I wish I spoke English well.		●	
	I wish I had learned swimming last summer.			●
	He acts as if he knew you.			●
	He acts as if he had been there.			●
	I'd rather we had dinner now.			●
26. Modals	Can we sit down in here?	●		
	May I borrow your book?	●		
	You may leave now.	●		
	Could we ask you what your opinion is?		●	
	You should do as he says.		●	
	You had better not say anything about this.		●	
	They must do well on the test.		●	
	Will you do me a favor?		●	
	Shall we go now?		●	
	You don't have to go to school tomorrow.		●	
	You needn't worry about the test.		●	
	You don't need to pay that fine.		●	
	Children may not use the swimming pool.		●	
	You shouldn't be so impatient.		●	
	He suggested that they (should) play baseball.			●
	He may be sick.		●	
	He can't be working at this time.			●
	There might be some complaints.			●
	The whole plan could be ruined.			●
	Our guests should/ought to be home by now.			●
	I should have studied English grammar harder.			●
	There shouldn't be any difficulties.			●
	You have to/You've got to be joking.			●
	They'll fight to the end rather than give up.			●
	That must be my daughter.		●	
	She may have made an important discovery.			●
	They must have arrived by now.			●
	She can play the violin.	●		
	Could you show me the way to the nearest post office?		●	
	I will be able to help you get to the party tonight.		●	
	Will you please help me with my English?		●	

범주	예문	학습 시작 권장 학교급		
		초	중	고
	My father won't give me any money.		●	
	Would you like me to open the window?		●	
	Are you going to take the last train?		●	
	Oil will float on water.			●
	He would take a walk every morning.		●	
	There used to be a lake around here.		●	
27. Coordinating Conjunctions	Andy plays the guitar, and his sister plays the piano.	●		
	They are my neighbors, but I don't know them well.	●		
	I may stop by tomorrow or just phone you.		●	
	Both the teacher and the students enjoyed the class.		●	
	You can have either tea or coffee.		●	
	It is not only beautiful but (also) useful.		●	
	The film was neither well-made nor well-acted.		●	
	He came not to complain, but to help us.			●
28. Subordinating Conjunctions	When we arrived, she was talking on the phone.		●	
	Since he left this morning, I haven't seen him.		●	
	He went to bed because he was sleepy.	●		
	We stayed home since it rained hard.		●	
	Although/Though it was cold, I went swimming.		●	
	I hurried so that I wouldn't be late.		●	
	We moved to London so (that) we could visit our friends more often.		●	
	The weather was so nice that we went hiking.		●	
29. Conjunctive Adverbials	The cell phone is thin and light. Therefore, it is very convenient to carry around.		●	
	We believe he is the thief. However, we have no evidence against him.		●	
	I like spending my holidays in the mountains. On the other hand, my sister prefers the seaside.		●	
30. Relative Clauses	The girl who is playing the piano is called Ann.		●	
	The pen which is on the desk is mine.		●	
	This is the book (that) I bought yesterday.		●	
	I met the girl whose father is a musician.		●	
	She is the girl who/whom I told you about.		●	
	The town in which I was born is very small.			●
	The house where she lives is very spacious.			●
	This is why we have to study English grammar.			●

범주	예문	학습 시작 권장 학교급		
		초	중	고
	Mr. Lee, who teaches English, has two children.		●	
	My kids work very hard, which makes me happy.			●
	Nobody understood what she said about that plan.		●	
	That's just how he talks, always serious about his work.		●	
	Whoever wins this game will win the World Cup.			●
31. Postmodification	Something strange happened last night.		●	
	At the station I met a lady carrying a large umbrella.		●	
	Wallets found on the street must be reported to the police.			●
32. Adverbial Participles	Walking along the street, I met an old friend.		●	
	Joshua returning home, the puppy ran toward him.			●
	(Being) tired, he went to bed.		●	
	Having seen that movie before, I wanted to see it again.			●
	Too shy to reply, she kept staring at the floor.			●
	With the night coming, stars began to shine in the sky.			●
33. Stance Markers	Personally, I don't like his paintings.		●	
	Frankly speaking, I failed the test.			●
	Unfortunately, they couldn't make it.		●	
	To be sure, we have heard many such stories before.			●
	To our regret, she rejected the offer.			●
34. Ellipsis	My brother was wearing a raincoat and (he) didn't get wet.		●	
	One student has written a poem, and the other (has written) a short story.			●
	Kevin understands the problem better than Amy (does).		●	
	Though (he had been) defeated, he remained popular.			●
	You can borrow my pen, if you want/like (to).			●
35. Inversion	Down came the rain.			●
	Here he comes.		●	
	Here comes the bus.		●	
	Not a word did he say.			●
	She was hungry and so was I.		●	

범주	예문	학습 시작 권장 학교급		
		초	중	고
	I enjoyed the play and so did my friends.		●	
	Ryan didn't see the accident and neither did Rachel.			●
36. Nonreferential There	There are two books on the desk.	●		
	There are some rooms available.		●	
	There were several men running in the park.		●	
	There have been three people rescued.		●	
37. Focus/ Emphasis	Won't you try again? — Yes, I will try again.			●
	You must speak to the teacher. — I have spoken to him.			●
	I do hope you will succeed.		●	
	It was Justin who/that told me the truth.			●
	It was by train that we traveled to London.			●
	What we need is more time.			●
38. Anticipatory It	It is important to protect our environment.		●	
	It is difficult for me to speak French.		●	
	It was kind of you to help us.		●	
	It is strange that you don't know such a thing.		●	
	She found it exciting to learn new things.		●	
39. Appositives	Ms. Pova, a famous tennis player, will be visiting us at the gym tomorrow.		●	
	Your dream of becoming an astronaut requires a great amount of time and energy.			●
	The fact that Melissa was late didn't surprise me.			●
40. Passive Voice	The novel was written by Mark Twain.		●	
	The building was built in 1880.		●	
	A prize was given to Jasmin.		●	
	Stella was given a prize.		●	
	Cooper will be invited to today's meeting.		●	
	The information superhighway will have been introduced to everyone by 2030.			●
	The monkey has been raised by human parents for years.			●
	I was made to clean the room.			●
	Nolan was seen to enter the building.			●
	Let it be done at once.			●

부록 2 지각적 학습 스타일 설문지

다음 설문은 6가지 유형의 학습 스타일(시각적, 청각적, 운동감각적, 촉각적, 개인별, 그룹별)을 각각 5문항씩으로 구성되어 있다. 각 문항에 대해 여러분의 생각과 가장 일치하는 경우는 5, 가장 일치하지 않는 경우는 1로 하여 5에서 1까지 중의 하나의 숫자로 적으세요.

1. 나는 선생님이 지시어를 말로 해주실 때 잘 이해한다. ( )
2. 나는 수업시간에 무엇인가를 행하면서 배우기를 좋아한다. ( )
3. 나는 다른 사람과 같이 할 때 많은 것을 하게 된다. ( )
4. 나는 그룹과 함께 공부할 때 많은 것을 배운다. ( )
5. 수업에서 나는 다른 사람과 함께 할 때 가장 잘 배운다. ( )
6. 나는 선생님이 칠판에 쓴 것을 읽음으로 잘 알게 된다. ( )
7. 나는 수업에서 누군가가 하는 방법을 말해줄 때 더 잘 배운다. ( )
8. 수업 중에 내가 행할 때에 더 잘 배운다. ( )
9. 나는 내가 읽은 것보다 수업 중에 들었던 것을 더 잘 기억한다. ( )
10. 나는 직접 읽음으로써 더 잘 기억한다. ( )
11. 나는 어떤 것의 모형을 만들 수 있을 때 더 잘 배운다. ( )
12. 나는 지시어를 읽을 때 더 잘 이해한다. ( )
13. 나는 혼자 공부할 때 더 잘 기억한다. ( )
14. 나는 학급 과제를 위해 무엇인가를 만들 때에 더 많은 것을 배운다. ( )
15. 나는 수업시간에 실험하면서 배우기를 즐긴다. ( )
16. 나는 공부한 것을 그릴 때에 더 잘 배운다. ( )
17. 나는 수업시간에 선생님이 강의를 하실 때에 더 잘 배운다. ( )
18. 나는 혼자 공부할 때 더 잘 배운다. ( )
19. 나는 수업에서 역할놀이에 참여할 때에 더 잘 이해한다. ( )
20. 나는 수업에서 다른 사람의 말을 들을 때 더 잘 배운다. ( )
21. 나는 숙제를 두세 친구와 함께 하는 것을 즐긴다. ( )

22. 나는 무언가를 만들 때 내가 더 잘 배운 것을 기억한다. (　)
23. 나는 다른 사람과 함께 공부하기를 좋아한다. (　)
24. 나는 다른 사람의 말을 듣기보다 읽음으로써 더 잘 배운다. (　)
25. 나는 학급 과제를 위해서 무엇인가 만들기를 즐긴다. (　)
26. 나는 수업에서 관련 활동에 직접 참여할 수 있을 때 가장 잘 배운다. (　)
27. 수업에서 나는 혼자 할 때 더 잘 한다. (　)
28. 나는 혼자서 과제를 수행하기 좋아한다. (　)
29. 나는 강의를 듣기보다 책을 읽음으로써 더 많은 것을 배운다. (　)
30. 나는 혼자서 하기를 더 좋아한다. (　)

• 학습 스타일 분류 :

시각적: 6, 10, 12, 24, 29　　청각적: 1, 7, 9, 17, 20
운동감각적: 2, 8, 15, 19, 26　　촉각적: 11, 14, 16, 22, 25
개인별: 13, 18, 27, 28, 30　　그룹별: 3, 4, 5, 21, 23

• 산정 점수 :

같은 학습 스타일(5문항) 점수의 합×2

• 학습 스타일 판정 :

주학습 스타일: 38~50
부학습 스타일: 25~37
무의미 학습 스타일: 0~24

참고문헌

교육과정평가원. (2017). *과정을 중시하는 수행평가 어떻게 할까요?* 교육과정평가원.

교육과학기술부. (2008). *외국어과 교육과정(1): 교육과학기술부 고시 제2008-160호 [별책 14]*. 교육과학기술부.

교육과학기술부. (2011). *영어과 교육과정: 교육과학기술부 고시 제2011-361호 [별책 14]*. 교육과학기술부.

교육부. (1997). *외국어과 교육 과정(1). 교육부 고시 제1997-15호*. 교육부.

교육부. (1998). *초등학교 1종 도서 편찬 지침* (1998. 11.).

교육부. (2015). *영어과 교육과정: 교육부 고시 제2015-74호 [별책 14]*. 교육부

교육부. (2015, 9월 23일). 2015 개정 교육과정 총론 및 각론 확정.발표. 보도자료.

교육부. (2022). *영어과 교육과정: 교육부 고시 제2022-33호 [별책 14]*. 교육부

권연희. (2013). 스마트폰 어플리케이션을 활용한 대학생 영어 학습 사례 연구. *Multimedia Assisted Language Learning*, *16*(1), 37-65.

권오량. (2000). 영어교재론. 황적륜(편). (2000). *현대 영어 교육의 이해와 전망*. 서울대 출판부.

김미영. (2014). 영어듣기평가의 영국식 발음에 대한 교사와 학생 인식 연구. *교사교육연구*, *53*(3), 460-473.

김솔, 남혜림, 최수미, 차용석, 조규희, 이동환. (2017). 문학작품을 활용한 초등영어교육에 대한 교사들의 인식 연구. *초등영어교육*, *23*(1), 55-83.

김영숙, 최연희, 차경애, 금은주, 남지영, 문영인. (1999). *영어과 교육론*. 한국문화사.

김인석, 성춘자. (2001). 멀티미디어 기반 초·중등 영어 교육론. 서울: 학문출판(주).

김인석. (1999). 외국어 교육용 소프트웨어 평가의 이론과 실제. *Multimedia Assisted Language Learning*, *2*(2), 104-135.

김주혜. (2013). 스마트러닝을 활용한 사이버가정학습 개선 방안 연구: 상호작용을 중심으로. *Modern English Education, 14*(2), 341-371.

김진철, 고경석, 박약우, 이재희, 김혜련, 박기화. (2000). *초등영어교재론*. 학문출판사.

김태진, 이희숙. (2014). 외국어 교육을 위한 멀티미디어 저작도구 활용 연구. *언어학연구, 33*, 115-135.

류다영. (2013). 영어 쓰기 능력 향상을 위한 이러닝 활용 방안 연구. *Journal of Digital Convergence, 12*(1), 51-60.

박약우 · 이효웅 · 나기연 · 최연희 · 김성식 · 유경환 · 문승상(1997). 초등영어 교재 분석 연구. *Foreign Languages Education, 3*(2), 79-118.

박현아, 김정렬. (2011). 5~6학년 수준별 초등영어 디지털교과서 운영 프로그램 개발과 적용. *Primary English Education, 17*(1), 61-87.

박현아. (2011). *수준별 초등 영어 디지털교과서 운영 프로그램 개발.* [미출간 박사학위논문]. 한국교원대학교.

박혜정. (2013). 오디오 블로그가 대학생들의 영어 말하기 능력에 미치는 영향. [미출간 박사학위논문]. 중앙대학교.

배두본. (1999). *영어교재론 개관.* 한국문화사.

배두본. (2002). *영어교육학 총론.* 한국문화사.

서지연, 심창용. (2012). 초등영어 블렌디드 수업 모형의 적용과 효과. *Primary English Education*, *18*(2), 271-293.

성태제. (2000). *문항반응이론의 이해와 적용.* 교육과학사.

신동로, 정민수, 이송희. (2009). 초등 원어민 화상수업의 학습자 인식과 학습 만족도에 영향을 미치는 요인. *Korean Journal of Educational Research, 47*(4), 119-143.

신성철, 박의재, 김정원. (1999). *현대영어교육.* 문경출판사.

신연옥. (2000). *초등영어교육에서 주제중심 통합학습의 효과.* [미출간 석사학위논문]. 경인교육대학교.

안동현. (2013). 글로벌 시대 정보 통신 테크놀로지를 통한 영어 교육 방향 모색. *Korean Journal of General Education*, *7*(4), 501-527.

오영범, 이상수. (2010). 원어민을 활용한 초등학교 영어 화상원격교육 사례연구. *초등교육연구, 23*(2), 21-46.

이덕만. (2000). 멀티미디어 영어교육의 문제점 해결 방안. *인문학연구, 24*(1), 1-29.

이의갑, 임찬빈, 김지석, 이문복, 이병천, 이혜원, 신동광, 이완기, 박기화, 이윤, 김미선, 조성주. (2008). *초등학교 영어과 교육과정 해설서 개발 연구.* 교육과학기술부.

이재영, 박정기, 김상숙, 김주영, 노웅섭, 문미경, 안순남, 안은숙, 이수연, 이진혁, 장내봉, 진유, 채현우, 최혜운. (2013). *초등영어창의서술형평가.* 제이와이북스.

이충현. (2005). 멀티미디어 영어교수학습의 원리 및 적용. 유범, 한종임, 이충현 외 (공저). *멀티미디어 활용 영어교육*(pp. 10-46). 북코리아.

임찬빈, 이의갑, 진경애, 김진석, 장경숙, 김미경, 이문복, 이혜원, 최진황, 이윤. (2006). *영어과 교육과정 개정 시안 수정·보완 연구*. 한국교육과정평가원.

임희정, 조주은. (2011). 초등학교 영어교과서 CD-ROM 활용 학습전략 연구. *Foreign Languages Education, 18*(2), 317-337.

정고은, 손소혜, 장세영, 이대기, 이동환. (2022). 다중 모드 리터러시 기반 디지털 스토리텔링 초등영어 수업모형 연구. *교육논총, 42*(3), 47-66.

정영국(편). (2003). *영어 교재론 연구 I : 교육과정과 교재 개발 및 평가*. 한국문화사.

진경애, 김진석, 장경숙, 김미경, 이문복, 이혜원, 박기화, 이윤, 전지현, 박성희. (2007). *초·중학교 영어과 교육과정 해설 연구 개발*. 한국교육과정평가원.

차덕환. (2008). 유비쿼터스를 활용한 u-러닝 교실모형 구축방안. *한국경영교육학회 학술발표대회 논문집*, 332-340.

최수영. (2003). *멀티미디어 기반 영어교육*. 한국문화사.

최와니, 이재희. (2010). 초등영어 학습자의 자기주도적 쓰기를 위한 블로그 활용. *The Journal of Education*, *30*(1), 125-151.

최진황 · 진경애. (1998). 영어과 수준별 교육과정 운영 방안 및 교수-학습 자료. 한국교육과정평가원의 제7차 교육과정에서 수준별 교육과정 현장 적용 방안 정립을 위한 세미나에서 발표.

한국교육학술정보원. (2012). *스마트교육의 좋은 수업 성공 요인 분석 연구(연구보고 CR 2012-13)*. 한국교육학술정보원.

한국교육학술정보원. (2013). *디지털 교과서 활용 수업 모형 연구: 중등편(연구보고 CR 2013-6)*. 한국교육학술정보원.

한종임. (2014). 영어 디지털교과서 활용 학습 모형이 중학교 학습자의 영어 학습 및 태도에 미치는 영향. *Multimedia-Assisted Language Learning, 17*(1), 132-158.

허 근. (2009). 멀티미디어 활용 영어교육에 대한 초등교사의 인식에 관한 연구. *영어어문교육, 15*(1), 251-273.

Abbott, G. (1987). ELT as education. *System*, *15*(*1*), 47-53.

Allen, J. P. B. (1984). *General purpose language teaching: A variable focus approach. In C. J. Brumfit (Ed.), General English syllabus design. Pergamon.*

Allwright. D. (1984). The importance of interaction in classroom language learning. *Applied Linguistics, 5(2), 156-171.*

Anderson, J. (1976). *Language, memory, and thought.* Lawrence Erlbaum.

Asher, J. (1977). *Learning another language through action: Complete teacher's guidebook.* Sky Oak Production.

Austin, J. L. (1962). *How to do things with words. Oxford University Press.*

Beretta, A., & Davis, A. (1985). Evaluation of the Bangalore Project. *ELT Journal, 39(2), 121-7.*

Bergmann, J., & Sams, A. (2012). *Flip Your Classroom. Reach Every Student in Every Class Every Day.* International Society for Technology in Education.

Bialystok, E. (1988). Psycholinguistic dimensions of second language proficiency. In W. Rutherford & M. Sharwood Smith (Eds.), *Grammar and second language teaching* (pp. 31-50). Newbury House.

Bolitho, R., & Tomlinson, B. (1995). *Discover English* (new Ed.). Oxford University Press.

Madsen, H., & Bowen, J. (1978), *Adaptation in language teaching.* Newbury House.

Bowen, B. M. (1982). *Look here!: Visual aids in language teaching.* ELTS.

Boyd, D. M., & Ellison, N. B. (2008), Social Network Sites: Definition, History, and Scholarship. *Journal of Computer-Mediated Communication, 13*, 210-230

Breen, M. (1984). Process syllabuses for the language classroom. In C. J. Brumfit (Ed.) *General English syllabus design.* Pergamon.

Breen, M., & Candlin, C. (1980). The essentials of communicative curriculum in language teaching. *Applied Linguistics, 1(2), 89-112.*

Breen, M. P. (1987). Contemporary paradigms in syllabus design. *Language Teaching, 20*(3), 157-174.

Brewster, J., Ellis, G., & Girard, D. (1992). *The primary English teacher's guide.* Penguin English.

Brindley, G. (1984). *Needs analysis and objective setting in the adult migrant education program.* N.S.W. Adult Migrant Education Service.

Brinton, D. M. (2001). The use of media in language teaching. In M. Celce-Murcia (Ed.), *Teaching English as a second or foreign language* (3rd Ed., pp. 459-476). Heinle & Heinle.

Brooks, D. W. (1997). *Web-teaching: A guide to designing interactive teaching for the World Wide Web.* Plenum.

Brown, D. (1994). *Teaching by principles*. Cambridge University Press.

Brown, H. D. (1994). *Principles of language learning and teaching*. Prentice Hall.

Bruder, M. N. (1978). Evaluation of foreign language textbooks: A simplified procedure. In H. Madsen, & J. Bowen (Eds.). *Adaptation in language teaching.* Newbury House

Brumfit, C. & R. Carter (Eds.). *Literature and teaching*. Oxford: Oxford University Press.

Budner, S. (1962). Intolerance of ambiguity as a personality variable. *Journal of Personality*, *30*, 29-50.

Butler-Pascoe, M. E., & Wiburg, K. M. (2003). *Technology and teaching English language learners*. Pearson College Division.

Cameron, L. (2001). *Teaching languages to young learners.* Cambridge University Press.

Canale, M., & Swain, M. (1980). Theoretical bases of approaches to second language teaching and testing. *Linguistics*, 11-47.

Candlin, C. (1984). Syllabus design as a critical process. In C. J. Brumfit (Ed.), *General English syllabus design.* Pergamon.

Candlin, C. N., & Hall, D. R. (2003). *Teaching and researching computer-assisted language learning*. Longman.

Candy, P. (1991). *Self-direction for lifelong learning: A comprehensive guide to theory and practice*. Jossey-Bass.

Carle, Eric. (1969). *The Very Hungry Caterpillar*. Philomel Books.

Carroll, J. B. (1968). The psychology of language testing. In A. Davies (Ed.), *Language testing symposium: A psycholinguistic approach* (pp. 46-69). Oxford University Press.

Celce-Murcia, M., & Hilles, S. (1988). *Techniques and resources in teaching grammar*. Oxford University Press.

Celce-Murcia, M. (Ed.) (1991). *Teaching English as a second or foreign language*

(2nd Ed.). Heinle & Heinle.

Chinnery, G. M. (2006). Emerging technologies going to the MALL: Mobile-assisted language learning. *Language Learning & Technology, 19*(1), 9-16.

Christison, & F. Stoller (Eds.), *A handbook for language program administrators.* Alta Books.

Clark, J. L. (1987). *Curriculum renewal in school foreign language learning.* Oxford University Press.

Claxton, C., & Murrell, P. (1987). *Learning styles: Implications for improving the educational press*. Association for Higher Education.

Claxton, C., & Ralson, Y. (1978). *Learning styles: Their impact on teaching and administration* (ASHE-ERIC Higher Education Report No. 10). American Association for Higher Education.

Cooper, R., Lavery, M., & Rinvolucri, M. (1991). *Video*. Oxford University Press.

Crestani, F., Landoni, M., & Melucci, M. (2005). Appearance and functionality of electronic books. *International Journal on Digital Libraries, 6*(2), 192-209.

Crombie, W. (1985). *Discourse and language learning: A relational approach to syllabus design.* Oxford University Press.

Cunningsworth, A. (1995). *Choosing your coursebook.* Heinemann.

Curtain, H., & Pesola, C. (1994). *Languages and children: Making the match*, Second Edition. Longman.

Davidson, J., & Tesh, J. (1997). Theory and practice in language program organization design. In M. A. A handbook for language program administrators (pp. 177-198).

Davies, A. (Ed.) (1968). *Language testing symposium: A psycholinguistic perspective.* Oxford University Press.

Davies, P. (2000). *Success in English teaching*. Oxford University Press.

Driscoll, M. (2002). Blended learning. *E-learning, 3*(3), 54-56.

Dudeney, G. (2000). *The Internet and the language classroom*. Cambridge University Press.

Dulay, H., & Burt, M. (1973). Should we teach children syntax? *Language Learning*, *23*, 245-258.

Dulay, H. & Burt, M. (1974). Natural sequences in child second language acquisition. *Language Learning*, *24*, 37-53.

Dulay, H., Burt, M., & Krashen, S. (1982) *Language two*. Oxford University Press.

Dunn, R., & Dunn, K. (1993). *Teaching secondary students through their individual learning styles*. Allyn and Bacon, Inc.

Dunn, R., Beaudry, J., & Klavas, A. (1989). Survey of research on learning styles. *Educational Leadership*. March: 50-58.

Edge, J. (1993). *Essentials of English language teaching*. Pearson Education Limited.

Egbert, J., & Hanson-Smith E. (eds.) (1999). *CALL Environments: Research, practice, and critical issues*. TESOL Publications.

Ehrman, M. E., & Oxford, R. L. (1990). Adult language learning styles and strategies in an intensive training setting. *Modern Language Journal*, *74*(3), 311-327.

Ellis, G., & Brewster, J. (1991). *The storytelling handbook for primary teachers*. Penguin Books.

Ellis, G., & Brewster, J. (2002). *Tell it again*. Penguin English.

Ellis, R. (1984). *Classroom second language development.* Pergamon.

Ellis, R. (1990). *Instructed second language acquisition*. Blackwell.

Ellis, R. (2003). *Task-based language learning and teaching*. Oxford University Press.

Ellis, R., & M. Rathbone. (1987). *The acquisition of German in classroom context*. Ealing College of Education.

Eskey, D. E. (1992). Syllabus design in content-based instruction. *CATESOL Journal, 5(1), 132-141.*

Fein, D., & Baldwin, R. (1986). *Content-based curriculum design in advanced levels of an intensive ESL program. Newsletter, English for foreign studies in English-speaking countries interest section. TESOL, 4*(1), 1-3.

Finocchiaro, M., & Brumfit, C. (1983). *The functional-notional approach.* Oxford University Press.

Galloway, V., & Labarca, A. (1991). From student to learner: Style, process, and strategy. In D. W. Birckbichler (ed.), *New perspectives and new directions in foreign language education* (pp. 111-158). National Textbook Co. and ACTFL.

Gardner, D., & Miller, L. (1999). *Establishing self-access*. Cambridge University Press.

Garrison, D. R. (1992). Critical thinking and self-directed learning in adult education: An analysis of responsibility. *Adult Education Quarterly, 42*, 136-148.

Garvie, E. (1991). An integrative approach with young learners. In C. Brumfit, J. Moon & R. Tongue (Eds.) *Teaching English to Children - From Practice to Principle* (pp. 115-126). Harper Collins Publishers.

Gattegno, C. (1972). *Teaching foreign languages in schools*: way. Educational Solutions.

Gerngross, G. (2001). Fascination children: Using stories in teaching English as a foreign language in a firstyear primary class. In M. Raya (Ed.), *Effective foreign language teaching at the primary level* (pp. 187-194). Frankfurt am Main: Peter Lang GmbH.

Grant, N. (1991). *Making the most of your textbook*. Longman.

Graves, K. (2000). *Designing language courses: A guide for teachers*. Heinle & Heinle.

Greenwood, J. (1985). Bangalore revisited: A reluctant complaint. *The English Language Teaching Journal, 39*(4), 268?273.

Gremmo, M. J., & Riley, P. (1995). Autonomy, self-direction and self access in language teaching and learning: The history of an idea. *System, 23*(2), 151-164.

Hamdan, N., McKnight, P., McKnight, K., & Arfstrom, K. (2013). A review of flipped learning. Retrieved December 22, 2014, from http://www.flippedlearning. org/ cms/lib07/VA01923112/Centricity/Domain/41/LitReview_FlippedLearning. pdf.

Harmer, J. (1996). *The practice of English language teaching* (New ed.). Longman.

Harmer, J. (1998). *How to teach English*. Longman.

Harmer, J. (2001). *English language teaching. (3rd)*. Longman.

Heaton, J. B. (1975). *Writing English language tests.* Longman.

Hedge, T. (2000). *Teaching and learning in the language classroom*. Oxford University Press.

Heinich, R., Molenda, M., Russell, J., & Smaldino, S. (1998). Instructional Media and Technologies for Learning. Prentice-Hall Inc.

Hofstede, G. (1986). Cultural differences in teaching and learning. *Intenational Journal of Intercultural Relations*, *10*, 301-320.

Hooper-Hensen, G. (1992). Suggestopedia: A way of learning for the 21st century. In J. Mulligan, & C. Griffin, *Empowerment experiential learning (pp. 197-207).* Kogan Page.

Hughes, A. (2003). *Testing for language teachers. (2nd).* Cambridge University Press.

Hymes, D. (1966). *On communicative competence.* Paper originally read at the Research Planning Conference on Language Development among Disadvantaged Children, Yeshiva University, June 1966.

Ioannou-Georgiou, S., & Pavlou, P. (2003). *Assessing young learners.* Oxford University Press.

Jacobs, H. H. (1990). The growing need for interdisciplinary curriculum content. In H. H. Jacobs (Ed.), *Interdisciplinary curriculum: Design and implementation* (pp. 1-11). Association for Supervision and Curriculum Development.

James, W. B., & Gardner, D. L. (1995). *Learning styles: Implications for distance learning*. (ERIC reproduction service No. EJ 514356).

Jensen, L. (2001). Planning lessons. In M. Celce-Murcia (Ed.), *Teaching English as a second or foreign language*. Heinle & Heinle.

Johnson, R. K. (1989). *The second language curriculum.* New York: Cambridge University Press.

Jonassen, D. H. (1996). *Computer as Mindtools for Schools: Engaging Critical Thinking.* Merrill/Prentice Hall.

Jones, E., & Sato, J. (1998). Hardware, software, students and teachers: A look at technology in the classroom. In C. S. Ward and W. A. Renandya, *Computers and language learning* (pp. 1-20). SEAMEO Regional Language

Centere.

Jones, L., & Baeyer, C. (1983). *Functions of American English*. Cambridge University Press.

Joos, M. (1962). *The Five Clocks*. Indiana University Research Center.

Jung, C. (1923). *Psychological types*. Princeton University Press.

Jung, C. G. (1923). *Psychological types*. New York, NY: Harcourt Brace.

Keefe, J. W. (1979). Learning style: An overview. In J. W. Keefe (Ed.), *Student learning styles: Diagnosing and prescribing programme*. National Association of Secondary School Principals.

Kennedy, C. (1988). Evaluation of the management of change in ELT projects. *Applied Linguistics, 9*(4), 329-342.

Khan, J. (1991). Using games in teaching English to young learners. In C. B., J. Moon, & R. Tongue (Eds.), *Teaching English to children* (pp. 142-157). Longman.

Kinsella, K. (1993). *Perceptual learning preferences survey*. Multicultural Resource Center.

Kirby, P. (1979). *Cognitive style, learning style, and transfer skill acquisition* (Information Series No. 195). National Center for Research on Vocational Education, Ohio State University.

Knowles, M. S. (1975). *Self-directed learning: A guide for leaners and teachers*. Association Press.

Krashen, S. (1982). *Principles and practices in second language acquisition*. Oxford University Press.

Krashen, S. (1985). *The input hypothesis*. Longman.

Krashen, S. (1998). Comprehensible Output? *System 26*(2), 175-82.

Kroonenberg, N. (1995). Meeting language learners' secondary learning style preferences. In J. Reid (Ed.), *Learning styles in the ESL/EFL Classroom*. (pp. 74-86). Heinle & Heinle Publishers.

Larsen-Freeman, D., & Long, M. (1991). *An introduction language acquisition research*. Longman.

Leburn, H. (1991). Materials writing: setting the wheels in motion. In C.

Kennedy, & J. Jarvis (Eds.), *Ideas and issues in primary ELT* (pp. 98-115). Thomas Nelson and Sons Ltd.

Little, D., Devitt, S., & Singleton, D. (1989). *Learning foreign languages from authentic texts: Theory and practice*. Authentik.

Long, H. B. (1995). Self-directed learning: Challenges and opportunities. *In Asia-Pacific Seminar on selfdirected learning*의 기조연설문.

Long, M. H. (1985). A role for instruction in second language acquisition. In Hyltenstam, K. and Pienemann, M. (Eds.), *Modelling and assessing second language acquisition*. Multilingual Matters.

Long, M. H., & Crookes, G. (1986). *Intervention points in second language classroom processes. Working Papers, 5*(2). Department of English as a Second Language. University of Hawaii.

Lynch, C. (2001). The battle to define the future of the book in the digital world. *First Monday, 6*(6). http://www.firstmonday.org/issues/issue6_6/lynch/index.html

Madsen, H., & Bowen, J. (Eds.). (1978). *Adaptation in language teaching*. Newbury House.

Marczak, M. (2013). Selecting an e-(text) book: Evaluation criteria. *Teaching English with Technology, 13*(1), 29-41.

Marsh, C. (1986). *Curriculum: An analytic introduction*. Novak.

Mayer, R. (2005). *The Cambridge Handbook of Multimedia Learning*. Cambridge University Press

McDonough, J., Shaw, C., & Masuhara, H. (2013). *Materials and methods in ELT: A teacher's guide* (3rd Ed.). Wiley-Blackwell.

McDonough, S. (1981). *Psychology in foreign language teaching*. Allen and Unwin.

McLain, D. L. (1993). The MSTAT-1: A new measure of an individual's tolerance for ambiguity. *Educational and Psychological Measurement*, *53*, 163-189.

Mishra, S., & Sharma, R. C. (2005). *Interactive multimedia in education and training*. Hershey, PA: Idea Group Publishing

Mohan, B. A. (1986). *Language and content*. Reading, Addison-Wesley.

Moon, J. (2000). *Children learning English*. Macmillan Heinemann.

Morris, P. (1994). *The Hong Kong school curriculum.* Hong Kong University Press.

Munby, J. (1978). *Communicative syllabus design: A sociolinguistic model for defining the content of purpose-specific language programmes.* Cambridge University Press.

Myers, B., & McCaulley, M. H. (1985). *A guide to the development and use of the Myers-Briggs type indicator*. Consulting Psychologists Press.

Mynard, J. (2007). A blog as a tool for reflection for English language learners. *Professional Teaching Articles*, 1-10.

Naiman, N., Frohlich, M., Stern, H. H., & Tondesco A. (1978). *The good language learner*. Research in education series, No. 7. Ontario Institute for Studies in Education.

Nunan, D. (1988). *Syllabus design.* Oxford University Press.

Nunan, D. (1991). *Language teaching methodology*. Prentice-Hall.

Nunan, D. (2001). The second language curriculum in the new millennium. In World News, FIPLV: No. 51 May 2001, accessed at [http://www.fiplv.org/new.htm#nunan].

Nunan, D. (Ed.). (2003). *Practical English language teaching*. McGraw-Hill.

Oller, J. W. (1979). *Language tests at school: A pragmatic approach*. Addison-Wesley Longman Ltd.

Oxford. R. (1990). *Language learning strategies: What every teacher should know*. Heinle & Heinle Publisers.

Paquet, S. (2003). 'Personal knowledge publishing and its uses in research', Knowledge Board, Retrieved December 22, 2014, from http://www.knowledgeboard.com/cgibin/item.cgi?id=96934&d=744&h=746&f=745

Phillips, S. (1993). *Young Learners*. Oxford University Press.

Pienemann, M. (1984). Psychological constraints on the teachability of languages. *Studies in Second Language Acquisition, 6*, 186-214.

Prahbu, N. S. (1987). *Second language pedagogy: A perspective.* Oxford University Press.

Quinn, T. (1984). *Functional approaches in language pedagogy, Annual Review of Applied Linguistics.* Cambridge University Press.

Reid, J. M. (1984). *Learning styles in the ESL/EFL classroom*. Newbury House.

Reid, J. M. (1987). The learning style preference of ESL students. *TESOL Quarterly*, *21*(1). 87-111.

Reid, J. M. (1995). *Learning styles in the ESL/EFL classroom*. Heinle and Heinle.

Reid, J. M. (1998). *Understanding learning in the second language classroom*. Prentice Hall/Regents.

Reynolds, M. (1981). *Communicative syllabus design: The topic and task approach*. Paper given at BAAL Annual Meeting, Sussex University.

Richards, J. C. (2001). *Curriculum development in language teaching*. Cambridge University Press.

Richards, J. C., & Renandya, W. A. (Eds.) (2002). *Methodology in language teaching*: An anthology of current practices. Cambridge University Press.

Roberts, J. T. (1982). Recent developments in ELT. *Language teaching, 15*(1), 94-110.

Roger W. Sperry. (1975). *Saturday Review*, Aug. 9. "Left-Brain, Right-Brain." 30-33.

Rogers, C. B. (1969). *Freedom to learn.* Charles E. Merrill Publishing Co.

Rutherford, W. (1988). *Second language gammar: teaching and learning*. Longman.

Rutherford, W., & Sharwood-Smith, M. (1985). Consciousness-raising and universal grammar. *Applied Linguistics, 6*(3), 274-282.

Sarasin, L.C. (1998). *Learning style perspestives: Impact in the classroom.* Atwood Publishing.

Scarcella, R. (1990). *Teaching language minority students in the multicultural classroom*. Prentice-Hall/Regents.

Schmidt, R. (1992). Psychological mechanisms underlying second language fluency. *Studies in second language acquisition 14*(4).

Scott, W. A. and Ytreberg, L. H. (1990). *Teaching English to children*. New York: Longman

Searle, J. R. (1969). *Speech acts: An essay in the philosophy of language.* Cambridge University Press.

Skehan, P. (1989). Differenze individualie autonomia di apprendimento. In L.

Mariani (Ed.), *L Autonomia nell Apprendimento Linguistico*. La Nuova Italia/Quaderni del LEND.

Skehan, P. (1989). *Individual differences in second-language learning*. Edward Arnold.

Skierso, A. (1991). Textbook selection and evaluation. In M. Celce-Murcia (Ed.), *Teaching English as a second or foreign language* (2nd Ed., pp. 432-453). Heinle & Heinle.

Slattery, M., & Willis, J. (2001). *English for primary teachers: A handbook of activities & classroom language*. Oxford University Press.

Snow, M. A. (1991). Content-based instruction: A method with many faces. In J. E. Alatis, (ed.), *Linguistics and language pedagogy: The state of the art Georgetown University Round Table on Languages and Linguistics 1991* (pp. 461-470). Georgetown University Press.

Sperry, R. W. (1975). Left-Brain, Right-Brain. *Saturday Review*, Aug. 9, 1975. 30-33.

Sperry, R. W., Gazzaniga, M. S., & Bogen, J. B. (1969). Interhemispheric relationships: The neocortical commissures; syndromes of hemisphere disconnection. In P. J. Vinken, & G. W. Bruyn (Eds.), *Handbook of clinical neurology: Vol. 4. (pp. 273-290).* North-Holland Publishing Company.

Stern, H. H. (1983). *Fundamental concepts of language teaching.* Oxford University Press.

Stern, H. H. (1984). Introduction, review and discussion. In C. J. Brumfit (Ed.), *General English syllabus design.* Pergamon.

Stevick, E. W. (1972). Evaluating and adapting language materials. In H. B. Allen, & R. N. Campbell, *Teaching English as a second language* (2nd ed.). McGraw-Hill.

Swanson, L. J. (1995). *Learning Styles: A review of the literature. The Claremont Graduafe school.* ERIC: Document Reproduction Service No. ED 387067

Teeler, D., & Gray, P. (2000). *How to use the Internet in ELT*. Longman.

Tice, J. (1991). The textbook as a straightjacket. *Practical English Teaching 11*(3). 23-27.

Tomlinson, B. (Ed.). (2003). *Developing materials for language teaching*. London, Continuum.

Tomlinson, B. (Ed.). (2011). Materials development in language teaching. Cambridge University Press.

Tomlinson, C. A. (1999). *Leadership for differentiated classrooms.* The school administrator web ed., www.aasa.org/publications/sa/1999/tomlinson.htm.

Ur, P. (1996). *A course in language teaching: Practice and theory*. Cambridge: Cambridge University Press.

Vale, D., & Feunteun, A. (1995). Teaching children English. Cambridge: Cambridge University Press.

Van Ek, J. A. (1975). The threshold-level. *Education and Culture*, *28*, 21-26

Wajnryb, R. (1990). *Grammar dictation*. Oxford University Press.

Wajnryb, R. (1992). *Classroom observation tasks: A resource book for language teachers and trainers*. Cambridge University Press.

Weiss, C. H. (1972). *Evaluation Research: Methods for Assessing Program Effectiveness*. Prentice Hall.

Wenden, A. (1987). Conceptual background and utility. In A. Wenden, & J. Rubin, *Learner strategies in language learning*. Prentice Hall.

Wenden, A. and J. Rubin (1987). *Learner strategies in language learning*. Hemel Hempstead: Prentice Hall.

White, R. V. (1988). *The ELT curriculum.* Basil Blackwell.

Widdowson, H. G. (1979). The authenticity of language data. In H. Widdowson, *Explorations in applied linguistics*. Oxford University Press.

Wilkins, D. (1979). Grammatical, situational and notional syllabuses. In C. Brumfit & K. Johnson (Eds.), *The communicative approach to language teaching* (pp. 82-98). Oxford University Press.

Wilkins, D. A. (1972). *Linguistics in language teaching.* Arnold.

Wilkins, D. A. (1976). *Notional syllabuses.* Oxford University Press.

Williams, J. B., & Jacobs, J. (2004). Exploring the use of blogs as learning spaces in the high education sector. *Australasian Journal of Educational Technology, 20*(*2*), 232-247.

Willing, K. (1985). *Learning styles in adult migrant education.* N. S. W. Adult Migrant Education Service.

Willis, D. (2003). *Rules, patterns and words: Grammar and lexis in English language teaching*. Cambridge University Press.

Witkin, H. A., Oltman, P., Raskin, R., and Karp, S. (1971). *A manual for the embedded figures tests*. Consulting Psychologist Press.

Wright, A. (1989). *Pictures for Language Learning.* Cambridge University Press.

Wright, A. (1995). *Storytelling with children*. Oxford University Press.

Wright, A. and Safia, H. (1991). *Visuals for the Language Classroom.* Longman.

Wright, A., & Haleem, S. (1991). *Visuals for Language Classroom.* Longman

Wright, T. & B. Bolitho (1993). Language awareness: A missing link in language teaching. *ELT Journal, 47*(4), 292-304.

Yalden, J. (1983). *The communicative syllabus: Evolution, design and implementation*. Pergamon.

Yalden, J. (1987). Principles of course design for language teaching. Cambridge University Press.

Zaro, J. & Salaberri, S. (1995). *Storytelling.* Heinemann.

찾아보기

ㄱ

간접 평가(indirect testing) 245
감각적 학습 스타일(sensory learning style), 216, 218
감각적인 학습자 220
감축(omitting) 113
강세 박자 언어(stress-timed language) 147
개념 중심 교수요목(Notional syllabus) 29, 31
개념적 범위(notional categories) 29
개별화(individualizing) 108, 109
개인의 성격(personality characteristics) 214, 215
객관식 평가 247, 251
게임 자료 165, 166
결과 지향적 교수요목(product- oriented syllabuses) 27, 28
과목 선택형 수준별 학습 209
과업(tasks) 258
과정 지향적 교수요목(process-oriented syllabuses) 27, 32
과제의 난이도 208
교과서의 유용론과 무용론 7
교과용 도서 편찬 80
교수 스타일(teaching style) 215, 223, 224
교수요목(syllabus) 5, 24, 27, 29, 30, 31, 44, 46, 81, 86, 240
교육과정(curriculum) 24, 26, 44
교재의 이점 5
구인 타당도(construct validity) 248, 249, 250
구조주의적 접근(Structural approach) 241
규준 기준(norm-referenced) 246
기계적인 연습 212
기능 중심 교수요목(Functional syllabus) 30, 31

ㄴ

내용 양립어(content-compatible language) 36
내용 중심 교수(content-based instruction, CBI) 36
내용 타당도(content validity) 248, 249
내용 필수어(content-obligatory language) 36
내적 평가(internal evaluation) 97
노래(song) 151

ㄷ

다양성(variety) 16, 30
단계형 수준별 학습 209
단순화(simplifying) 112, 114
단일 능력 가설(unitary competence

hypothesis) 242
단일 언어 능력의 약설(weaker form of unitary competence hypothesis) 242
대체(replacing) 112, 115
동료 평가(peer-assessment) 259, 264, 310

ㅁ

멀티미디어(multimedia) 172
모호함에 대한 관용(Tolerance of ambiguity styles) 221
문법적 교수요목(Grammatical syllabus) 28, 32
문턱 수준(threshold level) 81, 86

ㅂ

배치 평가(placement test) 245, 249
변별도(discrimination index) 248, 253, 254
보충 학습 184, 211
본과업(task) 33
분리 항목(discrete point) 246
비례적 교수요목(proportional syllabus) 40, 41

ㅅ

사회적 학습 스타일(Sociological learning styles) 219, 222
상위의사소통적 과업(metacommunicative tasks) 35
상황적 교수요목(Situational syllabus) 29
선언적 지식 212
성취기준 49, 52, 53, 56, 58, 59, 63, 246, 266, 300
성취도 평가(achievement test) 244, 247
수정(modifying) 114
수준별 학습 184, 199, 208
숙달도 평가(proficiency test) 16, 244
시각적(visual) 학습 스타일 218
시험(testing) 238, 239, 254
신뢰도(reliability) 250
신체운동적(kinesthetic) 학습 스타일 218
실제적인 자료 190, 230
심층 평가 97

ㅇ

안면 타당도(face validity) 250, 253
에듀넷(www.edunet4u.net) 184, 205
에세이-번역식 접근(Essay-translation approach) 241
영어 교육 프로젝트(CTP: Bangalore/Madras Communicational Teaching Project) 32
외적 평가(external evaluation) 97
요구 분석 9, 32, 44
우뇌형 학습자 221
유의적(meaningful) 학습 212
음절 박자 언어(syllable-timed language) 147
음철법(phonics) 73, 75
의사소통적 과업 34, 35
의사소통적 접근(Communicative approach) 26, 241, 243
이야기(Story) 자료 154, 157

익힘책(workbook) 73
인상적 평가(impressionistic overview) 96, 97
인지적 학습 스타일(cognitive learning style) 216
일반 영어(general English) 4

ㅈ

자기 감시(self-monitoring) 227
자기 평가(self-assessment) 65, 247, 259, 264
자기주도적 학습(SALL) 62, 226, 227, 229, 231
자아(ego) 223
장독립적(field-independent)학습자 216, 217
재배열(reordering) 112, 115
전과업(pre-task) 33
전자 교과서(e-textbook) 71
전자칠판(Smart board) 76, 137
정보통신기술(ICT) 178
정의적/기질적 양식(affective/temperament styles) 109
정의적/기질적 학습 스타일(affective/temperament learning style) 216, 219, 222
제1차 교육과정 46
제2차 교육과정 46
제3차 교육과정 47
제4차 교육과정 47
제5차 교육과정 48
제6차 교육과정 48
제7차 교육과정 49
좌뇌형 학습자 221
주관식 평가 247, 251, 265
준거 관련 타당도(criterion-related validity) 248
준거 기준(criterion-referenced) 246
지도서 80
지각적 학습 스타일(perceptual learning style) 218, 222
지역화(localizing) 108, 111
직접 평가(direct testing) 245, 260
진단 평가(diagnostic test) 244

ㅊ

채점자 신뢰도 251
챈트(chant) 147
청각적(auditory) 학습 스타일 218
총괄 평가(overall evaluation) 97, 247
추가(adding) 112
칠판 134

ㅋ

컴퓨터를 활용한 언어 교육(Computer Assisted Language Learning) 176

ㅌ

통제적 연습(controlled practice) 18
통합적 접근(Integrative approach) 102, 241, 242, 243
통합적(integrative) 평가 246
특정 목적을 위한 영어(English for specific purposes: ESP) 3, 70

ㅍ

포트폴리오 평가(portfolio assessment) 258, 260
프로젝트(projects) 259

ㅎ

하이퍼미디어 172, 174, 187
하이퍼텍스트 172, 174
학습 교재 2
학습 능력 224
학습 동기(motivation) 227
학습 스타일(learning style) 63, 214, 215
학습 책략 174, 223
현대화(modernizing) 108, 111
형성 평가(formative test) 247
화행(speech acts) 30
환경적 학습 스타일(Environmental learning styles) 219, 222

기타

2007 개정 교육과정 50
2008 개정 교육과정 51
2009 개정 교육과정 51
2015 개정 교육과정 52
2022 개정 교육과정 53
CD-ROM 2, 177, 178, 179
EAP 교재/ESP 교재 70
ESP(English for Specific Purposes) 12, 26, 243
SAC (self-access center) 229
SALL(Self Access Language Learning) 226, 227, 229, 230
TWE(Test of Written English) 240

memo

memo

memo

memo

제6판

초등영어 교재연구

지은이 김혜련 · 박선호 · 최희경 · 심창용
이동환 · 강정진 · 황필아 · 성민창
박지현 · 조규희 · 남보라
펴낸이 조경희
펴낸곳 경문사
펴낸날 2005년 2월 15일 1판 1쇄
2023년 3월 2일 6판 1쇄
등 록 1979년 11월 9일 제1979-000023호
주 소 04057, 서울특별시 마포구 와우산로 174
전 화 (02)332-2004 팩스 (02)336-5193
이메일 kyungmoon@kyungmoon.com

값 28,000원

ISBN 979-11-6073-612-0